L'ASIE

la Belgique
le Luxembourg

L'EUROPE

la France
la Suisse

Monaco

le Maroc

la Tunisie

le Liban
Israël

le Sahara occidental

l'Algérie

L'AFRIQUE

l'Égypte

la Mauritanie

le Mali

le Niger

le Tchad

la République centrafricaine

Djibouti

Pondichéry

le Cambodge

le Laos

le Viêt-nam

le Sénégal

la Guinée

le Burkina-Faso

le Togo

le Bénin

le Cameroun

le Zaïre

le Gabon

le Ruanda
le Burundi

L'OCÉAN INDIEN

la Côte-d'Ivoire

le Congo

l'Angola

les Comores

Mayotte

les Seychelles

Madagascar

l'île Maurice

la Réunion (DOM)

L'AUSTRALIE

Amsterdam et St-Paul

l'archipel Crozet

Terres australes et antarctiques françaises (TOM)

l'archipel Kerguelen

Le monde francophone

D1300868

Terre-Adélie

L'ANTARCTIQUE

Chez nous

This book belongs to Stacey Marchak

Valdman, Albert.
   Chez nous : branché sur le monde francophone / Albert Valdman, Cathy Pons.
      p. cm.
   Includes index.
   ISBN 0-13-311358-2
   1. French language -- Textbooks for foreign speakers -- English.
   I. Pons, Cathy R. II. Title
   PC2129.E5V3 1996
   448.2'421 -- dc20

                                           96-21718
                                           CIP

President: *Phil Miller*
Managing Editor: *Deborah Brennan*
Project Editor: *Jacqueline Bush*
Associate Editor: *María F. García*

Art Director: *Ximena de la Piedra Tamvakopoulos*
Cover Design: *Ximena de la Piedra Tamvakopoulos*
Cover Illustration: *Ximena de la Piedra Tamvakopoulos*
Creative Design Director: *Leslie Osher*
Interior Design: *Maria Lange, Ximena de la Piedra Tamvakopoulos, Design 5*
Page Layout & Graphics: *Ximena de la Piedra Tamvakopoulos*

Realia Design: *Siren Design, Ximena de la Piedra Tamvakopoulos*
Illustrations: *Andrew Lange*
Photo Researcher: *Francelle Carapetyan*
Manufacturing Buyer: *Tricia Kenny*

©1997 by Prentice Hall, Inc.
A Viacom Company
One Lake Street, Upper Saddle River, NJ 07458

All rights reserved. No part of this book may be reproduced, in any form
or by any means, without permission in writing from the publisher.

Printed in the United States of America
10 9 8 7 6 5 4 3 2

ISBN: Student Text: 0-13-311358-2
ISBN: Annotated Instructor's Edition: 0-13-439688-X

Prentice Hall International (UK) Limited, London
Prentice Hall of Australia Pty. Limited, Sydney
Prentice Hall Canada Inc., Toronto
Prentice Hall Hispanoamericana, S.A., México
Prentice Hall of India Private Limited, New Delhi
Prentice Hall of Japan, Inc. Tokyo
Prentice Hall of Southeast Asia Pte. Ltd, Singapore
Editora Prentice Hall do Brasil, Ltda., Rio de Janeiro

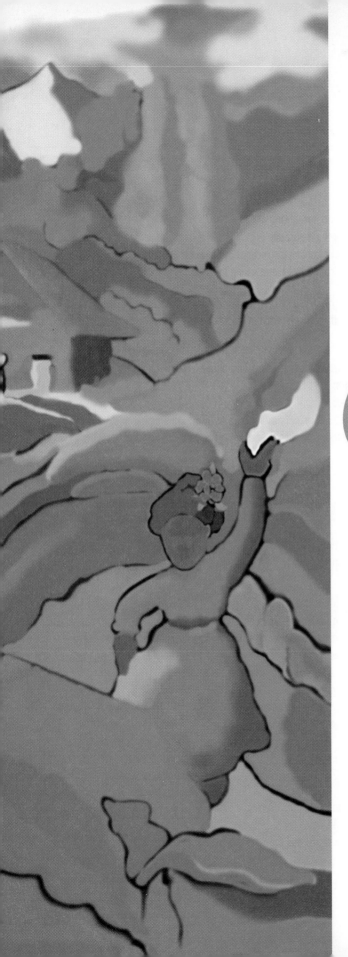

Chez nous

Branché sur le monde francophone

Albert Valdman
Indiana University

Cathy Pons
University of North Carolina, Asheville

PRENTICE HALL

Upper Saddle River, New Jersey 07458

SCOPE AND SEQUENCE

Chapitre 10

Quoi de neuf? **406**

Language use

Talking about films and TV shows
Expressing wishes and feelings
Talking about books and the printed word
Dealing with the information
superhighway

Language tools

Culture

Appendixes

CHEZ NOUS is a complete introductory French program designed for use at colleges and universities. The approach implemented in the program is frankly eclectic: it incorporates recent developments in foreign language pedagogy and reflects extensive classroom testing.

A primary goal of CHEZ NOUS is to develop students' communicative ability in French. The core elements of each chapter allow students to learn to carry out a wide range of linguistic tasks. Authentic materials provide the basis for practice in listening and reading, and students' writing and speaking skills are developed by means of carefully sequenced practice leading to self-expression.

Another goal of CHEZ NOUS is to introduce students to the diversity of the French-speaking world in Europe, Africa, Asia and the Americas. Language is always practiced in a cultural context. Readings, realia, and cultural notes provide insights into francophone cultures. A cultural "magazine" at the end of each chapter allows for in-depth treatment of a cultural theme.

The CHEZ NOUS program has five distinguishing characteristics:

- a rich vocabulary presented and practiced in communicative contexts,
- an innovative treatment of grammar that emphasizes the spoken language and authentic discourse,
- pronunciation treatments that link features to grammatical distinctions,
- a careful progression from skill-getting to skill-using activities, and
- an intellectually challenging treatment of francophone culture.

Program Features

Treatment of vocabulary

The vocabulary presented in an introductory textbook provides an important basis for the development of early language proficiency. The vocabulary presented in CHEZ NOUS is rich, allowing students to express themselves on many common and useful topics. Vocabulary is presented through the use of varied and appealing visuals that include full color illustrations, photos and realia. The vocabulary is further contextualized through short narratives or exchanges that illustrate authentic communicative use of the vocabulary. The cultural connotations of vocabulary are explained so that students can use words appropriately: for example, the word **église** generally only refers to a Catholic church. Ample practice leads students from comprehension to personalized use of the new words and expressions. Productive vocabulary items are listed and glossed at the end of each half chapter; productive items are also found in the end vocabulary along with an indication of the chapter in which the item first appears for productive use.

Treatment of grammar

Structures are presented in CHEZ NOUS in the context of authentic communicative use. The treatment of grammar is innovative in a number of ways:

- Presentations reflect important generalization about the structure of French. For example, most textbooks present adjectives based on their written form, telling students to add an **-e** to the masculine form to derive the feminine. This groups adjectives with one spoken form (like **jolie**) in the same class as adjectives with two spoken forms (like **contente**), and it classes as irregular adjectives such as **chère** and **cruelle**, which nevertheless have only one spoken form. In CHEZ NOUS, students learn that adjectives belong to one of two classes: those with one spoken form, and those with two. For adjectives with two spoken forms, the masculine is derived from the longer feminine form by dropping the final consonant sound. The learning task is thus simplified and the number of irregular forms reduced.

Similarly, present indicative conjugations are illustrated in charts, where color shadings indicate the number of spoken forms and show how forms are derived from the base. For **finir**, an arrow indicates that **finiss-**, from **ils/elles finissent**, is the base form. First and second person plural forms are derived by adding **-ons** /õ/ and **-ez** /e/. the singular forms, with identical pronunciation, are produced by deleting the final consonant of the base: **finniss-** /finis/ → **fini-** /fini/.

- Differences between spoken and written discourse are highlighted. Although it is a frequent and useful feature of everyday spoken French, dislocation (**Moi, je préfère aller au cinéma**) is rarely presented in elementary textbooks. On the others hand, inversion in questions is limited mainly to fixed expressions (**Comment allez-vous?**) and to formal and written discourse. The treatments in CHEZ NOUS address these differences and provide appropriate practice.

- CHEZ NOUS is attentive to how grammatical features function in authentic discourse. Most textbooks present the periphrastic future (**aller** plus the infinitive) very early as a means of expressing the notion of futurity. Later, they present the inflected future (**le futur simple**) as a notional equivalent of the periphrastic future. Such a treatment ignores the fact that the two tenses are used quite differently in authentic discourse: the future with **aller** is used for events that are more certain to take place; the **futur simple**, for events about which one is less certain. CHEZ NOUS points out these functional differences and provides appropriate practice.

- CHEZ NOUS features a cyclical, or spiral, syllabus which allows for gradual teaching of the various functions of a particular grammatical feature. For example, the conditional is first introduced as a means of polite request (**je voudrais**), next as a means of softening commands, and much later in its use in hypothetical situations. The cyclical syllabus also allows complex structures such as prenominal adjectives or the **passé composé** to be presented, reviewed, and expanded upon gradually.

Treatment of pronunciation

Pronunciation is an integral part of each chapter in CHEZ NOUS. Clear, concise descriptions present the basic sound contrasts of French and its main prosodic features. Students are shown how sound contrasts make for differences in meaning and how French pronunciation is different from English. They learn practical hints for improving their pronunciation. The textbook treatment is closely linked with practice using the laboratory tape program. In many cases, CHEZ NOUS links pronunciation to grammatical features. For example, in chapters whose grammar teaches adjective and verb agreements (such as **petite/petit** or **ils répondent/il répond**), final consonant release is featured. This makes it easier for the teacher to integrate the teaching of pronunciation with the core chapter material, and provides an additional motivating factor for the study of pronunciation. Finally, whenever possible, the systematic relationships between sounds of French and their spelling are pointed out.

Skills development

CHEZ NOUS emphasizes the development of the receptive skills, listening and reading, as a means of enhancing all communicative skills. The program does this is several ways:

- CHEZ NOUS makes extensive use of authentic materials which are just beyond the students' productive skill level. Preview and follow-up activities provide or activate background knowledge, introduce comprehension strategies, and allow students to derive main ideas or specific details from what they hear or read.

- Not all grammatical features are targeted for immediate student production. Features that are infrequent (**plus-que-parfait**) or highly complex (inversion) are designated for receptive control only, and appropriate practice is provided. Should the instructor desire to activate these structures, suggestions for how to do so are provided in the marginal notes on the **Annotated Instructor's Edition**.

- For structures and vocabulary designated for productive control, combining exercises from the student workbook and textbook allows the instructor to move students gradually from receptive to productive control.

  Productive skills—speaking and writing—are also developed via sequenced activities emphasizing authentic tasks and careful previewing. Students gradually become proficient at carrying out a variety of communicative tasks.

Treatment of francophone cultures

From the first lesson of CHEZ NOUS, students become aware of the fact that French is spoken in many varieties across the globe. Readings, photographs, and realia expose students to the francophone world—its characteristics, accomplishments, and problems. Each chapter opens with an introduction to a cultural theme (such as the family or regional differences) which is elaborated throughout the chapter in vocabulary presentations and extensive cultural notes. Additional cultural annotations are provided for the teacher in the **Instructor's Resource Manual**. A truly innovative feature of CHEZ NOUS is the cultural "magazine" that closes each chapter. Written with the cooperation of experts in the fields of linguistics, sociology and anthropology, these "magazines" provide a rich overview of the francophone world and related issues. These sections are designed to challenge the student intellectually by encouraging cross-cultural comparisons and the development of a better understanding of both the student's home culture and the target culture.

Organization of the textbook

CHEZ NOUS consists of ten chapters plus a preliminary lesson, each built around a cultural theme. Each chapter is made up of two parts that expand on this cultural topic. Each chapter half is composed of:

Points de départ. Situationally-related vocabulary items are presented through varied and appealing visuals and exchanges representing realistic, everyday contexts. A set of exercises (*À vous la parole*) allows for classroom exploitation of the vocabulary through meaningful and personalized activities.

Éclairages. These cultural notes elaborate on cultural references made in the text. The notes are written in French after **Chapitre 2**.

Sons et lettres. These sections present the main phonetic features and sound contrasts of French. They emphasize the sound contrasts that determine differences in meaning, major differences between French and English, and the relationship between sounds and spellings. Discrimination and oral practice exercises are provided in the textbook and the audio laboratory program.

Formes et fonctions. Explanations written in English focus on authentic usage and point out features of the spoken versus written language. Numerous examples are provided, and where appropriate, color-coded charts aid in summarizing forms. Exercises (*À vous la parole*) provide a full range of practice, from form-based to meaningful and communicative activities, incorporating the vocabulary of the chapter.

Mise en pratique. Activities in this skill-using section focus on the communicative use of language and provide additional cultural information. The core element of the section is an authentic reading, (*Lisons*); pre- and post-reading activities help students develop effective reading skills. Related activities emphasize the development of listening (*Écoutons*), speaking (*Parlons ensemble*) and writing skills (*Écrivons*) through careful previewing and follow-up activities.

CHEZ NOUS. This cultural "magazine" concludes the chapter by exploring in more detail the cultural theme first introduced in the chapter opener, and relating this theme to a particular francophone region or country. Each *CHEZ NOUS* section is written with the help of recognized experts in the areas of francophone cultures, linguistics and sociology. Detailed pedagogical support is provided to show ways of involving students in cultural analysis and comparison.

At the end of each half chapter, a *Vocabulaire* summarizes key vocabulary. Words and phrases are grouped semantically whenever possible for ease of review, and English equivalents are provided.

Extensive marginal notes are provided throughout the chapter in the **Annotated Instructor's Edition**. The notes offer suggestions for the presentation of vocabulary and grammar, provide additional linguistic and cultural information, refer the instructor to related topics in other parts of the chapter or textbook, and outline alternative exercises.

The appendix includes a series of colorful maps, verbs charts for both regular and irregular verbs, the International Phonetic Alphabet along with key words and summaries of sound-symbol correspondences, French-English and English-French vocabularies, and an index of grammar, vocabulary and culture topics.

Other program components

Workbook/Laboratory Manual. Workbook exercises provide meaningful and communicative practice of the vocabulary and structures introduced in each chapter and additional skill-using activities. The laboratory exercises provide listening practice that progresses from comprehension only, to production based on what students hear. The exercises stress authentic speech and real-life tasks. Correction guides for the laboratory exercises are included in the **Instructor's Resource Manual**.

Instructor's Resource Manual and tapescript. Included in the manual is a more extensive introduction to the components of the **CHEZ NOUS** program. Sample syllabi for semester- and quarter-long courses are outlined, along with sample lesson plans for the Preliminary Lesson plus Chapters One and Six. A unique feature of this instructor's manual is its cultural annotations that provide further information about topics introduced in the textbook. The manual also provides the tapescript for the audio program and correction guides suitable for duplication.

Testing Program. A complete testing program includes chapter and comprehensive examinations that test listening, reading, and writing skills as well as cultural knowledge. Special format exams test listening and speaking skills. For all examinations in the testing program, detailed grading guidelines are provided.

Transparency Set. All line drawings from the *Points de départ* sections are included; to facilitate presentation and practice, a removable overlay provides labels for items. Authentic texts found in the *Mise en pratique* are also reproduced on the transparency for ease of use in class.

Computer Software. The program included with **CHEZ NOUS** provides additional practice of vocabulary, grammar and reading skills for each chapter. Scores are automatically recorded for the instructor.

Videotape Program. The **CHEZ NOUS** video program includes authentic clips from French television which are thematically linked to the topics in each chapter. A video activities manual to accompany the program is available.

To the student

Most students who study French wish to develop basic language skills and to learn about the cultures of French-speaking peoples. The **CHEZ NOUS** program is designed to help you meet those goals. Specifically, with the aid of this textbook and the accompanying materials, you should accomplish the following:

1. You should be able to speak French well enough to get around in a country where French is spoken. You should be able to greet people, ask for directions, cope with everyday needs, give basic information about yourself, and talk about your interests, your family, and your studies. You should also be able to assist French-speaking visitors in this country.

2. You should understand French well enough to get the main ideas and some details from a news broadcast, lecture or conversation that you hear, and you should understand French speakers quite well when they speak slowly about topics with which you are familiar.

3. You should be able to read French newspaper and magazine articles dealing with current events or other familiar topics. With the help of a dictionary, you should be able to read more specialized material in your field of interest.

4. You should be able to write French well enough to fill out forms, take notes and write letters.

In addition, you will become acquainted with the main aspects of French culture and civilization, including the cultures of some of the approximately three dozen countries in the world where French is the official language and where there are strong cultural ties with France. Finally, you will gain an understanding of the structure of the French language; its pronunciation, grammar, and vocabulary.

Assuring your success

Whether or not you have already studied French, you bring a certain knowledge of that language to your study. Many words of French origin are used English (*soufflé*, *croissant*, *détente*, and *diplomat*, for example). You also bring to the study of French your knowledge of the world in general, which you can use to predict what you will read or hear. You can use your knowledge of a particular topic, as well as accompanying photos or titles, to predict what will come next. Finally, the reading and listening skills you have learned for your native language will also prove useful as you study a foreign language.

Many of the materials found in **CHEZ NOUS** will seem challenging to you because you will not be able to understand every word you hear or read. That is to be expected; the readings in the textbook were originally written for native speakers, and listening exercises approximate native speech. So the language used in **CHEZ NOUS** is real, and the topics current. You should use your background knowledge and prediction skills to make intelligent guesses about what you are hearing and reading. In this way, you can get the main ideas an some details, a good first step toward real communication in a foreign language.

Since access to native French speakers is limited in the United States, the classroom offers an important opportunity for you to practice your listening and speaking skills. Unless your instructor indicates otherwise, keep your book closed. Since what you are learning is explained in the textbook, you will not need to take notes during class. Instead, it is important that you PARTICIPATE as much as possible in classroom activities.

Adequate preparation is the key to success. Prepare each lesson as directed by your instructor before going to class. Be sure to complete assignments made by your instructor, and review regularly, not just for an exam.

Using your textbook to prepare

CHEZ NOUS is made up of ten chapters plus an introductory lesson, each organized around a cultural topic that you are likely to encounter when you come into contact with native French speakers. Each chapter is made up of two parts which expand on this cultural topic. Each chapter includes the following sections:

The section called *Point de départ*, providing a "point of departure" for the chapter, presents vocabulary related to the chapter theme. The meaning of new words in conveyed through the use of art, photos, realia, dialogues or brief descriptions in French. You should learn both the written and spoken forms of these words and expressions, so that you can use them in your own speech and writing. Look over the exercises found under *À vous la parole*; many of these will be used in class. Your instructor may also assign additional practice from the **Workbook** and **Laboratory Manual**.

Éclairages expand on cultural references made in the textbook. Language cannot be separated from the culture of its speakers, and the readings and activities in CHEZ NOUS provide a cultural context for your study of French.

Sons et lettres, "sounds and letters", focuses on important pronunciation features of French and differences between French and English. This section also provides guidance in spelling French words. Exercises in the **Laboratory Manual** help you to first recognize, then produce the French sounds.

Each chapter includes several grammar points, called *Formes et fonctions*. The forms taught can be combined with the chapter vocabulary to carry out specific functions or tasks, for example, asking questions or ordering something to eat or drink. Read over the explanation in English and study the examples. Often a color-coded chart will summarize forms. Look for similarities with other structures you have already learned. Some new vocabulary may be found in these sections, for example, a list of verbs or negative expressions. Practice some of the textbook exercises; these may be used in class. Once the material has been practiced in class, your instructor may assign additional exercises from the **Lab Manual** and **Workbook**. Although most of the features presented in *Formes et fonctions* should be incorporated into your own speech and writing, some may be presented for recognition only—that is, you should recognize and understand these forms when you hear them or read them. Your instructor will indicate when this is the case.

The last section in each chapter part, *Mise en pratique*, is designed to allow you to "put into practice" the vocabulary, grammar and cultural knowledge you have acquired in this and earlier chapters. An authentic text, one originally intended for use by native speakers, is always included in the *Mise en pratique*. Other related textbook activities allow you to use your listening, speaking and writing skills to communicate with your instructor and with other class members.

You will also want to familiarize yourself with the sections of your textbook designed to give you special help. Each half chapter ends with a *Vocabulaire*, a list of the vocabulary that you should be able to use in your own speech and writing. The words are grouped by meaning and English equivalents are provided. The appendix of CHEZ NOUS includes verb conjugations for both regular and irregular verbs, as well as maps of France and the francophone world. The **Vocabulaire** found at the end of the book allows you to look up a word in French or in English and find its equivalent in the other language. Only productive vocabulary (words you should be able to use in your speech or writing) are included, and a chapter number indicates where a particular word or expression was introduced. Finally, the index lists vocabulary, grammar and cultural topics alphabetically so that you can easily find the section you wish to read or review.

CHEZ NOUS and its accompanying materials will provide you with opportunities to develop your French language skills—listening, reading, speaking and writing—by exposing you to authentic French and encouraging you to express yourself on a variety of topics. It will also introduce you to francophone cultures around the world and invite you to reflect on your own culture. As you begin this endeavor, we wish you *"Bon courage!"*

Acknowledgments

The publication of **CHEZ NOUS** represents the culmination of years of planning, field testing, and fine tuning to which countless instructors and students contributed. We wish to thank our colleagues and students at Indiana University and at the University of North Carolina at Asheville for their participation in this process, for their comments and their encouragement.

We extend our sincere thanks and appreciation to the many colleagues who reviewed **CHEZ NOUS** at various stages of development. We gratefully acknowledge their participation and candor:

Stanley Hamilton, *Bridgewater State College*

Munir F. Sarkis, *Daytona Beach Community College*

Yvette A. Guillemin Young, *University of Wisconsin-Oshkosh*

Ellen Hofmann, *Highline Community College*

Barbara Gillette, *University of Delaware*

Brigitte Delzell, *Louisiana State University*

Joseph A. Murphy, *West Virginia University*

Dennis F. Essar, *Brock University*

Karen Harrington, *East Tennessee State University*

Aimée Israel Pelletier, *University of Texas at Arlington*

Jane Tucker Mitchell, *University of North Carolina at Greensboro*

Joseph L. Allaire, *Florida State University*

Patricia Brand, *University of Colorado at Boulder*

Hedwige Meyer, *University of Washington*

Mary Ellen Scullen, *University of Louisville*

Lucy Stone McNeece, *University of Connecticut*

Cynthia A. Fox, *SUNY-Albany*

Natalie Lefkowitz, *Western Washington University*

Virginia M. Marino, *University of New Orleans*

Donald Pomerantz, *Central Connecticut State University*

Hannelore Jarausch, *Univesity of North Carolina at Chapel Hill*

Elizabeth New, *University of North Texas*

Joan Grenier-Winther, *Washington State University*

Gilles Labrie, *Central Michigan University*

Arlene Malinowski, *North Carolina State University*

Hélene Lowe-Dupas, *Southern Illinois University*

John W. Howland, *Oklahoma State University*

We thank the following colleagues for their important contributions to the **Chez nous** program: Mary Ellen Scullen and Melissa Hicks Thomas of the University of Louisville, for the **Workbook**; Barbara Rusterholz of the University of Wisconsin-LaCrosse, for the **Lab Manual**; Laurel Willingham-McLain of Carnegie-Mellon University, for the **Testing Program**.

Special thanks go to Corinne Etienne of Indiana University, whose research provided many of the authentic documents used in the textbook. A great debt of gratitude is owed to John Moses of Indiana University, who single-handedly saw the complex final manuscript of the textbook through several drafts over a period of two years. His keen proofreader's eye, careful attention to detail, and suggestions about content were invaluable.

We would also like to acknowledge the many people at Prentice who contributed their ideas, talent, time, and publishing experience to this project. Special thanks go to our project team, Ximena P. Tamvakopoulos and Jacqueline Bush who worked tirelessly over many months and who each put in many overtime hours to make this book a reality. Ximena's cover and interior design are truly inspired. She has single-handedly created a new standard in foreign language texts with her work on **Chez nous**. Jacqueline Bush, our project editor, kept the project on track and monitored all the many pieces of the program throughout the countless stages of production. We also thank Debbie Brennan, Managing Editor, for conceiving of and putting into place a "new system" for handling the production of foreign language textbooks which resulted in a more streamlined process and higher quality production standards. Thanks also to María F. García, Associate Editor, who expertly managed the audio program and produced it in record time; and to Heather Finstuen, editorial assistant, for her efficiency and alacrity during the final stages of production. We also gratefully acknowledge the contributions of the talented group of illustrators and designers who worked on the project over a period of months: Leslie Osher for art directing the creation of our sample chapter; Maria Lange for creating the interior design for the sample chapter, Nancy Wells for designing the *Vocabulaire* section, Andrew Lange for bringing the book to life with his marvellous illustrations, Siren Design for their beautiful realia, and Francelle Carapetyan for her diligent work in researching the photography program.

And finally, we wish to thank our families, without whose love and support this project would not have been possible.

Qui parle français?

1 Présentons-nous!

Language use
- Greeting people
- Describing the classroom
- Giving and receiving instructions in the classroom
- Counting from 0 to 31 and telling the date

Language tools
- Sons et lettres: Stress, rhythm and mode of articulation in French

Chez nous

Who speaks French?

Présentons-nous!

Moi, je parle français

CHANTAL: Salut. Je m'appelle Chantal. Et toi, comment tu t'appelles?

ALAIN: Je m'appelle Alain.

LE PROF: Bonjour, mademoiselle.

CHANTAL: Bonjour, madame.

LE PROF: Comment vous appelez-vous?

CHANTAL: Je m'appelle Chantal Lafont.

LE PROF: Et vous?

ALAIN: Roussel, Alain Roussel.

CHANTAL: Salut, Guy! Comment ça va?

GUY: Ça va. Et toi?

CHANTAL: Pas mal.

GUY: Bonjour, madame. Comment allez-vous?

LE PROF: Très bien, merci. Et vous?

GUY: Bien aussi, merci.

CHANTAL: Alain, voici mon ami, Guy. Guy, je te présente mon camarade de classe, Alain.

ALAIN: Salut, Guy.

GUY: Salut.

CHANTAL: Madame, je vous présente Guy Davy. Guy, Madame Dupont.

GUY: Enchanté, madame.

LE PROF: Bonjour, Guy.

GUY: Bon, au revoir, Chantal, Alain.

CHANTAL: Salut, Guy.

ALAIN: À bientôt. ... Au revoir, madame.

LE PROF: Au revoir, Alain. À demain.

Éclairages

TU ET VOUS

When addressing another person in French, you must choose between **tu** and **vous**, which both mean *you*. Use **tu** to address a family member, a close friend, or another student. Use **vous** to address someone with whom you have a more formal relationship or to whom you wish to show respect. For example, use **vous** with people you don't know well, with older persons, and with persons in authority. Always use **vous** also to address more than one person.

BONJOUR, MADAME

When French people meet someone they know, or make contact with a stranger (for example sales, office, or restaurant personnel), they always greet that person upon arriving and say goodbye when leaving. The greeting includes an appropriate title, and the last name is not used. Usually a woman is addressed as **madame** unless she is very young:

Bonjour, monsieur.　　**Bonsoir, madame.**　　**Au revoir, mademoiselle.**

SE SERRER LA MAIN, FAIRE LA BISE

When they meet or say goodbye, French people who know each other almost always shake hands, using the right hand. Good friends and family members kiss each other lightly on each cheek. This is called **faire la bise.** When talking together, the French stand or sit closer to each other than Americans do. A French person would be offended if you kept moving away as he or she attempted to maintain normal conversational distance.

À VOUS LA PAROLE

A. Le mot juste. Give an appropriate response.

MODÈLE: Comment vous appelez-vous?
→ Roussel, Marc Roussel.

1. Bonjour, mademoiselle.
2. Comment tu t'appelles?
3. Comment vous appelez-vous?
4. Ça va?
5. Comment allez-vous?

6. Je vous présente mon amie Claire.
7. Voici mon ami David.
8. Bon, à demain!
9. Au revoir, monsieur.
10. Salut!

B. Présentez-vous. Get acquainted with some of your classmates and your instructor, following these suggestions.

MODÈLE: Greet your instructor.
→ Bonjour, monsieur.
OU Bonjour, madame.

1. Greet and introduce yourself to a person sitting near you.
2. Ask a classmate what his or her name is, then introduce yourself.
3. Greet a classmate, and ask how he or she is today.
4. Introduce two people whom you have met in class.
5. Greet your instructor and ask how he or she is today.
6. Introduce a classmate to your instructor.
7. Say goodbye to several classmates.
8. Say goodbye to your instructor.

C. Le savoir-faire. Do you know what to do in the situations described? Act out each one with classmates.

MODÈLE: You meet a very good friend.
É1 Salut, Anne! Ça va? (faire la bise)
É2 Ça va, et toi?

1. You and a friend run into your instructor in the street.
2. You sit down in class next to someone you do not know.
3. You are with your roommate when a new friend joins you.
4. You run into your friend's mother while doing errands.
5. You are standing near a new teacher, who does not yet know your name.
6. Class is over and you are taking leave of a very good friend and your teacher.

D. Faisons connaissance. Imagine that you are at a party with your classmates. Greet and introduce yourself to as many guests as possible. Also, make introductions when other guests do not know each other.

MODÈLE: DAVID: Bonjour, je m'appelle David. Et toi?
ANNE: Je m'appelle Anne. Voici mon ami, Paul.
DAVID: Salut, Paul.
PAUL: Bonjour.

Dans la salle de classe

Qu'est-ce que c'est?
—C'est un magnétophone.

Et ça?
—Ce sont des cassettes.

Il y a un crayon?
—Non, il n'y a pas de crayon. Voilà un stylo.

A. Qu'est-ce que c'est? Can you identify these common classroom objects?

MODÈLE: →C'est un cahier.

1.
2.
3.
4.

5.
6.
7.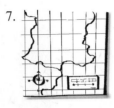
8.

B. Votre salle de classe. Take turns with a classmate pointing out the following objects in your classroom. If some of these objects are not present, indicate this.

MODÈLE: une fenêtre
    →Voilà une fenêtre.
  OU Il n'y a pas de fenêtre.

1. un tableau
2. un bureau
3. une affiche
4. une carte

5. un magnétophone
6. un ordinateur
7. une règle
8. une cassette

C. Dans le dessin il y a... ? Draw a picture of a classroom containing five or six objects. Find a partner and ask questions to find out what's pictured in his/her drawing.

MODÈLE: É1 Il y a un bureau?
    É2 Oui, il y a un bureau.
  OU   Non, il n'y a pas de bureau.

D. Dans le sac. Put three objects into a bag; your classmates will try to guess what's inside.

MODÈLE: É1 Il y a un stylo?
    É2 Non, il n'y a pas de stylo.
  OU   Oui, il y a un stylo. Voilà le stylo.

Donner des ordres

Le professeur dit:

Écoutez bien, s'il vous plaît!
Levez-vous!
Levez le doigt.
Regardez-moi!
Regardez le tableau.
Allez au tableau.
Allez à la porte!
Ouvrez la fenêtre!
Fermez le livre!
Merci.
Montrez-moi votre livre.
Montrez Paris sur la carte.
Prenez un stylo.
Écrivez votre nom.
Écrivez la phrase dans votre cahier.
Lisez les mots au tableau!
Effacez le tableau.
Répondez en français.
Donnez la craie à Marie!
Donnez-moi les devoirs!
Asseyez-vous.

Les étudiants répondent:

Pardon? Je ne comprends pas.
Répétez, s'il vous plaît.
Parlez plus fort!

Comment dit-on *the blackboard* en français?

À VOUS LA PAROLE

A. Qu'est-ce que vous faites? What should you do when your teacher says…

MODÈLE: Allez au tableau.
→ Go to the blackboard.

1. Asseyez-vous, s'il vous plaît!
2. Ouvrez le livre!
3. Écoutez bien!
4. Fermez la porte.
5. Prenez un stylo!
6. Écrivez votre nom.
7. Donnez-moi les devoirs.
8. Montrez Paris sur la carte.
9. Levez le doigt.
10. Effacez le tableau.

B. Qu'est-ce que vous dites? What should you say in each situation?

MODÈLE: You want the teacher to speak up.
→ Parlez plus fort, s'il vous plaît.

1. You want to interrupt the teacher.
2. You want the teacher to repeat.
3. You don't understand.
4. You ask how to say "the door" in French.
5. You want to thank someone.
6. You can't hear what's being said.
7. You don't know how to say "please" in French.

C. Logique ou pas logique? You're not sure you understand your teacher's instructions; ask for clarification.

MODÈLE: Regardez la fenêtre, s'il vous plaît.
→ Pardon?
OU   Répétez, s'il vous plaît.

1. Ouvrez la porte.
2. Lisez les mots.
3. Donnez-moi le livre!
4. Écrivez dans votre livre.
5. Répondez en anglais.
6. Levez-vous!
7. Prenez une craie.
8. Allez au bureau.

Quelle est la date?

C'est le quatorze juillet.

C'est le vingt-cinq décembre.

C'est le premier mai.

C'est le onze novembre.

Les mois de l'année

janvier	avril	juillet	octobre
février	mai	août	novembre
mars	juin	septembre	décembre

C'est le 4 septembre.

septembre

L	Ma	Me	J	V	S	D
						1
2	3	4	5	6	7	8
9	10	11	12	13	14	15
16	17	18	19	20	21	22
23	24	25	26	27	28	29
30						

Les nombres cardinaux de 0 à 31

0	zéro	1	un	11	onze	21	vingt et un	31	trente et un

2	deux	12	douze	22	vingt-deux
3	trois	13	treize	23	vingt-trois
4	quatre	14	quatorze	24	vingt-quatre
5	cinq	15	quinze	25	vingt-cinq
6	six	16	seize	26	vingt-six
7	sept	17	dix-sept	27	vingt-sept
8	huit	18	dix-huit	28	vingt-huit
9	neuf	19	dix-neuf	29	vingt-neuf
10	dix	20	vingt	30	trente

À VOUS LA PAROLE

A. Complétez la série. Add a number to complete each series.

MODÈLE: 2, 4, 6,…

→deux, quatre, six, huit

1. 1, 3, 5,…
2. 7, 14, 21,…
3. 6, 12, 18,…
4. 2, 4, 8,…
5. 5, 10, 15,…
6. 25, 27, 29,…
7. 31, 30, 29,…
8. 28, 26, 24,…

B. Cours de mathématiques. Create math problems to test your classmates!

MODÈLES: É1 $10 + 2 = ?$

É2   Dix et deux font douze.

É1 $20 - 5 = ?$

É2   Vingt moins cinq font quinze.

C. Associations. What number do you associate with the following?

MODÈLE: la superstition

→treize

1. le vote
2. une paire
3. l'alphabet
4. le premier

5. un imbécile
6. la chance
7. l'indépendance
8. Noël

D. Votre anniversaire. Find a partner and ask each other when your birthdays are.

MODÈLE: É1   Quel jour est ton anniversaire?
        É2   C'est le 30 août.

E. C'est quelle date? What date corresponds to each holiday?

MODÈLE: Noël

   →C'est le 25 décembre.

1. le jour de l'An
2. la Saint-Valentin
3. la Saint-Patrice

4. la fête nationale américaine
5. la fête nationale française
6. l'Armistice

JANVIER		FÉVRIER		MARS		AVRIL		MAI		JUIN	
1 L	J. de l'An	1 J	Ella	1 V	Aubin	1 L	Hugues	1 M	F. du Travail	1 S	Justin
2 M	Basile	2 V	Présentation	2 S	Charles	2 M	Sandrine	2 J	Boris	2 D	Blandine
3 M	Geneviève	3 S	Blaise	3 D	Guénolé	3 M	Richard	3 V	Phil., Jacq.		
4 J	Odilon	4 D	Véronique			4 J	Isidore	4 S	Sylvain	3 L	Kevin
5 V	Antoine			4 L	Véronique	5 V	Irène	5 D	Judith	4 M	Clotilde
6 S	Mélaine	5 L	Agathe	5 M	Olive	6 S	Marcellin			5 M	Igor
7 D	Épiphanie	6 M	Gaston	6 M	Colette	7 D	PÂQUES	6 L	Prudence	6 J	Norbert
		7 M	Eugénie	7 J	Félicité			7 M	Gisèle	7 V	Gilbert
8 L	Lucien	8 J	Jacqueline	8 V	Jean de Dieu	8 L	Julie	8 M	VICT. 1945	8 S	Médard
9 M	Alix	9 V	Apolline	9 S	Françoise	9 M	Gautier	9 J	Pacôme	9 D	Fête-Dieu
10 M	Guillaume	10 S	Arnaud	10 D	Vivien	10 M	Fulbert	10 V	Fête J.-d'Arc		
11 J	Paulin	11 D	N. D. Lourdes			11 J	Stanislas	11 S	Estelle	10 L	Landry
12 V	Tatiana			11 L	Rosine	12 V	Jules	12 D	Achille	11 M	Barnabé
13 S	Yvette	12 L	Félix	12 M	Justine	13 S	Ida			12 M	Guy
14 D	Nina	13 M	Béatrice	13 M	Rodrigue	14 D	Maxime	13 L	Rolande	13 J	Antoine de P.
		14 M	Valentin	14 J	Mathilde			14 M	Matthias	14 V	Elisée
15 L	Rémi	15 J	Claude	15 V	Louise de M.	15 L	Paterne	15 M	Denise	15 S	Germaine
16 M	Marcel	16 V	Julienne	16 S	Bénédicte	16 M	Benoît-J.	16 J	ASCENSION	16 D	F. des Pères
17 M	Roseline	17 S	Alexis	17 D	Patrice	17 M	Anicet	17 V	Pascal		
18 J	Prisca	18 D	Bernadette			18 J	Parfait	18 S	Éric	17 L	Hervé
19 V	Marius			18 L	Cyrille	19 V	Emma	19 D	Yves	18 M	Léonce
20 S	Sébastien	19 L	Gabin	19 M	Joseph	20 S	Odette			19 M	Romuald
21 D	Agnès	20 M	Mardi gras	20 M	PRINTEMPS	21 D	Anselme	20 L	Bernardin	20 J	ÉTÉ
		21 M	Cendres	21 J	Clémence			21 M	Constantin	21 V	Aloïse
22 L	Vincent	22 J	Isabelle	22 V	Léa	22 L	Alexandre	22 M	Émile	22 S	Alban
23 M	Barnard	23 V	Lazare	23 S	Victorien	23 M	Georges	23 J	Didier	23 D	Audrey
24 M	Fr. de Sales	24 S	Modeste	24 D	Cath. de Su.	24 M	Fidèle	24 V	Donatien		
25 J	Conv. S. Paul	25 D	Carême			25 J	Marc	25 S	Sophie	24 L	Jean Bapt.
26 V	Paule			25 L	Annonciation	26 V	Alida	26 D	Pentecôte/F. Mères	25 M	Prosper
27 S	Angèle	26 L	Nestor	26 M	Larissa	27 S	Zita			26 M	Anthelme
28 D	Th. d'Aquin	27 M	Honorine	27 M	Habib	28 D	Jour du Souv.	27 L	Augustin	27 J	Fernand
		28 M	Romain	28 J	Gontran			28 M	Germain	28 V	Irénée
29 L	Gildas	29 J	Auguste	29 V	Gwladys	29 L	Catherine	29 M	Aymard	29 S	Pierre, Paul
30 M	Martine			30 S	Amédée	30 M	Robert	30 J	Ferdinand	30 D	Martial
31 M	Marcelle			31 D	Rameaux			31 V	Visitation		

JUILLET		AOÛT		SEPTEMBRE		OCTOBRE		NOVEMBRE		DÉCEMBRE	
1 L	Thierry	1 J	Alphonse	1 D	Gilles	1 M	Th. de l'E.J.	1 V	Toussaint	1 D	Avent
2 M	Martinien	2 V	Julien-Ey			2 M	Léger	2 S	Défunts		
3 M	Thomas	3 S	Lydie	2 L	Ingrid	3 J	Gérard	3 D	Hubert	2 L	Viviane
4 J	Florent	4 D	J.M. Vianney	3 M	Grégoire	4 V	Fr. d'Assise			3 M	Xavier
5 V	Antoine			4 M	Rosalie	5 S	Fleur	4 L	Charles	4 M	Barbara
6 S	Mariette	5 L	Abel	5 J	Raïssa	6 D	Bruno	5 M	Sylvie	5 J	Gérald
7 D	Raoul	6 M	Transfiguration	6 V	Bertrand			6 M	Bertille	6 V	Nicolas
		7 M	Gaétan	7 S	Reine	7 L	Serge	7 J	Carine	7 S	Ambroise
8 L	Thibaut	8 J	Dominique	8 D	Nativité N. D.	8 M	Pélagie	8 V	Geoffroy	8 D	I. Concept.
9 M	Armandine	9 V	Amour			9 M	Denis	9 S	Théodore		
10 M	Ulrich	10 S	Laurent	9 L	Alain	10 J	Ghislain	10 D	Léon	9 L	P. Fourier
11 J	Benoît	11 D	Claire	10 M	Inès	11 V	Firmin			10 M	Romaric
12 V	Olivier			11 M	Adelphe	12 S	Wilfried	11 L	ARMISTICE 18	11 M	Daniel
13 S	Henri, Joël	12 L	Clarisse	12 J	Apollinaire	13 D	Géraud	12 M	Christian	12 J	Jeanne F.C.
14 D	F. NATIONALE	13 M	Hippolyte	13 V	Aimé			13 M	Brice	13 V	Lucie
		14 M	Évrard	14 S	La Ste Croix	14 L	Juste	14 J	Sidoine	14 S	Odile
15 L	Donald	15 J	ASSOMPTION	15 D	Roland	15 M	Th. d'Avila	15 V	Albert	15 D	Ninon
16 M	N.D. Mt-Carmel	16 V	Armel			16 M	Edwige	16 S	Marguerite		
17 M	Charlotte	17 S	Hyacinthe	16 L	Édith	17 J	Baudouin	17 D	Élisabeth	16 L	Alice
18 J	Frédéric	18 D	Hélène	17 M	Renaud	18 V	Luc			17 M	Gaël
19 V	Arsène			18 M	Nadège	19 S	René	18 L	Aude	18 M	Gatien
20 S	Marina	19 L	Jean Eudes	19 J	Émilie	20 D	Adeline	19 M	Tanguy	19 J	Urbain
21 D	Victor	20 M	Bernard	20 V	Davy			20 M	Edmond	20 V	Abraham
		21 M	Christophe	21 S	Matthieu	21 L	Céline	21 J	Prés. de Marie	21 S	HIVER
22 L	Marie Mad.	22 J	Fabrice	22 D	AUTOMNE	22 M	Élodie	22 V	Cécile	22 D	Fr. Xavier
23 M	Brigitte	23 V	Rose de Li.			23 M	Jean de C.	23 S	Clément		
24 M	Christine	24 S	Barthélemy	23 L	Constant	24 J	Florentin	24 D	Flora	23 L	Armand
25 J	Jacques	25 D	Louis	24 M	Thècle	25 V	Crépin			24 M	Adèle
26 V	Anne, Joa.			25 M	Hermann	26 S	Dimitri	25 L	Catherine L.	25 M	NOËL
27 S	Nathalie	26 L	Natacha	26 J	Côme. Dam.	27 D	Émeline	26 M	Delphine	26 J	Étienne
28 D	Samson	27 M	Monique	27 V	Vinc. de Paul			27 M	Séverin	27 V	Jean
		28 M	Augustin	28 S	Venceslas	28 L	Sim., Jude	28 J	J. de la M.	28 S	Innocents
29 L	Marthe	29 J	Sabine	29 D	Michel	29 M	Narcisse	29 V	Saturnin	29 D	David
30 M	Juliette	30 V	Fiacre			30 M	Bienvenue	30 S	André		
31 M	Ignace de L.	31 S	Aristide	30 L	Jérôme	31 J	Quentin			30 L	Roger
										31 M	Sylvestre

Les modes articulatoires du français

There are three fundamental ways in which French pronunciation differs from that of American English: evenness of rhythm, open syllabification, and tenseness.

1. Evenness of rhythm

French speech is organized in terms of rhythmic groups, short phrases usually two to six syllables long. In English, some syllables within words receive greater stress than others; in French, all of the syllables receive the same degree of stress. The last syllable tends to be longer but does not receive any stress. Listen as your teacher pronounces corresponding English and French words. In English, the syllables that are not stressed are usually short, and their vowel is the neutral vowel found, for example, in the last syllable of words like *bogus, furnace, sofa.* When you pronounce the French word, you will find it useful to count out the rhythm or tap it out with your finger.

1-2		1-2-3		1-2-3-4	
ENGLISH	**french**	ENGLISH	**french**	ENGLISH	**french**
Phillip	**Philippe**	Canada	**Canada**	Alabama	**l'Alabama**
machine	**machine**	alphabet	**l'alphabet**	francophony	**francophonie**
madam	**madame**	Isabel	**Isabelle**	introduction	**l'introduction**

2. Open syllabification

In French, most syllables end with a vowel; these are called open syllables. Note that in the sentence **Voici mon amie Stéphanie,** every syllable ends with a vowel sound:

voi ci mon (n)a mie sté pha nie

In the phrase **mon amie, mon** ends with the vowel sound /õ/ and the **n** at the end of **mon** is pronounced as if it were part of the next word: /mõ na mi/. Evenness of rhythm and open syllabification make it difficult for speakers of English to identify individual words in French.

3. Tenseness

At the end of a syllable, French vowels are pronounced with the lips and the jaws tense. French vowels are usually shorter than corresponding English vowels, and the lips and jaws do not move during their production. When you pronounce English vowels, your chin often drops or your lips move, and a glided vowel results. Practice pronouncing tense vowels with French /i/ as in **ici** and /u/ as in **vous.** For /i/ the lips are spread and tense; for /u/ they are rounded and tense. The vowel /i/ is pronounced with a very high-pitched sound; /u/ with a very low-pitched, deep sound. As you practice these two vowels, remember not to let your chin drop.

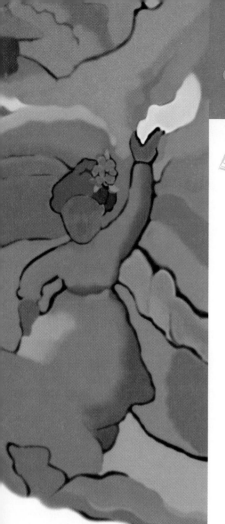

 LISONS

A. Avant de lire. Here is a series of headlines from the French-language press. As you read them, you will see that you do not need to know every word in order to grasp their general meaning. For example, you can guess that the article titled **"Dossier Beauté: Écolo Cosméto"** probably has to do with cosmetics and ecology; the subtitle contains other words that help confirm this guess.

You will also find that you understand a number of words because their form and meaning are so similar in French and English. These words are called *cognates* (**mots apparentés**). Examples in the headline just cited include **cosmétologie, crèmes, plantes, aérosols, fréon.**

Finally, you can use context to guess the meaning of unfamiliar words. For example, in the phrase **aérosols sans fréon**, you might guess that the word **sans** means *without*, since that would be an ecological improvement!

B. En lisant. Decide which headline/s deal/s with...

1. art
2. sports
3. politics/elections
4. cosmetics
5. medical news
6. the environment
7. international diplomacy

What words helped you make your decision in each case?

1.
Regards sur la ville aimée
Le musée de la Photographie à Charleroi présente une rétrospective de Gilbert De Keyser et une excellente cuvée de jeunes photographes.

Le Soir (Bruxelles)

2.
LE DOSSIER HAÏTI PASSE AUX NATIONS-UNIES
Résolution OEA

Haïti en marche (Miami)

3. **DOSSIER BEAUTÉ:** ÉCOLO COSMÉTO
La cosmétologie se met à l'heure écolo. Shampooings biodégradables, crèmes aux plantes, aérosols sans fréon...

20 ans (Paris)

4.
Basketball/Première ligue Uni et Corcelles vont mal

L'Express (Neuchâtel)

5.
LA RÉFORME DU SYSTÈME ÉLECTORAL CANADIEN

Le Devoir (Montréal)

6. *La bombe d'Amsterdam*
Sida: Un troisième virus?

Le Nouvel Observateur (Paris)

C. En regardant de plus près. Now that you have read through the headlines, look more closely at these features.

1. Find at least one cognate in each headline.
2. Based on the context, tell what the following words or expressions mean.
   a. Le musée de la Photographie (#1)
   b. Uni et Corcelles vont mal (#4)
   c. Résolution OEA (#2)
   d. Système électoral canadien (#5)
   e. Écolo cosméto; crèmes aux plantes, aérosols sans fréon (#3)
   f. troisième virus (#6)

D. Après avoir lu. For each headline, the source has been indicated. What does this tell you about where French is used in the world today? Can you explain why French is used all over the world?

ÉCOUTONS

Je me présente. What information do people generally give when they introduce themselves? Listen as the five people shown introduce themselves, telling where they are from and what language they speak. Match their photos with the places they come from and find those places on the map.

Pierre Trembley

David Nokan

Brigitte Piron

A. Vous avez compris? Who lives in...

1. Belgium?
2. Ivory Coast?
3. Quebec?
4. Louisiana?
5. Haiti?

Louis-Jean Dorélus

Annie Doucet

B. Les langues. How many people speak a language other than French? Which of the following languages are mentioned? You may listen to the introductions more than once if you wish.

___ Baoulé
___ Cajun
___ Creole
___ (American) English
___ Flemish
___ German
___ Wolof

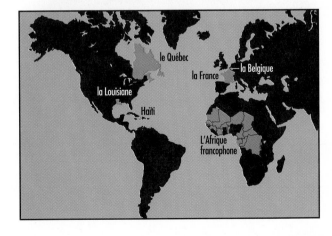

le Québec
la France
la Belgique
la Louisiane
Haïti
L'Afrique francophone

Vocabulaire

pour vous présenter — *to introduce yourself*

Comment tu t'appelles? (informal; sg)	*What is your name?*
Comment vous appelez-vous? (formal; sg/pl)	*What is your name?*
Je m'appelle Anne.	*My name is Anne.*
Je te/vous présente Marc.	*I introduce/present Mark to you.*
Voici...	*Here is/are...*
Enchanté/e.	*Delighted.*

pour saluer — *to greet*

Bonjour.	*Hello.*
Comment allez-vous?	*How are you?*
Très bien, merci, et vous?	*Very well, thank you, and you?*
Bien aussi.	*Fine, also.*
Salut.	*Hi.*
Comment ça va?	*How's it going?*
Ça va, et toi?	*Fine, and you?*
Pas mal.	*Not bad.*

pour prendre congé — *to take leave*

au revoir	*goodbye*
à bientôt	*see you soon*
à demain	*see you tomorrow*
salut	*bye*

personnes — *people*

Madame (Mme)	*Mrs.*
Mademoiselle (Mlle)	*Miss*
Monsieur (M.)	*Mr.*
un/e ami/e	*a friend*
un/e camarade	*a mate, friend*
un/e étudiant/e	*a student*
un/e voisin/e	*a neighbor*
un professeur (un prof)	*a professor*

la salle de classe — *the classroom*

une affiche	*a poster*
un bureau	*a desk*
un cahier	*a notebook*
une carte	*a map*
une cassette	*a cassette*
une chaise	*a chair*
une craie	*a stick of chalk*
un crayon	*a pencil*
des devoirs (m)	*homework*
une fenêtre	*a window*
un feutre	*a felt-tip marker*
une gomme	*an eraser*
un livre	*a book*
un magnétophone	*a tape recorder/player*
un mur	*a wall*
un ordinateur	*a computer*
une porte	*a door*
une règle	*a ruler*
un stylo	*a pen*
un tableau	*a blackboard*

expressions pour la salle de classe

expressions for the classroom

Pardon?	*Excuse me?*
Je ne comprends pas.	*I don't understand.*
Répétez.	*Repeat.*
Parlez plus fort.	*Speak louder.*
Parlez en français.	*Speak in French.*
Ne parlez pas anglais.	*Don't speak English.*
Comment dit-on *blackboard* en français?	*How do you say "blackboard" in French?*
s'il te/vous plaît	*please*
voilà...	*here/there is/are...*
c'est... (ce sont...)	*it is... (they are...)*
il y a... (il n'y a pas...)	*there is/are... (there isn't/aren't...)*
oui	*yes*
non	*no*

les mois de l'année

the months of the year

janvier	*January*
février	*February*
mars	*March*
avril	*April*
mai	*May*
juin	*June*
juillet	*July*
août	*August*
septembre	*September*
octobre	*October*
novembre	*November*
décembre	*December*
C'est le onze septembre.	*It's September 11.*

pour donner des ordres

to give orders

Allez!	*Go!*
Asseyez-vous!	*Sit down!*
Comptez de 1 à 10.	*Count from 1 to 10.*
Donnez-moi les devoirs.	*Give me the homework.*
Écoutez!	*Listen!*
Écrivez votre nom/le mot.	*Write your name/ the word.*
Effacez le mot.	*Erase the word.*
Fermez la fenêtre.	*Close the window.*
Levez le doigt.	*Raise your hand. (lit., your finger)*
Levez-vous.	*Get up/stand up.*
Lisez la phrase.	*Read the sentence.*
Montrez-moi le livre.	*Show me the book.*
Ouvrez la porte.	*Open the door.*
Parlez français.	*Speak French.*
Prenez le stylo.	*Take the pen.*
Regardez le tableau.	*Look at the blackboard.*
Répétez!	*Repeat!*
Répondez en français.	*Answer in French.*

Qui parle français ?

. . . .

Test: Who in the World Speaks French?

What do you know about who speaks French,
where, and for what purposes?

1. The French-speaking population of the world totals approximately…
   a. 55 million   b. 100 million   c. 250 million   d. 450 million

2. In a Francophone country, everyone speaks French.
   a. True   b. False

3. French is an official language in the United States.
   a. True   b. False

4. In the 18th century, French was the language of diplomacy
   and international affairs.
   a. True   b. False

5. Francophony is…
   a. a political and economic federation, a kind of French
      commonwealth.
   b. the only international organization based on a language.
   c. a vehicle for recognizing the cultural diversity of
      French-speaking people.

le Québec

la Guadeloupe

Number 1
Did you answer … b. 100 million?
You are correct. About 55 million
of these people live in France;
about 45 million live in other
countries where people speak
French. Give yourself two points.

Number 2
The answer is False; give yourself two points if you
answered correctly. In a Francophone country, not
necessarily everyone speaks French. In some countries,
French is both an *official* language (used in government
and education) and a *vernacular* language (used in
everyday communication). Belgium is an example of a
country in which French is both an official and a
vernacular language. In Haiti, on the other hand, French
serves as one of two official languages, but is spoken by
only about 15% of the population. The vernacular
language of the majority of Haitians is Haitian Creole.

Number 3
The answer is True; two points if you answered correctly.
Since 1968, French and English have been declared
official languages in Louisiana. Somewhere between a
quarter and a half million Cajun speakers live in the
bayou region of southwest Louisiana.

Number 4
Two points if you answered "True." Philosophers such as Montesquieu,
Voltaire, Rousseau and Beaumarchais had a profound effect on the
politics of the era. Both Benjamin Franklin and Thomas Jefferson
spoke French and lived for a time in Paris, meeting many of the
great French thinkers of the day. The influence of French
philosophers is seen in our own United States Constitution: the
notion of separation of executive, legislative and judicial powers is
an idea developed by Montesquieu in his work *L'Esprit des lois* (The
Spirit of Laws).

le Sénégal

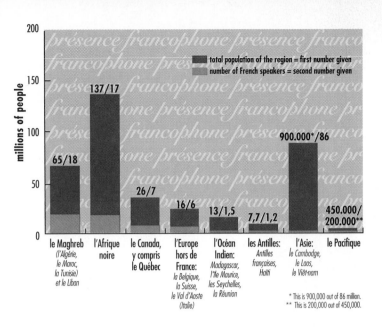

total population of the region = first number given
number of French speakers = second number given

millions of people

le Maghreb (l'Algérie, le Maroc, la Tunisie) et le Liban	l'Afrique noire	le Canada, y compris le Québec	l'Europe hors de France: la Belgique, la Suisse, le Val d'Aoste (Italie)	l'Océan Indien: Madagascar, l'Île Maurice, les Seychelles, la Réunion	les Antilles: Antilles françaises, Haïti	l'Asie: le Cambodge, le Laos, le Viêt-nam	le Pacifique
65/18	137/17	26/7	16/6	13/1,5	7,7/1,2	900.000*/86	450.000/ 200.000**

* This is 900,000 out of 86 million.
** This is 200,000 out of 450,000.

Number 5

The answer is both B and C; give yourself two points for either, four points if you answered both! In the 1950s, some African nations wanted to found Francophony as an economic entity. Francophony was only founded after a series of developments: France disentangled itself from its last colony and became a champion of the Third World in the West; reactions grew to the predominance of American entertainment on the world's airwaves; Canada struggled with how to accommodate Quebec's reaffirmation of its French cultural roots without tearing the country apart. The first meeting of the organization took place in 1986, and recent meetings have seen more than forty delegations present. Francophony has no constitution or formal structure; its only guiding principle is that the countries involved choose to relate to one another in French and to defend and develop the language's place in the world.

How did you score?

Total your points. If you earned...

10–12 points
Bravo! You're well-informed about the Francophone world.

8 points
Félicitations! You're quite knowledgeable.

6 points
Eh bien! You've learned some new things today.

less than 6 pts
Dommage! But you'll learn more about French speakers in the upcoming chapters.

la Polynésie

La famille et mes activités

1

Voici ma famille

Jean-Pierre Brunet

Madeleine Brunet (née Guilbaud)

Yves Brunet

Micheline Brunet (née Kerboul)

Annick Roy (née Brunet)

Paul Roy

Fabienne

Loïc Leclerc

Eric

Stéphane

Hélène

Ma famille

Salut, je m'appelle Eric Brunet. Voici ma famille. D'abord mes grands-parents Brunet — ce sont les parents de mon père. Mon père a une sœur; elle s'appelle Annick Roy. Paul Roy est son mari. Pourquoi mes cousins ont des noms différents? C'est parce que ma tante est divorcée et remariée. Loïc est le fils de son premier mari et Hélène est la fille de son deuxième mari, Paul Roy. Ma mère est d'une famille nombreuse. Elle a deux frères et trois sœurs. Alors, j'ai beaucoup d'oncles, de tantes, de cousins et de cousines. Mes grands-parents Kerboul ont beaucoup de petits-enfants et mes parents, beaucoup de nièces et de neveux. Ma grande sœur Fabienne, qui est étudiante, est fiancée. Moi, je vais au lycée, et mon petit frère Stéphane va au collège. Chez nous il y a aussi des animaux familiers. Nous avons un chien, César, et deux chats.

JE M'APPELLE...

In France, children are sometimes named for a relative or for the saint's day on which they are born; they may also be named for a celebrity. Naming customs follow trends, and certain names go in and out of fashion. In France today, the most common men's names are: Michel, Jean, Pierre, André and Philippe. The most common women's names are: Marie, Monique, Françoise, Isabelle and Catherine. The most fashionable boys' names are at present: Kevin, Maxime, Thomas, Alexandre and Florian. The most fashionable girls' names are: Marine, Laura, Camille and Justine.

LA FAMILLE EN FRANCE

The face of the family is changing in France. Today's couples tend to have fewer children. Although divorce is less common than in the United States, the rate is rising. An estimated one million unmarried French men and women live together, three times the rate of twenty years ago. Although the family is changing, relations among family members still tend to be close and to have a strong influence in a French person's life. Young people, for example, have frequent contact with their extended family: grandparents, aunts, uncles and cousins. More than 10% of French people live on the same street as another member of their family, and about 30% have a relative who lives in their neighborhood.

À VOUS LA PAROLE

A. Relations multiples. Describe the relationships between the various members of Eric's family.

MODÈLE: Paul Roy: Annick Roy, Eric
→C'est le mari d'Annick Roy et l'oncle d'Eric.

1. Loïc: Hélène, Eric
2. Annick Roy: Yves Brunet, Paul Roy
3. Annick Roy: Madeleine Brunet, Fabienne
4. Loïc: Yves Brunet, Jean-Pierre Brunet
5. Fabienne: Annick Roy, Hélène
6. Eric: Jean-Pierre et Madeleine Brunet, Yves Brunet
7. Madeleine Brunet: Yves Brunet, Hélène
8. Jean-Pierre Brunet: Annick Roy, Fabienne

B. Le mot juste. Complete the definitions of these family relationships.

MODÈLE: La mère de ma cousine est ma…
> La mère de ma cousine est ma tante.

1. Le père de ma mère est mon…
2. La sœur de mon père est ma…
3. La fille de mon oncle est ma…
4. Le frère de ma cousine est mon…
5. Le mari de ma tante est mon…
6. La mère de mon père est ma…
7. Le fils de mon frère est mon…
8. La fille de mon frère est ma…

C. Et vous? Ask your partner questions about his or her family. He or she can respond, using the cues provided.

1. Tu as un frère ou une sœur?
    > Non, je n'ai pas de frère ou de sœur.
OU Oui, j'ai un frère et une sœur (deux frères et deux sœurs, etc.).

2. Tu as un animal familier?
    > Non, je n'ai pas d'animal familier.
OU Oui, j'ai un chat et un chien, etc.

3. Tu as beaucoup d'oncles et de tantes?
    > Non, je n'ai pas d'oncles ou de tantes.
OU Oui, j'ai un oncle et deux tantes, etc.

4. Tu as des cousins?
    > Non, je n'ai pas de cousins.
OU Oui, j'ai un cousin et une cousine, etc.

Ils ont quel âge?

Dans un bureau de la Sécurité sociale

L'EMPLOYÉ: Quel est votre âge, Monsieur Brunet?

M. BRUNET: J'ai quarante-cinq ans.

L'EMPLOYÉ: Bien. Et vos enfants?

M. BRUNET: Ma fille a vingt et un ans et mes deux fils, dix-sept et quatorze ans.

L'EMPLOYÉ: Et votre femme?

M. BRUNET: Ben…, c'est à elle qu'il faut demander ça!

Les nombres cardinaux de 30 à 99

30	trente	50	cinquante	70	soixante-dix	90	quatre-vingt-dix
31	trente et un	51	cinquante et un	71	soixante et onze	91	quatre-vingt-onze
32	trente-deux	55	cinquante-cinq	72	soixante-douze	99	quatre-vingt-dix-neuf
40	quarante	60	soixante	80	quatre-vingts		
41	quarante et un	61	soixante et un	81	quatre-vingt-un		
42	quarante-deux	69	soixante-neuf	89	quatre-vingt-neuf		

LA SÉCURITÉ SOCIALE

Social services and medical care in France are socialized, with both employers and employees paying into a common fund. Most medical expenses are reimbursed entirely, and medications up to 80% of cost. **La Sécu** also provides monthly allowances for each child under age 21, funds parental leaves and childcare for newborns, compensates for loss of salary due to accident or illness, and provides unemployment and retirement benefits.

À VOUS LA PAROLE

A. La famille Brunet. Tell how old each of the Brunet family members is.

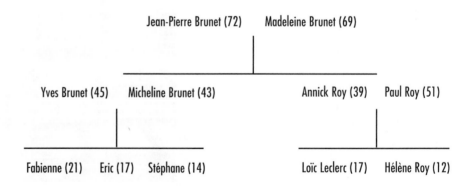

MODÈLE: Quel âge ont les enfants de Jean-Pierre Brunet?
→ Yves Brunet a quarante-cinq ans et Annick Roy a trente-neuf ans.

1. Quel âge a la mère de Loïc?
2. Quel âge a le père d'Hélène?
3. Quel âge a la sœur d'Eric?
4. Quel âge ont les parents d'Yves Brunet?
5. Quel âge ont les enfants d'Annick Roy?
6. Quel âge a la femme d'Yves Brunet?
7. Quel âge ont les neveux de Paul Roy?

B. Des gens connus. How old is each of these well-known people?

MODÈLE: William J. Clinton (1946-)
→ William J. Clinton a cinquante ans.

1. Meryl Streep (1951–)
2. Barbra Streisand (1942–)
3. Jacques Chirac (1932–)
4. Mikael Baryshnikov (1948–)
5. Michael Jordan (1963–)
6. Jane Fonda (1937–)
7. Mel Gibson (1956–)
8. Julia Roberts (1967–)
9. Ronald Reagan (1911–)
10. Luciano Pavarotti (1935–)

C. Et ta famille? Ask a classmate how old various members of his or her family are.

MODÈLES: ta mère?
  É1 Quel âge a ta mère?
  É2 Ma mère a quarante-huit ans.

  tes frères?
  É1 Quel âge ont tes frères?
  É2 Mon frère Robert a douze ans. Mon frère Kevin a quinze ans.

1. ta mère?
2. ton père?
3. tes frères?
4. tes sœurs?
5. tes grands-parents?
6. tes nièces?
7. tes neveux?
8. ta tante?
9. ton oncle?
10. tes cousins?

Où j'habite

C'est Fabienne Brunet qui parle…
Je suis étudiante, mais je n'habite pas la
résidence universitaire. J'habite chez mes parents.
Voici une photo de notre maison. Et voici ma
chambre. Dans ma chambre il y a des affiches
aux murs, quelques plantes et beaucoup de livres
sur les étagères. Mon bureau est juste devant la
fenêtre, et mon lit en face. Tiens, voilà mon chat
Minou derrière la porte. Mon autre chat, Cédille,
est sous mon lit.

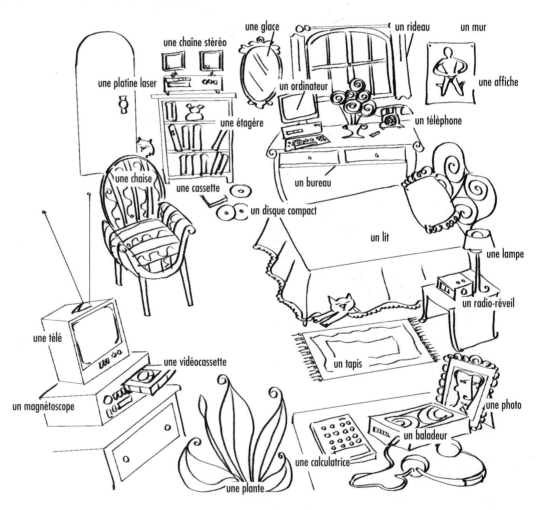

A. Associations. What object/s do you associate with each word?

MODÈLE: le mur

→l'affiche, la photo, la glace

1. la fenêtre
2. le magnétoscope
3. l'étagère
4. la cassette
5. le bureau
6. le baladeur
7. les maths
8. le bureau

B. La chambre de Van Gogh. Van Gogh, a Dutch painter who lived in France (1853–1890), painted his bedroom in Provence. Indicate what is in his room.

MODÈLE: →Dans la chambre, il y a un lit,…

C. Où vous habitez. Tell where you live and describe your room.

MODÈLE: →J'habite chez mes parents/une maison/un appartement/une résidence.
        Dans ma chambre il y a…

SONS ET LETTRES

La prononciation des chiffres

NUMERAL ALONE	BEFORE A CONSONANT	BEFORE A VOWEL
un	un jour	un_an
une	une fille	une affiche
deux	deux copains	deux_amis /z/
trois	trois frères	trois_oncles /z/
quatre	quatre profs	quatre étudiants
cinq	cinq filles	cinq_enfants
six /sis/	six tantes	six_oncles /z/
sept	sept livres	sept_images
huit	huit cahiers	huit_affiches
neuf	neuf cousines	neuf_amies
dix /dis/	dix mois	dix_ans /z/
vingt	vingt maisons	vingt_affiches

The pronunciation of the numbers 1–10 and **vingt** varies depending on what follows. Except for **quatre** et **sept**, all numbers have two or three forms. **Neuf** has a special form before the words **ans** and **heures**: f is pronounced /v/: **il a neuf ans, il est neuf heures**.

À VOUS LA PAROLE

A. Dans la salle de classe. Repeat each expression.

un professeur	un ordinateur
trois cartes	trois affiches
dix filles	dix étudiantes
huit garçons	huit étudiants
cinq fenêtres	cinq ordinateurs

B. Dans votre salle de classe. Now tell how many of each you have in your classroom.

MODÈLE: tableaux

→ Il y a deux tableaux.

1. professeurs
2. étudiantes
3. étudiants
4. fenêtres
5. ordinateurs
6. cartes
7. affiches
8. bureaux

Le genre et les articles

All French nouns are *feminine* or *masculine* in gender. The gender of a noun determines the form of other words that accompany it, for example, articles and adjectives.

1. **The indefinite article**

   The indefinite articles **un** and **une** correspond to *a* or *an* in English. **Une** is used with feminine nouns and **un** with masculine nouns. **Un** or **une** can also mean *one*:

Voici **un** magnétoscope.	*Here's a VCR.*
Donnez-moi **une** vidéocassette.	*Give me a videocassette.*
J'ai **une** sœur.	*I have a sister.* or *I have one sister.*

   - Before a vowel sound, **un** ends with a /n/ sound that is pronounced as if it were part of the next word: un_ami, un_ordinateur.

2. **The definite article**

   There are three forms of the singular definite article, corresponding to *the* in English: **la** is used with feminine nouns, **le** with masculine nouns, and **l'** with all nouns beginning with a vowel sound. As in English, the definite article is used to indicate a previously mentioned or specified noun.

Voilà **la** lampe.	*Here's the lamp.*
Où est **le** baladeur?	*Where's the walkman?*
Donnez-moi **l'**affiche.	*Give me the poster.*

   - In French the definite article also designates a noun used in a general or abstract sense. In such cases, no article is used in English.

J'aime **le** football.	*I like soccer.*
Mes sœurs adorent **la** musique.	*My sisters love music.*

	MASCULIN	FÉMININ
INDÉFINI	**un** cahier	**une** fenêtre
	un ami	**une** amie
DÉFINI	**le** téléphone	**la** télévision
	l'ordinateur	**l'**affiche

3. **Predicting the gender of nouns**

   Since the gender of a noun is not always predictable, it is a good idea to memorize the gender of each new word that you learn. For example, learn **une affiche** rather than **affiche** or **l'affiche**. The following guidelines will help you identify the gender of many nouns.

- Nouns designating females are usually feminine and nouns designating males are usually masculine:

  la fille *the girl* **/ le** garçon *the boy*
  la dame *the lady* **/ le** monsieur *the man*

- The names of languages are masculine:

  le français *French*   **le** créole *Creole*

- Words recently borrowed from other languages are generally masculine:

  le marketing   **le** yoga   **le** rap   **le** tennis

- Some endings often help identify the gender of nouns:

  MASCULINE ENDINGS: **-eau, -o, -isme**
  le tableau, le stylo, le socialisme

  FEMININE ENDINGS: **-ion, -té**
  la nation, la télévision, la liberté, la quantité

À VOUS LA PAROLE

A. Dans la chambre d'Eric. What objects can you name in Eric's room?

MODÈLE: →Il y a un bureau,…

B. Voilà! Can you find the following objects in your classroom? If so, indicate to whom they belong.

MODÈLE: un baladeur

     ➤Voilà un baladeur; c'est le baladeur de David.

1. une carte
2. un crayon
3. une cassette
4. une calculatrice
5. un stylo
6. un cahier
7. une règle
8. un ordinateur

C. Quel genre? Can you guess the gender of these unfamiliar words?

MODÈLE: japonais

     ➤le japonais

1. jet
2. rock
3. bateau
4. solution
5. beauté
6. vélo
7. micro(phone)
8. communisme

Le nombre

1. Plurals of nouns

- Most French nouns are made plural by adding **s**:

un livre *a book*	deux livre**s** *two books*
une fenêtre *one window*	trois fenêtre**s** *three windows*

- Nouns that end in **s** remain the same in the plural; nouns ending in **-eau** add **x**:

un cours *a course*	deux cour**s** *two courses*
un bureau *one desk*	quatre bureau**x** *four desks*

- The plural ending is not pronounced, so you must listen for a preceding word, usually a number or article, to tell whether a noun is plural or singular.

2. Plurals of articles

- The plural form of the definite article is always **les**:

l'ordinateur *the computer*	**les** ordinateurs *the computers*
la chaise *the chair*	**les** chaises *the chairs*

- The plural form of the indefinite article is always **des**:

un cahier *a notebook*	**des** cahiers *notebooks, some notebooks*
une affiche *a poster*	**des** affiches *posters, some posters*

- In English, plural nouns often appear without any article; in French, an article almost always accompanies the noun:

Il y a **des livres** dans ma chambre.   *There are **books** in my room.*
J'aime **les affiches.**   *I like **posters.***

- Before a vowel sound, the **s** of **les** and **des** is pronounced as /z/:

les chaises vs. les_images   des bureaux vs. des_ordinateurs
       /z/   /z/

	L'ARTICLE DÉFINI		L'ARTICLE INDÉFINI	
	SINGULIER	PLURIEL	SINGULIER	PLURIEL
MASCULIN	**le** cahier	**les** cahiers	**un** cahier	**des** cahiers
	l'ami	**les**_amis	**un**_ami	**des**_amis
FÉMININ	**l'**amie	**les**_amies	**une** amie	**des**_amies
	la gomme	**les** gommes	**une** gomme	**des** gommes

À VOUS LA PAROLE

A. Dans la salle de classe. Ask a classmate questions to find out whether each of the objects listed can be found in your classroom. He or she can respond by indicating to whom they belong.

MODÈLE: cassettes
       É1   Il y a des cassettes?
       É2   Oui, voilà les cassettes de Robert.

1. cahiers
2. livres
3. stylos
4. calculatrices
5. règles
6. photos
7. vidéocassettes

B. Dans ta chambre. Ask a classmate questions to find out what objects are in his or her room.

MODÈLE: É1   Il y a des affiches aux murs?
       É2   Non, mais il y a des photos de ma famille.

C. Sur votre bureau. Do you have a desk at home? Name three things that are on it.

MODÈLE: ⇀ Il y a une lampe, des livres et un radio-réveil.

Les pronoms sujets et le verbe **avoir**

Here are the forms of the verb **avoir** (*to have*), shown with the subject pronouns:

LES PRONOMS SUJETS et AVOIR *to have*				
SINGULAR			PLURAL	
j'	**ai**	*I have*	nous **avons**	*we have*
tu	**as**	*you have*	vous **avez**	*you have*
il		*he/it has*	ils	
elle	**a**	*she/it has*	elles } **ont**	*they have*
on		*we have*		

1. The form **avoir** is called the *infinitive;* this is the form you find at the head of the dictionary listing for the verb. Note that a specific form of **avoir** corresponds to each subject pronoun. Because these forms do not follow a regular pattern, **avoir** is called an *irregular* verb.

2. A subject pronoun can be used in place of a noun as the subject of a sentence.

   Guy a une sœur?   *Does Guy have a sister?*
   Non, **il** a deux frères.   *No, **he** has two brothers.*

   • As you have learned, use **tu** with a person you know very well; otherwise use **vous.** Use **vous** also when speaking to more than one person:

   Marc, **tu** as un stylo?   *Marc, do you have a pen?*
   Vous avez des enfants, Monsieur?   *Do you have any children, sir?*
   Anne et Julie, **vous** avez votre livre?   *Anne and Julie, do you have your book?*

   • **On** is an indefinite pronoun that can mean *one*, *they*, or *people*, depending on the context. In conversational French, **on** is often used instead of **nous**:

   On a des affiches au mur.   *They have posters on the wall.*
   On a un ordinateur chez nous.   *We have a computer at home.*

   • **Elles** refers to a group of feminine nouns. **Ils** refers to a group of masculine nouns, or to a group that includes masculine and feminine nouns:

   Mes cousines, **elles** ont un ordinateur.
   Anne et Marc, **ils** ont un frère.

A. Qu'est-ce qu'ils ont? Tell what each person has.

MODÈLES: je/chat

→ J'ai un chat.

nous/chiens

→ Nous avons des chiens.

1. Fabienne/affiches
2. vous/ordinateur
3. les Roy/fille
4. je/chambre
5. tu/magnétoscope
6. nous/cassettes
7. vous/platine laser
8. Stéphane et Eric/sœur

B. Qu'est-ce que vous avez? Compare with a partner what you brought to class today.

MODÈLE: → Nous avons des cahiers. J'ai aussi un stylo et un baladeur.
Il/Elle a un crayon et un livre.

C. Trouvez une personne. Ask your classmates questions to find someone who has…

MODÈLE: un frère

É1   Tu as un frère?

É2   Oui, j'ai un frère. (you write down that person's name)

OU   Non. (you ask another person)

1. un frère
2. trois sœurs
3. des enfants
4. un chat
5. un chien
6. une télé
7. un baladeur
8. un ordinateur
9. un magnétoscope
10. une platine laser

Les adjectifs possessifs

1. Possessive adjectives indicate ownership or other types of relationships.

C'est **votre** cahier?   *Is this your notebook?*
Voilà **ma** mère.   *There's my mother.*

SINGULIER			PLURIEL
masculin + consonne	masc/fém + voyelle	féminin + consonne	
mon	mon‿	ma	mes
ton	ton‿	ta	tes
son	son‿	sa	ses
	notre		nos
	votre		vos
	leur		leurs

2. The form of the possessive adjective depends on the gender and number of the noun that it modifies.

C'est **le frère** de Nicole.   C'est **son** frère.   *It's her brother.*
C'est **la tante** d'Henri.   C'est **sa** tante.   *It's his aunt.*
Voilà **les cousins** d'Henri.   Voilà **ses** cousins.   *There are his cousins.*

3. Use **mon, ton,** and **son** before any singular noun beginning with a vowel, and pronounce the liaison /n/:

C'est **mon‿**amie Sylvie.
C'est **ton‿**ordinateur?

4. For plural nouns beginning with a vowel, pronounce the liaison /z/:

Voilà **ses‿**amies.
Ce sont **nos‿**oncles.

A. C'est qui? Imagine you are at a family gathering with a friend. Answer her questions about the people you see.

MODÈLES:　É1　Ce sont tes cousins?

　　　　　　É2　Oui, ce sont mes cousins.

　　　　　　É1　C'est le frère de ton père?

　　　　　　É2　Oui, c'est son frère.

1. C'est ta mère?
2. Ce sont tes grands-parents?
3. C'est le mari de ta sœur?
4. C'est ton oncle?
5. Ce sont les enfants de ta sœur?
6. C'est la sœur de ta mère?
7. Ce sont tes frères?
8. Ce sont les parents de tes cousins?

B. Tu as ça? Ask a partner whether she/he has each of the items on the list. Your partner will then show which items she/he has.

MODÈLE:　livre de français

　　　　　　É1　Tu as ton livre de français?

　　　　　　É1　Oui, voilà mon livre.

　　OU　　　Non.

1. cahier
2. devoirs
3. stylo
4. règle
5. cassette
6. crayon
7. calculatrice
8. photos

C. Un arbre généalogique. Ask your partner questions so that you can draw his/her family tree.

MODÈLE:　É1　Paul, comment s'appelle ta mère?

　　　　　　É2　Elle s'appelle Anne.

　　　　　　É1　Et ton père?

　　　　　　É2　Il s'appelle David.

　　　　　　É1　Tu as des frères ou des sœurs?, etc.

D. Qu'est-ce que vous prenez? Imagine that your dorm/house/apartment is on fire, and you have time to take only three things. What do you take?

MODÈLE:　→Je prends les photos de ma famille et de mes amis, mon ordinateur et mes deux chats, Mickey et Minnie.

MISE EN PRATIQUE

LISONS

A. Avant de lire. Here are three very similar documents.

1. Look over the documents to decide for what *purpose* they have been designed.

2. What kinds of information would you *expect* to find in these documents? Choose from the list below.

_____ addresses	_____ places	_____ religion
_____ ages	_____ prices	_____ times
_____ dates	_____ professions	_____ weather
_____ names	_____ relationships	

3. Announcements such as these tend to be very *formulaic* in nature. This means that the type of information provided is highly predictable, and often the phrasing is very similar. Think of some examples in English. In what type of document would you expect to find the phrase *request the pleasure of your company* or *reply requested*?

B. En lisant. As you read, look for the following:

1. For each of the announcements, find …

   a. the couple's names   c. the date   e. the place
   b. the parents' names   d. the time

2. What information do you find in these announcements that you do not usually expect to find in similar announcements in the United States?

3. Notice that the style of the first announcement is very different from that of the other two. What does it tell you about the people who sent this announcement?

C. En regardant de plus près. Now look more closely at some features of the texts on the next page.

1. Two of the announcements begin in a very similar way:

> **M. et Mme André Lefranc et M. et Mme Dominique Santino**
> **… ont l'honneur de vous faire part du mariage de leurs enfants.**

> **Guylaine et Jean-Joël**
> **… ont la joie de vous faire part de leur mariage.**

Based on your knowledge of similar announcements in the U.S. and on your knowledge of cognates, what do you think these first lines mean?

2. The place for this event is listed in one case as **la chapelle**, in the other two as **l'église**. Given the context, what do you think is the meaning of the word **église**?

In France, marriage is first of all an official act. The bride and groom go with their guests to the town hall for a civil ceremony. Afterwards, there may also be a religious ceremony in a church, synagogue, or elsewhere. **Le vin d'honneur** is a ceremony during which guests drink wine, often champagne, to celebrate a happy event such as a wedding.

De l'aventure   De l'exotisme
Du romantisme
NOCES EN HIVER

Une production :
Marie-Thérèse et J. Paul BAUDIN
2, cité Dunant - 58340 CERCY-LA-TOUR
Denise et Marceau LANCIEN
Domaine de l'Isle - 58300 CHARRIN

Avec pour la première fois à l'écran
Marie-Christine et Laurent

Vous êtes cordialement invités à assister à l'Avant-Première qui se déroulera dans le magnifique cadre naturel de l'Église de Cercy-la-Tour,
le samedi 22 février 1992 à 15 h 30.

La cérémonie sera suivie d'un vin d'honneur où toute l'équipe de production aura grand plaisir à vous retrouver.

Guylaine   Jean-Joël

ont la joie de vous faire part de leur mariage qui aura lieu le Samedi 13 Août 1994 à 16 heures en l'Église Saint Genitour à Le Blanc

M. et Mme Jacques Heret   M. et Mme René Péricier
129, rue de l'Hautil   6, rue de Tercé
78510 Triel-sur-Seine   86800 Tercé

Monsieur et Madame   Monsieur et Madam
André Lefranc   Dominique Santin

ont l'honneur de vous faire part du mariage de leurs enfants

Claudine et Patrice

La Cérémonie Religieuse sera célébrée samedi le 5 Juin 1994, à 15 heures 40, en la Chapelle de l'Hautil, Route de l'Hautil - 78510 Trie

18, rue des Tournelles Pissefontaine   127, rue de l'Ou
78510 Triel   75014 Pa

D. Après avoir lu. Discuss the following questions with your classmates.

1. What do you generally do when you receive an announcement of this type? Imagine that you decide to send flowers. Under what circumstances would you send each of the following cards with your flowers?
   a. Je partage votre joie.
   b. Félicitations aux nouveaux mariés!
   c. Bravo, chers amis!

2. Having seen these three examples, could you make a similar announcement for yourself, a family member or a friend?

ÉCOUTONS

Une photo de mariage. Sylvie is showing her friend a picture from a family wedding. Listen to her description and identify the people shown.

1. Sylvie
2. her brother
3. her sister
4. her parents
5. her cousin
6. her brother-in-law
7. her brother-in-law's parents

PARLONS ENSEMBLE

Une famille française. Describe the family in the picture, imagining who each person is. Who are the parents? the grandparents? the children? Give the name and age of each person.

MODÈLE: →La femme âgée, c'est la grand-mère; elle a 65 ans…

ÉCRIVONS

A. Un formulaire. Imagine that you're applying to a study program in France. Fill in the application with your personal information.

1. NOM _____
2. PRÉNOMS _____
3. DATE DE NAISSANCE _____ LIEU _____
4. NATIONALITÉ _____
5. SEXE ◯ MASCULIN ◯ FÉMININ
6. ÉTAT CIVIL ◯ CÉLIBATAIRE ◯ MARIÉ/E
7. SI VOUS ÊTES MARIÉ/E, INDIQUEZ
   LE NOM DU CONJOINT _____
   LE NOMBRE D'ENFANTS _____ ÂGE(S)_____
8. ADRESSE PERSONNELLE (NUMÉRO, RUE, VILLE, CODE POSTAL)
   _____
   TÉLÉPHONE _____

B. Je te présente ma famille. Imagine that you're writing to a French pen pal. Describe your family, and ask questions about his/her family.

MODÈLE: →Je suis d'une famille nombreuse. Mon père s'appelle Robert, et ma mère, Irène. J'ai deux frères: Mark a 18 ans, et Patrick a 15 ans. J'ai deux sœurs jumelles aussi: elles s'appellent Marie et Annie, et elles ont 13 ans. Nous avons un chat, Pittypat, et un chien, Prince. Et toi, tu es d'une famille nombreuse? Comment s'appellent tes parents?, etc.

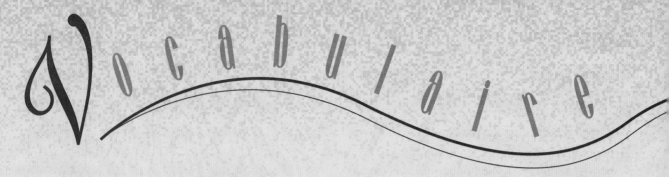

Vocabulaire

♦ **relations familiales** — **family relations**

une femme	a wife, woman
un mari	a husband
des parents (m)	parents, relatives
une mère	a mother
un père	a father
une belle-mère	a stepmother, mother-in-law
un beau-père	a stepfather, father-in-law
une famille nombreuse	a big family
un enfant	a child
des jumelles/des jumeaux	twins
une fille	a daughter
un fils	a son
un frère	a brother
une sœur	a sister
des grands-parents (m)	grandparents
une grand-mère	a grandmother
un grand-père	a grandfather
des petits-enfants (m)	grandchildren
une petite-fille (des petites-filles)	a granddaughter (granddaughters)
un petit-fils (des petits-fils)	a grandson (grandsons)
une tante	an aunt
un oncle	an uncle
une nièce	a niece
un neveu (des neveux)	a nephew (nephews)
un/e cousin/e	a cousin

♦ **l'état civil** — **civil status**

célibataire	single
divorcé/e	divorced
fiancé/e	engaged
marié/e	married
remarié/e	remarried

♦ **l'âge** — **age**

l'âge (m)	age
un an	one year
avoir	to have
Quel est ton/votre âge?	What is your age?
Quel âge tu as?/Quel âge avez-vous?	How old are you?
J'ai 39 ans.	I am 39 years old.

♦ **pour dire où** — **to say where**

là	there
aux murs	on the walls
avec	with
chez	at the home of/ at the place of
près de	near
devant/derrière	in front of/behind
sur/sous	on/under
en face	opposite, facing

◆ animaux familiers   pets

un animal familier   *a pet*
un chat   *a cat*
un chien   *a dog*

◆ la chambre d'un/e étudiant/e   a student's room

une affiche   *a poster*
un baladeur   *a walkman*
un bureau   *a desk*
une calculatrice   *a calculator*
une chaîne stéréo   *a stereo system*
une chaise   *a chair*
un disque compact   *a compact disc*
une étagère   *a bookshelf*
une glace   *a mirror*
une lampe   *a lamp*
une platine laser   *a compact disc player*
un lit   *a bed*
un magnétoscope   *a videocassette player*
un mur   *a wall*
un ordinateur   *a computer*
une photographie (une photo) *a photograph*
une plante   *a plant*
un radio-réveil   *a clock-radio*
un rideau   *a curtain*
un tapis   *a rug*
un téléphone   *a telephone*
une télévision (une télé)   *a television set*
une vidéocassette   *a videocassette*

◆ où nous habitons   where we live

un appartement   *an apartment*
une chambre   a *bedroom*
habiter   *to live, reside*
une maison   *a house*
une résidence universitaire *a dormitory*
une ville   *a city*

◆ en ville   in the city

un collège   *a middle school*
un lycée   *a high school*

◆ autres mots utiles   other useful words

d'abord   *first*
autre   *other*
mais   *but*
si   *if*

Mes activités préférées

Une journée en famille

C'est samedi chez les Dupont. Le matin, M. Dupont travaille dans le jardin. Mme Dupont parle au téléphone; elle invite ses parents à dîner. Yvonne joue du piano et elle prépare sa leçon de chant. Simon ne travaille pas, il écoute du rock.

L'après-midi, Simon joue au football avec son copain. Sa sœur regarde la télé. M. et Mme Dupont préparent le dîner.

Le soir, les enfants jouent aux cartes. Les grands-parents arrivent et la famille dîne ensemble.

Les sports et les loisirs

Je joue

      au football, au rugby, au basketball,
      au tennis, au golf.
      aux cartes, aux dames, aux échecs.
      du piano, de la guitare.

J'écoute des cassettes, des disques compacts, la radio.

J'aime le rock, la musique classique, le jazz.

Je regarde la télé(vision), un film.

Je chante dans une chorale.

A. Associations de mots. What words do you associate with each of the verbs listed?

MODÈLE: regarder
→la télé, un film, le tableau

1. écouter
2. jouer
3. chanter
4. préparer
5. parler
6. travailler
7. aimer

B. Qu'est-ce que vous faites le samedi? Use the elements provided to describe what you typically do on a Saturday.

MODÈLE: le matin/je prépare/mes leçons
→Le matin je prépare mes leçons.

	je travaille	le repas
le matin	j'écoute	mes copains à dîner
l'après-midi	je joue	au tennis
le soir	je prépare	la télé, un film
	je regarde	à la maison
	j'invite	de la musique

C. Activités préférées. Everyone's supposed to be studying, but each is thinking about his/her favorite activity! Tell what each person likes to do.

MODÈLE: →Sylvie aime jouer au tennis.

Sylvie   Nicole   Grégory   Christine   Nicolas   Thomas

D. Vos préférences. Talk with a classmate about your preferences with regard to the activities listed, choosing appropriate expressions.

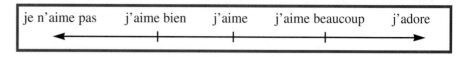

| je n'aime pas | j'aime bien | j'aime | j'aime beaucoup | j'adore |

MODÈLE: travailler dans le jardin
→ Je n'aime pas travailler dans le jardin.

1. travailler dans le jardin
2. écouter du rock
3. chanter dans une chorale
4. jouer aux cartes
5. regarder la télé
6. jouer au tennis
7. travailler le week-end
8. préparer mes leçons le soir

La semaine d'Yvonne

Quel jour sommes-nous? C'est lundi. Aujourd'hui, Yvonne a un examen de français. Le mardi, elle a sa leçon de chant. La leçon de piano, c'est toujours le jeudi. Ce week-end, elle a un concert samedi.

A. Projets de vacances. The Dupont family is spending a month on vacation in the region of France known as **le Périgord**. Look at the calendar and tell on what day of the week each activity will take place.

MODÈLE: Ils arrivent à Périgueux le deux août.
→ C'est un jeudi.

L	MA	ME	J	V	S	D
		août				
		1	2	3	4	5
6	7	8	9	10	11	12
13	14	15	16	17	18	19
20	21	22	23	24	25	26
27	28	29	30	31		

1. Ils visitent la ville le trois août.
2. Ils déjeunent au Moulin de l'Abbaye le cinq août.
3. Ils vont au Musée du Périgord le six août.
4. Ils visitent les grottes de Lascaux le dix août.
5. Ils vont au château de Beynac le douze août.
6. Ils visitent Rocamadour le quinze août.
7. Ils descendent au Gouffre de Padirac le vingt août.
8. Ils rentrent chez eux le vingt-trois août.

B. Vos cours. Who in your class has a course in the subjects listed? On what day(s) do they go to this class?

MODÈLE: É1   Qui a un cours de littérature?
É2   Moi.
É1   Quels jours est-ce que vous avez le cours de littérature?
É2   Le mardi et le jeudi.

1. un cours de biologie
2. un cours de maths
3. un cours de géologie
4. un cours d'histoire
5. un cours de sciences politiques
6. un cours de sociologie
7. un cours de chimie
8. un cours de danse

C. Quel jour? Ask a classmate on what day and when he/she prefers to do each of the things listed.

MODÈLE: travailler dans le jardin
É1   Quel jour est-ce que tu préfères travailler dans le jardin?
É2   Je préfère travailler dans le jardin le samedi.
É1   Quand?
É2   L'après-midi.

1. regarder la télé
2. travailler dans le jardin
3. écouter de la musique
4. préparer les leçons
5. jouer aux cartes
6. jouer au tennis
7. danser
8. regarder un film

Projets pour le week-end

SIMON: Allô, Rachid?

RACHID: Oui?

SIMON: C'est Simon. Qu'est-ce que tu fais, toi?

RACHID: Je regarde un film à la télé. Et toi?

SIMON: Moi, rien. Si, je prépare mon cours d'anglais. Écoute, on joue au foot cet après-midi?

RACHID: Non, désolé, je travaille avec mon père.

À VOUS LA PAROLE

A. Contradictions. You're not in agreement with what your partner says; contradict him/her.

MODÈLES: É1 On regarde un film ce soir?

É2 Non, désolé, ce soir je travaille.

É1 Tu ne joues pas au tennis cet après-midi?

É2 Si, je joue au tennis cet après-midi.

1. On joue aux échecs cet après-midi?
2. Tu prépares la leçon de français dimanche?
3. Tu n'invites pas tes amis à dîner samedi?
4. On ne joue pas au basket cet après-midi?
5. Tu ne travailles pas ce matin?
6. Tu chantes dans la chorale ce soir?
7. Tu n'écoutes pas la radio?
8. On prépare le repas ce soir?

B. Des choix. Propose two activities for the weekend to a classmate, who will choose which he/she prefers.

MODÈLE: écouter du rock ou de la musique classique

É1 On écoute du rock ou de la musique classique?

É2 Je préfère écouter du rock.

OU Je préfère écouter de la musique classique.

1. écouter du rock ou de la musique classique
2. jouer aux dames ou aux échecs
3. travailler dans le jardin ou dans la maison
4. regarder un film ou un match de football
5. regarder un film à la télé ou au ciné
6. préparer le cours de français ou le repas
7. jouer au tennis ou du piano

L'alphabet

Here are the letters of the alphabet together with their pronunciation in French.

a	(a)	h	(ach)	o	(o)	u	(u)
b	(bé)	i	(i)	p	(pé)	v	(vé)
c	(sé)	j	(ji)	q	(ku)	w	(double vé)
d	(dé)	k	(ka)	r	(èr)	x	(iks)
e	(eu)	l	(èl)	s	(ès)	y	(i grec)
f	(èf)	m	(èm)	t	(té)	z	(zèd)
g	(jé)	n	(èn)				

Accents and other diacritics are an integral part of French spelling.

1. *L'accent aigu* is used with **e** to represent the vowel /e/ of **l'été**:

   André   Valérie   une étudiante   présenter

2. *L'accent grave* is used with **e** to represent the vowel /ɛ/ of **la règle**:

   la règle   Hélène

   It is also used with **a** and **u** to differentiate words:

   la *the* vs. **là** *there*   **ou** *or* vs. **où** *where*

3. *L'accent circonflexe* can be used with all five vowel letters. It often marks the loss of the sound /s/ at an earlier stage of French. The **s** is still present in English words borrowed from French before that loss occurred:

   la pâte *paste*   **la bête** *beast*   **le maître** *master*
   la côte *coast*   **coûter** *to cost*   **l'hôpital** *hospital*

4. *Le tréma* indicates that vowel letters in a group are pronounced individually:

   toi vs. **Loïc** /lo-ik/   **s'il vous plaît** vs. **Haïti** /a-i-ti/

5. *La cédille* indicates that **c** is to be pronounced as /s/ rather than /k/ before the vowel letters **a, o,** or **u:**

   ça   français   Françoise

À VOUS LA PAROLE

Les sigles. Find the English equivalent for each of these French abbreviations.

1. l'ONU (l'Organisation des Nations-Unis)
2. l'OEA (l'Organisation des États Américains)
3. l'OTAN (l'Organisation du Traité de l'Atlantique Nord)
4. l'UE (l'Union Européenne)
5. le SIDA (le Syndrome immuno-déficitaire acquis)
6. les E-U (les États-Unis)

Le présent des verbes en **-er** et la forme négative

Regular French verbs are classified according to the ending of their infinitive. Most have an infinitive form that ends in **-er.** To form the present tense of an **-er** verb, drop the **-er** from the infinitive and add the appropriate endings according to the pattern shown.

REGARDER *to look at, to watch*	
SINGULAR	PLURAL
je regard **e**	nous regard **ons**
tu regard **es**	vous regard **ez**
il elle on } regard **e**	ils elles } regard **ent** ←

1. Verbs ending in **-er** have three spoken forms. All singular forms and the **ils/elles** plural forms are pronounced alike. Their endings are important written signals, but they are not pronounced. The only endings that represent sounds are **-ons** and **-ez,** which correspond to the subject pronouns **nous** and **vous.**

   When a verb begins with a consonant, there is no difference in the pronunciation of singular and plural for **il/s** and **elle/s.** Use the context to decide whether the speaker means one person, or more than one:

   Mon cousin, il joue du piano.
   Mes frères, ils jouent de la guitare.

   • The /z/ of the plural pronouns allows you to distinguish the singular and plural forms of verbs beginning with a vowel sound:

   il aime vs. ils aiment   elle habite vs. elles habitent
   　　　　　/z/　　　　　　　　　　　　　　　　　　　　/z/

2. In French the present tense is used to talk about a state or a habitual action:

   J'**habite** chez mes parents.   *I live with my parents.*
   Il **travaille** le week-end.   *He works on weekends.*

   • It is also used to talk about an action taking place while one is speaking:

   On **regarde** la télé.   *We're watching TV.*

3. To make a sentence negative, put **ne** (or **n'**) before the verb and **pas** after it:

Je **ne** travaille **pas**.   *I'm not working.*

Nous **n'**aimons **pas** le golf.   *We don't like golf.*

4. To talk about what you like or dislike doing, use a verb of opinion (**adorer, aimer, détester, préférer**) plus a second verb in the infinitive form:

J'**aime travailler** chez moi.   *I like to work at home.*

Tu **préfères jouer** au golf?   *Would you rather play golf?*

Il n'**aime** pas **danser**.   *He doesn't like to dance.*

À VOUS LA PAROLE

A. Le samedi chez les Dupont. Imagine that you're Mme Dupont, and describe your family's activities on Saturday.

MODÈLE: le matin: Mme Dupont
      →Je téléphone à mes parents.

1. le matin: M. Dupont, Yvonne, Simon
2. l'après-midi: M. et Mme Dupont, Simon, Yvonne
3. le soir: les enfants, les grands-parents, la famille

B. Vos habitudes. Explain when you or the people you know typically do the things listed.

MODÈLES: vous/regarder la télé
      →Je regarde la télé le soir.
   OU   Je ne regarde pas la télé.

      vous et vos parents/parler au téléphone
      →Nous parlons au téléphone le week-end.

1. votre camarade de chambre/préparer ses leçons
2. vous/regarder un film
3. vous et vos amis/jouer au tennis
4. votre père/préparer les repas
5. vous/écouter la radio
6. vous et votre frère ou sœur/parler au téléphone
7. vos parents/travailler

C. Ce soir. Tell your partner one thing you're doing tonight, and one thing you're not doing. Compare your answers as you report back to the class.

MODÈLE: →Ce soir, je travaille chez moi; je ne regarde pas la télé.
      Nous ne regardons pas la télé.
      Chris joue au tennis.

D. Les préférences. How well do you know each of the people listed? Tell what they like and dislike.

MODÈLE: votre mère

➜Ma mère aime beaucoup la musique; elle aime chanter et jouer du piano. Mais elle n'aime pas le rock.

1. votre père
2. vos grands-parents
3. votre professeur de français
4. votre camarade de chambre
5. vos frères et sœurs
6. vous

Les questions

1. There are two types of questions in English and French: *yes-no questions,* which require confirmation or denial, and *information questions,* which contain words such as **qui** or **comment** and ask for specific information. The simplest way to form yes-no questions in French is to raise the pitch level of your voice at the end of the sentence. These questions are said to have a rising intonation:

   Suzanne est ta **cousine?**

   Tu t'appelles A**lice?**

2. Another way of asking a yes-no question is by putting **est-ce que/qu'** at the beginning of the sentence. These questions are usually pronounced with a falling voice pitch:

   Est-ce que vous parlez français?
   Do you speak French?

   Est-ce qu'il joue au rugby?
   Does he play rugby?

3. If you're fairly certain you already know the answer to the question, you can add **n'est-ce pas** to the end of the sentence:

   Tu t'appelles Chantal, **n'est-ce pas?**
   Your name is Chantal, isn't it?

   Tu n'es pas mariée, **n'est-ce pas?**
   You're not married, are you?

4. If a question is phrased in the negative, and you want to contradict it, use **si:**

   Tu **n'**es **pas** mariée, n'est-ce pas?   *You're not married, are you?*
   —**Si,** voilà mon mari.   *Yes (I am), there's my husband.*

   Est-ce qu'il **n'**aime **pas** le français?   *Doesn't he like French?*
   —**Si,** il aime le français.   *Yes, he does like French.*

À VOUS LA PAROLE

A. Encore la famille Brunet! Ask for confirmation from your classmates concerning the members of the Brunet family.

MODÈLE: La mère d'Eric s'appelle Micheline.
→ Est-ce que la mère d'Eric s'appelle Micheline?
OU La mère d'Eric s'appelle Micheline, n'est-ce pas?

1. Eric a une sœur.
2. Sa sœur s'appelle Fabienne.
3. Il a deux cousins.
4. Ses grands-parents sont Jean-Pierre et Madeleine Brunet.
5. Il n'a pas de frère.
6. Sa tante est divorcée et remariée.
7. Elle a deux enfants.
8. La sœur de Loïc s'appelle Hélène.
9. Annick Roy a un frère.
10. Le mari de Micheline s'appelle Yves.

B. C'est bien ça? Draw a picture on the blackboard. Your classmates will try to guess what it is.

MODÈLE: (Vous dessinez une plante.)
É1 Est-ce que c'est un stylo?
É2 C'est une lampe?
É3 Ah, c'est une plante, n'est-ce pas?

C. Une interview. Interview a member of your class that you don't know very well to find out more about him/her. Use the suggested topics, and report to the class something you learned about your partner.

MODÈLE: avoir des frères ou des sœurs
É1 Est-ce que tu as des frères ou des sœurs?
É2 J'ai une sœur mais je n'ai pas de frère.

1. avoir des enfants
2. avoir des animaux familiers
3. habiter une résidence
4. jouer du piano ou de la guitare
5. jouer au football ou au tennis
6. regarder la télé
7. préparer les repas
8. regarder des films
9. inviter des copains à dîner
10. travailler beaucoup

L'impératif

1. To make a suggestion or tell someone to do something, the imperative forms of a verb — without subject pronouns — may be used. For **-er** verbs, drop the infinitive ending, **-er**, and add:

    - **-e** when speaking to someone with whom you are on informal terms:

      Ferm**e** la porte!
      Shut the door!

      Donn**e**-moi le cahier.
      Give me the notebook.

    The verb **aller** has an exceptional form:

      Va chez toi!
      Go home!

    - **-ez** when speaking to more than one person or to someone with whom you are on formal terms:

      Parl**ez** plus fort!
      Speak louder!

      Écout**ez**-moi!
      Listen to me!

    - **-ons** to make suggestions to a group of which you are part:

      Jou**ons** aux échecs.
      Let's play chess.

      Regard**ons** un film.
      Let's watch a film.

2. To be more polite, add **s'il te plaît** or **s'il vous plaît:**

      Ouvrez la fenêtre, **s'il vous plaît.**
      Open the window, please.

      Donne-moi la règle, **s'il te plaît.**
      Please give me the ruler.

3. To tell someone not to do something, put **ne (n')** before the verb and **pas** after it:

      Ne regarde **pas** la télé!
      Don't watch TV!

      N'écoutons **pas** la radio.
      Let's not listen to the radio.

A. Impératifs. Use the appropriate command forms to get people to do what you want.

MODÈLE: Dites à votre petit frère de ne pas regarder la télé.
→Ne regarde pas la télé!

Dites à votre petit frère…

1. d'écouter
2. de fermer la porte
3. de ne pas regarder la télé
4. d'aller dans sa chambre

Dites à votre professeur…

5. de répéter
6. de parler plus fort
7. de ne pas fermer la porte
8. de ne pas parler anglais

Proposez à vos amis…

9. de jouer au basketball
10. de regarder un film
11. d'aller au cinéma
12. de ne pas travailler

B. Pourquoi pas? You'd like to do something different in French class today. What can you suggest to the teacher? Choose from the list of possibilities, or use your own ideas.

MODÈLE: aller
→Allons au musée.

aller	jouer
chanter	parler
écouter	regarder

C. Situations. What is a command or suggestion you'd be likely to hear in each of the following situations?

MODÈLE: une mère à son enfant
→Écoute, mon enfant.

1. un professeur aux étudiants
2. une étudiante à sa camarade
3. un étudiant au professeur
4. un enfant à son père
5. un frère à sa sœur

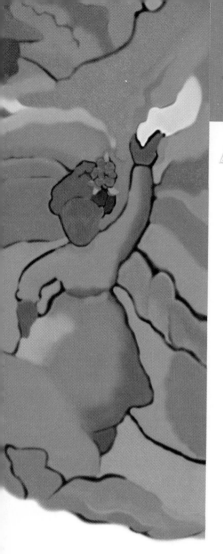

LISONS

A. Avant de lire.

1. This is an ad for a particular type of business. Is it…
   a. a travel agency?
   b. a nightclub?
   c. an exercise club?

2. What information would you expect to find in an ad for this type of business? How does the layout of the ad help emphasize certain information?

3. Notice that the ad contains many words borrowed from English. Can you pick out a few?

B. En lisant. Read the ad to find the following information.

1. Find an activity that would be appropriate for
   a. someone who likes ballet.
   b. a person who is not very athletic.
   c. someone who prefers the outdoors.
   d. someone interested in spot reduction.

2. What would you do if you wanted more information about this business?

"le savoir tonique"

⊚ GYM
⊚ MUSCULATION
⊚ STRETCH ⊚ YOGA
⊚ AÉROBIC-STRETCHING
⊚ COURS SPÉCIFIQUES :
   SPÉCIAL DOS/FESSIERS
   ABDOMINAUX/CUISSES
⊚ DANSE CLASSIQUE
⊚ DANSE MODERN
   Trois niveaux
⊚ U.V. Haute Pression

CENTRE
TONIFORME

76, RUE JOYEUSE
18000 BOURGES

48 72 98 70

⊚ MUR D'ESCALADE
⊚ PRISE DE CONSCIENCE
   PAR LE MOUVEMENT
   (Méthode Tai Chi)
⊚ GOLF ⊚ SAUNAS
⊚ JOGGING
⊚ PRÉPARATION
   PHYSIQUE AUX SPORTS

STAGES : ALPINISME
RANDONNÉES/EXPÉDITIONS
TREKKING/avec guides de
haute montagne

C. En regardant de plus près

1. The slogan for this business, **le savoir tonique**, is a play on words based on a French expression we use in English. What kind of person is someone who has **savoir tonique?** What type of person, then, would have **savoir tonique?**

2. You have learned that nouns in French normally occur with an article — **le**, **la**, or **les**, for example. Here, there are very few articles; why?

D. Après avoir lu. Now that you've read the ad, discuss the following questions with your classmates.

1. What activity or activities described in this ad would interest you, and why?

2. How does this ad compare with similar ads found in the United States?

ÉCOUTONS

Les préférences. Listen as Claire compares her interests with those of her brother and sister, whose tastes are very different.

1. As you listen, fill in the first two columns of the chart.

	LIKES IN GENERAL	SPECIFICALLY	ACTIVITY
Claire	*music*	*guitar, singing*	*going to a concert*
André			
Jeannine			

2. Now choose an activity from the list that you think André and Jeannine will like, and fill in the third column.

going to a concert
visiting an art museum
taking skiing lessons
working in a library
shopping at the mall
seeing a film

View the clips for **Chapitre 1** in the *Chez nous* video

PARLONS ENSEMBLE

A. Un remue-ménage! Ask your classmates questions to find out who does what.

MODÈLE: jouer de la guitare

    É1   Tu joues de la guitare?

    É2   Non, je joue du piano, mais pas de la guitare.

1. jouer de la guitare
2. travailler le week-end
3. chanter dans une chorale
4. préparer les repas
5. danser la valse
6. jouer au cartes
7. jouer au football
8. aimer travailler dans le jardin
9. écouter la musique classique
10. ne pas regarder la télé

B. Une sortie. With a classmate, decide on an activity for the weekend and when you will meet.

MODÈLE: É1   On regarde un film samedi après-midi?

            É2   Non, désolé, je travaille le samedi.

            É1   Alors, regardons un film dimanche.

            É2   Oui, dimanche après-midi, ça va.

C. Une interview. Interview your teacher, a guest to your class or a fellow student. Ask questions on the following topics.

MODÈLE: la famille

       →Est-ce que vous êtes marié/e?

   OU   Vous avez des enfants?

1. la famille	QUESTION:
	RÉPONSE:
2. les animaux familiers	QUESTION:
	RÉPONSE:
3. où il/elle habite	QUESTION:
	RÉPONSE:
4. la musique	QUESTION:
	RÉPONSE:
5. le sport	QUESTION:
	RÉPONSE:
6. la télé	QUESTION:
	RÉPONSE:

A. Votre agenda. Here is a page from a desk calendar. Add the current month and dates. Note your appointments and activities for the week.

Now, describe your week in a paragraph.

MODÈLE: ➤Cette semaine, j'ai beaucoup de choses à faire. Lundi, j'ai rendez-vous avec mon prof de biologie après le cours. Le soir, je joue au racquetball avec mon camarade de chambre, Thomas, etc.

LUNDI ____	MARDI ____	MERCREDI ____	JEUDI ____	VENDREDI ____
			SAMEDI ____	DIMANCHE ____

B. Une comparaison. Compare your likes and dislikes with those of a friend or relative. First make a list.

MODÈLE:

J'aime	**Je n'aime pas**	**Anne aime**	**Anne n'aime pas**
la musique	les chiens	la musique	le jazz
le jazz		le tennis	les chiens
le tennis, etc.		le rock	

Now write a paragraph that compares your preferences with your friend's or relative's. Take note of the useful expressions included in the model.

MODÈLE: ➤Anne et moi, **nous ne sommes pas très différents**. J'aime la musique; Anne aime la musique **aussi**. Elle aime le rock, mais je préfère le jazz. Nous n'aimons pas les chiens. Nous aimons bien jouer au tennis, etc.

For additional activities visit the *Chez nous* home page.
http://www.prenhall.com/cheznous

Vocabulaire

◆ **les activités** — activities

arriver	*to arrive*
chanter dans une chorale	*to sing in a choir*
danser	*to dance*
dîner	*to have dinner*
écouter de la musique	*to listen to music*
inviter	*to invite*
jouer du piano / au football	*to play the piano / soccer*
ne…pas (Je ne parle pas.)	*not (I'm not talking.)*
parler au téléphone	*to talk on the phone*
préparer un repas / un cours	*to fix a meal / prepare for a class*
regarder un film / des photos	*to watch a movie / look at photos*
travailler dans le jardin	*to work in the garden*

◆ **quelques sports** — some sports

le basketball (le basket)	*basketball*
le football (le foot)	*soccer*
le golf	*golf*
le rugby	*rugby*
le tennis	*tennis*

◆ **quelques jeux** — some games

les cartes (f)	*cards*
les dames (f)	*checkers*
les échecs (m)	*chess*
un jeu	*a game*

◆ **la musique** — music

la musique classique	*classical music*
le jazz	*jazz*
le rock	*rock*
une guitare	*a guitar*
un piano	*a piano*
une radio	*a radio*

◆ **en ville** — in the city

un cinéma (le ciné)	*a movie theater*
un concert	*a concert*

◆ pour dire quand

	to say when
lundi	*Monday*
mardi	*Tuesday*
mercredi	*Wednesday*
jeudi	*Thursday*
vendredi	*Friday*
samedi	*Saturday*
dimanche	*Sunday*
aujourd'hui	*today*
le week-end	*the weekend*
la journée	*day(time)*
le matin	*morning*
l'après-midi (m)	*afternoon*
le soir	*evening*
la nuit	*night*
Quel jour sommes-nous?	*What day is it?*

◆ pour exprimer les préférences

	to express preferences
adorer	*to adore, love*
aimer	*to like, love*
détester	*to detest, hate*
préférer	*to prefer*

◆ autres expressions utiles

	other useful expressions
allô	*hello (telephone only)*
en famille	*at home - with the family*
si	*yes (after negative question)*

Des francophones de chez nous

Les racines d'une Cadienne

Mon nom c'est Amélie Ledet. J'habite à Montagut dans la paroisse Lafourche.

Voilà mes ancêtres paternels:

Jules Desormeaux, né à Grand Pré, Acadie, en 1745

Marie Landry, née à Port-Royal, Acadie, en 1751

Voilà mes ancêtres maternels:

Pierre Arceneaux, né près de La Rochelle, France, en 1772

Louise La Branche (Zweig), née au Lac des Allemands, Louisiane, en 1780

Le Triangle francophone

Le Triangle francophone, c'est le sud-ouest de la Louisiane. Ici il y a encore des gens qui parlent

- **le français cadien (le cajun)**
- **le français colonial**
- **le créole louisianais**

Environ 100 000 personnes parlent une variété locale de français. Environ 10 000 personnes parlent le créole.

LA LOUISIANE FRANCOPHONE

Bâton Rouge

Lafayette

La Nouvelle-Orléans

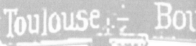

LE FRANÇAIS LOUISIANAIS

Comment on fait connaissance
en français louisianais:

MICHEL: Ton nom, c'est quoi?
AMANDA: Moi, c'est Amanda.
MICHEL: Et où tu restes?
AMANDA: À Napoléonville, dans
la paroisse
Assomption.

Mardi Gras

Je te nomme Louisiane!

En 1681 Robert Cavelier de La Salle part de Montréal pour chercher un chemin vers l'Océan Pacifique. Il traverse la région des Grands Lacs et descend le Mississippi. Il arrive à l'embouchure du grand fleuve le 19 avril 1682. Il plante le drapeau à fleurs de lys et nomme le vaste territoire qu'il a traversé *Louisiane*, en l'honneur du roi de France, Louis XIV.

La musique des Cadiens

Poème écrit par un Cadien

Schizophrénie linguistique (extrait)

I will not speak French on the school
grounds.
I will not speak French on the school
grounds.
I will not speak French…
…
Mais quand on doit rire, c'est en quelle langue qu'on rit?
Et pour pleurer, c'est en quelle langue qu'on pleure?
Et pour crier?
Et chanter?
Et aimer?
Et vivre?

Jean Arceneaux (Barry J. Ancelet, 1978)

La musique cadienne est très populaire aux États-Unis et en France aussi. D'où vient cette musique?

Influences de l'Europe: la valse, la mazurka, la polka

Influences des Antilles et de l'Amérique du Nord: la musique folklorique (Virginia reel, hillbilly western swing), les blues, le jazz

La musique zydeco, au rythme syncopé, est la création des Louisianais d'origine africaine. Trop pauvres pour acheter des instruments de musique, les premiers Cadiens jouent de la musique avec des instruments pas chers: le triangle ou ti-fer (petit fer), le frottoir, la cuillère et les harmonicas.

Mais aujourd'hui les instruments typiques d'un orchestre cadien sont l'accordéon, le violon, la guitare et le ti-fer.

Il y a des musiciens louisianais bien connus: Les frères Balfour, Clifton Chénier et Michael Doucet.

écrivons-nous!

1 Notre caractère et physique

Language use
- Describing someone's personality and appearance
- Agreeing or disagreeing

Language tools
- The verb *être*
- Adjectives
- Stressed pronouns
- Sons et lettres: Pronunciation of final consonants

2 Comment les autres nous voient

Language use
- Describing clothing
- Giving and receiving compliments
- Making comparisons and expressing preferences

Language tools
- The demonstrative adjectives (*ce/cet, cette* and *ces*)
- The comparison of adjectives
- Verbs like *préférer*
- Sons et lettres: Linking and liaison

Chez nous

Voices from the Francophone world

1

Notre caractère et physique

Ma famille et mes amis

Je me présente. Je m'appelle Maryse, et j'habite avec ma famille près d'Aix-en-Provence. Mon caractère? Je suis assez calme et réservée. J'aime lire ou écouter des cassettes.

Voici ma petite sœur Marie-Laure et mon frère Guy. Marie-Laure n'est pas toujours raisonnable, mais c'est une jeune fille sociable; naturellement elle a beaucoup d'amis. Guy, lui, est très doué pour le sport. Il est quelquefois pénible parce qu'il joue toujours au football. Le chat? C'est Mistigri. Il est adorable, n'est-ce pas?

Et voici ma mère. C'est un prof, et elle est vraiment super — pas du tout égoïste, et elle est drôle aussi; elle raconte souvent des histoires amusantes. Avec ma mère, il y a mon copain Jean-Jacques. C'est un jeune homme individualiste. Il est têtu! — on n'est pas très semblables et on n'est jamais d'accord. Mais il est sympathique quand même.

Enfin, le monsieur âgé, c'est mon grand-père. Lui non plus, il n'est pas conformiste! Il a quatre-vingt-deux ans, mais il est toujours très énergique. Il travaille souvent dans notre jardin.

Pour décrire une personne

ON PEUT ÊTRE...	OU AU CONTRAIRE...
calme	agité/e
réservé/e	sociable
discipliné/e	indiscipliné/e
sage, raisonnable	têtu/e
de bonne humeur	de mauvaise humeur
sympa(thique) ou aimable	pénible, antipathique
adorable, super, formidable	détestable
excentrique, individualiste	conformiste
idéaliste	réaliste
optimiste	pessimiste
énergique	paresseux/-euse
gentil/le	méchant/e
intelligent/e	bête
en bonne forme	en mauvaise forme
âgé/e	jeune
généreux/-se	égoïste

À VOUS LA PAROLE

A. Chacun son tempérament. Show your agreement with the descriptions of Maryse and her family and friends.

MODÈLE: Marie-Laure a beaucoup d'amis.
→Naturellement, elle est sociable.

1. Maryse aime lire et écouter des cassettes.
2. Marie-Laure est têtue.
3. Son frère Guy joue au foot.
4. Guy n'est pas toujours raisonnable.
5. Sa mère raconte des histoires amusantes.
6. Jean-Jacques n'est pas conformiste.
7. Jean-Jacques n'est pas raisonnable non plus.
8. Le grand-père de Maryse travaille beaucoup.

B. Comparer. Compare the personalities of the people listed.

MODÈLES: Maryse et Marie-Laure
→Marie-Laure est sociable, Maryse est réservée.

Guy et Marie-Laure
→Guy est quelquefois pénible, et Marie-Laure aussi.

1. Maryse et Guy
2. Maryse et sa mère
3. Jean-Jacques et le grand-père de Maryse
4. votre mère et votre père
5. vous et votre mère ou votre père
6. vous et votre frère ou votre sœur
7. vous et votre camarade de chambre

C. Votre opinion. Consider with a classmate what the people in these groups are like. Both of you should express your opinions. To what extent are you in agreement?

MODÈLE: les Français
⟶ À mon avis, les Français sont individualistes.

À mon avis…

1. les Français
2. les Américains
3. les étudiants américains
4. les jeunes
5. les adultes
6. les personnes âgées
7. les profs
8. les petites filles

D. À votre tour. Following Maryse's example, take turns introducing yourselves to a group of classmates and talk a little about your temperament.

MODÈLE: ⟶ Je me présente. Je suis Anne. J'habite près de Chicago.
Mon caractère? Je suis sociable, etc.

D'accord ou pas d'accord?

PASCALE: Qui est le garçon avec Daniel?
MIREILLE: C'est le copain de mon frère.
PASCALE: Ah oui. Il est sympa, non?
MIREILLE: Bof, il est assez sympa, mais pas du tout drôle!
PASCALE: Comme ton frère, alors!

FRÉDÉRIC: Le prof d'anglais est vraiment bien, hein?
LUC: Elle n'est pas mal, mais elle est très sévère.
FRÉDÉRIC: Tu penses? À mon avis, elle est formidable!
On travaille bien en classe!
LUC: Eh oui!

Comment préciser une description

Intensité

trop   vraiment   très   assez   ne...pas du tout

⟵————————————————————————————⟶

Fréquence

toujours   souvent   quelquefois   ne...jamais

⟵————————————————————————————⟶

A. Pas du tout! Show that you disagree with the descriptions of the people mentioned.

MODÈLE: Jacqueline est sympa, n'est-ce pas?

→Au contraire, elle n'est pas du tout sympathique.

OU Tu penses? Elle est très sévère.

1. Michel est drôle, n'est-ce pas?
2. Catherine est assez sociable, n'est-ce pas?
3. Daniel est vraiment têtu, n'est-ce pas?
4. Isabelle est très sévère, n'est-ce pas?
5. Philippe est toujours raisonnable, n'est-ce pas?
6. Christiane est vraiment énergique, n'est-ce pas?
7. Sarah est assez individualiste, n'est-ce pas?
8. Clément est pénible, n'est-ce pas?
9. André est assez égoïste, n'est-ce pas?

B. Votre caractère. Describe yourself, using each of the adjectives given, and also the adverbs shown on the continuum.

MODÈLE: optimiste

→Je suis assez optimiste.

OU Je ne suis pas du tout optimiste.

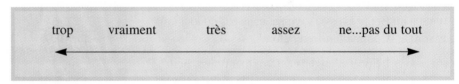

| trop | vraiment | très | assez | ne...pas du tout |

1. optimiste
2. conformiste
3. calme
4. réservé/e
5. idéaliste
6. excentrique
7. discipliné/e
8. intelligent/e

C. Les opinions sont partagées? See whether you and a partner agree in your opinions of the people listed. Be as precise as you can in expressing yourselves, and don't hesitate to contradict each other.

MODÈLE: Julia Roberts

É1 Julia Roberts est vraiment bien, hein?

É2 Bof, elle n'est pas mal.

É1 Pas mal! À mon avis, elle est formidable!

1. votre prof de français
2. le président des États-Unis
3. Woody Allen
4. Oprah Winfrey
5. Tom Cruise
6. Jimmy Carter
7. Ann Landers

Elle est comment?

Madeleine est infirmière dans une grande clinique. Elle est petite, blonde, un peu forte, mais pas grosse — enfin, assez belle. Son caractère? Elle est calme et très gentille avec les gens. C'est une femme généreuse, pas du tout égoïste.

Anne-Marie est avocate dans une grande entreprise. Elle est noire, et elle est brune. Elle est grande et mince; c'est une femme très élégante. Elle est intelligente et ambitieuse. Elle est sérieuse, mais amusante aussi: elle aime les histoires drôles.

Brigitte est monitrice de ski dans les Alpes. Elle est jeune et jolie, rousse, de taille moyenne. Elle est très sportive: elle adore le tennis, le basketball et, bien sûr, le ski. C'est une femme énergique et sociable, pas du tout paresseuse!

LES FEMMES DANS LA SOCIÉTÉ FRANÇAISE

The status of women in France is progressively improving: A law passed in 1972 requires that men's and women's salaries must be comparable if they perform comparable work. Another law, enacted in 1983, makes it illegal to discriminate on the basis of sex or marital status when hiring. Women now have better access to such professions as medicine and law, and in recent years have attained high positions in government. For example, about 40% of French judges are women; Édith Cresson was prime minister in 1991; Simone Veil has held the post of minister of health several times since 1974 and was president of the European Assembly. In 1974 a permanent ministerial post was created for the advancement of women's rights. The journalist and writer Françoise Giroud, appointed Ministre de la condition féminine in 1974, quipped, **"La femme sera vraiment l'égale de l'homme le jour où, à un poste important, on désignera une femme incompétente."** *(Women will really be men's equals on the day when an incompetent woman is appointed to an important position.)* The French language does not change as rapidly as French society: Françoise Giroud was referred to as Madame **le** Ministre de la condition féminine and Édith Cresson as Madame **le** Premier Ministre!

À VOUS LA PAROLE

A. En d'autres termes. Describe each woman, using another term.

MODÈLE: Madeleine n'est pas très mince.
➤ Madeleine est assez forte.

1. Madeleine n'est pas brune.
2. Madeleine n'est pas très jeune.
3. Madeleine n'est pas égoïste.
4. Anne-Marie n'est pas du tout forte.
5. Anne-Marie n'est pas petite.
6. Anne-Marie n'est pas blonde.
7. Anne-Marie n'est pas paresseuse.
8. Brigitte n'est pas très âgée.
9. Brigitte n'est pas grande, mais elle n'est pas petite non plus.
10. Brigitte n'est pas très réservée.

B. Qui est-ce? Describe one of the women in your class so that classmates can guess who it is.

MODÈLE: É1 Elle est jeune. Elle est blonde, grande et assez mince.
       É2 C'est le professeur?
       É1 Oui.

C. Une personne bien connue. Describe a well-known girl or woman, real or imaginary; let your classmates guess who it is.

MODÈLE: É1 Elle est très jeune; elle a peut-être dix ans. Elle est petite, mince
          et rousse. Elle n'a pas de parents, mais elle a un chien, Sandy.
       É2 C'est Annie, la petite orpheline.

SONS ET LETTRES

La détente des consonnes finales

1. As a general rule written final consonants are not pronounced in French:

   mon copain   elle est   nous sommes   très jeunes

   However, there are four final consonants that are generally pronounced: **c, r, f,** and **l.** To remember them, think of the English word *careful*.

   chi**c**   pou**r**   neu**f**   Danie**l**

   An exception is **r** in the infinitive ending **-er** and in words ending in **-ier:**

   chanter danser jouer   le papier   le premier janvier

2. At the end of a word, one or more consonant letters followed by **e** always stand for a pronounced consonant. These consonants must be clearly articulated, for they mark important grammatical distinctions such as feminine versus masculine forms of adjectives:

	Danielle est	intelligente	amusante	sérieuse
vs.	Daniel est	intelligent	amusant	sérieux

À VOUS LA PAROLE

A. Prononcer ou ne pas prononcer? In which cases should you pronounce the final consonant?

avec Robert   il aime danser   s'il vous plaît   pour ma sœur
neuf jours   à Montréal   le Québec   le dix janvier

B. Contrastes. Read each pair of sentences aloud and note the contrasts.

1. C'est Denise. / C'est Denis.
2. Voilà Françoise. / Voilà François.
3. Pascale est amusante. / Pascal est amusant.
4. Michèle est gentille. / Michel est gentil.

Le verbe être

1. The verb **être** is highly irregular.

ÊTRE *to be*				
SINGULIER			**PLURIEL**	
je **suis**	*I am*	nous **sommes**	*we are*
tu **es**	*you are*	vous **êtes**	*you are*
il	*he/it is*		
elle } **est**	*she/it is*	ils } **sont**	*they are*
on	*we are*	elles	

IMPÉRATIF: **Sois! Soyez! Soyons!**

Note that the final **-t** of **est** and **sont** is usually pronounced before a word beginning with a vowel sound.

Il est‿adorable.   Il est pénible.
Elles sont‿énergiques.   Elles sont paresseuses.

2. Use a form of the verb **être** in descriptions or to indicate a state of being or location.

Elle **est** adorable.   *She's adorable.*
Tu **es** vraiment pénible!   *You're really impossible!*
Ils **sont** chez eux.   *They're at home.*

3. Use **c'est** and **ce sont** to identify people, things, or places.

C'est ma cousine.   *She's my cousin.*
Ce sont mes livres.   *These are my books.*
Ce n'est pas mon chat.   *This isn't my cat.*
Ce ne sont pas tes livres. *These are not your books.*

4. Use the imperative of **être** to make suggestions or to tell people how to act.

Soyons calmes!   *Let's be calm!*
Soyez raisonnables!   *Be reasonable!*
Ne sois pas têtu!   *Don't be stubborn!*

A. Quel mauvais caractère! Describe all these unpleasant people!

MODÈLE: moi/assez têtue
→ Je suis assez têtue.

1. mon frère et ma sœur/vraiment têtus
2. mon copain/très conformiste
3. tu/pas raisonnable
4. toi et tes amis/quelquefois pénibles
5. moi et ma sœur/pas énergiques
6. mes parents/pas sociables
7. toi et moi/pas assez individualistes
8. ma sœur/très égoïste

B. Qui est-ce? Imagine that you're Maryse, and explain who each person is.

MODÈLE: → C'est moi.

1.   2.   3.   4.   5.

C. Qu'est-ce que c'est? Which of the answers suggested is the correct one?

MODÈLE: un pays francophone: la Belgique ou le Portugal?
→ Ce n'est pas le Portugal, c'est la Belgique.

1. une région francophone aux États-Unis: le Texas ou la Louisiane?
2. la capitale de la France: Lyon ou Paris?
3. le sport préféré des Français: le football ou le basketball?
4. un symbole de la France: la rose ou la fleur de lys?
5. un président français: Maurice Chevalier ou Jacques Chirac?
6. un génie français: Marie Curie ou Ivan Pavlov?
7. un acteur français: Omar Sharif ou Gérard Depardieu?

D. Des conseils. Give some advice or make a suggestion in each case.

MODÈLES: Marie et Pierre ne sont pas calmes.

➤ Soyez calmes!

Jean est pénible.

➤ Ne sois pas pénible!

Nous sommes égoïstes.

➤ Ne soyons pas égoïstes!

1. Roger est conformiste.
2. Valérie et Hélène sont têtues.
3. Bruno est égoïste.
4. Fabienne n'est pas raisonnable.
5. Nous ne sommes pas sympa.
6. Eric est sévère.
7. Nous ne sommes pas calmes.
8. Mireille et Régine sont pénibles.

Les adjectifs

1. *Adjectives* are used to describe a person, place or thing. French adjectives agree in gender and number with the noun they modify.

SINGULIER	*f.*	Claire est	calme	et	réservé**e.**
	m.	Jacques est	calme	et	réserv**é.**
PLURIEL	*f.*	Mes amies sont	calme**s**	et	réservé**es.**
	m.	Mes copains sont	calme**s**	et	réservé**s.**

2. All forms of adjectives like **calme** and **réservé**, whose masculine singular form ends in a vowel, are pronounced alike. Because they have only one spoken form, they are called *invariable.* The feminine ending **-e** and the plural ending **-s** show up only in the written forms.

3. Variable adjectives have masculine and feminine forms that differ in speech. Their feminine form ends in a pronounced consonant. To pronounce the masculine, drop the final consonant sound.

SINGULIER	*f.*	Claire est	amusant**e**	et	généreu**se.**
	m.	Jacques est	amusan**t**	et	généreu**x.**
PLURIEL	*f.*	Mes amies sont	amusant**es**	et	généreu**ses.**
	m.	Mes copains sont	amusan**ts**	et	généreu**x.**

4. The feminine form of variable adjectives always ends in **-e**. The final **-e** is dropped in the masculine form; therefore, the final consonant sound, heard in the feminine form, is also dropped. Although some variable adjectives have spelling irregularities, their spoken masculine form is still derived from the feminine by dropping the final consonant sound. For example, the feminine form **généreuse** has the masculine form **généreux**; the final **-e** is dropped, and the final **-s** is changed to **-x.** Other regular variable adjectives that show spelling changes include: **rousse → roux; grosse → gros; gentille → gentil.**

5. Adjectives whose masculine singular form ends in **-x** do not change in the masculine plural form.

    Laurent est rou**x**.   Laurent et Marcel sont rou**x**.

6. Most adjectives follow the noun. Adjectives are also used in sentences with the verb **être** where they modify the subject.

Sylvie est une étudiante **sociable**.	*Sylvie is a friendly student.*
Marc est un enfant **raisonnable**.	*Marc is a reasonable child.*
Laurent est **gentil**.	*Laurent is nice.*
Marie-Louise est **intelligente**.	*Marie-Louise is intelligent.*

7. With a mixed group of feminine and masculine nouns, the plural form of the adjective is in the masculine.

Jeanne et Laure sont **brunes**.	*Jeanne and Laure are brunettes.*
Richard et Robert sont **blonds**.	*Richard and Robert are blond.*
Alain et Michèle sont **roux**.	*Alain and Michèle are redheads.*

À VOUS LA PAROLE

A. Ressemblances. Indicate that Pierre resembles his sister.

MODÈLE: Marie-Christine est grande.
    ➤ Et Pierre est grand aussi.

1. Elle est rousse.
2. Elle est un peu forte.
3. Elle est assez amusante.
4. Elle est très intelligente.
5. Elle est assez grande.
6. Elle est vraiment gentille.
7. Elle est très élégante.

B. Le contraire. Answer each question using the opposite adjective.

MODÈLE: Ces étudiantes sont paresseuses?
    ➤ Pas du tout, elles sont énergiques.

1. Ces chiens sont méchants?
2. Ces profs sont idéalistes?
3. Ces chats sont petits?
4. Ces filles sont têtues?
5. Ces garçons sont grands?
6. Ces étudiants sont calmes?
7. Ces étudiantes sont raisonnables?

C. Descriptions. Work with a partner to describe the people in this photo. State their physical characteristics and make a guess about their personality and intelligence. Feel free to contradict each other's surmises.

MODÈLE: É1   Ce garçon est grand
et blond. Il est bête.
É2   Non, il est intelligent.

D. Le monde idéal. Describe ideal people and pets, following the suggestions below. Compare in each case your ideal with that of a classmate.

MODÈLE: le chien idéal
É1   Pour moi, le chien idéal est petit, gentil et intelligent.
É2   Pour moi, le chien idéal est gentil et intelligent aussi, mais il est grand.

1. le parent idéal
2. l'enfant idéal
3. le/la camarade de chambre idéal/e
4. le prof idéal

5. l'étudiant idéal
6. le président idéal
7. le/la partenaire idéal/e
8. le chat idéal

Les pronoms disjoints

You have already learned to use subject pronouns in French. You will learn to use another set of pronouns the stressed pronouns.

• In short questions, that have no verb.

Je m'appelle Corinne. **Et toi?**   *My name is Corinne. How about you?*

• Where there are two subjects of a sentence, one of which is a pronoun:

Guy **et moi,** nous avons des chats.   *Guy and I have cats.*

• To emphasize the subject of a sentence when making comparisons.

Moi, j'ai un chat. **Lui,** il a un chien.   *I have a cat. **He** has a dog.*
Nous, on a des chiens aussi.   *We have dogs, too.*

Here are the stressed pronouns, shown with corresponding subject pronouns.

moi	je	**nous**	nous
toi	tu	**vous**	vous
lui	il	**eux**	ils
elle	elle	**elles**	elles
nous	on		

A. À tour de rôle. Imagine that your instructor is very forgetful; remind him or her of your own name and your classmates' names.

MODÈLE: →Moi, je m'appelle Christine; et lui, il s'appelle David.

B. Qu'est-ce qu'on fait? Imagine that you're speaking for Jeannine, who is explaining what she and her family and friends are doing on Saturday.

MODÈLE: →Stéphane et moi, nous jouons au tennis.

moi   Stéphane

1. Anne-Marie

2. Paul   Jean-Marc

3. moi   ma mère

4. mon grand-père

C. Comparaisons. Compare the people mentioned in each case.

MODÈLE: votre camarade de chambre et vous
→Lui, il est sociable; moi, je suis assez réservé.
OU Mon camarade et moi, nous sommes très sérieux.

1. votre mère et votre père
2. vos parents et vous
3. votre frère/votre sœur et vous
4. vos amis et vous
5. votre camarade de chambre et vous
6. votre professeur et vous

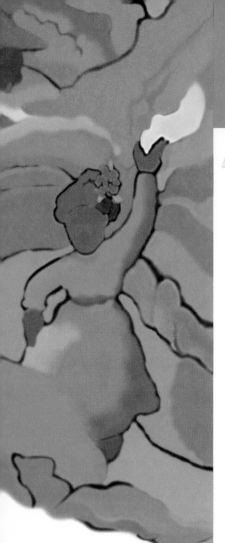

LISONS

A. Avant de lire. Before we read an article we usually check its title and skim the text to get an idea of what the article is about.

1. Look at the title of this brief article. What does it tell you about the subject?
2. What qualities might you expect to find described in an article about the *ideal man*?
3. What does the fact that percentages appear in the text suggest about the source of the information? What do you think **le sondage** means?

B. En lisant. As you read, look for the following information.

1. Find the published source of the information contained in the article. How is this source described?
2. Find the four attributes that received the highest percentages.
3. The article also mentions some characteristics that were rated lower than might be expected. What are those?

L'homme idéal vu par les femmes françaises

L'homme idéal vu par les Françaises doit avant tout être intelligent, gentil, drôle et tendre, selon un sondage publié par l'hebdomadaire féminin *Voici.*

Selon ce sondage, parmi les qualités qui attirent le plus les femmes chez un homme figurent l'intelligence (citée en premier par 25% des femmes), la gentillesse (24%), l'humour (14%) et la tendresse (6%).

Les beaux gosses machos et les Pic de la Mirandole ne rencontrent par contre que peu de crédit auprès des femmes: la beauté est citée seulement en premier cas par 5% des femmes, la culture et le savoir par 1% de même que l'homme qui "assure" matériellement ou sexuellement."

Extrait du "Journal français d'Amérique" vol. 15, no. 6

C. En regardant de plus près. Now look more closely at these features of the text.

1. Notice that the first paragraph lists four adjectives to describe the ideal man, while the second paragraph lists four nouns. Match up the nouns with their corresponding adjectives.
2. The final paragraph mentions two *types* of men. These *types* are each related to a noun or nouns to help describe them:

   les beaux gosses machos = la beauté

   les Pic de la Mirandole = la culture, le savoir

   Notice that one of these is the name of an actual person. What person's name might an American use to imply that someone is extremely intelligent?

D. Après avoir lu. Now that you've read the article, discuss the following with classmates.

1. How do you think American women might respond to the same survey? What adjectives might they use to describe the ideal man?
2. Survey the members of your class and draw up a list of adjectives used to describe the qualities they most appreciate in a partner.

ÉCOUTONS

Le/La partenaire idéal/e. Listen to four people who were stopped in a shopping mall and asked to describe their ideal partner.

1. Indicate which of the words listed below are used in their descriptions.

_____ beau	_____ gentille	_____ pas mal
_____ brun	_____ grand	_____ patiente
_____ calme	_____ intelligente	_____ travailleur
_____ franc	_____ pas angoissé	

2. In the second part of the interview, each person was asked, "Are you an ideal partner?" Listen and decide if each person said yes or no.

First man:	yes	no
First woman:	yes	no
Second man:	yes	no
Second woman:	yes	no

PARLONS ENSEMBLE

A. Le/La camarade idéal/e? Compare your habits and tastes with those of a classmate to see whether you might be compatible as roommates. You might want to ask each other some of the following questions and add others of your own:

1. Tu fumes?
2. Tu aimes les chats?
3. Tu es sociable ou réservé/e?
4. Est-ce que tu travailles beaucoup le soir?
5. Tu regardes beaucoup la télé?

Try to reach a conclusion and report back to the class:

MODÈLE: ➤Nous sommes semblables.
    OU Nous ne sommes pas semblables.

B. Comparaisons. Are there definite family resemblances in your family, or are you all very different? Compare yourself with a member of your family: a parent, a sibling, or a cousin, for example.

MODÈLE: ➤Ma sœur et moi sommes très différents. Elle est blonde, mais moi, je suis brun. Je suis assez grand; elle est petite. Je suis très sociable; elle est plutôt réservée, etc.

C. Décrivez les étudiants américains. Imagine that you and several classmates are telling French friends what American students are like. Mention both positive and negative qualities. Voice your opinions, using adjectives you have learned, and don't hesitate to amplify or contradict each other's statements.

MODÈLE: É1 Les étudiants américains sont fanatiques du sport.
         É2 Oui, nous aimons beaucoup le sport, mais nous sommes sérieux aussi. Nous travaillons beaucoup.
         É3 Au contraire, les étudiants américains sont très sociables...

ÉCRIVONS

A. Un/e camarade de chambre. Imagine that you're looking for a roommate. First think about your own habits. Complete the chart below by writing **oui** or **non** for each item in the column marked **moi**. Then indicate your preferences with regard to a roommate.

	MOI	CAMARADE DE CHAMBRE
fumer	non	
aimer le calme		
être discipliné/e		
aimer les animaux		
être énergique		
Autres habitudes ou qualités		

Now, look at this ad prepared by a French student looking for a roommate. Write your own ad, using this one as a model and based on the habits and preferences you have outlined.

> Cherche une étudiante
> énergique
> qui ne fume pas et
> qui aime les animaux
> pour partager un petit
> appartement.
> Téléphonez-moi au 08.99.76.81

B. Beaucoup de questions. Imagine that you are traveling in France and will be seeing the following people over the next week. Indicate what questions you would like to ask each person to find out more about what he or she is like.

1. your French pen pal's younger brother
2. a friend of a friend back home, whom you have never met
3. your parents' business friend

C. Une personne que j'admire. Describe someone whom you admire. First jot down the following information:

1. who this person is
2. a series of adjectives that describe him/her
3. a list of his/her activities

Now write your description.

MODÈLE: ➤J'admire beaucoup mon père. Comme moi, il est grand et brun. Il est assez individualiste. Il travaille à la maison et prépare le dîner le soir. Il est très doué pour le sport, et nous jouons souvent au basketball ensemble. Il est drôle, énergique, généreux—c'est un père formidable!

For additional activities visit the *Chez nous* home page.
http://www.prenhall.com/cheznous

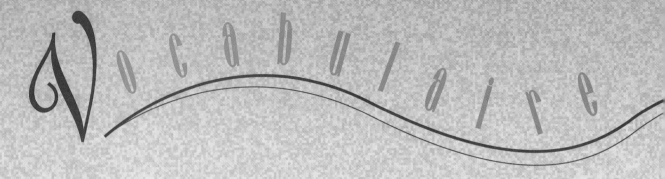

◆ le caractère	disposition, nature, character	◆ le physique	physical traits
adorable	*adorable, cute*	âgé/e	*aged, old*
ambitieux/-euse	*ambitious*	beau (belle)	*beautiful*
amusant/e	*funny*	blond/e	*blond*
bête	*stupid*	brun/e	*brunette*
calme	*calm*	de taille moyenne	*of medium height*
conformiste	*conformist*	fort/e	*strong, stout*
doué/e	*gifted*	grand/e	*tall*
drôle	*amusing, funny, strange*	gros/se	*fat*
égoïste	*selfish, self-centered*	jeune	*young*
élégant/e	*elegant, well-dressed*	joli/e	*pretty*
énergique	*energetic*	mince	*thin, slender*
formidable	*tremendous, fantastic*	noir/e	*black*
généreux/-euse	*generous, warm-hearted*	petit/e	*short*
gentil/le	*kind, nice*	roux/-sse	*redhead, redheaded*
individualiste	*individualistic*		
intelligent/e	*intelligent, smart*		
méchant/e	*mean, naughty*	◆ intensité et fréquence	intensity and frequency
paresseux,/-euse	*lazy*		
pénible	*difficult, impossible tiresome (people)*	assez	*rather, fairly*
raisonnable	*reasonable, rational*	beaucoup	*a lot*
réservé/e	*shy*	ne...jamais	*never*
sérieux/-euse	*serious*	(ne...)pas du tout	*not at all*
sévère	*stern, harsh*	quelquefois	*sometimes*
sociable	*sociable*	souvent	*often*
sportif/-ive	*athletic*	toujours	*always*
super	*super, fantastic*	très	*very*
sympa(thique)	*nice*	trop	*too much*
têtu/e	*stubborn*	vraiment	*really*

◆ quelques noms divers — some varied nouns

un/e avocat/e	*a lawyer*
un/e infirmier/-ière	*a nurse*
un moniteur/une monitrice de ski	*a ski instructor*
une entreprise	*a business, enterprise*
une jeune fille	*a girl*
une histoire	*a story*
un copain/une copine	*a friend, a boyfriend/ girlfriend*
un homme	*a man*
un garçon	*a boy*
une clinique	*a private hospital*
des gens (m)	*people*

◆ quelques verbes utiles — some useful verbs

être	*to be*
penser (à, de)	*to think about*
raconter	*to tell, recount (a story)*

◆ quelques expressions utiles — some useful expressions

à mon avis	*in my opinion*
alors	*then, well then*
aussi	*also*
bien sûr	*of course*
Bof!	*Oh, I don't know (about that)!*
comme	*like*
d'accord	*in agreement, OK*
Eh oui!	*Oh yeah!*
enfin	*finally*
Hein?	*Don't you think?, Understood?*
non plus (moi non plus)	*neither (me neither)*
parce que	*because*
peu	*a little*
quand même	*anyway, just the same*
semblable	*similar, alike*

2

Comment les autres nous voient

Qu'est-ce qu'on porte?

un chapeau · un foulard · un jean · un tee-shirt · un blouson · des gants (m.) · un anorak · une veste · un short · des tennis (m.) · un pullover · des sandales (f.) · des chaussettes (f.)

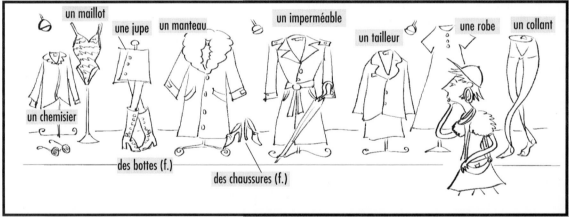

un maillot · une jupe · un manteau · un imperméable · un tailleur · une robe · un collant · un chemisier · des bottes (f.) · des chaussures (f.)

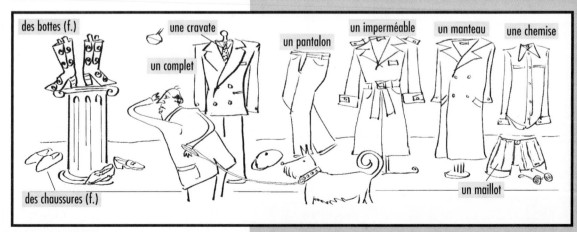

des bottes (f.) · une cravate · un pantalon · un imperméable · un manteau · une chemise · un complet · des chaussures (f.) · un maillot

LE "LOOK" DES JEUNES FRANÇAIS

According to a recent survey, 80% of French young people between the ages of 18 and 25 attach great importance to dress. Particular attention is given to shoes and sweaters, and jeans have a significant place in the wardrobes of both men and women. To describe the general impression clothes make, French young people use the term **le look.** There are several types of looks. Conservative younger French people prefer a somewhat formal style, called **le style B.C.B.G. (bon chic bon genre).** The more informal look is called **branché, in.** Black is a favorite color of young women, especially for formal occasions.

À VOUS LA PAROLE

A. Qu'est-ce qu'on porte, qu'est-ce qu'on aime? Look back at the people pictured in the drawings on page 82. What are they wearing? Imagine what types of clothing they like and dislike.

MODÈLE: É1   Le monsieur?

   É2   Il porte un complet et une cravate, mais il n'aime pas ça; il préfère les jeans et les tee-shirts.

B. Les vêtements appropriés. Name two articles of clothing that are appropriate to the situation described.

MODÈLE: Pour aller à un mariage, les hommes portent…

   →un complet et une cravate.

1. En janvier, on porte…
2. En août, on porte…
3. En octobre, on porte…
4. Pour aller aux cours, les étudiants portent…
5. Pour aller dans un restaurant élégant, les femmes portent…
6. Pour aller à une surprise-partie, les petites filles portent…
7. Pour faire du ski, on porte…
8. Pour jouer au basketball, on porte…

C. Préparez la valise. Imagine that you're spending a long weekend at each of the places indicated. Name three things you'll be sure to pack in your suitcase.

MODÈLE: à Tahiti?

→un maillot de bain, des sandales, un short

1. à Québec, en février?
2. à Lafayette, en Louisiane, en juillet?
3. à Grenoble, dans les Alpes, en janvier?
4. en Haïti?
5. à Dakar, au Sénégal?
6. à Paris, en avril?

D. Et vous? Quelles sont vos préférences?

1. Qu'est-ce que vous aimez porter…
   —pour aller en classe?
   —le week-end?
   —quand vous êtes avec des amis?
2. Qu'est-ce que vous n'aimez pas porter?
3. Qu'est-ce que vous ne portez jamais?
4. Est-ce que vos parents portent les mêmes vêtements que vous?

C'est de quelle couleur?

C'est de quelle couleur, cette chemise?
—Elle est verte.
Je n'aime pas le vert; je préfère le bleu.

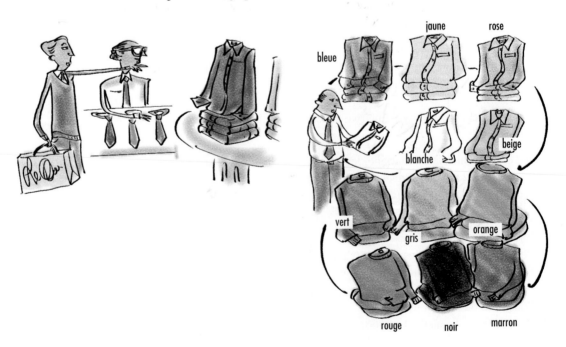

LES COMPLIMENTS

In France when people are complimented, instead of saying thanks they tend to minimize what they are praised for.

QUELQUES COMPLIMENTS	QUELQUES RÉPONSES
Il est chic, ton pantalon!	**—Tu trouves?**
Your pants are really stylish!	*—Do you think so?*
Tu parles très bien le français.	**—Ah! Pas toujours!**
You speak French really well.	*—Hah! Not always!*
Tu chantes vraiment bien!	**—Oh, pas vraiment.**
You sing really well.	*—Oh, not really.*

À VOUS LA PAROLE

A. Qu'est-ce qu'ils portent? Describe what these people are wearing, indicating a color for each item of clothing.

MODÈLE: ➤Jean-Marc porte un jean noir, un tee-shirt jaune, une chemise verte et noire et des tennis noirs.

B. De quelle couleur est...? What color is...?

MODÈLE: un pingouin?

—Un pingouin est noir et blanc.

1. une craie?
2. un drapeau américain?
3. un éléphant?

4. un océan?
5. une plante?
6. un tigre?

7. une tulipe?
8. un zèbre?
9. une banane?

C. Voilà ce que tu portes. Choose a partner. Look carefully at your partner for 20 seconds. Then stand back-to-back and describe what the other person is wearing.

MODÈLE: É1   Tu portes un chemisier bleu et gris?
       É2   Oui.
       É1   Et une jupe noire?
       É2   Non, ma jupe est grise aussi.

SONS ET LETTRES

L'enchaînement et la liaison

1. Consonants that occur within a rhythmic group in French tend to be linked to the following syllable. This is called *enchaînement*. Because of this feature of French pronunciation, most syllables end in a vowel sound:

   il a /i la/   cinq amis /sɛ̃ ka mi/   Alice arrive /a li sa riv/

2. Some final consonants are always pronounced. These include final **-c, -r, -f, -l**, and all consonants followed by **-e**:

   le sa**c**   ma sœu**r**   neu**f**   Lava**l**   ce**tt**e   sei**z**e   il ai**m**e

3. Other final consonants are pronounced only when the following word begins with a vowel. These are called *liaison consonants,* and the process that links the liaison consonant to the beginning of the next syllable is called *liaison.* Liaison consonants are usually found in grammatical endings and words such as pronouns, articles, possessive adjectives, prepositions and numbers. You have seen the following liaison consonants:

   • **-s, -x, -z** (pronounced /z/): vou**s**‿avez, le**s**‿enfants, no**s**‿amis, au**x**‿échecs, si**x**‿heures, che**z**‿eux

   • **-t:** c'es**t**‿un stylo, elles son**t**‿énergiques
   • **-n:** o**n**‿a, u**n**‿oncle, mo**n**‿ami

   When you pronounce a liaison consonant, articulate it as part of the next word:

   deu**x**‿oncles /dø zõkl/   not */døz õkl/
   o**n**‿a /õ na/   not */õn a/
   il es**t**‿ici /i le ti si/   not */il et i si/

A. Contrastes. Pronounce each pair of phrases. Be sure to link the final consonant of the first word to the following word when it begins with a vowel.

cette table	cette étagère
une classe	une université
pour Bertrand	pour Albert
Luc parle	Luc écoute
neuf frères	neuf enfants
quel cousin	quel oncle
elle déteste ça	elle aime ça

B. Liaisons. Pronounce the liaison consonants in the following phrases. Be sure to link the consonant with the following word.

nous_avons	vous_écoutez
cet_homme	c'est_un enfant
on_a	un_an
ils_arrivent	leurs_amis
un petit_animal	il a vingt_ans
mon_affiche	

L'adjectif démonstratif

The demonstrative adjective is used to point out specific people or things that are close at hand. The singular form corresponds to *this* or *that* in English, the plural, to *these* or *those*:

Tu aimes les robes rouges? *Do you like red dresses?* (in general)
Tu aimes **cette** robe rouge? *Do you like this/that red dress?*

	FÉMININ	MASCULIN	
		devant voyelle	*devant consonne*
SINGULIER	cette	cet‿	ce
PLURIEL	ces	ces‿	ces

Je n'aime pas **cette** chemise.
I don't like this shirt.

Je préfère **cet** imperméable.
I prefer that raincoat.

Tu aimes **ce** pantalon?
Do you like this pair of pants?

Vous aimez **ces** bottes?
Do you like these boots?

À VOUS LA PAROLE

A. C'est combien? Ask how much each item of clothing costs.

MODÈLE: une robe bleue
→Combien coûte cette robe bleue?

1. un foulard rose
2. une veste rouge
3. des sandales blanches
4. un imperméable beige
5. une jupe noire
6. un complet gris
7. une cravate bleue
8. un jean noir

B. Qu'est-ce que tu en penses? Imagine that you're giving your opinion of each of the items for sale.

MODÈLE: robe/jolie

→ Cette robe est jolie.

1. manteau/beau
2. jupe/chouette
3. bottes/à la mode
4. imperméable/démodé

5. blouson/chic
6. pantalon/pas beau
7. gants/bien
8. veste/super

C. J'aime ça! Point out something a classmate is wearing; your partner will comment on it.

MODÈLE: le blouson

É1 Regarde le blouson de Paul!

É2 Il est beau, ce blouson!

La comparaison des adjectifs

1. To compare two people or things, use **plus** *more*, **moins** *less*, or **aussi** *as* followed by an adjective, followed by **que.** The adjective agrees with the first noun.

   Sa fille est plus **amusante** que son fils.
   His daughter is funnier than his son.

   Mon frère est aussi **intelligent** que ta sœur.
   My brother is as smart as your sister.

   Ses chiens sont moins **gentils** que son chat.
   His dogs aren't as nice as his cat.

2. Use stressed pronouns in making comparisons.

   Christiane est plus intelligente que **moi.**
   Christiane is smarter than I am.

   Vous êtes moins sociable qu'**eux.**
   You are not as friendly as they are.

   Je suis aussi grand que **lui.**
   I'm as tall as he is.

3. To express the idea of "the most" or "the least," use the appropriate definite article before the word **plus** or **moins.**

   Martine est **la** plus grande.
   Martine is the tallest.

   Robert est **le** plus égoïste.
   Robert is the most selfish.

   Ils sont **les** moins sociables.
   They are the least friendly.

A. Plus ou moins? Compare the two people pictured here.

Stéphane   Valérie

MODÈLE: Stéphane est plus gros que Valérie.

   OU   Valérie est moins grosse que Stéphane.

B. Comparaisons. Compare the heights and ages of the people listed.

NOM	TAILLE		ÂGE
Christine	1 m 60	(5'3")	18 ans
Amaury	1 m 80	(6')	21 ans
Françoise	1 m 75	(5'9")	21 ans
Denise	1 m 80	(6')	19 ans
Jean-Paul	1 m 85	(6'3")	23 ans
Yves	1 m 65	(5'5")	23 ans
Martine	1 m 60	(5'3")	20 ans
Émile	1 m 95	(6'5")	17 ans

MODÈLE: Christine/Émile

   →Christine est moins grande qu'Émile, mais elle est plus âgée que lui.

   OU   Christine est plus petite et aussi plus âgée qu'Émile.

   OU   Émile est moins petit et moins âgé que Christine.

1. Christine/Denise
2. Amaury/Jean-Paul
3. Denise/Yves
4. Yves/Émile
5. Martine/Françoise
6. Émile/Jean-Paul
7. Yves/Jean-Paul

C. Distribution des prix. In your class, who is…

1. le plus grand?
2. le moins grand?
3. le plus âgé?
4. le plus jeune?
5. le moins sérieux?
6. le plus drôle?
7. le plus sociable?
8. le plus doué pour le sport?
9. le plus doué pour le français?

Les verbes comme **préférer**

1. For verbs like **préférer, espérer** *to hope*, **répéter** *to repeat*, and **suggérer** *to suggest*, the singular and the third person plural forms of the present tense show the change from **é** /e/ to **è** /ɛ/. In all these forms the endings are silent.

PRÉFÉRER *to prefer*			
SINGULIER		**PLURIEL**	
je	préfèr e	nous	préfér ons
tu	préfèr es	vous	préfér ez
il elle on	préfèr e	ils elles	préfèr ent

Nous **préférons** le bleu.
We prefer blue.

Il **préfère** les chaussures marron.
He prefers brown shoes.

Nous **espérons** arriver ce soir.
We hope to arrive tonight.

Ils **espèrent** continuer.
They hope to continue.

Répétez après moi.
Repeat after me.

Répète?
Say that again?

Qu'est-ce que vous **suggérez?**
What do you suggest?

Je **suggère** cette jupe noire.
I suggest this black skirt.

2. Like **aimer** *to like*, **adorer** *to love*, **aimer mieux** *to prefer*, **détester** *to hate*, **préférer** may be followed by an infinitive to state what someone likes to do.

Nous préférons **jouer** aux cartes.
We prefer to play cards.

Tu ne préfères pas **regarder** la télé?
Wouldn't you rather watch TV?

A. Les préférences. Tell what kinds of clothing each person prefers.

MODÈLE: moi/les jupes noires
→Je préfère les jupes noires.

1. nous/les robes bleues
2. toi/les chapeaux blancs
3. eux/les pantalons gris
4. vous/les pullovers rouges
5. moi/les sandales marron
6. toi et moi/les chemises bleues
7. lui/les vestes noires
8. ton copain et toi/les cravates rouges

B. Qu'est-ce que vous suggérez? Give your partner a suggestion, which he/she will probably refuse!

MODÈLE: une chemise verte
É1   Qu'est-ce que je porte avec cette chemise verte?
É2   Je suggère un pantalon noir.
É1   Ah non, je préfère les pantalons bleus.

1. une robe rose
2. un tee-shirt jaune
3. une jupe bleue
4. une chemise beige
5. un short blanc
6. un manteau gris
7. un pantalon marron
8. une cravate rouge

C. D'après leur description. Based on their description, what would these people probably prefer to do over the weekend?

MODÈLE: Marie-Laure est très sociable.
→Elle préfère parler au téléphone avec ses amies.

1. Guy et ses amis adorent le sport.
2. Maryse est très réservée.
3. Nous aimons la musique.
4. Le grand-père de Maryse est très actif.
5. Vous n'êtes pas très énergiques.
6. La mère de Maryse est très sportive.
7. Je suis assez paresseuse.
8. Tu n'es pas très doué pour les maths.

D. Vos préférences. Compare your own preferences with those of a classmate.

MODÈLE: les jeux
→Moi, j'aime jouer aux échecs, mais Alain préfère jouer aux cartes.

1. les jeux
2. la musique
3. le sport
4. les couleurs
5. les gens

MISE EN PRATIQUE

LISONS

A. Avant de lire. Here is an advertisement for a store called **Carrefour**. Looking at the overall design, you should be able to answer the questions below.

1. The ad most likely appeared in
   a. May   b. August   c. December

2. The main point being made by the ad is that
   a. **Carrefour** has everything a kid needs for back-to-school.
   b. Kids love clothing from **Carrefour**.
   c. Parents can outfit their kids cheaply at **Carrefour.**

3. Now make a list, in English, of the types of information you'd expect to find in catalogue or advertising descriptions for clothing.

B. En lisant. As you read, look for the following information.

1. Use the information from the photo and from the descriptions to match each description to the proper item of clothing in the list below.

___ 1. chemise à carreaux   ___ 4. jean's
___ 2. pull   ___ 5. training
___ 3. blouson

Habillés de la tête aux pieds, avec 195ᶠ

Rentrez en douceur chez Carrefour

24ᶠ
35ᶠ
58ᶠ
39ᶠ
39ᶠ

a. 100% coton. Ceinture élastiquée côtés. Stone washed. Du 6 au 14 ans.

b. Flanelle 100% coton. Col pointes boutonnées. Poche poitrine. Ocre ou bleu. Du 4 au 16 ans.

c. Maille perlée. 100% acylique. Rouge, vert, bleu ou marine. Du 4 au 16 ans.

d. Avec velcro. Dessus polyamide et suédine. Semelle microcellulaire avec patin caoutchouc. Blanc/gris/vert. Du 28 au 39.

e. Dessus et doublure 100% polyamide. Garnissage 100% polyester. Vert, violet, fushia ou marine. Du 6 au 16 ans.

2. Now go back to the list you made for # 3 of the **Avant de lire** section above. Which types of information are actually supplied in each description?

C. **En regardant de plus près.** Now look more closely at the following features of the text.

1. List all the words that describe *color.*
2. Based on the *context,* explain the following expressions:
   a. chemise à carreaux
   b. col pointes boutonnées (chemise)
   c. ceinture élastiquée côtés (jean's)

D. **Après avoir lu.** Now that you've read the ad, discuss the following questions with classmates.

1. What type of store in the United States might offer a comparable ad and comparable prices? (You might want to find out what current exchange rates are.)
2. How do students in the U.S. get ready for a new term? What do people normally wear to class where you live?

ÉCOUTONS

À la rencontre d'une amie. You've agreed to pick up a friend of a friend at the airport and to spend the day sightseeing with her. Your friend has left a phone message with her description so that you'll be able to recognize her.

1. Listen to your friend's description and pick out Sylvie from among the women shown arriving at the airport.

2. Now listen to the rest of your friend's description; based on what he says about her likes and dislikes, choose from the list some things you might do with Sylvie.

___ go biking in a nearby park
___ go shopping
___ see a play
___ visit an art museum
___ visit a science museum

3. Based on what you know about Sylvie, what else in your city do you think she might be interested in doing or seeing?

PARLONS ENSEMBLE

A. Descriptions. How good are you at describing people? Bring a photo to class — for example, one from a magazine — in which several people are pictured. Describe one of the people so that a classmate can guess which person you're talking about.

B. Un/e inconnu/e. Imagine that you will be meeting the friend of a friend in a restaurant later today. You don't know this person. Call to describe yourself, and indicate also what you are wearing. Since the person is not at home, leave a message on his/her answering machine.

MODÈLE: → Allô, Michèle? C'est Marianne, l'amie de Dominique. On dîne ensemble au restaurant ce soir. Bon, moi, je suis assez petite et brune. Je porte…

C. Une comparaison. Compare yourself with one of your classmates, then report back to the class. Here's what you should compare:

1. votre taille
2. votre âge
3. votre caractère: sérieuse/sérieux, sociable, généreuse/généreux
4. vos activités: le travail, le sport, la musique

MODÈLE: → Eric est plus grand que moi, mais moi, je suis plus âgé. Lui, il est plus sérieux: il travaille beaucoup, et moi, je suis un peu paresseux. Nous aimons le basketball, et lui, il joue du piano. Je suis moins doué pour la musique.

ÉCRIVONS

A. Une première lettre. Imagine you're writing your first letter to a French-speaking pen pal. Begin by describing yourself: what you look like, your personality, your likes and dislikes. Before you start to write, make a list of things you'd like to say:

1. pour vous décrire
2. pour décrire votre caractère ou votre tempérament
3. pour dire ce que vous aimez et n'aimez pas

Now compose your letter. Here's a sample opening:

Philadelphie, le 28 septembre

Chère Stéphanie,

Je me présente: je m'appelle Kristin et j'ai 20 ans. Je suis blonde et assez grande... Mon caractère? Je suis...

Amitiés,
Kristin

B. Pour présenter un/e ami/e. Imagine that one of your friends is visiting your pen pal's city, and your pen pal has agreed to pick him/her up at the airport. Then they will spend a day sightseeing together. Write a postcard to your pen pal describing your friend and his or her likes and dislikes. First list the things you want to be sure to say, then write your postcard. Here's a sample card:

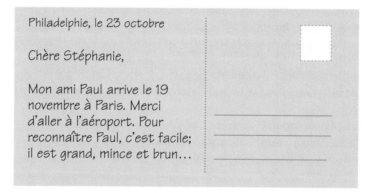

Philadelphie, le 23 octobre

Chère Stéphanie,

Mon ami Paul arrive le 19 novembre à Paris. Merci d'aller à l'aéroport. Pour reconnaître Paul, c'est facile; il est grand, mince et brun...

View the clips for **Chapitre 2** in the *Chez nous* video

C. Faites une comparaison. Compare yourself with another person: a brother or sister, a parent, a friend. In your description, compare:

1. votre âge
2. aspect physique
3. votre caractère

First list the words and expressions you will use to talk about each category, then compose your description.

MODÈLE: 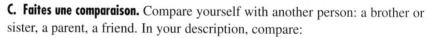Ma sœur Christine et moi, nous sommes très différentes. Elle est plus âgée que moi, mais moi, je suis plus grande qu'elle. Elle est brune, et moi, je suis blonde. Je suis plus sérieuse que Christine, mais elle est plus sociable.

Vocabulaire

les vêtements	clothing	les couleurs	colors
un anorak	an anorak, parka with hood	beige	beige
un blouson	a light jacket, windbreaker	blanc/blanche	white
		bleu/e	blue
des bottes (f)	boots	gris/e	gray
un chapeau	a hat	jaune	yellow
des chaussettes (f)	socks	marron	brown
des chaussures (f)	shoes	noir/e	black
une chemise	a shirt	orange	orange
un chemisier	a blouse	rose	pink
un collant	a pair of panty hose or tights	rouge	red
		vert/e	green

		quelques verbes	some verbs
un complet	a man's suit	espérer	to hope
une cravate	a tie	porter	to wear (clothes)
un foulard	a (silk) scarf	préférer	to prefer
des gants (m)	gloves	répéter	to repeat
un imperméable	a rain coat	suggérer	to suggest
un jean	a pair of jeans		
une jupe	a skirt		
un maillot (de bain)	a swimming suit	pour comparer	to compare
un manteau	an (over)coat		
un pantalon	a pair of pants	aussi...que	as...as
un pull(over)	a sweater	moins...que	less...than
une robe	a dress	plus...que	more...than
des sandales (f)	sandals		
un short	a pair of shorts		
un tailleur	a woman's suit	autre mots utiles	other useful words
un tee-shirt	a T-shirt		
des tennis (m)	tennis shoes	depuis	since
une veste	a jacket	le nord	north
		par	by
		un pays	a country
		le sud	south

Voix du Nord et voix du Sud

Antonine Maillet: **une voix de l'Acadie**

Le plus célèbre écrivain acadien est Antonine Maillet (1929–). Née à Bouctouche au Nouveau-Brunswick, elle est l'auteur de plusieurs romans. Voilà comment André Bourin, critique littéraire au journal français la **Nouvelle République**, décrit Antonine Maillet:

> "... petite femme blonde et vive, rieuse et chaleureuse… [elle] possède un grand talent — et un grand cœur. Et elle a beaucoup à nous apprendre sur nos parents d'Amérique. Il est temps, grand temps, de découvrir l'Acadie."

L'ACADIE D'AUJOURD'HUI

Aujourd'hui la majorité des Acadiens sont dans les Provinces Maritimes du Canada, surtout au Nouveau-Brunswick. Beaucoup de Louisianais sont d'origine acadienne, mais on trouve aussi des personnes d'origine acadienne en Nouvelle-Angleterre, spécialement dans le Maine.

Georges Simenon: **une voix du Nord**

Né à Liège, Georges Simenon (1903–1989) est un auteur extrêmement prolifique. Un "auteur best-seller", il a écrit 500 romans, publiés en 500 millions d'exemplaires et traduits en 28 langues! Cet écrivain belge est le créateur du célèbre commissaire français Maigret. Maigret est un des grands détectives des romans policiers, comme Sherlock Holmes et Hercule Poirot (un Belge aussi). Les "Maigret" de Simenon sont plus des romans psychologiques que des romans policiers: la question intéressante n'est pas qui est le coupable d'un crime mais pourquoi il a fait ce crime. Voici quelques titres: **Le meurtre d'un étudiant; Maigret a peur; Feux rouges.** Il y a plus de 50 films basés sur les histoires de Maigret; 22 acteurs différents ont joué le rôle de ce célèbre détective.

La Belgique

Situation:	Entre les Pays Bas (la Hollande) et la France
Superficie:	30 500 km^2
Capitale:	Bruxelles
Villes francophones principales:	Liège, Charleroi, Namur
Population:	10 millions (1992): 58% dans la région néerlandophone (flamande), 32% dans la région francophone, 9% dans la région bilingue de Bruxelles, 1% dans la région germanophone
Histoire:	Un pays jeune, créé en 1830. Une fédération de trois communautés linguistiques et culturelles autonomes:

- les Flamands, qui parlent une variété de néerlandais
- les Wallons, qui parlent une variété de français
- les Allemands, une petite minorité

Situation linguistique:
- trois langues officielles: le français, le néerlandais et l'allemand
- une seule région bilingue: Bruxelles

Traits du français en Belgique:
- pour les nombres: 70 = septante, 90 = nonante (c'est plus logique que le français de France!)
- pour les couleurs: les Belges disent "brun" pour "marron"

Tahar Ben Jelloun: une voix du Sud

Né à Fès, l'écrivain marocain Tahar Ben Jelloun (1944–) traite souvent des problèmes des immigrants marocains en France. Dans son roman **Les yeux baissés**, une petite fille—la narratrice—quitte un village berbère du sud du Maroc pour aller avec sa famille en France. À Paris elle découvre un nouveau monde—la grande ville, la vie moderne—et la langue française.

Le Maroc

Situation:	En Afrique du Nord
Superficie:	710 000 km2
Capitale:	Rabat
Villes principales:	Casablanca, Fès, Marrakech
Population:	26 millions (1992)
Histoire:	Le Maroc fait partie du Maghreb avec l'Algérie et la Tunisie. Région colonisée par les Phéniciens, ensuite les Romains, et enfin conquise par les Arabes au VIIIe. Occupé par la France entre 1912 et 1956. Indépendant depuis 1956. Aujourd'hui, un royaume gouverné par le roi Hassan II.

Situation linguistique et culturelle:
- la langue officielle: l'arabe
- le français est parlé par presque 20% des Marocains
- le berbère est parlé par environ 30% de la population

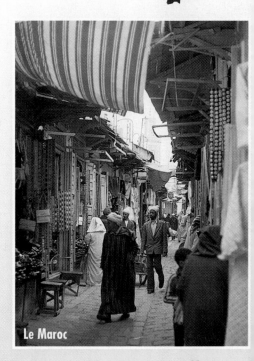

Le Maroc

Chapitre 3

De l'université au monde du travail

1

À l'université

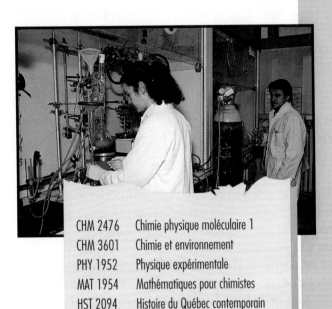

CHM 2476	Chimie physique moléculaire 1
CHM 3601	Chimie et environnement
PHY 1952	Physique expérimentale
MAT 1954	Mathématiques pour chimistes
HST 2094	Histoire du Québec contemporain

ECN 1010	Éléments de microéconomique
SOL 1952	Introduction aux concepts sociologiques
GEO 2513	Géographie du développement
POL 1951	Éléments de politique
ALL 1080	Cours pratique d'allemand parlé

Des programmes d'études et des cours

Claire Paradis est étudiante à l'Université de Montréal. Elle est inscrite à la Faculté des Arts et Sciences. Sa spécialisation? C'est la chimie; elle a un mineur en histoire. Son ami Gilles Robillard prépare aussi un diplôme à la Fac des Arts et Sciences: un baccalauréat en sciences économiques, avec un mineur en études allemandes. Voici les cours que Claire et Gilles suivent ce trimestre.

Des facultés, des disciplines et des cours

Dans la Faculté des Arts et Sciences:

les lettres: l'histoire, les langues étrangères, la littérature, la philosophie

les sciences humaines: l'anthropologie, la géographie, la linguistique, la psychologie, les sciences politiques, la sociologie

les sciences naturelles: la biologie, la botanique, la géologie, la physiologie, la zoologie

les sciences physiques: l'astronomie, la chimie, l'informatique, les mathématiques, la physique

les sciences économiques: la comptabilité, l'économie

Dans la Faculté des Beaux-Arts:
la danse, le dessin, la musique, la peinture, la sculpture, le théâtre

D'autres facultés:
Faculté de Droit
Faculté de Journalisme
Faculté de Médecine
Faculté des Sciences de l'Éducation
École des Hautes Études Commerciales

L'UNIVERSITÉ DE MONTRÉAL

Dans la ville de Montréal il y a quatre universités: deux de langue française, l'UdeM (l'Université de Montréal) et l'UQAM (Université du Québec à Montréal); et deux de langue anglaise, l'Université McGill et l'Université Concordia. L'UdeM, située loin du centre de la ville, a le plus grand campus. C'est aussi l'université canadienne qui a le plus grand nombre d'étudiants. Comme les grandes universités américaines, l'UdeM a beaucoup de facultés.

Les diplômes des universités québécoises— le baccalauréat, la maîtrise et le doctorat— correspondent aux diplômes américains. Mais au Québec les étudiants d'université passent d'abord deux ans dans un CÉGÈP (Collège d'enseignement général et professionnel). Alors, les programmes du bacc sont de seulement trois ans.

Au Québec, les étudiants d'université peuvent choisir une spécialisation: des études très spécialisées en une seule discipline. Ou alors ils/elles peuvent faire des études moins spécialisées en choisissant un majeur et un mineur.

À VOUS LA PAROLE

A. La spécialisation. D'après les cours qu'ils suivent, quel diplôme est-ce que ces gens préparent?

MODÈLE: GUY: Principes de chimie analytique, Chimie physique moléculaire, Mathématiques pour chimistes
→Il prépare sans doute un diplôme en chimie.

1. CHANTAL: L'Europe moderne, Introduction à l'étude des États-Unis, Histoire générale des sciences
2. ALBERT: Civilisation allemande; Allemand écrit 1; Cours pratique d'allemand parlé

3.   ROGER: Introduction aux concepts sociologiques; Communication et organisation; Psychologie sociale
4.   JEANNINE: Théorie macroéconomique; Éléments de microéconomie; Statistique pour économistes
5.   BRUNO: Histoire politique du Québec; Éléments de politique; Géographie du développement
6. ANNE-MARIE: Biologie expérimentale; Principes d'écologie; Introduction à la génétique
7.   BRIGITTE: Systèmes éducatifs du Québec; Philosophie de l'éducation; Sociologie de l'école

B. Deux étudiants. Répondez aux questions à propos du programme d'études de Gilles et de Claire.

MODÈLE: Claire prépare un diplôme en sciences économiques?
    →Non, elle prépare un diplôme en chimie.

1. Son mineur est en biologie?
2. Et Gilles, quel diplôme est-ce qu'il prépare?
3. Il est inscrit à quelle faculté?
4. Quel est son mineur?
5. Ce trimestre, Claire suit un cours d'écologie?
6. Pour quel cours est-ce qu'elle travaille au laboratoire?
7. Elle suit un cours d'histoire?
8. Gilles suit des cours en sciences humaines ce trimestre?
9. Il suit un cours de littérature allemande?

C. Votre université et vous. Vous allez envoyer une cassette à un/e correspondant/e français/e. Vous lui parlez de votre université et de votre vie d'étudiant/e. Avec un/e partenaire, vous vous entraînez. Préparez deux ou trois courtes phrases sur chacun des sujets indiqués.

MODÈLE: votre université en général
    →Mon université est très grande. Il y a beaucoup d'étudiants. Sur notre campus nous avons plusieurs facultés: une faculté des lettres et des sciences humaines, une faculté des sciences, une faculté de droit, des facultés d'ingénierie. Moi, je suis à la faculté des sciences.

1. votre université en général
2. votre campus (il est dans une ville? il est grand?)
3. votre faculté (quelle est votre faculté? nommez quelques départements)
4. votre cours de français (combien d'étudiants? il est intéressant? vous travaillez beaucoup?)
5. vos professeurs (combien de professeurs différents ce semestre? votre professeur préféré?)

D. Votre spécialisation et vos cours. Quelle est votre spécialisation? Vous avez un mineur? Quels cours est-ce que vous suivez ce semestre?

MODÈLE: ➤Je prépare un B.A. spécialisé en sciences politiques. J'ai un mineur en français. Ce semestre je suis deux cours d'histoire, un cours de sociologie et ce cours de français.

Parlons des cours

GILLES: Qu'est-ce que tu as comme cours ce trimestre?

CLAIRE: Deux cours de chimie, un cours de maths, un cours de physique et un cours sur l'histoire du Québec.

GILLES: Tu aimes les maths?

CLAIRE: Non, c'est ennuyeux, mais c'est un cours obligatoire. Et ton cours de sciences politiques, ça va?

GILLES: Ben, il est intéressant, ce cours, mais difficile.

CLAIRE: Il y a beaucoup d'examens?

GILLES: Seulement un examen final, mais il y a deux mémoires à écrire. J'ai une note assez médiocre pour le premier mémoire.

	lundi	mardi	mercredi	jeudi	vendredi
matin	Histoire du Québec 3h	Chimie et environnement 3h	Physique expérimentale 3h		Mathématiques pour chimistes 3h
après-midi	Chimie physique moléculaire 2h		Chimie physique moléculaire 2h		Laboratoire de physique 2h

L'UNIVERSITÉ FRANÇAISE

Comparées aux universités canadiennes et américaines, les universités françaises ont moins de facultés sur le même campus. En France généralement les sciences naturelles, les maths et l'informatique sont dans une faculté des sciences; les lettres et les sciences humaines d'une part, et le droit et les sciences économiques d'autre part, sont regroupés ensemble dans la même faculté. Généralement une université française a une ou deux facultés. Aussi, on ne trouve pas de facultés d'ingénierie dans les universités françaises ou des facultés qui correspondent aux business schools américaines. Il existe des écoles très spécialisées qui forment des ingénieurs. Pour former les hommes et les femmes d'affaires, il y a les écoles supérieures de commerce (SUPDECO) organisées souvent par les chambres de commerce. Enfin, il existe une autre catégorie d'établissements d'enseignement supérieur, les Grandes Écoles, par exemple l'École Polytechnique, qui forme des ingénieurs et des économistes, ou l'École Normale Supérieure, qui forme les professeurs d'université. L'entrée à ces établissements très prestigieux, qui correspondent plus ou moins aux graduate schools prestigieuses des universités américaines, est très compétitive. Après l'examen du baccalauréat (le bac), les étudiants qui préparent les concours aux Grandes Écoles passent deux ans dans des lycées spécialisés.

Une étudiante à l'École Polytechnique

Une autre grande différence entre les universités françaises et nord-américaines est l'organisation de l'année et l'importance des examens de fin d'année. En France les cours commencent en octobre et finissent en juin avec les examens. La période des examens dure plusieurs semaines. Par ailleurs, on peut passer les examens sans suivre les cours. L'université française offre les diplômes suivants: le DEUG (Diplôme d'études générales), généralement après deux ans d'études; la licence, l'équivalent du B.S. ou B.A. américain et du baccalauréat canadien, après trois ans d'études; la maîtrise, après quatre ans, et le doctorat.

A. L'emploi du temps. Parlez de l'emploi du temps de Claire.

MODÈLE: Combien de cours est-ce que Claire suit ce trimestre?
→Elle suit cinq cours: deux cours de chimie, un cours de physique,…

1. Quels cours est-ce qu'elle a le lundi?
2. Quel jour est son cours d'écologie?
3. Quel jour est-ce qu'elle travaille au labo?
4. Quels jours est-ce qu'elle a son cours de chimie physique?
5. Quel jour est son cours de maths?
6. Elle a des cours le mardi après-midi?
7. Quels cours est-ce qu'elle a le mercredi?
8. Quel jour est-ce que Claire n'a pas de cours?

B. Votre emploi du temps. Parlez de votre emploi du temps avec un/e camarade.

MODÈLE: →Le lundi, j'ai deux cours: le matin j'ai un cours de sociologie et
l'après-midi, un cours de français. J'ai un cours de maths le mardi.

C. Vos goûts. Avec un/e camarade, comparez vos opinions sur les matières suivantes.

MODÈLE: les langues étrangères
É1 Pour moi, les langues étrangères sont assez difficiles, mais pas le
français. Ce n'est pas difficile et c'est intéressant. Et toi?
É2 Pour moi, les langues étrangères sont intéressantes. J'aime
travailler au labo et regarder des vidéocassettes.

1. les sciences humaines
2. les maths
3. les sciences naturelles
4. l'histoire
5. les beaux-arts
6. l'informatique

D. Parlez de vos cours. Organisez-vous en groupes de trois ou quatre. Pour chaque sujet indiqué, un/e étudiant/e pose des questions aux autres.

MODÈLE: votre professeur le plus intéressant?
É1 Mary, quel est ton professeur le plus intéressant?
É2 C'est mon prof d'histoire. Il raconte souvent des histoires amusantes.
É1 Et toi, Kevin?
É3 Moi, c'est mon prof d'anglais. Elle est très gentille.
É1 Et toi, Peggy?
É4 Moi, je suis dans le cours d'histoire de Mary. C'est mon prof
d'histoire aussi.

1. votre professeur le plus intéressant?
2. votre professeur le plus sévère?
3. votre cours préféré?
4. votre cours le plus difficile?
5. votre cours le moins difficile?

Le campus et les environs

MARTINE: Dis, Sophie, tu viens avec nous? On va à la piscine pour nager.

SOPHIE: Non, merci. Je travaille à la bibliothèque cet après-midi. Je prépare un rapport pour mon cours d'histoire.

MARTINE: Et toi, Louise?

LOUISE: Moi, j'ai faim, alors je vais au resto-U pour manger!

le théâtre

le café

le musée

le cinéma

la bibliothèque

le laboratoire de langues

le centre d'informatique

l'amphithéâtre (m.)

le bureau du professeur

le laboratoire de chimie

l'infirmerie (f.)

le snack-bar

la librairie

la piscine

le gymnase

les terrains (m.) de sport

le stade

la résidence

le restaurant universitaire (le resto-U)

LE CAMPUS DANS L'UNIVERSITÉ FRANÇAISE

La plupart des universités françaises n'ont pas de vrai campus. Par exemple, à Paris, seulement l'université de Paris X (Nanterre), qui est en dehors de la ville, a un petit campus avec plusieurs bâtiments pour les cours et l'administration, un centre sportif, un restaurant universitaire et des pelouses. Quand ils parlent de leur université, les étudiants français ne disent pas "Ce matin, je vais à l'université" mais **"Ce matin je vais à la fac."** Généralement, il n'y a pas de librairies, de centres où les étudiants trouvent des salles pour lire ou pour se détendre, ou d'endroits où ils peuvent prendre quelque chose avec des copains. Pour ça, ils vont à un café près de leur faculté. À part quelques exceptions, par exemple la faculté des Sciences de l'Université de Nice, qui est dans un beau parc, les universités françaises ne sont pas très belles comparées aux campus de beaucoup d'universités américaines. Certaines universités françaises ont des résidences situées près des bâtiments où on donne les cours. Mais la plupart des étudiants habitent chez eux ou dans des chambres et des appartements en ville.

À VOUS LA PAROLE

A. Dans quel endroit? Dans quel endroit est-ce que vous entendez les phrases suivantes?

MODÈLE: Du rosbif, s'il vous plaît.
→ le restaurant universitaire

1. Tu aimes mon maillot?
2. Le match commence dans dix minutes.
3. Listen and repeat: number one.
4. Écoute! C'est une explosion!
5. Où sont les biographies, s'il vous plaît?
6. On regarde la télé ce soir?
7. Où est le docteur Martin?
8. Désolé, Monsieur, je n'ai pas mes devoirs.
9. J'aime beaucoup cette statue.
10. C'est combien pour ces deux livres et un cahier?

B. Vos endroits préférés. Avec un/e camarade discutez de vos endroits préférés.

MODÈLE: pour manger?
       É1   Moi, je préfère aller manger au resto-U. Et toi?
       É2   Moi, je vais chez moi.

1. pour manger?
2. pour travailler?
3. pour regarder un film?
4. pour parler avec vos amis?
5. pour faire du sport?
6. pour préparer un examen?
7. pour vous amuser?

SONS ET LETTRES

Les voyelles /o/ et /ɔ/

The vowel of **beau** (/o/) is short and tense, in contrast to the longer, glided vowel of English *low*. Hold your hand under your chin to make sure it does not drop as you say **beau;** your lips should stay rounded and tense. The vowel /o/ generally occurs at the end of words or of syllables, and it is written with **o, au/x, eau/x,** or combinations of **o** and silent consonants:

   au rest**o**-U   **aux** bur**eaux**   le m**ot**   il est gr**os**

The vowel of **bottes,** /ɔ/, is pronounced with less tension than /o/, but still without any glide. It usually occurs before a pronounced consonant and is spelled **o:**

   n**o**tre   la f**o**rme   la r**o**be   il ad**o**re

In a few words, /o/ occurs before a pronounced consonant:

   j**au**ne   r**o**se   les **au**tres   elle est gr**o**sse

À VOUS LA PAROLE

A. Contrastes. Comparez la prononciation de chaque paire de mots.

le stylo/la porte   il faut/la forme   le manteau/la robe
Jojo/Georges   Mado/Charlotte   M. Lebeau/M. Lefort

B. Des phrases. Lisez les phrases suivantes à haute voix.

1. Elle est **au** tabl**eau**.
2. Voici le bur**eau** de **Jo**jo.
3. C**o**lette a le chap**eau** j**au**ne; Cl**au**de, le mant**eau** r**o**se.
4. Robert va **au** cours de s**o**ci**o**logie.

Les prépositions à et de

1. The preposition **à** indicates location or destination and has several English equivalents.

Cette université se trouve **à** Paris.	*That university is located in Paris.*
Il est **à** la résidence.	*He's at the dorm.*
Elle va **à** la bibliothèque.	*She's going to the library.*

- With verbs like **parler, téléphoner, donner** and **montrer, à** introduces the indirect object, usually a person.

Colin parle **à** la petite fille.	*Colin is speaking to the little girl.*
Nous téléphonons **à** notre professeur.	*We're phoning our professor.*
Elle donne la photo **à** son copain.	*She gives the photo to her friend.*

2. **À** combines with the definite articles **le** and **les** to form contractions. There is no contraction with **la** or **l'**.

à + le → **au**	Il va **au** restaurant.
à + les → **aux**	Ils parlent **aux** professeurs.
	Donnez les devoirs **aux** étudiants.
à + la → **à la**	Je vais **à la** librairie.
à + l' → **à l'**	Je parle **à l'**homme.

3. The preposition **de/d'** indicates where someone or something comes from.

Jean-Luc est **de** Montréal.	*Jean-Luc is from Montreal.*
Elle arrive **de la** résidence.	*She's coming from the dorm.*

- **De/d'** also is used to indicate possession or other close relationships.

C'est le bureau **de** Mme Duval.	*It's Mrs. Duval's office.*
Voilà la sœur **d'**Yvonne.	*There's Yvonne's sister.*

- In some phrases of *noun + de + name of subject matter,* the definitive article is not used. Contrast:

Je fais **du** droit.
la faculté **de** droit

4. **De** combines with the definite articles **le** and **les** to form contractions. There is no contraction with **la** or **l'**.

de + le → **du**	Tu arrives **du** labo?
de + les → **des**	On parle **des** résidences.
	Vous êtes **des** États-Unis?
de + la → **de la**	Elle arrive **de la** bibliothèque.
de + l' → **de l'**	C'est la mère **de l'**enfant.

A. Sur le campus. Imaginez que vous montrez le campus à vos parents. Utilisez la préposition **de** pour décrire.

MODÈLES: la maison/le président
→ Voilà la maison du président.

le labo/chimie
→ Ça, c'est le labo de chimie.

1. le labo/langues
2. la classe/français
3. le bureau/le professeur
4. les bureaux/l'administration
5. la faculté/les sciences de l'éducation
6. la faculté/les beaux-arts
7. le centre/l'informatique
8. le théâtre/l'université

B. On y va? Proposez une activité à un/e camarade. Il/Elle va être d'accord, et va dire où vous allez.

MODÈLE: jouer au foot
É1   On joue au foot?
É2   Oui, allons au stade.

1. regarder un film
2. écouter des cassettes pour le cours d'allemand
3. trouver un livre sur l'histoire du Québec
4. aller nager
5. regarder un match de basket
6. dîner avec des copains
7. aller à une exposition de tableaux

C. Ils arrivent d'où? D'où arrivent ces gens, d'après la description?

MODÈLE: Christian porte toujours son maillot.
→ Il arrive de la piscine.

1. Marie-Claude a sa raquette de tennis.
2. Brigitte apporte un tas de livres.
3. Laurent apporte un programme.
4. Guy regarde un menu.
5. Dominique a son livre de chimie.
6. Gilles apporte une vidéocassette sur l'Allemagne.
7. Claire apporte un ballon de basketball.

D. Trouvez une personne. Trouvez une personne parmi vos camarades de classe qui...

MODÈLE: suit un cours d'histoire

    É1 Tu suis un cours d'histoire?

    É2 Non. (Vous demandez à une autre personne.)

  OU   Oui. (Vous écrivez le nom de cette personne.)

1. suit un cours d'histoire
2. suit un cours de géologie
3. est d'une grande ville, par exemple de Chicago ou de New York
4. habite une résidence
5. va à la bibliothèque aujourd'hui
6. va au labo aujourd'hui
7. téléphone à ses parents le week-end
8. joue d'un instrument
9. joue souvent aux cartes

Le verbe **aller** et le futur proche

1. The irregular verb **aller** means *to go*.

Je **vais** à la librairie.	*I'm going to the bookstore.*
Tu **vas** avec nous?	*Will you go with us?*

You have already used **aller** in greetings.

Comment ça **va**?	*How are things?*
Comment **allez**-vous?	*How are you?*

ALLER *to go*			
SINGULIER		**PLURIEL**	
je	**vais**	nous	**allons**
tu	**vas**	vous	**allez**
il elle on	**va**	ils elles	**vont**

IMPÉRATIF: **Va! Allons! Allez!**

2. To express future actions that are intended or certain to take place, use the present tense of **aller** and an infinitive. This construction is called *le futur proche* (the immediate future). In negative sentences, place **ne... pas** around the form of **aller**; the infinitive does not change.

Je **vais finir** mon rapport ce soir.	*I'll finish my report this evening.*
Attention, tu **vas tomber**!	*Watch out, you're going to fall!*
Il **va téléphoner** à son père.	*He's going to call his father.*
Elle **ne va pas** jouer de la guitare.	*She's not going to play the guitar.*
Tu **ne vas pas** danser?	*You're not going to dance?*

3. To express a future action you may also use the present tense of a verb and an adverb referring to the future.

Mon père arrive demain.   *My father arrives tomorrow.*
Tu joues ce soir?   *You're playing tonight?*

Here are some useful expressions referring to the immediate future.

ce soir	*tonight*
demain	*tomorrow*
ce week-end	*this weekend*
bientôt	*soon*
la semaine prochaine	*next week*
le mois prochain	*next month*
l'été prochain	*next summer*
l'année prochaine	*next year*

À VOUS LA PAROLE

A. Les projets. Qu'est-ce que ces étudiants vont probablement faire?

MODÈLE: Monique prépare son cours de chimie.
→Elle va travailler au laboratoire.
OU Elle va faire une expérience.

1. Christophe prépare un examen important.
2. Nous n'avons pas de cours demain.
3. Martine a beaucoup de questions pour le prof d'anglais.
4. Jean et Paul ont faim.
5. Je ne comprends pas cette leçon de maths.
6. Chantal aime étudier l'histoire.
7. Vous portez votre maillot.

B. Imaginez! Où est-ce que vous allez dans les situations suivantes?

MODÈLE: Vous quittez l'université.
→Je vais chez mes parents.
OU Je vais à San Francisco.

1. Vous quittez l'université.
2. Vous gagnez à la loterie: 10 millions de francs français!
3. Vous et votre ami/e, vous vous mariez.
4. Vous changez d'université.
5. Votre famille visite une ville francophone.
6. Vous pouvez habiter votre ville préférée.

C. Vos projets. Avec un/e partenaire, parlez de vos projets futurs.

MODÈLE: cet après-midi
→ Cet après-midi je vais travailler au labo.
OU Cet après-midi mon camarade et moi, nous allons jouer au tennis.

1. cet après-midi
2. ce soir
3. demain
4. ce week-end
5. le trimestre prochain
6. l'été prochain
7. l'année prochaine

D. Tous les détails! Demandez à votre camarade comment il/elle va passer ce week-end: travail, distractions, sports, etc.

MODÈLE: É1 Qu'est-ce que tu vas faire ce week-end? Tu vas travailler?
É2 Ah non, je ne vais pas travailler, je vais passer un week-end très calme. Je vais probablement regarder la télé, parler à mes amis, manger au restaurant, etc.

Les questions avec **est-ce que** et **quel**

1. To ask a question requesting specific information, it is necessary to use some type of interrogative word or expression. The interrogative word or expression usually comes at the beginning of the question and is followed by **est-ce que/qu'**:

Où **est-ce que** tu vas?	*Where are you going?*
Quand **est-ce qu'**elle arrive?	*When does she arrive?*

• Some of the words or expressions frequently used in questions are:

comment	*how*	**Comment** est-ce que tu t'appelles?
où	*where*	**Où** est-ce qu'il travaille?
quand	*when*	**Quand** est-ce que tu arrives?
pourquoi	*why*	**Pourquoi** est-ce que tu ne vas pas au labo?
combien	*how much*	**Combien** est-ce qu'il veut?
combien de	*how many*	**Combien d'**étudiants est-ce qu'il y a?

2. Another question construction, called *inversion*, is used in writing, in formal conversation, and in a few fixed expressions. In questions using inversion, the subject follows the verb and is connected to it with a hyphen:

Comment **allez-vous**?
How are you?

Quel âge **avez-vous**?
How old are you?

3. The interrogative word **quel** *(which)* agrees in gender and number with the noun it modifies:

Quel livre est-ce qu'il a?
Which book does he have?

Quelle raquette est-ce que tu veux?
Which racket do you want?

Quels cours est-ce que tu préfères?
Which courses do you prefer?

Quelles affiches est-ce qu'elle a?
Which posters does she have?

À VOUS LA PAROLE

A. À propos de Gilles. On parle de Gilles. Vous êtes curieuse/curieux, alors vous posez des questions pour avoir plus de renseignements.

MODÈLE: Gilles n'habite pas la résidence.
➤ Ah bon? Où est-ce qu'il habite?

1. Il a deux camarades.
2. Il est d'une famille nombreuse.
3. Il prépare un diplôme.
4. Il travaille le week-end.
5. Il va bientôt arriver.
6. Il adore le sport.

B. Au bureau des admissions. Vous entendez les réponses que donne Sandrine à l'employée du bureau des admissions à l'UdeM. Quelles sont les questions de l'employée?

MODÈLE: Je m'appelle Trembley, Sandrine.
➤ Comment vous appelez-vous?

1. J'ai vingt-deux ans.
2. J'habite à Ottawa.
3. Non, je ne suis pas mariée.
4. Si, je travaille.
5. Je prépare un diplôme en sociologie.
6. Maintenant je suis inscrite à l'Université Laval.
7. Je suis seulement trois cours.
8. J'arrive à l'UdeM le 28 septembre.

C. Questions indiscrètes? Interviewez un/e camarade de classe. Posez-lui des questions à partir des sujets suggérés.

MODÈLE: la résidence

→ Où est-ce que tu habites?

OU Quelle résidence universitaire est-ce que tu habites?

OU Est-ce que tu as un/e camarade de chambre?

1. la famille
2. les animaux
3. les études
4. la musique
5. les jeux
6. les sports

D. Quelles questions? Imaginez que vous êtes journaliste. Vous posez trois questions aux personnes suivantes. Quelles sont vos questions?

MODÈLE: au président des États-Unis

→ Après les élections, où est-ce que vous allez habiter?

1. au président des États-Unis
2. au président de votre université
3. à une star du cinéma
4. à un athlète célèbre
5. à un écrivain important

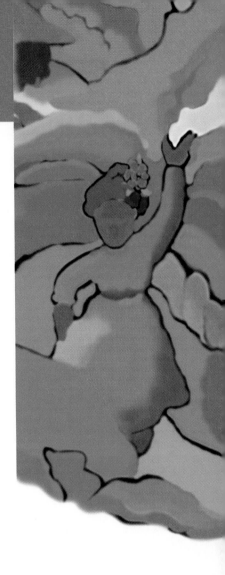

Ⅿ ISE EN PRATIQUE

LISONS

A. Avant de lire. The text reproduced here is an excerpt from a catalog outlining degree programs at the Université de Montréal. Before looking at it more closely, think about similar catalogs you have examined in the U.S. For example, if you were interested in pursuing a degree in anthropology at a particular university, what information would you look for in the catalog?

B. En lisant. As you read, look for the following information.

1. What degree is described in this section?
2. How many credits in all must a student take to complete the degree?
3. The description distinguishes between courses labeled **obligatoires, à option,** and **au choix.**
   a. Find the explanation of these three categories.
   b. How many credits of each type must a student in this program complete?
4. The text also explains the system of course numbering; what should a new student know about courses numbered 1000 vs. 2000 vs. 3000?

majeur en sciences de la communication

Ce programme totalise 21 crédits obligatoires, 36 à option et 3 au choix.

BLOC 75 A **OBLIGATOIRE**			**21 CR.**
COM 1100	3 AH	1 j	RECHERCHES EN COMMUNICATION
COM 1200	3 AH	1 js	INTRODUCTION AUX MÉDIAS
COM 1300	3 AHE	1 j	THÉORIES DE LA COMMUNICATION
COM 1400	3 AH	1 js	ANALYSE DES DONNÉES EN COMMUNICATION

BLOC 75 B **OPTION**			**MINIMUM 12 CR., MAXIMUM 18 CR.**
COM 2011	3 H	1 j	COMMUNICATION DOCUMENTAIRE
COM 2012	3 AH	1 j	ANALYSE DU CONTENU DES MESSAGES
COM 2014	3 H	1 j	TECHNIQUES DE SONDAGE
COM 2340	3 A	1 j	MÉTHODE DE RECHERCHE SUR TERRAIN
COM 2350	3 A	1 j	RECHERCHE SOCIALE EN COMMUNICATION
COM 3010	3 A	1 js	RÉSEAUX DE COMMUNICATION INTERNE
COM 3011	3 H	1 js	PROGRAMMES DE COMMUNICATION INTERNE
COM 3012	3 A	1 js	MÉTHODES DE COMMUNICATION EXTERNE
COM 3013	3 H	1 js	PLANS DE COMMUNICATION EXTERNE

BLOC 75 C **OPTION**			**MINIMUM 6 CR., MAXIMUM 12 CR.**
COM 2017	3 H	1 j	ANALYSE DU DISCOURS
COM 2700	3 A	1 j	COMMUNI. DANS LES GROUPES RESTREINTS

COM 2750	3 A	1 j	TRAITEMENT HUMAIN DE L'INFORMATION
COM 3360	3 AH	1 j	LES POLITIQUES DE COMMUNICATION
COM 3800	3 AH	1 js	TÉLÉCOMMUNICATION : IMPACT SOCIAL

BLOC 75 D **OPTION**			**MINIMUM 6 CR., MAXIMUM 12 CR.**
COM 2511	3 AH	1 js	PRATIQUE DES MÉDIAS I
COM 2540	3 AH	1 j	LES PRATIQUES DE LA PHOTOGRAPHIE
COM 3500	3 AH	1 j	LES PRATIQUES DE LA TÉLÉVISION
COM 3520	3 H	1 j	PRATIQUE DES MÉDIAS 2
HEC 3016	3 AHE	1 js	INTRODUCTION AU MARKETING
JOU 1200	3 AHE	1 js	MÉTHODES JOURNALISTIQUES
PBT 3210D	3 AHE	1 js	CHOIX ET UTILISATION DES MÉDIAS
REP 1103	3 AHE	1 js	PRINC. ET PRAT. DE LA COMM. INTÉGRÉE

BLOC 75 Y **OPTION**			**MINIMUM 6 CR., MAXIMUM 9 CR.**
ANT 1610	3 H	1 j	ÉLÉMENTS D'ETHNOLINGUISTIQUE
ANT 2030	3 H	1 j	ÉCOLOGIE CULTURELLE
ANT 2611	3 A	1 js	ETHNOGRAPHIE DE LA COMMUNICATION
BIO 1803	3 H	1 j	PRINCIPES D'ÉCOLOGIE
CIN 1040	3 A	1 s	LANGAGE DU CINÉMA
CIN 2010	3 A	1 j	HISTOIRE DU CINÉMA 1
DMO 1010	3 A	1 j	PROBLÈMES DE POPULAT. CONTEMPORAINS
DRT 3351	3 AHE	1 j	DROIT DE L'INFORMAT. ET DE LA COMMUN.

L'étudiant suit dès son premier trimestre à l'université les cours COM dont le numéro commence par le chiffre 1; après avoir complété un trimestre il peut aborder ceux dont le numéro commence par 2, et après deux trimestres, ceux dont le numéro commence par 3. Les cours obligatoires de niveau 1 doivent être suivis au début du programme.

Cours obligatoires
Un cours obligatoire est un cours exigé de tous les étudiants d'une même orientation, sans aucune alternative. (Un cours peut être obligatoire dans une autre orientation du même programme).

Cours à option
Dans chaque bloc de cours à option, on trouve l'indication d'un nombre minimal et d'un nombre maximal de crédits de cours que l'étudiant prend à l'intérieur de ce bloc, à titre de cours à option.

Cours au choix
En plus des cours obligatoires et des cours à option, certains programmes ou certaines orientations comprennent aussi un nombre déterminé de crédits attribués à des cours au choix. S'il en est ainsi, l'étudiant peut choisir ces crédits parmi l'ensemble de tous les cours offerts à l'université.

A=automne   H=hiver   E=été   j=jour   s=soir

C. En regardant de plus près. Now look more closely at the following features of the text. The catalog, to convey information in a concise way, includes a great many abbreviations. Explain the following abbreviations, highlighted in the text:

1. 21 CR.
2. COM
3. HEC
4. AHE
5. js

D. Après avoir lu. Now that you've examined the text in detail, discuss with classmates the following questions.

1. If you were an advisor for a student planning to begin this program, what would you be sure to tell your advisee during your first meeting, as he/she plans for his/her first trimester?

2. Students enrolled in Arts and Sciences in the U.S. also must fulfill a large number of requirements. How would you compare the structure of this sample degree program at UdeM with a similar program at your institution?

ÉCOUTONS

La journée d'un étudiant. Listen as Gilles talks about what he expects his day to be like in the morning, the afternoon, and the evening.

1. First list his activities for each part of the day.

   morning: afternoon: evening:

2. Now complete the following statements.

- As Gilles describes it, his day today will be
  a. less busy than usual
  b. about normal
  c. busier than usual

- Based on what you've heard, you suggest to Gilles that tomorrow he...
  a. do some studying
  b. take a break

PARLONS ENSEMBLE

A. Votre journée typique. Décrivez votre journée typique le lundi. Qu'est-ce que vous faites du matin au soir? Comparez votre emploi du temps avec celui d'un/e partenaire.

MODÈLE: → J'habite sur le campus, alors je vais d'abord au restaurant universitaire. Ensuite, j'ai deux cours le matin: un cours de maths et un cours de français. L'après-midi je vais...

B. Un sondage. Faites un sondage parmi vos camarades pour savoir quel est …

MODÈLE: le cours le plus difficile

      É1 À ton avis, quel est le cours le plus difficile?

      É2 Pour moi, c'est toujours les maths!

1. le cours le plus difficile
2. le cours le plus facile
3. le cours le plus intéressant
4. le cours le plus ennuyeux

D'après vos résultats, est-ce que vous pouvez identifier des tendances générales? Par exemple, pour vos camarades de classe, est-ce que les sciences naturelles sont difficiles? Les lettres sont faciles? Les sciences humaines sont intéressantes?

ÉCRIVONS

A. Votre emploi du temps. Quel est votre emploi du temps à l'université?

1. D'abord, complétez l'agenda en ajoutant les cours que vous suivez.

	lundi	mardi	mercredi	jeudi	vendredi
matin					
après-midi					
soir					

2. Ensuite, commencez votre description en utilisant une des deux possibilités suggérées, et rédigez un paragraphe.

    a. Ce semestre/trimestre j'ai un programme très difficile. Le lundi, par exemple, j'ai un cours de…

    b. Ce semestre mon programme n'est pas très difficile. J'ai seulement ___ cours.

3. Maintenant ajouter:

    a. votre spécialisation: Je prépare un diplôme en…

    b. vos opinions sur les cours: mon cours préféré

                              mon cours le plus difficile/facile/

                                  intéressant/ennuyeux

B. Un/e correspondant/e. Imaginez que vous écrivez votre première lettre à un/e correspondant/e de langue française. Vous lui posez beaucoup de questions. Rédigez un paragraphe avec vos questions.

View the clips for **Chapitre 3** in the *Chez nous* video

MODÈLE: Chère Isabelle,

           Comme tu peux imaginer, j'ai beaucoup de questions: Où est-ce que tu habites? Quels sports, quels films, quelle sorte de musique est-ce que tu aimes?, etc. J'espère avoir bientôt ta réponse.

           Amitiés,

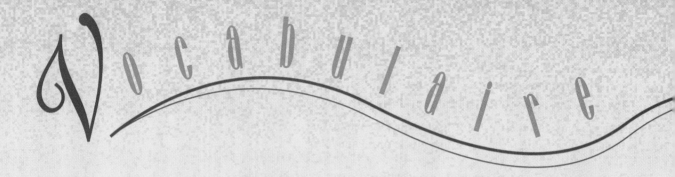

Vocabulaire

◆ cours — courses

l'allemand (m)	*German*
l'anthropologie (f)	*anthropology*
l'astronomie (f)	*astronomy*
la biologie	*biology*
la botanique	*botany*
la chimie	*chemistry*
la comptabilité	*accounting*
la danse	*dance*
le dessin	*drawing, drafting*
l'économie (f)	*economics*
la géographie	*geography*
la géologie	*geology*
l'histoire (f)	*history*
l'informatique (f)	*computer science*
les langues (f) étrangères	*foreign languages*
la linguistique	*linguistics*
la littérature	*literature*
les mathématiques (f) (les maths)	*mathematics*
la musique	*music*
la peinture	*painting*
la philosophie	*philosophy*
la physiologie	*physiology*
la physique	*physics*
la psychologie	*psychology*
les sciences (f) politiques	*political science*
la sculpture	*sculpture*
la sociologie	*sociology*
le théâtre	*theater*
la zoologie	*zoology*

◆ facultés — colleges

les beaux-arts (m)	*fine arts*
le droit	*law*
les hautes études (f) commerciales	*business*
le journalisme	*journalism*
les lettres (f)	*liberal arts*
la médecine	*medecine*
les sciences (f) de l'éducation	*education*
les sciences (f) économiques	*economics*
les sciences (f) humaines	*humanities*
les sciences (f) naturelles	*natural sciences*
les sciences (f) physiques	*physical sciences*

◆ le campus — the campus

un amphithéâtre	*a lecture hall*
une bibliothèque	*a library*
le bureau (du prof)	*the office (of the professor)*
un café	*a café*
un centre d'informatique	*a computer lab*
un gymnase	*a gymnasium*
une infirmerie	*a health clinic*
une librairie	*a bookstore*
un musée	*a museum*
une piscine	*a swimming pool*
un restaurant universitaire (le resto-U)	*a dining hall*
une résidence (universitaire)	*a residence hall, dorm*
un snack-bar	*a snack bar*
un stade	*a stadium*
un terrain de sport	*a playing field, court*

◆ à l'université — at the university

un baccalauréat (en biologie)	a B.A. or B.S. degree (Can.) (in biology)
le campus	campus
un cours (de sociologie)	a (sociology) class, course
un diplôme (en beaux-arts)	a degree (in fine arts)
une discipline	a discipline, course of study
un emploi du temps	a schedule (of classes)
des études (f) (des études allemandes)	studies (German studies)
un examen (préparer un examen)	an exam (to study for an exam)
une expérience (faire une expérience)	an experiment (to carry out an experiment)
la faculté (la fac des beaux-arts)	the school/college (the college of fine arts)
inscrit/e à (la fac de droit)	enrolled in (law school)
un laboratoire (le labo de langues)	a laboratory (the language lab)
un mineur (en français)	a minor (in French)
un mémoire	a paper (academic)
une note (avoir une note)	a grade (to have/receive a grade)
préparer un diplôme (en histoire)	to do a degree (in history)
un rapport (préparer un rapport)	a report (prepare/write a report)
un semestre	a semester
une spécialisation (en français)	a major (in French)
spécialisé/e (en chimie)	specialising (in chemistry)
suivre un cours (Je suis un cours de maths.)	to take a course (I'm taking a math course.)
travailler	to work, study
un trimestre	a trimester, quarter

◆ pour décrire les cours et les examens — to describe courses and tests

difficile	difficult
ennuyeux/-euse	boring, tedious
final/e	final
intéressant/e	interesting
médiocre	mediocre
obligatoire	required

◆ quelques prépositions — some prepositions

à	to, at, in
de	from, of
pour	for

◆ pour poser une question — to ask a question

combien	how much
combien de	how many
comment	how
où	where
pourquoi	why
quand	when
quel/le	which

◆ pour parler de l'avenir — to talk about the future

aller (Je vais travailler.)	to go (I'm going to study./I will study.)
l'année (f) prochaine	next year
bientôt	soon
demain	tomorrow
l'été (m) prochain	next summer
le mois (m) prochain	next month
la semaine (f) prochaine	next week
ce soir	this evening
ce week-end	this weekend

Au travail

Quel est son métier?

à l'hôpital ou à la clinique

une infirmière

un médecin

un infirmier

au bureau

un/e comptable

un/e informaticien/ne

un/e avocat/e

à l'usine ou au laboratoire

un/e mécanicien/ne

un ingénieur

une ouvrière
un ouvrier

un/e technicien/ne

les services

un/e attaché/e commercial/e

une vendeuse
un vendeur

une serveuse
un serveur

un/e agent
de police

à l'école ou au collège

une institutrice
un instituteur

un professeur

les artistes

un/e musicien/ne

une actrice
un acteur

Autres métiers

un docteur	une chanteuse/un chanteur
un/e dentiste	un écrivain
un/e pharmacien/ne	un/e secrétaire
un/e assistant/e social/e	un/e architecte
un/e peintre	un/e journaliste

LA FÉMINISATION DES NOMS DE PROFESSIONS

En France comme aux États-Unis, les femmes commencent à occuper des professions traditionnellement masculines, comme celles d'ingénieur, de médecin, d'avocat, de mécanicien. Pour certaines de ces professions il existe un nom féminin, par exemple, une avocate. Pour d'autres, il n'y a pas de nom féminin. On dit alors **Mon professeur de chimie est Mme Duranty**. Au Québec la féminisation des noms de profession est plus avancée: **on dit Ma professeure de psychologie est Mme Laliberté**.

À VOUS LA PAROLE

A. Classez les métiers. Quels sont les métiers où:

MODÈLE: on gagne beaucoup d'argent?
  →Un médecin gagne beaucoup d'argent.
OU   Un acteur gagne beaucoup d'argent.

1. on est très autonome?
2. on travaille en plein air?
3. on n'a pas besoin de diplôme universitaire?
4. on n'est pas très stressé?
5. on a un contact avec le public?
6. on a beaucoup de prestige?
7. on peut travailler avec les enfants?
8. on peut voyager?

B. Aptitudes et goûts. D'après le profil de ces gens, dites ce qu'ils font probablement comme travail.

MODÈLE: Rémy est sociable. Il aime aider les gens avec leurs problèmes.
  →Il est assistant social.

1. Lise s'intéresse à la mécanique. Elle est très douée pour réparer les voitures et les motos.
2. Kevin aime le travail précis. Il est très bon en maths.
3. Solange est énergique et sociable. Elle aime voyager, et elle aime le contact avec le public.
4. Camille s'intéresse à l'informatique et elle aime écrire des programmes.
5. Roger est très doué pour les sciences; il aime son travail au laboratoire d'une grande clinique.
6. Pascale s'intéresse à la mode; elle aime aider ses clients avec leurs achats.
7. Roxanne est douée pour le dessin; elle aime dessiner des maisons et des immeubles, par exemple.
8. Guy aime travailler avec les enfants; il est calme et patient.

C. Offres d'emploi. Dites quelle sorte d'employés ou de professionnels il faut chercher.

MODÈLE: M. Loriot va ouvrir un magasin.
> Il cherche des vendeurs ou des vendeuses.

1. Mlle Voltaire a un grand bureau.
2. Les Lopez veulent une nouvelle maison.
3. Le Dr Ségal va ouvrir une clinique.
4. Notre ville a beaucoup de crimes.
5. On va ouvrir une nouvelle école primaire.
6. Mme Serres téléphone à la faculté de droit.
7. M. et Mme Duprès veulent un portrait de leurs enfants.

D. Cartes de visite. Voici les cartes de visite de plusieurs professionnels. Pour chaque individu, donnez:

1. son nom et son prénom
2. son adresse
3. sa profession
4. sa ville d'origine

Roger Zéphir

Architecte

■

Cabinet Delors

45 rue Schoelcher

97200 Fort-de-France

TÉL. (506) 61 00 65

TÉLÉCOPIE (506) 61 43 98

Félix Romélus

Electricité Générale

32, rue Pavée
Port-au-Prince, Haïti
TÉL 2.2630

Jean-Marie Lerond

Professeur
Université de Paris III (Sorbonne-Nouvelle)

26, rue des Fossés-Saint-Jacques
75005 Paris
Tél. 46 28 01 26   fax 46 28 13 45

MARC DE GRÈVE

AVOCAT

RUE VANDERCAMMEN 11
1160 BRUXELLES
TÉL. (02) 660 59 72

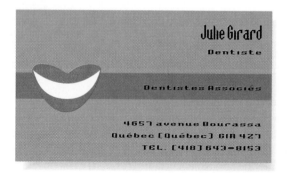

Julie Girard
Dentiste

Dentistes Associés

4657 avenue Bourassa
Québec (Québec) G1A 4Z7
TÉL. (418) 643-8153

Pierrette Duvoy

Attachée Commerciale

Nice Azur Publicité
34, rue de France   Tél. 93 37 38 74
Nice   Fax. 93 37 10 04

Parlons du travail et de la carrière

INGÉNIEURS TECHNICO-COMMERCIAUX

Constructeur et installateur d'équipements électroniques, notre société - CA : 200 MF - renforce ses équipes commerciales France (Paris, Bordeaux, Marseille, Lyon) et Export.

Responsable de notre développement commercial, vous initiez les contacts clients, assurez les négociations et coordonnez le suivi des affaires importantes.

Âgés d'environ 30 ans, de formation supérieure en électro-technique, vous justifiez d'une expérience réussie dans la vente de biens d'équipement industriels. Dotés d'un véritable tempérament commercial et d'une grande autonomie, vous aurez la possibilité d'exprimer vos talents.

Notre conseil, Anne PAGIS vous remercie de lui adresser votre dossier de candidature sous référence 118/04/A à ETHIKA - 7, rue Victor Hugo - 69002 LYON.

ETHIKA
CONSEIL EN RECRUTEMENT DE CADRES

Important laboratoire pharmaceutique en plein développement

MÉDECIN CHEF DE PROJET CARDIOLOGIE

Vous mettrez en place et assurerez la réalisation d'essais cliniques Phases 3 et 4. Vous soutiendrez et optimiserez la communication éthique et la stratégie marketing du produit. Vous participerez également à la formation des Délégués Médicaux concernés par ce produit.
Une compétence en cardiologie (Chef de clinique, interne ou C.E.S.) ou une première expérience industrielle dans cette classe thérapeutique est indispensable.
Une bonne pratique de l'anglais est nécessaire.
Merci d'envoyer lettre manuscrite, CV, photo et prétentions sous la réf. C016 à notre
Conseil SÉLÉPHAR ou répondez par Minitel 3617 code CPR + réf. C016.

39, rue de l'Est 92103 BOULOGNE

Chez la conseillère en orientation

LA CONSEILLÈRE: Qu'est-ce que vous voulez devenir?

MARTINE: Franchement, je ne sais pas encore.

LA CONSEILLÈRE: Qu'est-ce qui vous intéresse?

MARTINE: Je cherche un contact avec le public.

LA CONSEILLÈRE: Attachée commerciale, par exemple. Vous aimez voyager?

MARTINE: Oui, mais je ne fais pas de comptabilité ou de sciences économiques. Je prépare un baccalauréat en biologie mais je ne veux pas devenir médecin.

LA CONSEILLÈRE: Alors, pourquoi pas une carrière paramédicale? Infirmière, ou technicienne de laboratoire?

MARTINE: Hmmm, peut-être.

Des projets pour les vacances

CLAIRE: Tu as des projets pour cet été?

GILLES: Oui, je vais travailler dans un restaurant.

CLAIRE: Comme serveur?

GILLES: Oui, c'est ça.

CLAIRE: C'est un travail à plein temps ou à mi-temps?

GILLES: C'est pour seulement vingt heures par semaine.

LES ÉTUDIANTS ET LE TRAVAIL

D'après une enquête récente, seulement 7% des jeunes Français pensent qu'ils vont pouvoir trouver un emploi intéressant et bien rémunéré après leurs études. Ils ont peur du chômage, avec raison: en 1994, 25% des jeunes entre 15 et 24 ans étaient au chômage. Il est très difficile aussi pour eux de trouver un emploi à temps partiel, un job, pendant leurs études. Ils peuvent donner des leçons particulières ou trouver des petits jobs dans un restaurant ou une boutique. Il est plus facile de trouver un emploi l'été. Par exemple, Nadine, qui prépare un DEUG en histoire à l'Université de Paris-I (Sorbonne) travaille comme vendeuse dans une boutique; Benoît, qui prépare le concours des écoles de journalisme, est caissier dans un supermarché. Ils gagnent entre 6.000 et 8.000 francs par mois.

À VOUS LA PAROLE

A. Une bonne préparation. Suggérez un métier pour chaque personne suivante. Basez votre suggestion sur le programme d'études indiqué.

MODÈLE: Sylvie prépare un bacc en chimie mais elle ne veut pas devenir médecin.
➤ Alors, pourquoi pas pharmacienne?

1. Marc suit surtout des cours de sciences économiques et de comptabilité.
2. Alain suit des cours d'histoire et de sciences politiques.
3. Julie prépare un diplôme en informatique.
4. Claudine est inscrite à la fac des sciences de l'éducation.
5. Gilles prépare un bacc en études allemandes.
6. Brigitte s'intéresse surtout à ses cours de chimie.
7. Robert suit des cours de dessin.
8. Leila est inscrite à l'école de musique.

B. Vos projets de carrière. Organisez-vous en groupe de trois ou quatre. Demandez à vos camarades ce qu'ils voudraient devenir et ce qu'ils ne voudraient pas devenir.

MODÈLE: É1 Toi, Mike, qu'est-ce que tu veux devenir?

É2 Moi, je voudrais être assistant social. J'aime travailler avec les gens. Et toi, Margot, qu'est-ce que tu ne voudrais pas devenir?

É3 Moi, je ne voudrais pas devenir avocate. On travaille trop et on est trop stressé.

C. Un petit job. Faites le tour de la classe pour trouver quelqu'un qui a un petit job à mi-temps. Vous allez demander:

1. où il/elle travaille
2. ce qu'il/elle fait
3. combien d'heures et quels jours il/elle travaille
4. s'il/si elle n'a pas de travail, est-ce qu'il/elle voudrait trouver un petit job?

Vous allez faire un rapport devant toute la classe.

MODÈLES: É1 David travaille dans une librairie. Il est vendeur. Il travaille 20 heures par semaine, et toujours le vendredi, le samedi et le dimanche.

É2 Mary n'a pas de travail pour le moment, mais elle voudrait trouver un petit job à mi-temps. Elle voudrait travailler comme serveuse dans un restaurant ou comme vendeuse dans une librairie. Elle voudrait travailler seulement le week-end.

Cent mille francs!

RAYMOND: Tu vas acheter cette voiture? Elle coûte cent mille francs!

LOÏC: Et alors? On m'offre un emploi comme informaticien. Je vais gagner deux cent cinquante mille francs par a

RAYMOND: Les informaticiens gagnent autant?

LOÏC: Pas tous. Seulement les informaticiens géniaux comme moi.

RAYMOND: Quelle modestie!

Les nombres à partir de 100

101 cent un	700 sept cents
102 cent deux	750 sept cent cinquante
200 deux cents	900 neuf cents
201 deux cent un	999 neuf cent quatre-vingt-dix-neuf
1.000 mille	1.000.000 un million
2.000 deux mille	2.000.000 deux millions
1.000.000.000 un milliard	
2.000.000.000 deux milliards	

L'ARGENT

L'unité monétaire de la France, de la Belgique, du Luxembourg et de la Suisse est le franc. (On utilise le franc belge au Luxembourg.) Mais ces différents francs ont des valeurs différentes par rapport au dollar. L'unité monétaire canadienne est le dollar canadien. Dans les pays de l'Afrique francophone, l'unité monétaire est le franc CFA.

Voici des billets et des pièces de monnaie français. Il est intéressant que les billets français portent le nom d'un écrivain, d'un musicien ou d'un artiste célèbre.

500F   Blaise Pascal (1623–1662) Écrivain, mathématicien et physicien

200F   Charles de Montesquieu (1689–1755) Écrivain et philosophe, auteur de **L'Esprit des lois** qui contient le modèle du gouvernement américain avec la séparation des pouvoirs administratif, législatif et judiciaire.

100F   Eugène Delacroix (1798–1869) Peintre, créateur de la *Liberté guidant le peuple.*

50F   Antoine de Saint-Exupéry (1900–1944) Aviateur et écrivain, auteur du **Petit prince**.

20F   Claude Debussy (1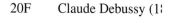

A. Elle coûte combien cette voiture? Voici des annonces décrivant des voitures d'occasion *(used cars)*. Demandez à un/e camarade combien coûtent les voitures suivantes.

MODÈLE: É1 Combien coûte la Peugeot 405 GR 1989?

    É2 Elle coûte trente-sept mille francs.

1. La Citroën XM 21 1992
2. La Citroën ZX Aura
3. La Peugeot 205 junior 1989
4. La Renault R5 automatique 1981
5. La BMW 320i 1992
6. La Renault Safrane RT 1993
7. La Peugeot Turbo Diesel 1989

Citroën

Magnifique XM 21 1992, injection, climatisation, comme neuve, 31.000 km, 90.000 F. Tél: 93.90.25.95

ZX Aura automatique, climatisée, 15.000 km, garantie, 75.000 F. Tél: 93.25.19.70

Peugeot

405 Turbo diesel, 1989, rouge, toutes options, garantie, 52.500 F. Tél: 93.20.75.10

Vends 405 GR, 1989, 67.000 km, options, 1ère main, 37.000 F. Heures bureau, 93.64.01.15

Particulier Peugot 205 junior, 1989, 65.000 km, 23.750 F. Tél: 93.05.09.59

Renault

Vends Safrane RT 2.2, 1993, cause santé, 22.000 km, options, excellent état, 160.000 F. Tél: 93.81.55.05

Particulier R5 automatique, 1981, 4 portes, 6.000 F. Tél: 93.48.54.06

BMW

Vends BMW 320 i, 1992, impeccable, toutes options, climatisée, peinture métallisée, 125.000 F. Soir, 93.81.15.40

B. Combien est-ce qu'ils gagnent? Demandez à un/e partenaire combien on gagne typiquement dans les professions et métiers suivants.

MODÈLES: un avocat?   400 000F/an
    É1 Combien gagne un avocat?
    É2 Un avocat gagne dans les quatre cent mille francs par an.

    un employé de bureau   8 500/mois
    É1 Combien gagne un employé de bureau?
    É2 Un employé de bureau gagne dans les huit mille cinq cent francs par mois.

1. un pharmacien?   25 000F/mois
2. un mécanicien?   10 000F/mois
3. un journaliste?   175 000F/an
4. un professeur de lycée?   17 000F/mois
5. un ingénieur?   200 000F/an
6. une chanteuse célèbre?   5 000 000F/an
7. un attaché commercial?   175 000F/an
8. un joueur de football célèbre? 10 000 000F/an
9. un ouvrier non spécialisé? 6 000F/mois

C. C'est quel numéro? Demandez à un/e camarade les numéros suivants.

MODÈLES: son numéro de sécurité sociale

➤C'est le trois cent vingt et un, quarante-deux, cinquante-cinq, quatorze. (321-42-5514)

sa date de naissance

➤C'est le quatorze février, dix-neuf cent soixante-seize. (14/2/1976)

1. son numéro de sécurité sociale
2. sa date de naissance
3. son numéro de téléphone
4. le numéro de sa chambre (s'il/si elle habite une résidence)
5. son code postal

SONS ET LETTRES

Les voyelles /e/ et /ɛ/

The vowels of **des** and **mère** differ by their degree of tension and where they occur in words. The vowel of **des**, /e/, must be pronounced with a lot of tension and without any glide; otherwise the vowel of English *day* is produced. Hold your hand under your chin to make sure it does not drop as you say **des**; your lips should stay in a smiling position and tense. The vowel /e/ occurs generally at the end of words or syllables, and it is often written with **é**, or **e** followed by a silent consonant letter:

les m**é**decins   ces employ**é**s   des ouvr**ie**rs

The vowel of **mère** /ɛ/ is pronounced with less tension than /e/, but still without any glide. It usually occurs before a pronounced consonant and is spelled with **è**, **ê**, or **e** followed by a pronounced consonant:

l'infirm**iè**re   b**ê**te   la carr**iè**re   la pharmac**ie**nne

À VOUS LA PAROLE

A. Contrastes. Compare the pronunciation of each pair of words: the first word contains /e/ and the second /ɛ/.

l'ouvri**e**r/l'ouvri**è**re   l'infirmi**e**r/l'infirmi**è**re   premi**e**r/premi**è**re
divorc**é**/c**é**libat**ai**re   mari**é**/Marc**e**l

B. Des phrases. Read each of the sentences aloud. To avoid glides, hold the rounded, tense position of /e/ and do not move your lips or chin during its production.

1. Regardez cette infirmière.
2. Ces ouvrières ne sont pas bêtes.
3. Hélène est la mère d'Hervé.

C'est et il est

1. There are two ways you may indicate someone's profession:

   • Use **être** + the name of the profession, without an article:

   Jeannine est musicienne.
   Jeannine is a musician.

   Son frère est acteur.
   Her brother is an actor.

   Nous sommes instituteurs.
   We are teachers.

   • Use **c'est** + the indefinite article + the name of the profession:

   Jeannine, c'est une musicienne.
   Jeannine is a musician.

   Stéphane? C'est un dentiste.
   Stéphane? He's a dentist.

   Leurs parents? Ce sont des ouvriers.
   Their parents? They're factory workers.

2. When you include an adjective along with the name of a profession, you must use **c'est/ce sont** + the indefinite article. Compare:

   Anne est musicienne.
   Anne is a musician.

   C'est une excellente musicienne.
   She's an excellent musician.

   Ils sont peintres.
   They're painters.

   Ce sont des peintres très doués.
   They're very talented painters.

À VOUS LA PAROLE

A. Professions et traits de caractère. Pour chaque profession précisez un trait de caractère approprié.

MODÈLE: Anne est infirmière.
   → C'est une infirmière calme.

1. Dominique est avocate.
2. Rémi est assistant social.
3. Valérie est médecin.
4. Marc est attaché commercial.
5. Claudine est peintre.
6. Bernard et Sylvie sont informaticiens.
7. Henri et Josiane sont mécaniciens.
8. Véronique et Albert sont instituteurs.

B. Identification. Identifiez la nationalité et la profession des personnes suivantes. Choisissez entre: américain/e, anglais/e ou français/e.

MODÈLE: Jules Verne

→C'est un écrivain français.

1. Gustave Eiffel
2. Jonas Salk
3. Henri Matisse
4. Georges Sand
5. Charles Dickens
6. Claude Debussy
7. Barbra Streisand
8. Toni Morrison

Les verbes **devoir, pouvoir** et **vouloir**

1. The verbs **devoir, pouvoir** and **vouloir** are irregular.

DEVOIR *must, to have to, to be supposed to*	
SINGULIER	PLURIEL
je doi **s**	nous dev **ons**
tu doi **s**	vous dev **ez**
il elle on } doi **t**	ils elles } doiv **ent** ←

POUVOIR *to be able, can*	
SINGULIER	PLURIEL
je peu **x**	nous pouv **ons**
tu peu **x**	vous pouv **ez**
il elle on } peu **t**	ils elles } peuv **ent** ←

VOULOIR *to want*	
SINGULIER	PLURIEL
je veu **x**	nous voul **ons**
tu veu **x**	vous voul **ez**
il elle on } veu **t**	ils elles } veul **ent** ←

2. These verbs are often used

• with an infinitive:

Tu dois partir?	*Do you have to leave?*
Je veux arriver demain matin.	*I want to arrive tomorrow morning.*
Tu ne peux pas arriver ce soir?	*Can't you arrive this evening?*

• to soften commands and make suggestions. Compare:

Attendez ici!	*Wait here!*
Vous devez attendre ici.	*You must wait here.*
Vous voulez attendre ici, s'il vous plaît?	*Will you wait here, please?*
Vous pouvez attendre ici.	*You can wait here.*

3. The conditional forms **tu devrais, tu pourrais, tu voudrais,** etc. soften orders or suggestions more than the present tense forms do. The conditional forms are generally equivalent to *should, could* and *would*.

Tu **devrais** écouter.	*You should listen.*
Vous **devriez** manger quelque chose.	*You should eat something.*
Tu **pourrais** rester ici?	*Could you stay here?*
Vous **pourriez** travailler demain.	*You could work tomorrow.*
Tu **voudrais** partir jeudi?	*Would you like to leave on Thursday?*
Vous **voudriez** danser?	*Would you like to dance?*

tu	devr **ais**		vous	devr **iez**
tu	pourr **ais**		vous	pourr **iez**
tu	voudr **ais**		vous	voudr **iez**

À VOUS LA PAROLE

A. Un peu de tact! Denise et Jean-Louis travaillent dans un grand magasin. Denise demande à Jean-Louis de faire des choses de manière impérative. Donnez les mêmes ordres avec plus de tact.

MODÈLE: Monte au bureau!
→ Tu veux monter au bureau?
OU Tu peux monter au bureau?

1. Apporte la calculatrice!
2. Parle à cette dame!
3. Montre le baladeur au monsieur!
4. Change les cassettes!
5. Va chercher l'argent!
6. Téléphone à la banque!

Maintenant changez les ordres donnés par le patron à Denise et à Jean-Louis.

MODÈLE: Montez chercher les disques compacts!
→ Vous voulez monter chercher les disques compacts?
OU Vous pouvez monter chercher les disques compacts?

7. Apportez ces disques compacts!
8. Montrez ce magnétophone au monsieur!
9. Allez au bureau du comptable!
10. Téléphonez au directeur!

B. Une future profession. Qu'est-ce que ces gens peuvent faire comme travail?

MODÈLE: Sarah veut gagner beaucoup d'argent, mais elle ne veut pas faire des études supérieures.
→ Elle peut devenir actrice de cinéma, par exemple.

1. Alain ne veut pas travailler dans un bureau, mais il aime travailler avec ses mains.
2. Ghilaine et Annie veulent travailler avec les enfants.
3. Je veux surtout voyager, et je suis assez sociable.
4. Nous voulons un contact avec le public, et nous préférons travailler le soir.
5. Jean-Marc veut aider les gens, mais il n'est pas doué pour les sciences.
6. Adrienne est très douée pour la musique et très disciplinée.
7. Gilbert et David ne veulent pas un travail à plein temps.

C. Vouloir, c'est pouvoir. Quels sont vos projets pour l'avenir? Comparez vos idées avec celles de votre partenaire.

MODÈLE: le travail
É1 Qu'est-ce que tu voudrais faire comme travail?
É2 Je voudrais être médecin ou dentiste. Et toi?
É1 Moi, je ne voudrais pas être médecin; je voudrais être architecte.

1. le travail
2. la ville
3. les voyages
4. la famille
5. l'argent

D. Désirs et obligations. Pour chaque situation, dites ce que vous voudriez et ce que vous devez faire.

MODÈLE: Vous avez 10 000 dollars.
→ Je voudrais voyager, mais je dois acheter une voiture.

1. Vous avez un week-end libre.
2. Vous avez 10 000 dollars.
3. Vous avez cinq semaines de vacances.
4. Vous avez un examen important à préparer.
5. C'est samedi matin.
6. C'est lundi matin.

Les verbes en **-ir** comme **dormir**

1. Verbs like **dormir** differ from regular **-er** verbs in two ways:

   • Their singular endings are **-s, -s, -t;** these letters are usually silent.

   • The final consonant pronounced in the plural forms is dropped in the singular. This means that you can always tell whether someone is talking about one person, or more than one: **elles dorment** vs. **elle dort.**

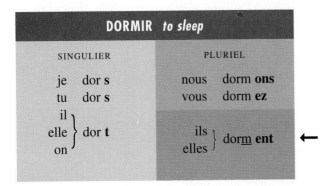

DORMIR *to sleep*	
SINGULIER	PLURIEL
je dor **s**	nous dorm **ons**
tu dor **s**	vous dorm **ez**
il ⎫	ils ⎫
elle ⎬ dor **t**	elles ⎬ dor<u>m</u> **ent** ←
on ⎭	

2. Other verbs like **dormir** are **partir (to leave), sortir (to go out),** and **servir (to serve).** Prepositions are often used with these verbs.

Je **pars** demain.	*I'm leaving (on a trip) tomorrow.*
Je **pars** avec mes parents.	*I'm leaving with my parents.*
Nous **partons** de Montréal.	*We're leaving from Montreal.*
Vous **partez** pour la France?	*Are you going to France?*
Elle **sort** tous les soirs.	*She goes out every evening.*
Les étudiants **sortent** du labo.	*The students are leaving the lab.*
Qu'est-ce qu'on **sert** ce soir?	*What are they serving tonight?*

À VOUS LA PAROLE

A. D'où est-ce qu'ils sortent? Ces gens rentrent du travail; expliquez d'où ils sortent.

MODÈLE: Mlle Morin est pharmacienne.
→ Elle sort de la clinique.
OU Elle sort de la pharmacie.

1. Nous sommes vendeurs.
2. Eric est comptable.
3. Vous êtes mécanicien.
4. Je suis actrice.
5. Jean et Louise sont instituteurs.
6. Tu es ingénieur.
7. Christine et Martine sont serveuses.

B. C'est logique. Complétez les phrases avec le verbe qui convient.

MODÈLE: Il est paresseux. Le samedi matin…
→ Le samedi matin il dort.

1. Jean travaille toujours? Non,…
2. Vous travaillez dans un café où les gens vont pour prendre des boissons. Vous…
3. Nous travaillons pendant la semaine. Le samedi soir…
4. Ils travaillent dans un bureau à Paris. Le matin…
5. Elle est serveuse dans un restaurant. Il y a des gens qui arrivent. Alors…
6. Tu vas au cinéma ce soir? Oui…
7. Elle arrive? Non, elle…

C. Habitudes. Trouvez une personne qui fait les choses suivantes.

MODÈLE: dormir l'après-midi
→ Est-ce que tu dors l'après-midi?
Oui, je dors quelquefois l'après-midi.

1. dormir pendant les cours
2. sortir pendant la semaine
3. partir pour le week-end
4. servir les repas dans un restaurant
5. dormir très tard le matin
6. sortir avec un groupe de gens
7. partir de chez lui/elle très tôt le matin
8. dormir l'après-midi
9. sortir avec ses parents
10. partir pour les vacances
11. servir quelque chose quand il/elle a des invités

For additional activities visit the *Chez nous* home page.
http://www.prenhall.com/cheznous

MISE EN PRATIQUE

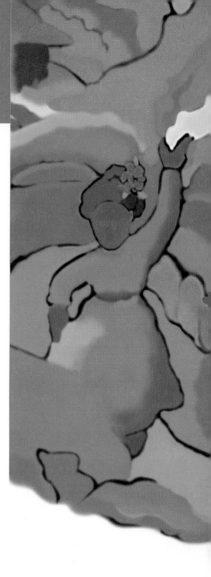

LISONS

A. Avant de lire. This text is part of a page from a newspaper.

1. In what section of the paper would you expect to find this page?
2. What kinds of information are usually included in this type of text? Make a list.
3. Can you tell in what country the newspaper is published? Explain your answer.

B. En lisant. Scan the page to find the answers to the following questions.

1. What would you do if you wanted to place an ad?
2. Find an ad: a. for an office job
                  b. for a temporary position
                  c. for which you need to have a car
                  d. for which a car is furnished
                  e. for which you need to speak two languages
3. Go back to the list you made in **Avant de lire.** Find an example in the page of ads for each type of information you listed.

---

carrières

TOUS LES POSTES ANNONCÉS SONT OUVERTS ÉGALEMENT AUX FEMMES ET AUX HOMMES.

Pour placer une annonce 599-5858 Fax: (514) 599-5862

**REMPLACEMENT TEMPORAIRE
SERVICE À LA CLIENTÈLE SECTEUR
DE L'IMPRIMERIE**

EXIGENCES:
— Français, anglais, écrit et parlé
— Traitement de texte
— Connaissance de base de l'imprimerie
— Personne dynamique avec beaucoup d'entregent
— Aptitudes pour la vente

Pour une entrevue, demandez:
M. René Grégoire • 672-6380
300, Arran • Saint-Lambert, Qué. • J4R 1K5

ACHETEUR JUNIOR

Une entreprise manufacturière de l'Est de Montréal recherche une personne fiable et consciencieuse pour s'occuper des achats et de l'inventaire des pièces de rechange pour l'usine.
Taux horaire ($9.50 à $11.00) selon les compétences.
Faire parvenir votre C.V. à:
**Journal de Montréal Dossier #296
4545, rue Frontenac H2H 2R7**

MIEL LABONTÉ INC.

est à la recherche de:
**DISTRIBUTEURS-
LIVREURS**
pour la région
OUEST de l'île de
Montréal

Les candidats doivent posséder un véhicule style Éconoline (diesel) de préférence.
Bonne commission. Clientèle déjà établie. Dépôt sur inventaire exigé.

**MIEL LABONTÉ INC.
530, rang Nault
Victoriaville, QC
G6P 7R5
514-944-4955**
Toute information sera gardée confidentielle.

Secrétaire

demandée avec expérience pour un petit groupe d'exécutifs. Les candidats doivent être bilingues, aptes à travailler sous pression et à maîtriser le traitement de texte (WordPerfect, Word, etc.) et les chiffriers (Excel, Lotus, etc.) Si vous êtes la personne qu'il faut pour ce poste, alors faites-nous parvenir votre curriculum vitae à l'adresse ci-dessous à l'attention de Mme Claire Lavoie.

**LA CIE DE VOLAILLES MAXI LTÉE
MAXI**

688, avenue du Parc
Ville Des Laurentides (St-Lin) • Québec, JOR 1CO

MULLINS *RECHERCHE*
2 PROFESSIONELS (ELLES)
DE LA VENTE
• Pour son département de voitures usagées et neuves
• 25 ans ou plus
• Expérience vente d'autos nécessaire
• Auto fournie, salaire de base
Appelez M. Gilles Soucisse
ou Phil Makade   482-0200

C. En regardant de plus près. Now look more closely at the following features of the text.

1. Find a sentence that indicates that all jobs are offered to both men and women. In spite of this, one ad is clearly written with women in mind. Which ad is it? Which ad makes it clear that both men and women are encouraged to apply?
2. Two of the jobs require knowledge of computers. You can find one of these by looking for names of computer programs. In that ad, find equivalents for *word processing* and *spreadsheet*. Now that you know those expressions, you can find the other ad.
3. The ending **-eur** is often used to indicate profession: **serveur, acteur, docteur, vendeur.** Find other names of professions ending in **-eur,** and see if you can figure out what they mean.

D. Après avoir lu. Now that you've read the text carefully, discuss the following questions with your classmates.

1. Would you be qualified for any of the jobs listed? Explain why or why not. Do you find any of the jobs particularly interesting? Why?
2. Are these ads in any way different from ads for the same types of jobs as they would be advertised in the U.S.?

ÉCOUTONS

On parle de son travail. Listen as Guy, Alain, and Brigitte describe their jobs: what they do, what they like about their work, and what they don't like about it.

Now fill in the chart, in English.

	TYPE OF WORK	LIKES	DOESN'T LIKE
Guy			
Alain			
Brigitte			

PARLONS ENSEMBLE

A. Interview. Interviewez un/e camarade de classe ou un/e ami/e, et puis décrivez cette personne.

1. Qu'est-ce que cette personne étudie?
2. Quel est son caractère?
3. Qu'est-ce qu'il/elle voudrait faire comme travail?

MODÈLE: ➔Vincent étudie la biologie. Il est sérieux, patient. Il voudrait être médecin un jour.

Et vous? Repondez aux questions pour vous décrire.

B. Un choix de carrière. Avec un/e partenaire, expliquez votre préférence pour les deux carrières proposées. Donnez vos raisons pour la carrière choisie.

MODÈLE: un instituteur ou un comptable

    É1   Moi, je préfère le travail d'un instituteur: il est agréable de travailler avec les enfants.

    É2   Je voudrais être comptable: c'est un travail très précis. On est très indépendant. La rémunération est bonne.

1. un médecin   ou   un/e technicien/ne de laboratoire
2. une actrice/un acteur   ou   un écrivain
3. un/e mécanicien/ne   ou   une serveuse/un serveur
4. un/e informaticien/ne   ou   un/e ingénieur/e
5. un professeur   ou   un/e musicien/ne

ÉCRIVONS

Donner des conseils. Dans beaucoup de journaux, il y a une rubrique dans laquelle on donne des conseils. Imaginez que vous préparez une réponse à une lettre. D'abord, étudiez le modèle.

MODÈLE:

> Chère Mme Bonconseil,
> Je voudrais être un jour médecin. Mais j'ai des notes assez médiocres, alors pas de possibilité pour une bourse. Comment payer mes études de médecine?
> *Étudiant Pauvre Mais Sérieux*
>
> Cher Étudiant Pauvre Mais Sérieux,
>
> Eh bien, vous voulez être médecin? Il est vrai que les études sont difficiles et chères. Est-ce que vous faites vraiment un effort? Vous pourriez chercher un travail dans un hôpital, une clinique, etc., un emploi comme infirmier, par exemple. Ainsi, vous pouvez avoir de l'expérience et décider si vous voulez vraiment faire une carrière de médecine.
> *Mme Bonconseil*

Maintenant, lisez cette deuxième lettre:

> Chère Mme Bonconseil,
> Je suis d'une petite ville, mais maintenant je fais mes études dans une grande université loin de chez moi. J'habite une résidence où je n'ai pas de camarade de chambre ou d'amis. Il y a deux ou trois cents autres étudiants dans tous mes cours. Loin de ma famille et de mes amis, je suis si malheureuse, je voudrais abandonner mes études. Qu'est-ce que vous me conseillez?
> Solitaire

Préparez votre réponse à cette deuxième lettre:

1. Notez le problème.
2. Posez une question.
3. Donnez des suggestions précises.

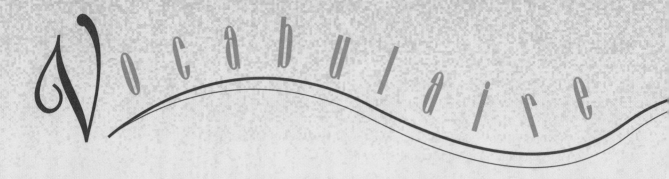

Vocabulaire

♦ **quelques verbes** — **some verbs**

devoir	*must, to have to, should*
dormir	*to sleep*
partir	*to leave*
pouvoir	*to be able to*
servir	*to serve*
sortir	*to go out*
vouloir	*to want, wish*

♦ **où on travaille** — **where one works**

un bureau	*an office*
une clinique	*a private hospital*
un collège	*a middle school*
une école	*a school (grade school)*
un hôpital	*a public hospital*
un laboratoire	*a laboratory*
une usine	*a factory*

♦ **professions** — **professions**

une actrice/un acteur	*an actress/actor*
un/e agent de police	*a police officer*
un/e architecte	*an architect*
un/e assistant/e social/e	*a social worker*
un/e attaché/e commercial/e	*a salesperson*
un/e avocat/e	*a lawyer*
une chanteuse/un chanteur	*a singer*
un/e comptable	*an accountant*
un/e dentiste	*a dentist*
un docteur	*a doctor*
un écrivain	*a writer*
une infirmière/un infirmier	*a nurse*
un/e informaticien/ne	*a computer scientist*

un/e ingénieur/e	*an engineer (f.-Can.)*
une institutrice/un instituteur	*a teacher (elementary level)*
un/e journaliste	*a journalist*
un/e mécanicien/ne	*a mechanic*
un médecin	*a doctor (MD)*
un/e musicien/ne	*a musician*
une ouvrière/un ouvrier	*a factory worker*
un peintre	*a painter*
un/e pharmacien/ne	*a pharmacist*
un/e professeur/e	*a professor (f.-Can.)*
un/e secrétaire	*a secretary*
une serveuse/un serveur	*a waitress/waiter*
un/e technicien/ne	*a technician*
une vendeuse/un vendeur	*a salesclerk*

♦ **pour parler du travail** — **to talk about work**

à mi-temps (un travail à mi-temps)	*part-time (a part-time job)*
à plein temps (un travail à plein temps)	*fulltime (a fulltime job)*
une carrière	*a carreer*
c'est un… (médecin)	*s/he is a (doctor)*
chercher un emploi	*to look for a job*
devenir (médecin)	*to become a (doctor)*
un emploi	*employment, a job*
gagner de l'argent	*to earn money*
il/elle est… (médecin)	*he/she is (a doctor)*
offrir un emploi	*to offer employment, a job*
paramédical/e	*paramedical*
le public (un contact avec le public)	*the public (contact with the public)*
un travail	*a job*
travailler comme (serveur)	*to work as (a waiter)*

◆ **quelques expressions utiles** **some useful expressions**

C'est ça. *That's it./That's right.*

des projets (m) *plans*

franchement *frankly, really*

Je ne fais pas (de maths). *I don't study (math).*

Je ne sais pas encore. *I don't know yet.*

manger *to eat*

Qu'est-ce qui vous intéresse? *What interests you?*

Présence francophone au Canada

Introduction

Sur les 28 millions d'habitants du Canada, environ 7 millions sont francophones. La plupart habitent le Québec, la seule province canadienne à majorité francophone.

En 1763 la France doit céder la Nouvelle-France à l'Angleterre. Les Franco-Canadiens sont dominés politiquement et économiquement par les Anglais, mais ils conservent leur religion (le catholicisme), leur culture et leur langue. La majorité des francophones du Québec habite à la campagne et ils sont pauvres; beaucoup immigrent en Nouvelle-Angleterre vers la fin du XIXe siècle pour chercher du travail.

Mais vers 1960 le Québec connaît **la Révolution tranquille.** Le gouvernement de la province encourage la majorité francophone à entrer dans l'industrie et le commerce. Il encourage aussi la diffusion de la culture québécoise à travers la littérature, le théâtre, le film et la chanson. En 1977 le français est déclaré l'unique langue officielle de la province et le gouvernement prend des mesures pour faire entrer la langue de la majorité dans la vie économique: les bureaux, les banques, les usines. Les Québécois francophones peuvent maintenant travailler en français. Toutefois, les documents officiels sont publiés dans les deux langues officielles du Canada, et les droits linguistiques de la minorité anglophone de la province sont garantis.

le Québec

Le vieux Montréal

Un peu d'histoire

1524 Verrazano nomme la région "Nouvelle-France"

1534 Jacques Cartier prend possession de la Nouvelle-France au nom du roi François Ier

1608 Samuel de Champlain installe une colonie à Québec

1756 65 000 colons français en Nouvelle-France (contre 1 500 000 colons dans les colonies anglaises)

1759 Défaite des troupes françaises à Québec

1763 Cession de la Nouvelle-France à l'Angleterre

Une langue bien de chez nous

Les Québécois demandent le droit à la différence: le droit de parler français sur un continent majoritairement anglophone et le droit de parler le français de chez eux, pas le français de Paris. Comme le dit le chanteur québécois Michel Rivard dans sa célèbre chanson *Le cœur de ma vie*:

> *C'est une langue de France*
> *Aux accents d'Amérique…*

Les Québécois ont leur prononciation, leurs mots à eux. Ils utilisent aussi certains mots de manière différente, par exemple:

- Les trois repas principaux de la journée sont: le déjeuner, le dîner et le souper.
- Quand quelqu'un dit merci on répond: **bienvenue** ou **de rien** et non pas **je vous en prie.**
- Voilà d'autres différences:

EN FRANCE	AU QUÉBEC
bonjour	allô, salut
au revoir	bonjour, au revoir
On monte dans un autobus.	On embarque dans un autobus.
On descend du train.	On débarque du train.

Carnaval d'hiver à Québec

Le Cégèp

Au Québec après les études secondaires, les étudiants vont à un Collège d'Enseignement Général et Particulier (Cégèp). Voici ce que dit Marc, un étudiant, au sujet du Cégèp:

> "Après deux ans d'études, un étudiant de Cégèp peut poursuivre des études universitaires, ou après trois ans, il peut entrer sur le marché du travail. Le Cégèp nous permet de vérifier notre choix de direction, mais surtout nous aide à faire le passage entre les études secondaires et les études supérieures."

La vie au Cégèp est quelquefois difficile. Le Cégèp où va Marc est très loin de sa maison. Il part de chez lui à 6h45 le matin avec son dîner et son souper dans sa boîte à lunch, et il rentre à 11h du soir. Mais au Cégèp on crée des liens d'amitié très forts avec d'autres étudiants: "nous avons l'impression d'avoir enfin un intérêt commun, et nous sommes très concentrés sur notre travail."

(Propos recueillis par Mel Yoken)

La loi 101: La Charte de la langue française

En 1977, la loi 101 fait du français la seule langue officielle du Québec.

Charte de la langue française

[Sanctionnée le 26 août 1977]

Préambule

Langue distinctive d'un peuple majoritairement francophone, la langue française permet au peuple québécois d'exprimer son identité.

L'Assemblée nationale reconnaît la volonté des Québécois d'assurer la qualité et le rayonnement de la langue française. Elle est donc résolue à faire du français la langue de l'État et de la Loi aussi bien que la langue normale et habituelle du travail, de l'enseignement, des communications, du commerce et des affaires.

L'Assemblée nationale entend poursuivre cet objectif dans un climat de justice et d'ouverture à l'égard des minorités ethniques, dont elle reconnaît l'apport précieux au développement du Québec.

L'Assemblée nationale reconnaît aux Amérindiens et aux Inuits du Québec, descendants des premiers habitants du pays, le droit qu'ils ont de maintenir et de développer leur langue et culture d'origine.

Ces principes s'inscrivent dans le mouvement universel de revalorisation des cultures nationales qui confère à chaque peuple l'obligation d'apporter une contribution particulière à la communauté internationale.

Chapitre 4

Activités par tous les temps

Language use
- Talking about the weather and everyday activities
- Telling about past actions or events

1 Qu'est-ce qu'on fait quand il fait beau?

Language tools
- The verb *faire*
- Verbs in *-ir* like *finir*
- The *passé composé* with *avoir*
- Sons et lettres: The nasal vowels

Language use
- Extending, accepting, and refusing invitations
- Asking questions
- Telling time

2 Je vous invite

Language tools
- Verbs like *mettre*
- The *passé composé* with *être*
- Questions using *qu'est-ce qui, qu'est-ce que, qui* and *quoi*
- Sons et lettres: The vowel /y/

Chez nous

Overseas French territories and departments

Qu'est-ce qu'on fait quand il fait beau?

Le temps par toutes les saisons

L'automne

En septembre sur la Côte d'Azur il fait beau. On peut encore aller à la plage.

En octobre à Paris le temps est variable. Souvent, il fait du vent et le ciel est gris. Les cours commencent à l'université.

En novembre à la Martinique il fait très chaud et humide et il y a des nuages. Il pleut souvent et très fort. On emporte son parapluie.

L'hiver

En décembre il fait froid et il neige dans les Alpes et dans les Pyrénées. On peut faire du ski et du patinage.

En janvier il y a beaucoup de soleil à Tahiti. On porte un maillot de bain et on peut faire du ski nautique.

En février il y a souvent du brouillard en Bourgogne. Il gèle et il y a du verglas.

Le printemps

En mars il fait très beau à la Guadeloupe. Il ne fait pas trop chaud et le temps est sec. C'est un temps parfait pour faire de la voile.

En avril en Bretagne le ciel est souvent couvert, il y a souvent de la pluie mais il fait bon. On peut aller à la pêche ou jouer au tennis ou au golf.

En mai partout en France c'est la belle saison. Le ciel est bleu, sans nuages. Il fait très beau. Il y a des fleurs, les oiseaux chantent et tout le monde est content, excepté les étudiants parce que les examens commencent.

L'été

En juin il fait très beau en Normandie. Mais il peut faire frais et l'eau est trop froide pour aller nager.

En juillet en France on célèbre la fête nationale, le Quatorze Juillet. Mais c'est la saison des orages: il y a des éclairs et du tonnerre.

En août on est sûr d'avoir du soleil et un temps chaud partout en France. Voilà pourquoi les Français partent en vacances ce mois-là.

MESURER LA TEMPÉRATURE

En France, comme au Québec et dans tous les pays d'Europe, on mesure la température en degrés Celsius.

À VOUS LA PAROLE

A. Bien s'habiller. Pour chaque situation, dites quels vêtements on porte normalement.

MODÈLE: Il pleut et il fait très froid.

➤On porte un manteau ou un blouson. On emporte un parapluie aussi.

1. Il fait bon mais pas trop chaud.
2. Il fait du soleil et il fait très chaud.
3. Il fait assez frais et il fait du vent.
4. Il va y avoir des orages.
5. Il neige et il y a du verglas.
6. C'est la belle saison: le ciel est bleu et le temps est chaud.
7. Il y a du brouillard; il fait assez froid et humide.

B. Quel temps fait-il? D'après le code suivant, dites quel temps il fait dans ces villes des pays francophones.

N = neige	P = pluie	V = vent
S = soleil	O = orage	C = ciel couvert et nuages

MODÈLE: Paris 5°C/P

➤À Paris, il fait assez frais et il pleut.

1. Montréal -10°C/N
2. Abidjan (Côte d'Ivoire) 35°C/S
3. Port-au-Prince (Haïti) 25°C/P
4. la Nouvelle-Orléans 15°C/V,C
5. Dakar (Sénégal) 20°C/O
6. Nice 5°C/S,V
7. Papeete (Tahiti) 30°C/C
8. Tunis (Tunisie) 10°C/P,V

C. Prévisions de la météo. Voilà le temps qu'on annonce pour la France. Dites quel temps il va faire et quelle va être la température.

MODÈLE: à Lyon
→ À Lyon, le temps va être variable. Il va faire onze degrés, donc il va faire assez frais.

1. Paris
2. Bordeaux
3. Perpignan
4. Brest
5. Nice
6. les Alpes
7. Lille
8. Strasbourg
9. Bastia

LI 8

BR 10

PA 9

ST 12

12

LY 11

BO 12

PER 16

NI 20

BA 16

Ensoleillé

Éclaircies peu nuageux

Couvert

Averses

Pluie

❄ Neige

Brouillard

D. Quel est le climat chez vous? Dites quel temps il fait d'habitude chez vous pendant le mois indiqué.

MODÈLE: en janvier
→ Dans notre région, la Louisiane, il fait assez frais et le ciel est souvent couvert en janvier.

1. en mars
2. en mai
3. en juillet
4. en septembre
5. en novembre
6. en janvier

Des activités par tous les temps

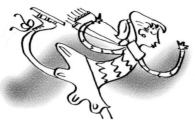

Catherine aime faire
du patinage à glace.

Marc joue au rugby.

Mme Keller fait du cheval.

M. Keller aime la nature; il aime faire des
randonnées à la campagne.

Je fais de l'alpinisme.
   du camping.
   de la gymnastique.
   de la moto.
   de la natation.
   du ski.
   du vélo.

Je joue au basketball.
   au golf.
   au tennis.

Projets de vacances

M. KELLER:	Cette année nous n'allons pas aux sports d'hiver.
MARC:	Ah, non, c'est pas vrai! Zut alors!
M. KELLER:	Si, cette année vous n'allez pas faire du ski en février, mais du ski nautique.
CATHERINE:	Chouette! Alors nous allons aux Antilles? À Tahiti?
M. KELLER:	Pas tout à fait, ma grande. J'ai des billets d'avion pour aller aux Seychelles, dans l'Océan Indien.
MARC:	Bravo! Vive les Seychelles!
CATHERINE:	Et la voile, la planche à voile!
M. KELLER:	Et vive la pêche et le repos!

LES VACANCES DE FÉVRIER

Les vacances de février (les vacances d'hiver) permettent aux écoliers et aux étudiants français d'aller aux sports d'hiver. À cette période les enfants et adolescents français ont presque trois semaines de vacances. Pour permettre une utilisation rationnelle des stations de sports d'hiver et pour éviter les problèmes de circulation sur les routes, la France est divisée en trois zones. Les dates des vacances de février sont différentes pour chaque zone, par exemple, du 14 février au 4 mars pour la zone A et du 21 février au 11 mars pour la zone B.

LES FRANÇAIS ET LES SPORTS

Voilà le pourcentage des Français de plus de 14 ans qui pratiquent les divers sports.

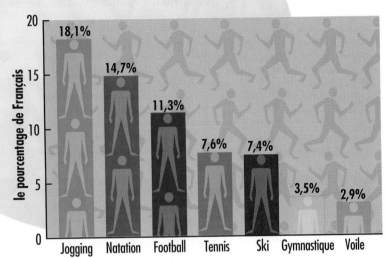

À VOUS LA PAROLE

A. Qu'est-ce qu'on peut faire? Suggérez des activités logiques.

MODÈLE: É1   Qu'est-ce qu'on peut faire à la montagne,
quand il y a de la neige?
É2   On peut faire du ski.

1. à la plage, en été?
2. à la campagne, quand il fait beau?
3. au gymnase, même quand il fait mauvais?
4. à la montagne, quand il fait beau?
5. au stade, en automne?
6. à la piscine, quand il fait chaud?
7. en ville, quand il fait beau?

B. Associations. Associez chaque objet à une activité.

MODÈLE: un vélo
→On fait du vélo.

1. un maillot de bain
2. une tente
3. de bonnes chaussures
4. un cheval
5. des skis
6. un ballon
7. la glace
8. une raquette

C. Vos activités. Expliquez avec quelle fréquence vous faites les choses suivantes.

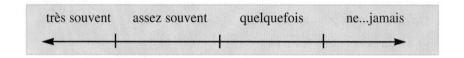

très souvent   assez souvent   quelquefois   ne...jamais

MODÈLE: faire du jogging
→Je fais très souvent du jogging.
OU   Je ne fais jamais de jogging.

1. faire du camping
2. faire de la gymnastique
3. faire du ski
4. faire de la planche à voile
5. jouer au tennis
6. jouer d'un instrument
7. aller à la pêche
8. voyager

D. Préférences. Demandez à un/e camarade quel est son sport préféré. Il/Elle va répondre. Ensuite, dites ce que vous préférez.

MODÈLE: É1   Quel est ton sport préféré?
É2   J'aime le ski nautique.
É1   Moi, j'aime le ski.
OU   Moi aussi, j'aime le ski nautique.

Les voyelles nasales

Both English and French have nasal vowels. In English any vowel followed by a nasal consonant is automatically nasalized, as in *man, pen, song*. In French, nasal vowels are always *written* with a nasal consonant, but that consonant is not usually pronounced: **mon, dans, cinq**. In French, whether the vowel is nasal or not can make a difference in meaning. For example:

beau	/bo/	*handsome*	vs.	**bon**	/bõ/	*good*
ça	/sa/	*that*	vs.	**cent**	/sã/	*a hundred*
sec	/sɛk/	*dry*	vs.	**cinq**	/sɛ̃k/	*five*

There are three nasal vowels. Use this phrase to remember them:

un /ɛ̃/   **bon** /õ/   v**in** /ɛ̃/   bl**anc** /ã/

The vowel /õ/ is usually spelled **on**: **l'oncle**. The vowel /ã/ is spelled **an** or **en**: **janvier, les enfants**. For /ɛ̃/ there are several spellings: **vingt, le chien, le bain, l'examen**. Before **b** and **p** all nasal vowels are spelled with **m**: **combien, la campagne, le temps, impossible**.

- In the following pairs, compare the nasal vowel and the oral vowel plus /n/ or /m/:

b**on** /bõ/	b**onne** /bɔn/
Sim**on** /simõ/ (man's name)	Sim**one** /simɔn/ (woman's name)
Je**an** /ʒã/ (man's name)	Je**anne** /ʒan/ (woman's name)
l'**an** /lã/	l'**année** /lane/
mon cous**in** /kuzɛ̃/	ma cous**ine** /kuzin/

À VOUS LA PAROLE

A. Contrastes. Répétez et faites bien les contrastes.

beau/**bon**	allô/all**ons**	sec/**cinq**
fine/**fin**	Jeanne/**Jean**	américaine/améric**ain**
cinq fra**ncs**/**cent** fra**ncs**	le bai**n**/le b**on**	le v**in**/le v**ent**

B. Mini-dialogue. Répétez après le modèle.

É1   Allô! C'est Simone?
É2   Non, c'est Simon.
É1   Simon?
É2   Oui, Simon Falcone.

C. Phrases. Répétez chaque phrase.

1. En septembre, il fait souvent du vent.
2. Annette et Camille vont faire du camping à la campagne.
3. Alain et Colin font des randonnées.
4. Mon oncle Stéphane va à la montagne ce matin.

Le verbe **faire**

The irregular verb **faire,** *to do,* used in many idiomatic expressions, is one of the most common and useful French verbs.

FAIRE *to do*			
SINGULIER		PLURIEL	
je	**fais**	nous	**faisons**
tu	**fais**	vous	**faites**
il elle on	**fait**	ils elles	**font**

IMPÉRATIVE: **Fais! Faisons! Faites!**

1. Pronunciation:
   - The forms of the singular are pronounced the same.
   - The **nous** form is pronounced /fəzõ/, where /ə/ is like the vowel of **deux.**

2. In the many idiomatic expressions in which it is used, **faire** has a variety of meanings.

   Fais tes devoirs!
   Do your homework!

   Il fait une faute.
   He's making an error.

   Je fais de la sociologie.
   I'm studying sociology.

   Faites attention!
   Pay attention!

   Deux et deux font quatre.
   Two and two are four.

   Faisons une promenade.
   Let's take a walk/go for a walk.

   Il fait du vent.
   It's windy.

   On fait la vaisselle.
   We're doing the dishes.

   Elles font des courses.
   They're running errands.

   Tu fais beaucoup de sport?
   Do you do a lot of sports?

À VOUS LA PAROLE

A. Suite logique. D'après les indications, dites ce que font ces personnes.

MODÈLE: Nous allons à la campagne pour le week-end.
→ Nous faisons du camping.

1. J'ai un nouveau maillot de bain.
2. Vous écoutez une cassette au labo de langues.
3. Tu ne veux pas faire une faute.
4. Anne fait une liste pour aller en ville.
5. Nous portons des chaussures confortables.
6. J'adore la nature.
7. Vous aimez les sports d'hiver.
8. Tu vas au gymnase?
9. Mes cousins ont des chevaux.

B. Et vous, qu'est-ce que vous faites? Pour chaque situation, dites ce que vous faites normalement.

MODÈLE: quand vous êtes très stressé/e
→ Je fais des courses.
OU Je fais une promenade.

1. quand vous êtes très stressé/e
2. quand vous rentrez chez vous le soir
3. quand vous allez en vacances
4. quand vous voulez faire un peu d'exercice physique
5. quand vous êtes de très bonne humeur
6. quand vous êtes de mauvaise humeur

C. Les activités de vos camarades. Faites le tour de la classe pour savoir qui ou combien de personnes font souvent les choses suivantes.

MODÈLE: faire la vaisselle
É1 Tu fais souvent la vaisselle chez toi?
É2 Non, seulement quelquefois.

1. faire la vaisselle
2. faire des courses le samedi matin
3. faire du jogging deux ou trois fois par semaine
4. faire une promenade tous les jours
5. faire du camping
6. faire des sports d'hiver
7. faire du cheval

Les verbes en -ir comme finir

To form the present indicative of verbs like **finir**, add **-iss-** to the base for the plural forms: **fin ir** *(to finish)* **fin iss-**.

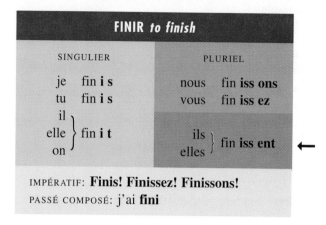

FINIR *to finish*	
SINGULIER	PLURIEL
je fin **i** s	nous fin **iss** ons
tu fin **i** s	vous fin **iss** ez
il elle on } fin **i t**	ils elles } fin **iss** ent

IMPÉRATIF: **Finis! Finissez! Finissons!**
PASSÉ COMPOSÉ: j'ai **fini**

1. Like other **-ir** verbs, these verbs have four spoken forms. The final /s/ of the plural form is dropped in the singular.

   ils finissent /finis/   il finit /fini/

2. Some **-ir/-iss-** verbs are derived from common adjectives. They have the meaning *becoming...*

maigre	*thin, skinny*	**maigrir**	*to lose weight*
grosse	*large, fat*	**grossir**	*to gain weight*
grande	*large, tall*	**grandir**	*to grow taller, to grow up (of children)*
rouge	*red*	**rougir**	*to blush*
pâle	*pale*	**pâlir**	*to become pale*

3. Some other common verbs conjugated like **finir** are:

choisir	*to choose*	Pourquoi tu choisis cette robe?
obéir (à)	*to obey*	Obéissez à vos parents!
désobéir (à)	*to disobey*	Cet enfant désobéit toujours à son père.
punir	*to punish*	Pourquoi est-ce que tu punis ton fils?
réfléchir (à)	*to think*	Réfléchissez bien avant de répondre.
remplir	*to fill*	Tu remplis ton sac?
réussir (à)	*to succeed/pass*	Elles ne réussissent jamais à leurs examens.

A. C'est logique. Pour chaque paire de mots ou d'expressions, trouvez un verbe en **-ir/-iss** qui convient. Ensuite, formez une phrase.

MODÈLE: les enfants/leur père
→désobéir à; Les enfants désobéissent à leur père.

1. le père/ses enfants
2. le petit garçon/ses parents
3. les étudiants/leurs examens
4. la femme/son sac
5. les enfants/très rapidement
6. le monsieur/un complet bleu
7. le professeur/quelques minutes

B. Trouvez une personne. Trouvez une personne qui fait les choses suivantes.

MODÈLE: grossir toujours en hiver
→Oui, je grossis en hiver.
OU Non, je ne grossis pas en hiver.

1. rougir toujours quand il/elle fait une faute
2. finir toujours ses devoirs avant d'arriver en classe
3. grossir toujours en hiver
4. grandir toujours
5. réfléchir toujours avant de répondre
6. réussir toujours à ses examens
7. maigrir quand il/elle est stressé/e

Le passé composé avec **avoir**

To express an action completed in the past, use the *passé composé*. The *passé composé* is composed of an auxiliary, or helping verb, and the past participle of the verb that expresses the action. Usually, the present tense of **avoir** is the helping verb.

j'**ai travaillé**	nous **avons fait** du ski
tu **as dormi**	vous **avez regardé** la télé
il **a joué**	elles **ont téléphoné**

1. The specific meaning of the *passé composé* depends on the verb and on the context.

Hier on **a montré** un film.	*Yesterday they showed a film.*
Mais j'**ai** déjà **fait** la vaisselle!	*But I have already done the dishes!*
L'hiver dernier il **a fait** très froid.	*Last winter it was very cold.*
Mais j'**ai** beaucoup **travaillé!**	*But I did work a lot!*

2. To form the past participle:

- of **-er** verbs, add **-é** to the base:

quitt **er**   J'**ai** quitté la maison à huit heures ce matin.
I left home at eight o'clock this morning.

commenc **er**   Il **a** commencé sa rédaction pour le cours d'anglais.
He has begun his composition for the English course.

- of **-ir** verbs, add **-i** to the base:

sort **ir**   J'**ai** sorti mon vélo du garage.   *I took my bike out of the garage.*
serv **ir**   Elles **ont** servi des boissons.   *They served drinks.*
dorm **ir**   Tu **as** dormi pendant le concert?   *You slept during the concert?*
grand **ir**   Les enfants **ont** grandi cette année. *The children have grown this year*

3. Here are past participles for the irregular verbs you know.

avoir   J'ai **eu** froid.   *I was cold.*
devoir   Il a **dû** étudier hier soir.   *He had to study last night.*
être   On a **été** contents.   *We were satisfied.*
faire   Qu'est-ce qu'elle a **fait?**   *What did she do?*
pleuvoir   Il a **plu** hier.   *It rained yesterday.*
pouvoir   J'ai **pu** travailler.   *I could work.*
vouloir   Elles n'ont pas **voulu** partir.   *They didn't want to leave.*

4. In negative sentences, as always, place **ne** and **pas** around the conjugated verb.

Il **n'**a **pas** demandé notre nom.   *He didn't ask our name.*
Nos parents **n'**ont **pas** divorcé.   *Our parents didn't divorce.*

5. Here are some useful expressions to refer to the past.

hier	*yesterday*
avant-hier	*the day before yesterday*
samedi dernier	*last Saturday*
l'année dernière	*last year*
il y a longtemps	*a long time ago*
il y a deux jours	*two days ago*
ce jour-là	*that day*
à ce moment-là	*at that moment*

A. La météo d'hier. Regardez la carte de la météo et dites quel temps il a fait hier au Canada et en Nouvelle-Angleterre.

MODÈLE: au Nouveau-Brunswick
→ Au Nouveau-Brunswick il y a eu du verglas et il a plu.

1. à Chicoutimi
2. à Montréal
3. en Nouvelle-Angleterre
4. à Ottawa
5. à Gaspé
6. à Sherbrooke

B. Mais c'est logique! Racontez ce que ces gens ont fait à l'endroit mentionné.

MODÈLE: Qu'est-ce que Jeanne a fait au magasin hier?
→ Elle a acheté une jolie robe.
OU   Elle a travaillé; c'est une vendeuse.

1. Qu'est-ce que vous avez fait au labo ce matin?
2. Qu'est-ce que les Brunet ont fait à la montagne l'été dernier?
3. Qu'est-ce que tu as fait à la bibliothèque hier?
4. Qu'est ce que nous avons fait à la plage pendant les vacances?
5. Qu'est-ce que tu as fait chez toi hier soir?
6. Qu'est-ce que Daniel a fait au stade avant-hier?
7. Qu'est-ce que vos camarades ont fait chez eux le week-end dernier?
8. Qu'est-ce que le prof a fait dans son bureau ce matin?

C. Normalement, mais… Racontez vos habitudes et aussi les exceptions!

MODÈLE: dormir
→ Normalement, je dors jusqu'à 7h, mais samedi dernier j'ai dormi jusqu'à 9h.

1. dormir
2. manger
3. quitter la maison
4. aller aux cours
5. travailler à la bibliothèque
6. faire du sport
7. regarder la télé
8. passer les vacances

D. Quelle sorte de journée? Vous êtes normalement très actif, assez actif ou sédentaire? Vos camarades de classe vont juger. En groupes de trois, racontez vos activités d'hier le matin, l'après-midi et le soir. Vos camarades vont prendre des notes, et ensuite ils vont décider si vous avez passé une journée plutôt active ou calme.

MODÈLE: É1   matin: sorti le chien
                              assisté au cours de français
                              travaillé au labo
              après-midi: joué au tennis
                              préparé le repas du soir
              soir: regardé la télé
                              sorti le chien
        É2   Cette personne a passé une journée assez active.

ᗰISE EN PRATIQUE

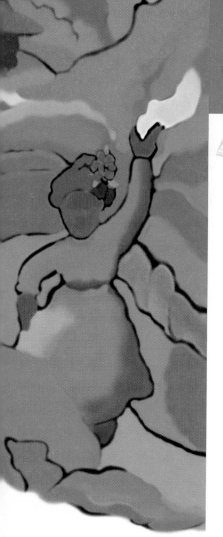

LISONS

A. Avant de lire. This text is taken from a guide for tourists published in Martinique.

1. Look over the text and explain:
   a. what *type* of ad this is; and
   b. what the various elements of the ad are.

2. List the kinds of information you would expect to find in this sort of ad.

B. En lisant. Look for the following information as you read.

1. First look at the heading that provides the hotel's name. What other important information is highlighted here?
2. Find words or expressions in the body of the ad that describe the *location* of the hotel.
3. How many units does this hotel offer, and what kind of units? What is included in each unit?
4. Make a list of the activities or attractions that are highlighted in the ad. Which of these are particular to this location, as opposed to any island hotel?

HÔTEL ALBARENA ★ ★ ★

Tél. 74.93.15 Fax 74.75.78
Morne Courbaril Chemin de la Huvet
97290 Le Marin
120F/250F Cartes de crédit acceptées

C'est au Marin, au sud de l'île que se situe notre hôtel l'Albarena. Au détour d'une forêt de mahoganys dominant le golfe de Macabou, cette résidence hôtelière d'architecture créole vous offre un confort trois étoiles: 24 duplex climatisés, équipés luxueusement d'un téléviseur, d'un téléphone, d'une baignoire et d'une kitchenette vous attendent pour vos vacances ou vos week-ends. Dans un cadre verdoyant, frais et tranquille, vous trouverez tout ce qu'il vous faut pour vous relaxer et vous divertir: l'Albarena dispose d'une piscine, de deux courts de tennis, d'une aire de jeux et d'une salle de gymnastique. Dans les environs, Sainte-Luce propose son joli village de pêcheurs et ses belles plages où vous pourrez faire de la planche à voile, du ski nautique, de la plongée, etc. Si vous préférez une visite culturelle, ne manquez pas l'écomusée de l'Anse-Figuier installé dans une ancienne distillerie de rhum.

C. En regardant de plus près.

1. What does the symbol ★★★ tell you about this hotel? Find the place early in the ad which notes this feature.
2. Look at the phrase **24 duplex climatisés;** what does the word **climatisé** mean? (Notice that this descriptive word contains the word **climat**, and think about the fact that this is a luxury hotel in the Caribbean.)
3. The phrase, **un cadre verdoyant, frais et tranquille,** describes the setting. If you know that the word **verdoyant** is related to the word **vert/e**, then how is the setting described?

D. Après avoir lu. Now that you have studied the ad in detail, discuss the following questions.

1. The purpose of any ad is to sell a product. How does the writer attempt to *sell* you on this hotel?
2. Imagine that you were trying to persuade different people to try this hotel. What features would you emphasize to: your parent/s? your best friend? a family with small children?

ÉCOUTONS

La météo. Look at the map as you listen to a brief weather report for France.

1. As you listen a first time, underline the place names that you hear.
2. Listen a second time and draw in the appropriate weather symbols and temperatures mentioned.

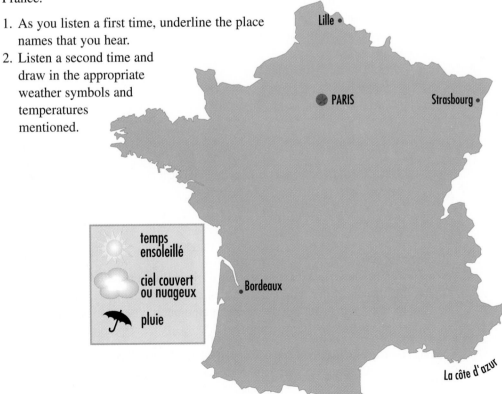

temps
ensoleillé

ciel couvert
ou nuageux

pluie

Lille

PARIS

Strasbourg

Bordeaux

La côte d'azur

PARLONS ENSEMBLE

A. Projets de vacances. Avec deux ou trois camarades de classe, choisissez une destination. Ensuite, imaginez que vous avez huit jours de vacances. Qu'est-ce que vous allez faire chaque jour? Attention: tout le monde doit être d'accord pour les activités!

MODÈLE: Tahiti

    É1 Lundi, nous allons à la plage pour nager.

    É2 Mardi, on va visiter la ville de Papeete, etc.

1. la Martinique
2. le Québec
3. Tahiti
4. Paris
5. les Seychelles
6. la Louisiane

B. Vingt questions. Vous connaissez ce jeu? Une personne choisit un endroit agréable pour passer les vacances; les autres lui posent des questions à réponse oui/non pour deviner quel est cet endroit. Vous êtes limités à 20 questions, bien sûr.

MODÈLE: É2 C'est une région francophone?

    É1 Oui.

    É3 C'est dans l'océan Indien (aux Antilles)?

    É1 Non.

    É4 C'est en Afrique (en Europe)?

    É1 Non.

    É5 C'est en Amérique?

    É1 Oui.

    É6 Il fait chaud là-bas en hiver?

    É1 Non.

    É7 C'est une région?

    É1 Non.

    É8 C'est la plus grande ville du Québec?

    É1 Non.

    É9 C'est la ville de Québec?

    É1 Oui.

C. Une interview. Imaginez que vous parlez à l'employé d'une agence de voyages. Vous voulez passer les vacances d'hiver dans une région francophone. Vous allez demander des renseignements au sujet de cette région. Mais attention! Vous pouvez lui poser seulement cinq questions. Quelles sont les questions que vous voudriez lui poser?

MODÈLE: ➤Est-ce qu'il y a des belles plages aux Seychelles?

    Quelles sont des activités intéressantes pour les touristes?, etc.

ÉCRIVONS

A. Une carte postale. Quand vous êtes en vacances, vous écrivez des cartes postales? Qu'est-ce que vous décrivez — le temps, les endroits visités, les activités? Regardez le modèle, et ensuite écrivez une carte postale à quelqu'un dans votre classe.

Dans votre carte postale, dites:

1. où vous passez les vacances
2. le temps qu'il fait
3. les endroits visités, les activités
4. la date de votre retour

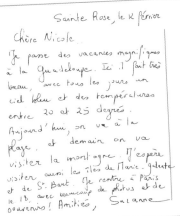

Sainte Rose, le 1K février

Chère Nicole

Je passe des vacances magnifiques à la Guadeloupe. Ici il fait très beau, avec tous les jours un ciel bleu et des températures entre 20 et 25 degrés. Aujourd'hui, on va à la plage, et demain on va visiter la montagne. J'espère visiter aussi les îles de Marie-galante et de St-Bart. Je rentre à Paris le 1B, avec beaucoup de photos et de souvenirs! Amitiés, Suzanne

Mlle LEFRANC Nicole
38, rue d'Assas
75006 Paris

B. Encore les vacances. Décrivez une journée de vacances idéale. Qu'est-ce que vous faites du matin au soir? D'abord, faites une liste de vos activités.

MODÈLE: → faire une promenade sur la plage
nager, jouer au volleyball
dîner au restaurant
faire des courses en ville, acheter des souvenirs, etc.

Ensuite, rédigez un petit paragraphe en utilisant les expressions suivantes:

le matin	l'après-midi	le soir	
d'abord	ensuite	après	finalement

MODÈLE: → D'abord, le matin, je fais une promenade sur la plage. Ensuite, un peu d'activité: je fais de la natation ou je joue au volleyball. Après, je mange au restaurant. L'après-midi, je fais des courses en ville. J'achète des souvenirs pour mes parents, etc.

View the clips for **Chapitre 4** in the *Chez nous* video

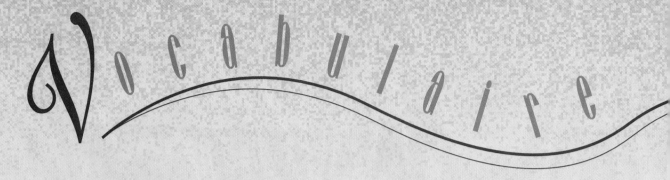

Vocabulaire

◆ **pour parler du temps** — **to talk about the**
weather

Quel temps fait-il?	*What's the weather like?*
C'est un temps parfait.	*It's perfect weather.*
Il fait beau.	*It's beautiful weather.*
Il fait bon.	*It's nice weather.*
Il y a du soleil. ⎫	
Il fait du soleil. ⎭	*It's sunny.*
Le ciel est bleu.	*The sky is blue.*
Le ciel est sans nuages.	*The sky is clear.*
(without clouds)	
Il fait sec.	*It's dry.*
Le temps est variable.	*The weather is*
unstable, changing.	
Il y a du brouillard. ⎫	
Il fait du brouillard. ⎭	*It's foggy.*
Il y a des nuages.	*It's cloudy.*
Le ciel est couvert.	*The sky is overcast.*
Le ciel est gris.	*It's cloudy.*
Il y a du vent. ⎫	
Il fait du vent. ⎭	*It's windy.*
Il fait mauvais.	*The weather's bad.*
Il fait humide.	*It's humid.*
Il neige. (neiger)	*It's snowing. (to snow)*
Il y a du verglas.	*It's icy, slippery.*
Il y a un orage.	*There is a*
(thunder)storm.	
Il y a des éclairs.	*There is lightning.*
Il y a du tonnerre.	*There is thunder.*
Il pleut. (pleuvoir)	*It's raining. (to rain)*
emporter un parapluie	*to carry an umbrella*

◆ **pour parler de la température** — **to talk about the**
temperature

Il fait 10 degrés. (m)	*It's 10 degrees.*
Il fait chaud.	*It's hot. (weather)*
Il fait frais.	*It's cool. (weather)*
Il fait froid.	*It's cold. (weather)*
Il gèle. (geler)	*It's freezing. (to free*

◆ **les saisons [f]** — **the seasons**

le printemps (au printemps)	*spring (in the spring*
l'été (m) (en été)	*summer (in the summ*
l'automne (m) (en automne)	*fall (in the fall)*
l'hiver (m) (en hiver)	*winter (in the winter*
C'est la belle saison.	*It's summertime.*
C'est la saison des orages.	*It's the stormy season*

◆ **projets de vacances** — **vacation plans**

les vacances (f pl)	*vacation*
partir en vacances	*to go on vacation*
un billet (d'avion)	*a (airplane) ticket*
le repos	*rest*
la pêche (aller à la pêche)	*fishing (to go fishing)*
une plage (aller à la plage)	*a beach (to go to the beach)*

◆ **quelques activités** — **some activities**

faire…

de l'alpinisme	*to go mountain climbin*
du camping	*to camp, to go campin*
du cheval	*to go horseback riding*
de la gymnastique	*to do gymnastics*
du jogging	*to go jogging (to jog)*
de la moto	*to go motorcycle riding*
de la natation	*to swim*
du patinage (à glace)	*to (ice)skate*
de la planche à voile	*to windsurf*

une promenade	*to take a walk*
une randonnée	*to take a hike*
du ski	*to ski*
du ski nautique	*to water ski*
du vélo	*to ride a bicycle*
de la voile	*to go sailing*
jouer au rugby	*to play rugby*
nager	*to swim*

◆ autres expressions avec faire / other expressions with faire

Qu'est-ce que tu fais /vous faites?	*What are you doing/ do you do?*
faire…	
attention	*to pay attention/be careful*
des courses (f)	*to run errands*
des devoirs (m)	*to do homework*
une faute	*to make a mistake*
de la sociologie	*to study sociology*
du sport	*to do/play sports*
la vaisselle	*to wash the dishes*
deux et deux font quatre	*2+2=4*

◆ verbes en -ir comme finir / verbs ending in -ir like finir

choisir	*to choose*
désobéir (à)	*to disobey*
finir	*to finish*
grandir	*to grow up (as for children)*
grossir	*to gain weight*
maigrir	*to lose weight*
obéir (à)	*to obey*
pâlir	*to become pale*
punir	*to punish*
réfléchir (à)	*to think*
remplir	*to fill*
réussir (à)	*to succeed/pass*

rougir	*to blush*

◆ autres verbes / other verbs

célébrer	*to celebrate*
commencer	*to start, to begin*
faire	*to do, to make*
quitter	*to leave*

◆ pour parler du passé / to talk about the past

hier	*yesterday*
avant-hier	*the day before yesterday*
il y a deux jours	*two days ago*
samedi dernier	*last Saturday*
l'année dernière	*last year*
il y a longtemps	*a long time ago*
ce jour-là	*that day*
à ce moment-là	*at that moment*

◆ quelques expressions utiles / some useful expressions

à la campagne	*in the countryside*
bravo!	*great! well done!*
chouette!	*neat!*
tout à fait	*entirely, exactly*
tout le monde	*everyone*
vive… (les Seychelles)!	*hurray for… (the Seychelles)!*
zut!	*darn!*

◆ quelques mots divers / various words

content/e	*happy*
encore	*still*
l'eau (f)	*water*
une fête	*a holiday, party*
une fleur	*a flower*
partout	*everywhere, all over*
sûr/e	*certain, sure*
trop	*too much*

Je vous invite

Distractions

Mamoudou et Yves vont à un concert de rock.

Régine et Louise sont au théâtre. On joue une pièce de Molière.

M. et Mme Mariano vont au musée pour voir une exposition.

Irène et Bernard vont assister à un ballet.

Valérie a invité des amis chez elle pour passer une soirée tranquille. Claude et Valérie jouent aux dominos; leurs amis jouent aux cartes.

Roland et ses copains ont formé un orchestre: ils jouent dans un café.

Roland joue du saxophone, Renaud de la guitare et Gabriel du piano.

M. et Mme Bazarian sont fatigués. Ils sont chez eux. Mme Bazarian regarde le journal et son mari regarde la télé.

LES LOISIRS DES FRANÇAIS

Voici les résultats d'un sondage récent sur les loisirs des Français. Les chiffres indiquent le pourcentage des personnes qui ont pratiqué ces activités au cours des douze derniers mois.

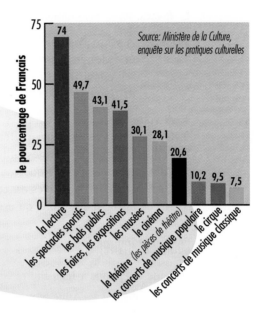

Source: Ministère de la Culture, enquête sur les pratiques culturelles

À VOUS LA PAROLE

A. Qu'est-ce qu'on fait? Le Centre Pompidou est un musée qui a une bibliothèque et des théâtres. Regardez les dessins et décrivez les activités de chaque personne.

1.   2.   3.

MODÈLE: (1.) Un jeune homme cherche un livre, etc.

B. Tempérament et distractions. Voilà ce que ces personnes aiment faire. Dites comment elles vont passer le samedi après-midi.

MODÈLE: Mme Dupuis n'est pas très sociable mais elle n'aime pas lire.
→ Elle va probablement rester chez elle et regarder un programme à la télé.

1. Thierry n'aime pas beaucoup sortir. Il aime inviter ses amis chez lui.
2. Mme Leroy aime la musique de Mozart.
3. Le Dr. Mérieux est très sportif.
4. M. et Mme Lafont aiment les arts.
5. Marcel et Nicole aiment la nature.
6. Julie aime les sports d'hiver.
7. Marie-Christine aime jouer aux cartes.

C. À vous. Avec un/e partenaire, comparez vos réponses aux questions suivantes.

MODÈLE: À votre avis, quelles sont les activités préférées des Américains?
  É1 Moi, je pense que les Américains préfèrent regarder la télévision. Tu es d'accord?
  É2 Non, moi, je pense que les Américans préfèrent les sports.

1. À votre avis, quelles sont les activités préférées des Américains?
2. Quelles sont vos activités préférées? celles de vos amis? de vos parents?
3. À quelles sortes d'activités culturelles est-ce qu'on peut assister dans votre ville? auxquelles est-ce que vous avez assisté?
4. Quelles activités sportives est-ce que vous aimez?
5. Avec plus de temps libre, qu'est-ce que vous voudriez faire?

Comment inviter

Mireille téléphone à Jean-Pierre.

MIREILLE:	Anne et moi, on organise une petite fête.
JEAN-PIERRE:	Ah bon? Pour quand?
MIREILLE:	Pour samedi soir.
JEAN-PIERRE:	Chouette!
MIREILLE:	Tu es libre?
JEAN-PIERRE:	Oui et j'accepte avec plaisir. Ça commence à quelle heure?
MIREILLE:	À neuf heures. N'oublie pas ton accordéon!

Roxane de Montjoie téléphone à Gisèle Delorme. Elle a quatre places pour un ballet.

MME DE MONTJOIE:	Vous êtes libres vendredi soir?
MME DELORME:	Ben, euh…
MME DE MONTJOIE:	J'ai des places pour un ballet, "Coppélia" de Delibes.
MME DELORME:	Merci, c'est gentil à vous. Nous sommes ravis d'accepter!
MME DE MONTJOIE:	Très bien! Le spectacle commence à vingt heures trente. Nous vous attendons devant l'entrée de l'Opéra.

Pour inviter quelqu'un

Tu es/vous êtes libre?

On sort ensemble?

Tu veux m'accompagner?

Vous voulez nous accompagner?

Pour accepter	**ou**	**refuser une invitation:**	
Oui, je suis libre.		Je suis désolé/e…	je ne suis pas libre.
J'accepte avec plaisir.		Je regrette…	je suis pris/e.
C'est gentil à toi/vous.		C'est dommage,	j'ai déjà un rendez-vous.

LES FÊTES

En France pour se distraire les jeunes organisent des fêtes (appelées aussi des surprise-parties ou, pour les personnes plus âgées, des soirées). Ces soirées commencent vers vingt et une heures et se terminent entre minuit et deux heures du matin. On chante, on danse et on sert des boissons et de la nourriture. Pour fêter un anniversaire on organise des fêtes l'après-midi avec des amis et des parents.

À VOUS LA PAROLE

A. La bonne réponse. Choisissez dans la colonne de droite une phrase qui convient.

MODÈLE: Tu es libre ce soir?

→ Oui, on sort ensemble?

1. Tu es libre ce soir?
2. Tu veux aller au ciné avec nous?
3. Tu as un rendez-vous avec Marie-Christine?
4. Mme Poirier ne veut pas aller au musée avec nous?
5. Tu n'es pas libre ce soir?
6. Tu n'as pas trouvé de places?
7. Tu es libre dimanche après-midi?
8. Alors, rendez-vous devant le théâtre?
9. J'ai des billets pour "Coppélia" pour vous.

a. Si, mais elles coûtent trop cher.
b. Oui, à dix-neuf heures.
c. Je veux bien, quel film est-ce qu'on joue?
d. Non, désolé/e, j'ai déjà un rendez-vous.
e. Oui, on sort ensemble?
f. Non, elle n'est pas libre.
g. Si, mais son mari ne peut pas.
h. Merci, c'est gentil.
i. Euh… oui, qu'est-ce que tu voudrais faire?

B. Simulations. Avec un/e camarade de classe, vous allez imaginer les situations suivantes.

MODÈLE: On vous invite à aller au musée demain. Vous ne voulez pas y aller.

É1 Tu veux aller au musée avec moi? Il y a une bonne exposition.

É2 Je regrette (ou désolé/e), je ne suis pas libre.

1. On vous invite à un concert. Vous êtes ravi/e d'y aller.
2. On vous invite à aller au théâtre. Vous voulez savoir quelle pièce on joue.
3. On vous invite à faire une randonnée, mais vous n'aimez pas les promenades.
4. On cherche quelqu'un pour jouer au bridge. Vous aimez ce jeu.
5. On a des places pour un concert de rock. Vous aimez ce type de musique, mais vous avez un rendez-vous ce jour-là.
6. On cherche quelqu'un qui joue du saxophone pour former un petit orchestre. Vous voulez accepter mais vous jouez d'un autre instrument.

C. Les distractions du week-end dernier. Vous allez découvrir comment vos camarades de classe ont passé le week-end dernier. Vous allez obtenir les renseignements suivants en faisant le tour de la classe. Vous allez essayer d'obtenir quelques détails. Ensuite vous allez faire un rapport.

MODÈLE: organiser une fête
    É1 Est-ce que tu as organisé une fête?
    É2 Moi, j'ai organisé une fête avec ma camarade de chambre.
    É1 Tu as invité beaucoup de personnes?
    É2 Seulement cinq ou six amis.
RAPPORT: É1: É2 a organisé une petite fête avec sa camarade de chambre. Elle a invité quelques amis.

1. aller à un concert ou au théâtre
2. faire une randonnée ou du camping
3. aller à un spectacle sportif
4. aller à un musée ou une exposition
5. inviter quelqu'un
6. organiser ou aller à une fête

À quelle heure?

Voilà la matinée de Denise:

Son premier cours commence à neuf heures.

Elle arrive à la faculté des lettres de l'université François Rabelais de Tours à huit heures et demie.

Elle arrive en classe à neuf heures moins le quart.

Le professeur entre dans la classe à neuf heures moins cinq.

À dix heures et quart Denise regarde sa montre. Encore un quart d'heure!

À onze heures moins vingt Denise prend un café.

Elle a un autre cours à onze heures.

Elle parle avec des camarades de classe pendant vingt minutes.
Elle dit: Zut, je suis en retard! Elle arrive au cours à onze heures dix. Dix minutes en retard.

Elle déjeune au resto-U entre midi et une heure de l'après-midi.

Vous avez l'heure?

Il est minuit.

Il est deux heures moins le quart du matin.
(Il est une heure quarante-cinq.)

Il est deux heures et quart de l'après-midi.
(Il est quatorze heures quinze.)

Il est neuf heures et demie du soir.
(Il est vingt et une heures trente.)

Il est minuit moins le quart.

LE SYSTÈME DE **24** HEURES

En France, en général, on utilise le système de vingt-quatre heures pour les horaires officiels, par exemple l'heure des cours, les horaires des trains ou des avions. On utilise aussi ce système dans la conversation plutôt formelle.

LES SÉANCES DE CINÉMA

Dans les cinémas en France, la séance commence entre un quart d'heure et une demi-heure avant le début du film. Pendant ce temps, on peut acheter quelque chose à manger, par exemple des glaces ou des bonbons, et regarder la publicité pour d'autres films.

À VOUS LA PAROLE

A. Séances de cinéma. Regardez les horaires pour le cinéma UGC Montparnasse à Paris. À quelle heure sont les séances pour les films suivants?

MODÈLE: L'affût
→ Les séances commencent à 13h40, à 15h50, à 18h, à 20h10 et à 22h20.

1. Betty
2. Talons aiguilles
3. Ricochet
4. Frankie et Johnny
5. J.F.K.
6. Blanche-Neige et les 7 nains

---

39 UGC MONTPARNASSE 83, bd du Montparnasse. 45.74.94. M° Montparnasse-Bienvenue. Pl: 39 F, 40 F, 42 F. Lun, tarif unique: 33 F (sf fêtes et veilles de fêtes); CV: 33 F (du Mar au Ven de 13h à 19h sf fêtes et veilles de fêtes). Carte UGC privilège 1: 116 F (4 films); Carte UGC privilège 2: 174 F (6 films). Rens: 3615 UGC. 2 salles accessibles aux handicapés.

L'affût
Séances: 13h40, 15h50, 18h, 20h10, 22h20; Sam séance suppl. à 0h30; Film 20 mn après.

Betty
Séances: 13h25, 15h35, 17h45, 19h55, 22h05; Sam séance suppl. à 0h15; Film 20 mn après.

Talons aiguilles v.f.
Séances: 13h10, 15h30, 17h50, 20h10, 22h30; Sam séance suppl. à 0h50; Film 20 mn après.

Ricochet v.f. Int - 12 ans.
Séances: 13h15, 15h30, 17h45, 20h, 22h15; Sam séance suppl. à 0h30; Film 25 mn après.

Frankie et Johnny v.f.
Séances: 14h05, 16h45, 19h25, 22h05; Sam séance suppl. à 0h45; Film 35 mn après.

Salle prestige 1:

J.F.K. v.f. Dolby stéréo. (Pl: 46 F).
Séances: 13h40, 17h15, 20h50. Film 20 mn après.

Salle prestige 2:

Blanche-Neige et les 7 nains v.f. Dolby stéréo.
Séances: 13h30, 15h35, 17h40, 19h45, 21h50; Sam séance suppl. à 23h55; Film 35 mn après.

B. Le monde francophone. Regardez la carte des fuseaux horaires et dites quelle heure il est dans les diverses villes des pays francophones. Ensuite, choisissez l'indication qui convient pour décrire ce qu'on fait à cette heure-là. Utilisez le système horaire informel.

MODÈLE: À Paris. On mange ou on dort?
→ À Paris il est midi, on mange.

1. À la Nouvelle-Orléans. On dort ou on travaille?
2. À Cayenne. Les étudiants sont en classe ou ils rentrent chez eux?
3. À Dakar. On rentre à la maison pour manger ou on travaille?
4. À Marseille. C'est le matin ou c'est le soir?
5. À Djibouti. On fait la sieste ou on mange?
6. À Mahé. On est à la plage ou on rentre à la maison pour dormir?
7. À Nouméa. On regarde la télé ou on joue au football?

1h 2h 3h 4h 5h 6h 7h 8h 9h 10h 11h 12h 13h 14h 15h 16h 17h 18h 19h 20h 21h 22h 23h 24h

C. Les activités de demain. Quelles sont vos activités de demain? Comparez votre réponse à celle de votre partenaire. Voici quelques suggestions:

aller à un cours/au labo
dormir
faire du sport
parler à quelqu'un

regarder la télé
téléphoner à quelqu'un
travailler quelque part

MODÈLE: à six heures du matin
É1 Demain, à six heures du matin, je dors. Et toi?
É2 Moi, à six heures, je fais du jogging.

1. à huit heures du matin
2. à dix heures du matin
3. à midi et demi
4. à quatre heures de l'après-midi

5. à six heures du soir
6. à huit heures du soir
7. à minuit
8. à deux heures du matin

SONS ET LETTRES

La voyelle /y/

The vowel /y/, as in **tu**, is generally spelled with **u**. To pronounce /y/ your tongue must be forward and your lips rounded, protruding, and tense. As you pronounce /y/, think of the vowel /i/ of **ici**. It is important to make a distinction between /y/ and the /u/ of **tout**, as many words are distinguished by these two vowels.

À VOUS LA PAROLE

A. Imitation. Attention de bien arrondir les lèvres quand vous prononcez /y/!

tu	du sucre
du	salut
zut	il a dû
Luc	il a pu
du jus	

B. Salutations. Pratiquez des scènes de salutation avec les noms suivants.

MODÈLES: Bruno

→ Salut, Bruno.

Mme Dupont

→ Bonjour, Madame Dupont.

Luc	Mme Dumont
Lucie	M. Dumas
Suzanne	Mme Camus

C. Comptine. Vous connaissez sans doute la comptine américaine qui commence par: *Eenie, meenie, meinie, moe...* Voici une comptine française amusante pour pratiquez le contraste entre /y/ et /u/:

Il y a dans la lune
Trois petits lapins
Qui mangent des prunes
En buvant du vin.
La pipe à la bouche
Le verre à la main
En disant: "Mesdames,
Versez-nous du vin
Tout plein."

Les verbes comme **mettre**

1. The verb **mettre** has a wide range of meanings.

Mettez vos robes dans l'armoire!	*Put your dresses in the wardrobe!*
Tu as mis ton pullover?	*Did you put on your sweater?*
Tu peux mettre la table?	*Can you set the table?*
Nous mettons une heure pour arriver là.	*It takes us one hour to get there.*

2. Here are the forms of the verb **mettre.**

METTRE *to put*	
SINGULIER	**PLURIEL**
je met **s**	nous mett **ons**
tu met **s**	vous mett **ez**
il elle } me **t** on	ils elles } mett **ent** ←

IMPÉRATIF: **Mets** la table! **Mettez** des chaussures!
Mettons nos livres là!
PASSÉ COMPOSÉ: j'ai **mis**

3. As is the case for all verbs in **-re,** the final consonant of the base is not pronounced in the singular forms.

Elle **met** son pullover.
Ils **mettent** des gants.

4. **Promettre** *to promise* is conjugated like **mettre.**

Elle a **promis** d'inviter mes amis.   *She promised to invite my friends.*

À VOUS LA PAROLE

A. Qu'est-ce qu'on met? Qu'est-ce qu'on met typiquement dans ces situations?

MODÈLE: Pour aller à la piscine, nous…
   ➙… nous mettons un maillot de bain.

1. Pour jouer au tennis, ils…
2. Pour aller à la fête, la petite fille…
3. Pour jouer au football en novembre, on…
4. Pour faire du ski, vous…
5. Pour aller en classe, nous…
6. Quand il pleut très fort, je…
7. Quand il fait très chaud, tu…
8. Quand il fait très froid, ils…

B. Vous mettez combien de temps? Combien de temps est-ce que vous mettez normalement pour faire les choses suivantes?

MODÈLE: pour faire les devoirs pour le cours de français
→ Je mets une heure pour faire les devoirs.

1. pour préparer un examen important
2. pour faire une expérience de chimie
3. pour aller à l'université le matin
4. pour rentrer chez vous le soir
5. pour aller chez vos parents
6. pour manger dans un restaurant élégant
7. pour écrire une lettre à un/e ami/e

Le passé composé avec **être**

1. Most French verbs form the *passé composé* with the present tense of **avoir.** Some verbs use the present of **être.** These are usually verbs of motion.

aller	*to go*	Où est-ce que tu es allé/e ce matin?
arriver	*to arrive*	Je suis arrivé/e hier soir.
venir	*to come*	Il est venu chez nous.
revenir	*to come back, return*	Elle est revenue chez elle.
devenir	*to become*	Elle est devenue médecin.
entrer	*to go/come in*	Anne est entrée dans le magasin.
rentrer	*to go/come back in*	Nous sommes rentré/e/s tard.
retourner	*to go back*	Il est retourné en France.
partir	*to leave*	Les amies sont parties ensemble.
sortir	*to go out*	Rémy est sorti.
passer	*to go/come by*	Le médecin est passé tout à l'heure.
rester	*to stay*	Les enfants sont restés à la maison.
tomber	*to fall*	Elle est tombée dans la rue.
monter	*to go up*	Louise est montée dans sa chambre.
descendre	*to go down*	Nous sommes descendues pour dîner.
naître	*to be born*	Elle est née en 1967.
mourir	*to die*	Il est mort l'été dernier.

2. The past participle of verbs that form the *passé composé* with **être** agrees in gender and number with the subject.

Mon frère est arrivé hier.
Ma sœur est arrivée ce matin.
Ses cousins sont allés en Algérie.
Ses cousines sont restées en France.

A. L'après-midi de M. Dumont. Voilà ce que M. Dumont a décidé de faire hier après-midi. Racontez ce qu'il a fait, en utilisant le passé composé.

MODÈLE: ➤ Hier après-midi, M. Dumont a fait une promenade….

Cet après-midi je vais **faire** une promenade. Ma femme va **rester** à la maison pour préparer ses cours. Alors, je vais **sortir** avec mon chien, Castor. Nous allons **partir** vers trois heures. Nous allons **traverser** la ville à pied. Je vais **passer** chez un ami. Nous allons **aller** dans le parc; je vais **regarder** les enfants jouer. Nous allons **prendre** l'avenue principale et nous allons **rentrer** à la maison vers cinq heures.

B. Qu'est-ce qu'ils ont fait hier? Répondez en utilisant une expression qui convient dans la liste.

MODÈLE: J'ai dormi jusqu'à neuf heures.
➤ Je suis arrivé en retard au cours.

1. Anne a un examen aujourd'hui.
2. Jean-Pierre parle d'un bon film.
3. Mes filles sont très fatiguées.
4. Nous n'avons pas fait nos devoirs.
5. Mes parents ont fait la vaisselle.
6. J'ai acheté beaucoup de choses.
7. Ma mère a beaucoup de travail au bureau.

la liste:
sortir avec des copains
aller au cinéma
aller au supermarché
arriver en retard au cours
beaucoup étudier
faire une randonnée
rentrer après le dîner
rester à la maison

C. Le samedi de Gilles. Racontez comment Gilles a passé la journée samedi. Utilisez les expressions **d'abord, ensuite, puis** et **enfin** pour faire un narratif.

MODÈLE: ➤ Il a quitté sa chambre à huit heures.
OU Il est sorti à huit heures.

D. Et vous? Qu'est-ce que vous avez fait hier? Où est-ce que vous êtes allé/e? Avec qui? Qu'est-ce que vous avez fait? Racontez à un/e partenaire.

MODÈLE: ➤Hier, dimanche, je ne suis pas allé/e à l'université. J'ai quitté mon appartement vers neuf heures, et ensuite…

Les questions avec les pronoms interrogatifs

1. **Qu'est-ce qui** and **qu'est-ce que** refer to things, corresponding to *what* in English.

   • **Qu'est-ce** qui is used as the subject of a question.

Qu'est-ce qui est arrivé?	*What happened?*
Qu'est-ce qui coûte si cher?	*What is so expensive?*

   • **Qu'est-ce que** is used as the direct object.

Qu'est-ce que vous faites?	*What are you doing?*
Qu'est-ce que Muriel a mis sur la table?	*What did Muriel put on the table?*

2. To ask *who* or *whom,* use **qui. Est-ce que** is generally used when **qui** is the direct object.

Qui joue au rugby?	*Who plays rugby?*
Qui n'aime pas les vacances?	*Who doesn't like vacations?*
Qui est-ce que tu aimes?	*Who do you like?*
Qui est-ce qu'ils regardent?	*Who are they looking at?*

   • **Qui** can also be used with a preposition. It is used with **est-ce que** in everyday informal conversation.

À qui est-ce que tu parles?	*Who are you talking to?*
Avec qui est-ce que tu joues au tennis?	*Who are you playing tennis with?*

3. To ask *What?* in isolation, use **quoi.**

Quoi?	*What?*
—On t'appelle.	*—Someone wants you on the phone.*

   • **Quoi** plus **est-ce que** is also used after prepositions.

Avec quoi est-ce qu'on écrit?	*What are we writing with?*
De quoi est-ce qu'il va parler?	*What is he going to speak about?*

A. Identification. Indiquez si on parle d'une personne ou d'une chose.

MODÈLE: Qu'est-ce que tu fais?
→ On parle d'une chose.

1. Qu'est-ce que tu as organisé?
2. Qui est-ce que tu as invité?
3. Avec quoi est-ce que vous allez faire ça?
4. Chez qui est-ce que nous allons?
5. Qu'est-ce qu'elle a dit?
6. Qui est-ce qu'ils ont vu?
7. De quoi est-ce que vous allez parler?
8. Qu'est-ce qui est dans ton sac?
9. Qu'est-ce qu'ils vont regarder?

B. À l'agence de voyages. Mme Tardieu va voyager. Vous entendez les réponses que donne Mme Tardieu à l'employé de l'agence de voyages. Quelles sont les questions posées par l'employé de l'agence?

MODÈLE: Je peux partir entre le 15 février et le 15 mars…
→ Quand est-ce que vous pouvez partir?

1. Je vais avec ma fille.
2. Nous voulons rester quinze jours.
3. Nous cherchons un petit hôtel près d'une plage.
4. Nous pouvons payer entre 500 et 750 francs par jour.
5. Nous aimons beaucoup faire du ski nautique.
6. Vous pouvez envoyer les billets à ma fille.
7. Elle habite 68, avenue du Général de Gaulle.
8. Le soir, vous pouvez téléphoner à ma fille.

C. Vive les vacances! Imaginez un voyage dans un pays ou dans une région francophone. Votre partenaire va vous poser des questions sur votre voyage et sur vos activités.

MODÈLE: É1 Où est-ce que tu vas?
       É2 Je vais en Suisse.
       É1 Avec qui est-ce que tu voyages?
       É2 Avec mon cousin/ma cousine.

For additional activities visit the *Chez nous* home page.
http://www.prenhall.com/cheznous

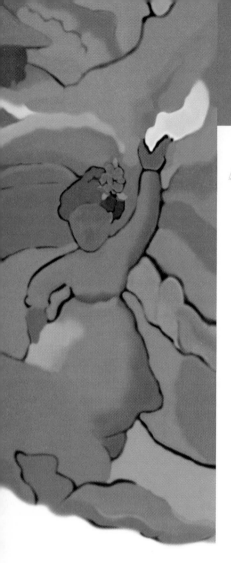

MISE EN PRATIQUE

LISONS

A. Avant de lire. The ads reproduced here are taken from a periodical called *Pariscope*. This weekly magazine lists all types of cultural events and programs taking place in Paris and the surrounding area. Its name is a clever play on the word **périscope.**

Before looking more closely at the ads, think about the following.
Ads such as these must convey a lot of information in a small space. What are some of the techniques writers use to shorten a text?

B. En lisant. Now examine each of the columns more carefully.

1. Théâtre
   a. Find the name of each theater and of the play being presented there.
   b. The opening paragraph for each of the two entries contains general information. Fill in the chart:

	COMÉDIE FRANÇAISE	OPÉRA COMIQUE
ADDRESS		
PHONE NUMBER		
BOX OFFICE HOURS		
NUMBER OF SEATS		
PRICE OF TICKETS		

   c. For each play, find (1) the name of the author, (2) the name of the director, (3) the names of the main characters.
   d. Which play is based on Greek mythology? Which is based on a novel? Which is presented in English?

2. Films
   a. Construct a chart as in #1b above to summarize the information given in the first paragraph describing each film.
   b. Which film could also be classified as science fiction? Which is historical in nature? Which is described as a classic in French cinema?

3. Musique
   a. Which concert would you most likely choose if you (1) are particularly fond of Chopin? (2) like to hear singers along with the instruments? (3) like many types of music? (4) don't have a lot of money? (5) are free at lunchtime?

THÉÂTRE

COMÉDIE FRANÇAISE. (892 places) 2, rue de
Richelieu (1er). 40.15.00.15 M° Palais-Royal. Loc. de 11h
18h (14 jours à l'avance). Pl: 45 à 195 F.

Iphigénie
De Racine. Mise en scène Yannis Kokkos. Avec Dominique
Rozan, Martine Chevallier, Jean-Yves Dubois, Jean-François
Rémi, Nathalie Nerval, Michel Favory, Sylvia Bergé, Valérie
Bréville, Loïc Brabant, Isabelle Gardien.
Les grecs, sous la conduite d'Agamemnon, s'apprêtent à
appareiller vers Troie. L'absence de vent rend ce départ
impossible. L'oracle réclame pour que les vents se lèvent le
sacrifice d'une «fille du sang d'Hélène». Iphigénie, fille
d'Agamemnon et de Clytemnestre, sœur d'Hélène devra
être immolée aux dieux. (Mer 26, 14h ; Ven 28, 20h30 ;
Dim 1er, 20h30).

OPÉRA COMIQUE Salle Favart (1330 places) 5, rue
Favart (2e). 42.86.88.83. M° Richelieu-Drouot. Loc tlj sf
Sam et Dim de 11h à 18h. Pl: 40 à 350 F.

Le Fantôme de l'Opéra
Comédie musicale d'après le roman de Gaston Leroux. De
Ken Hill. Sur des airs d'Offenbach, Gounod, Verdi, Boito,
Weber, Donizetti, Mozart. Mise en scène Joël Bishoff. Avec
G Gibson, John Tillotson, Tom Fervoy, Steven Hauck,
Richard Bles, David Barron, Elisabeth Southard, Steven
Shocket, Marilyn Hudgins, Mauras Fitzgerald, Eilleen
Hawkins, Richard Poole, Steven Hauck.
Le Fantôme de l'Opéra, Erik, est l'objet de rumeurs,
d'intrigues et de contes extraordinaires. Ce monstre
diabolique, pour qui la musique et la beauté des voix, est
la rédemption, va tomber éperdument amoureux de
Christine, une jeune chanteuse confinée dans des petits
rôles. Il va s'employer à faire d'elle une Diva. Pour arriver
à ses fins, il va terroriser l'Opéra tout entier et s'acharner
sur son nouveau directeur, Monsieur Richard. (À 20h30
Mer 26, Jeu 27, Ven 28, Sam 29, Mar 3 mars. À 14h30
Sam 29. À 14h30 et 19h Dim 1er mars. Représentations
jusqu'au 30 avril. Spectacle en anglais, sous-titré).

FILMS

DP À bout de souffle. Théâtre 1959. 1h30. Drame
psychologique français en noir et blanc de Jean-Luc Godard
avec Jean-Paul Belmondo, Jean Seberg, Henri-Jacques Huet.
Le film le plus célèbre de la nouvelle vague. Cette explosion
de syntaxe cinématographique garde la même fraîcheur
d'inspiration, la même violence, la même attraction qu'au
moment de la sortie. Les 3 Luxembourg 37.

DA Astérix chez les Bretons. 1986. 1h20. Dessin
animé français en couleurs de Pino Van Lamsweerde avec
les voix de Roger Carel, Pierre Tornade, Pierre Mondy,
Serge Sauvion, Nicolas Silberg, Graham Bushnell.
Les Bretons sont envahis par les légions romaines de César:
l'émissaire d'un petit village résistant est envoyé en Gaule
pour se procurer la potion magique auprès d'Astérix. Les
irréductibles et joyeux gaulois dans de nouvelles aventures
pleines d'action et de gags. Saint Lambert 96.

AV Casablanca 1942. 1h40. Film d'aventures américain
en noir et blanc de Michael Curtiz avec Humphrey Bogart,
Ingrid Bergman, Paul Henreid, Conrad Veidt, Claude Rains.
Casablanca à l'heure de Vichy. Un réfugié américain
retrouve une femme follement aimée et fuit la persécution
nazie. Une distribution étincelante et une mise en scène
efficace. Saint Lambert 96 v.o.

DP Fahrenheit 451. 1966. 1h50. Drame psychologique
français en couleurs de François Truffaut avec Oskar
Werner, Julie Christie, Cyril Cusak, Anton Diffring.
D'après Ray Bradbury, l'univers angoissé et
concentrationnaire d'un monde futur où toute lecture est
abolie, tous les livres brûlés. Ciné Beaubourg Les Halles 11.

MUSIQUE

Les midis du Louvre Maxim Vengerov, violon, Itamar
Golan, piano. Œuvres de Grieg, Saint-Saëns, Mozart.
12h30. Auditorium du Louvre. Pl : 45 et 50F.

Orchestre de Paris Dir : Sir Georg Solti. Chœur de
l'Orchestre de Paris. Dir: Arthur Oldham. Ruth Ziesak,
soprano, Keith Lewis, ténor, René Pape, basse. Dans «Les
Saisons» de Haydn. 20h. Salle Pleyel. Pl : 100 à 400F.

Le piano romantique Concert-lecture. Charles Rosen,
piano. Œuvres de Chopin. Maison de la Radio. Entrée libre.

Concert de guitare Antoine Tatich, Luis De Aquino. Du
classique au populaire...de l'Amérique du Nord au
«Latinos». 20h30. Petit Théâtre de Naples. Pl : 50 et 70F.

b. Look at the ad for the piano concert. One important piece of information
is missing from the ad. What other information do you need if you want
to attend the concert, and how might you find it out?

C. En regardant de plus près. We mentioned earlier that ad writers use a variety of
techniques to shorten the text. One of these techniques is abbreviation. Let's look at
some of the abbreviations used here.

1. Theater
   The opening paragraph for each theater contains several abbreviations.

   a. Part of the address includes a number. If you know that Paris is divided
   geographically into 20 **arrondissements,** what does this number tell you?

      2, rue de Richelieu (**1er**)   5, rue Favart (**2e**)

   b. Paris also has a subway system known as the **métropolitain,** or **métro.**
   What do the following abbreviations mean, then?

      M° Palais-Royal
      M° Richelieu-Drouot

   c. Both theater ads specify box office hours. If you know that **Loc.** stands for
   location, which refers to obtaining a seat, and **sf** is an abbreviation for the
   word **sauf,** then you should be able to write out the complete phrase. What is it?

      Loc. de 11h à 18h (14 jours à l'avance)
      Loc. tlj sf Sam et Dim de 11h à 18h

   d. Finally, the ads include the phrases **Pl: 45 à 195 F, Pl: 40 à 350F.** What do
   you think these are referring to? (Hint: the complete word for **Pl.** appears
   earlier in the paragraph.)

2. Films
   a. At the beginning of each entry is a two-letter abbreviation. Find the word or words within the ad that correspond(s) to the abbreviation.
   b. Notice at the very end of the entry for **Casablanca** there is the abbreviation **v.o.** This stands for the phrase **version originale,** which contrasts with the phrase **version française.** What would be the equivalent of these phrases in English?

D. Après avoir lu. If you were planning an evening out, which of the possibilities suggested here would you be most interested in, and why? Who would you take with you?

ÉCOUTONS

Des messages. Imagine that you're taking messages for a French friend who is on vacation, and who has left her answering machine on. Listen to each of the three messages and note:

1. who called
2. the purpose of the call
3. any important details

Remember that we often listen to messages more than once, even in our native language, particularly when trying to record precise information such as a telephone number.

PARLONS ENSEMBLE

A. Fixer un rendez-vous. Imaginez que vous avez des devoirs à préparer avec trois de vos camarades de classe. D'abord, notez votre emploi du temps pour la semaine — les cours, les meetings, etc. Ensuite, dites à vos camarades quand vous êtes libre, et demandez-leur quand ils sont libres. Attention! Il vous faut deux heures pour travailler.

MODÈLE: É1 Je suis libre mardi entre deux heures et quatre heures de l'après-midi. Et vous?

              É2 Moi, ça ne va pas. J'ai un cours d'histoire le mardi après-midi.

B. Une sortie. Imaginez que vous voulez aller à un des spectacles décrits dans l'extrait du *Pariscope.*

1. Choisissez le spectacle qui vous intéresse.
2. Trouvez quelqu'un qui voudrait vous accompagner.
3. Fixez un rendez-vous: quel jour? à quelle heure?

Attention! Si vous ne voulez pas accompagner un/e camarade de classe qui vous invite, vous pouvez poliment refuser son invitation.

MODÈLE: É1 Tu veux m'accompagner au concert de guitare?

              É2 Désolée, je dois travailler ce week-end.

ÉCRIVONS

A. Une invitation. Préparez une note pour inviter quelqu'un. Vous devez indiquer quelle est l'occasion que vous fêtez et la date de la fête: le jour et l'heure. Voici un modèle:

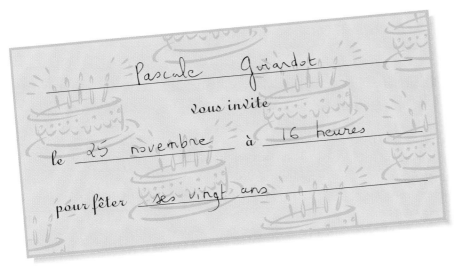

Pascale Guiardot
vous invite
le ___25 novembre___ à ___16 heures___
pour fêter ___ses vingt ans___

B. Vos activités d'hier. Qu'est-ce que vous avez fait hier, du matin au soir? D'abord, faites une liste de vos activités. Ensuite, à partir de vos notes, composez un paragraphe.

MODÈLE: → 8h30   quitter la maison
9h   assister au cours de psycho
10h   travailler à la bibliothèque
12h   aller au resto-U, parler avec des amis

Hier, j'ai quitté la maison vers 8h30. D'abord, j'ai assisté au cours de psycho. Après le cours, j'ai travaillé à la bibliothèque jusqu'à midi. Ensuite, je suis allé/e au resto-U et j'ai parlé avec des amis…

C. Raconter les vacances. Est-ce que vous avez passé des vacances particulièrement bonnes, ou des vacances désastreuses? Racontez!

Expliquez: 1. où vous avez passé vos vacances, avec qui, et quand
            2. le temps qu'il a fait
            3. ce que vous avez fait (ou n'avez pas fait)

MODÈLE: →L'été dernier, j'ai passé de très mauvaises vacances avec ma famille
         en Floride. D'abord, on a fait 15 heures de voiture. Ensuite, il a plu
         tous les jours, et on n'a pas pu nager. L'après-midi nous sommes allés
         aux magasins et le soir nous avons regardé la télé.
         Quelles vacances!

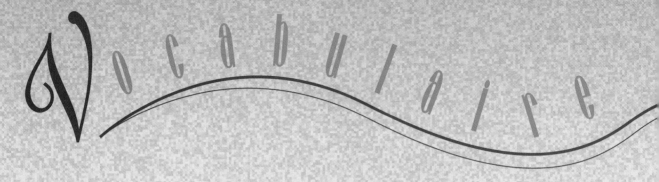

Vocabulaire

◆ **distractions** / **amusements/diversions**

aller à un concert	to go to a concert
assister à un ballet	to attend a ballet
former un orchestre	to get a band together
jouer une pièce	to perform a play
jouer aux dominos	to play dominos
jouer du saxophone, de l'accordéon	to play the saxophone, the accordeon
passer une soirée tranquille	to spend a quiet evening
regarder le journal	to read the paper
voir une exposition	to see an exhibition

◆ **au théâtre** / **at the theater**

attendre	to wait (for)
l'entrée	the entrance
une place	a seat, place
un spectacle	a show

◆ **pour inviter quelqu'un** / **to invite someone**

Tu es/vous êtes libre?	Are you free?
On sort ensemble?	Shall we go out together?
Tu veux/vous voulez m'accompagner?	Would you like to come with me?

◆ **pour accepter une invitation** / **to accept an invitation**

Oui, je suis libre.	Yes, I am free.
(J'accepte) Avec plaisir.	(I accept) With pleasure.
C'est gentil à toi/vous.	That's kind (of you).
Je suis ravi/e.	I am delighted.

◆ **pour refuser une invitation** / **to refuse an invitation**

Je suis désolé/e…	I am so sorry…
C'est dommage…	It's too bad…
Je regrette…	I'm sorry…
Je ne suis pas libre.	I'm not free.
Je suis pris/e.	I'm busy.
J'ai déjà un rendez-vous.	I already have a meeting.

◆ **pour parler de l'heure** / **to talk about the time**

une montre	a watch
en retard (Je suis en retard.)	late (I am late.)
Vous avez l'heure?	What time is it?
Il est (une heure/huit heures).	It is (one o'clock/ eight o'clock).
et quart	00:15
et demi/e	00:30
moins vingt	00:40
moins le quart	00:45
du matin	in the morning
de l'après-midi	in the afternoon
du soir	in the evening
midi	noon
minuit	midnight

◆ **pour poser une question** / **to ask a question**

qu'est-ce que/qui…	what…
qui	who
quoi?	what?

◆ quelques verbes / some verbs

descendre	*to go down*
entrer	*to go/come in*
mettre	*to put/put on/set (a table)*
monter	*to go up*
mourir	*to die*
naître	*to be born*
passer	*to go/come by*
promettre	*to promise*
rentrer	*to go/come back in*
rester	*to stay*
retourner	*to go back*
revenir	*to come back, return*
tomber	*to fall*
venir	*to come*

Les territoires et départements d'outre-mer

Les DOM-TOM

"Où va le Père Noël après le 25 décembre?" Si vous imaginez que la bonne réponse est "sur la Côte d'Azur", vous avez tort: l'hiver dans le Midi de la France n'est pas suffisament chaud pour tenter le vacancier qui rêve de se bronzer au soleil sur une plage. Le Français répondra sans doute, "aux Antilles, aux Seychelles, à l'île Maurice ou à Tahiti".

Certains de ces territoires sont des départements d'outre-mer (DOM) et des territoires d'outre-mer (TOM). Les DOM-TOM sont d'anciennes colonies françaises qui continuent à être associées administrativement et politiquement à la France. Depuis 1946, les DOM ont la même organisation administrative que les départements de la France métropolitaine. Les TOM ont une plus grande autonomie administrative. Les habitants des DOM-TOM sont des citoyens français. Dans la plupart des DOM, on utilise le créole en plus du français.

Karukera "l'île aux belles eaux"

La Guadeloupe ressemble à un papillon posé sur l'océan. Avant sa "découverte" par Christophe Colomb en 1493, les Amérindiens l'appelaient Karukera, l'île aux belles eaux. Cette île offre aux touristes une variété de paysages et de climats. En fait la Guadeloupe est constituée de deux îles séparées par un étroit bras de mer. La première île, appelée Grande-Terre, est plate et sèche. C'est là qu'on trouve les très belles plages de sable blanc qui attirent les touristes. Le paysage de la deuxième île, Basse-Terre, est très montagneux. L'île est dominée par le volcan de la Soufrière qui est couverte d'une forêt tropicale traversée par des rivières aux eaux limpides et fraîches. Ceci explique le nom amérindien de Karukera. Pour les amateurs de sports aquatiques, il y a à Basse-Terre l'une des plus belles réserves sous-marines du monde – la réserve Cousteau, nommée en honneur du célèbre océanographe français.

La communication avec les Guadeloupéens est facile car ils parlent tous français. Mais la découverte de leur culture véritable passe par la langue natale de la majorité, le créole.

La Soufrière

Des Guadeloupéens

Proverbe créole

Voici un proverbe qu'on trouve dans tous les créoles des DOM, de la Louisiane et d'Haïti, et aussi dans le créole anglais de la Jamaïque. Vous pouvez voir que le proverbe français correspondant est très différent. Alors vous comprenez pourquoi le grand poète martiniquais, Aimé Césaire, a dit du créole de son île: "C'est une langue dont le corps est français et l'âme africaine." Est-ce que le corps d'une langue est son vocabulaire? Et son âme? Ce n'est peut-être pas sa grammaire mais la manière de penser des gens qui parlent cette langue.

Cockroach nebber right before fowl.
(Créole de la Jamaïque)

Ravète pas jamain tini rezon douvan poule. (Guadeloupe)

Ravèt pa janm gen rezon douvan poul. (Haïti)

Ravèt pa gen rezon devan poul. (Louisiane)

Le cafard n'a jamais raison devant la poule.
(traduction française)

La raison du plus fort est toujours la meilleure.
(Proverbe correspondant français)

Might makes right.
(Proverbe anglais correspondant au proverbe français)

(B. David et J.-P Jardel, *Les Proverbes créoles de la Martinique*.)

La Réunion

Situation: Dans l'océan Indien, à l'est de Madagascar. L'île forme, avec Maurice et Rodrigues, l'archipel des Mascareignes. D'origine volcanique, elle est divisée en deux par des montagnes.

Climat: Tropical sur les côtes, tempéré et sec dans les hauteurs. Saisons: chaude et humide, décembre-mars; fraîche, mai-novembre. Cyclones tropicaux entre novembre et avril.

Capitale: St-Denis (122 584 h.).

Population: 1990: 592 000; prévue 2000: 685 000.

Langues: français (officielle), créole réunionnais.

Économie: Produits agricoles, surtout canne à sucre.

Histoire: Découverte par les Portugais au début du XVIe siècle, puis occupée par les Français en 1653, cette île a reçu plusieurs noms avant de s'appeler l'île de la Réunion en 1848. Etablissement de la société de plantation avec l'importation d'esclaves de Madagascar, de l'Inde et de l'Afrique de l'Est. Après l'abolition de l'esclavage en 1848, l'importation de travailleurs agricoles de l'Inde et de la Chine. Cela explique la nature multiethnique de la population.

Gauguin

(1848-1903), peintre inspiré par Tahiti

Né à Paris, Paul Gauguin a été d'abord matelot, puis employé de banque, avant de devenir peintre. Il travaille avec les Impressionnistes, et il va en Bretagne où il peint des tableaux au dessin simplifié et aux couleurs plates. Influencé par les traditions artistiques exotiques des Antilles, du Japon et de la Polynésie, il va chercher à créer un style personnel. Après un séjour à la Martinique, il part en 1890 pour Tahiti, où il se fixe. Le paysage de Tahiti, avec son soleil et ses couleurs vives, a eu une grande influence sur son art.

Chapitre 5

Vous désirez?

1 Qu'est-ce que vous prenez?

Language use
- Ordering food and drink in a café or restaurant
- Table etiquette

Language tools
- Expressions using *avoir*
- The verbs *prendre* and *boire*
- The partitive
- Verbs in *-re* like *attendre*
- Sons et lettres: The vowels /o/ and /œ/

2 Faisons des courses!

Language use
- Specifying quantities and making purchases
- Softening commands and making suggestions

Language tools
- Verbs like *acheter* and *appeler*
- Direct object pronouns *le, la, l', les*
- The partitive pronoun *en*
- *Si* plus the imperfect
- Sons et lettres: Unstable *e* inside a word

Chez nous

Francophone culinary traditions

1

Qu'est-ce que vous prenez?

Allons au café!

RICHARD: J'ai faim. On va chez Macdo?
HÉLÈNE: Des hamburgers, des frites et du coca, quelle horreur!!
Allons au café, c'est plus sympa.

(au café)

LE SERVEUR: Qu'est-ce que je vous sers?
HÉLÈNE: Un diabolo menthe. Avec des glaçons, s'il vous plaît. Non, euh, apportez-moi plutôt une glace à la vanille.
RICHARD: Moi, je prends un croque-monsieur et un déca.

(plus tard)

RICHARD: Monsieur!… L'addition, s'il vous plaît.
LE SERVEUR: J'arrive…. Voilà.
HÉLÈNE: C'est combien?
RICHARD: Cinquante-deux francs quatre-vingts.
HÉLÈNE: Le service est compris?
RICHARD: Oui. On partage?
HÉLÈNE: Volontiers.

Les boissons et les sandwichs

Boissons chaudes

1. un thé
2. un chocolat chaud
3. une tasse de thé
4. un café

Boissons fraîches

5. une limonade
6. une orangeade
7. un coca (-cola)
8. une bière
9. un citron pressé
10. un jus d'orange
11. des glaçons (m.)
12. un diabolo menthe

Casse-croûte

13. une pizza
14. un sandwich au jambon
15. des frites (f.)
16. un croque-monsieur

LE CAFÉ

Il y a peut-être 50 000 cafés en France aujourd'hui. Le café est encore l'endroit préféré pour prendre une boisson, un sandwich ou une glace. Souvent, les cafés ont des terrasses où il est agréable de s'asseoir. On peut prendre une boisson et regarder les gens passer. On va au café pour boire ou manger mais aussi pour rencontrer ses amis et discuter et, dans les cafés des petites villes et des quartiers résidentiels, pour jouer. Les jeunes jouent au babyfoot ou au flipper et les adultes aux cartes ou aux dominos.

À VOUS LA PAROLE

A. Classer les boissons. Nommez des boissons...

MODÈLE: Nommez des boissons chaudes.
→le café, le thé, le chocolat chaud

1. Nommez des boissons fraîches.
2. Nommez des boissons gazeuses.
3. Nommez des boissons alcoolisées.
4. Nommez des boissons naturelles.
5. Nommez des boissons qui contiennent un jus de fruit.
6. Nommez des boissons qui contiennent de la caféine.
7. Nommez des boissons rafraîchissantes.
8. Nommez des boissons pour prendre avec les repas.

B. Qu'est-ce que je vous sers? Vous êtes au café. Dites ce que vous allez prendre d'après la situation donnée. Un/e camarade de classe va prendre la commande.

MODÈLE: Vous êtes chez Macdo.
É1 Qu'est-ce que vous prenez?
OU Vous désirez?
É2 Je prends un hamburger avec des frites et une limonade.

1. Il fait très chaud.
2. Il fait froid.
3. Vous devez étudier très tard.
4. Vous regardez la télé et vous n'avez pas encore mangé.
5. C'est le matin.
6. Vous avez déjà commandé une pizza ou un sandwich et vous voulez boire quelque chose.

C. Au café. Imaginez que vous êtes le serveur ou la serveuse. Vous prenez la commande de vos camarades qui sont les clients.

MODÈLE: É1 Madame!

          É2 Vous désirez?

          É1 Un café-crème.

          É2 Très bien. Et pour vous, Mademoiselle?

          É3 Je prends un sandwich au jambon.

          É2 C'est tout?

          É3 Apportez-moi aussi une bière.

          É2 Alors, pour Monsieur, un café-crème et pour Mademoiselle un sandwich au jambon et une bière.

À table

Les Serre habitent à Bordeaux; ils prennent le petit déjeuner vers huit heures du matin.

Le petit déjeuner à Montréal

un œuf sur le plat
du sel
du poivre
du bacon
des céréales
une tranche de pain grillé / une rôtie
une tasse de café noir
un verre de jus d'orange

des pommes de terre au four

une bouteille de vin rouge

du gigot

du pain de campagne

des haricots verts

une carafe d'eau

Les Dupuis habitent une ferme en Auvergne; ils déjeunent chez eux à midi et demi.

Marie-Christine, Jean-Pierre et Gilbert habitent en Belgique. Ils prennent le goûter vers quatre heures et quart.

un yaourt

du lait

une tartine à la confiture

des fruits

une poire

une banane

du citron pressé

un pain au chocolat

une pomme

du fenouil

de la farine

des œufs

un saum

du riz

du citron

M. et Mme Haddad habitent en Algérie. Ils préparent le dîner, un saumon au fenouil avec du riz, et une tarte aux fraises. Ils vont dîner vers huit heures.

du sucre

du beurre

des fraises

LES REPAS EN FAMILLE

Les Français déjeunent souvent au restaurant s'ils travaillent. Par contre, les dîners au restaurant sont réservés pour des occasions spéciales. Le dîner en famille commence assez tard, vers huit heures. Souvent on regarde le journal télévisé pendant le repas. Le grand repas de la semaine est le déjeuner du dimanche. Souvent on invite des parents—les grands-parents, des oncles, des tantes et des cousins ou des bons amis. Ces déjeuners sont très animés, et très longs: de deux à trois heures.

Le déjeuner ordinaire consiste en un hors-d'œuvre (des crudités, c'est-à-dire, des légumes crus, de la charcuterie, du melon, des fruits de mer), un plat principal (de la viande ou du poisson) servi avec un légume, une salade verte et un fromage ou/et un dessert. Lorsqu'on a des invités on sert un plateau avec plusieurs variétés de fromages. Après le déjeuner on prend le café, généralement un café express ou un déca.

Le dîner (ou le souper) est moins copieux. Il commence souvent par une soupe. Ensuite on sert une omelette ou de la viande ou du poisson avec un légume. Pour finir, un peu de fromage ou un yaourt ou des fruits.

À VOUS LA PAROLE

A. Les bonnes combinaisons. Dites ce que vous prenez avec la boisson ou l'aliment mentionné.

MODÈLE: avec le café?
→ le sucre et le lait

1. avec le thé?
2. avec le pain?
3. avec les œufs?
4. avec le gigot?
5. avec le saumon?
6. avec le fromage?
7. avec les hamburgers?

B. Quel repas? D'après ce que prennent les gens, identifiez le repas.

MODÈLE: M. Maisonneuve prend des œufs sur le plat avec du jambon et des rôties.

→ Il prend le petit déjeuner.

1. Mme Lopez sert des pains au chocolat et de la limonade à ses enfants.
2. Mme Leroux prend seulement du café et un croissant.
3. Les ouvriers mangent des sandwichs et boivent du vin rouge.
4. M. et Mme Poirier prennent des œufs avec des rôties.
5. Il est une heure; les Schumann mangent du poisson avec du riz.
6. Nous sommes à Montréal, le soir. Mme Ladouceur sert de la soupe.
7. Avant de rentrer au bureau, Maryse et Gabrielle prennent un hamburger et des frites chez Macdo.
8. Il est huit heures du soir, et les Deleuze mangent du gigot et des pommes de terre.

C. Quels ingrédients? Avec quoi est-ce qu'on fait les plats suivants? Avec un/e partenaire, mettez-vous d'accord sur les ingrédients.

MODÈLE: une omelette?

    É1   On fait une omelette avec des œufs et du beurre.

    É2   Et aussi avec du jambon.

1. un citron pressé?
2. une omelette?
3. un sandwich?
4. une tarte aux fraises?
5. une tartine?
6. un croque-monsieur?
7. un café au lait?

D. Vos préférences. Qu'est-ce que vous prenez d'habitude dans les situations suivantes? Comparez vos habitudes avec celles d'un/e camarade de classe.

MODÈLE: au petit déjeuner, comme boisson?

    É1   D'habitude, je prends du café noir avec du sucre.

    É2   Moi, je ne prends rien comme boisson.

1. au petit déjeuner, à manger?
2. au déjeuner, à manger?
3. l'après-midi, comme goûter?
4. au dîner, comme boisson?
5. quand vous avez au moins une heure entre les cours?
6. l'après-midi, quand vous voulez prendre une boisson?
7. tard le soir, quand vous n'avez pas dîné?

Quelques expressions avec avoir

ils ont faim

elles ont soif

il a mal

ils ont chaud

nous avons froid

elle a peur

ils ont sommeil

tu as tort

ils ont besoin d'étudier mais ils ont envie de danser

A. Une situation. Avec un/e partenaire, décrivez une situation où…

MODÈLE: Vous avez froid.

→J'ai froid en hiver quand je ne porte pas de manteau.

1. Vous avez soif.
2. Vous avez peur.
3. Vous avez sommeil.
4. Vous avez faim.
5. Vous avez mal.
6. Vous avez froid.
7. Vous avez chaud.

B. C'est logique. Complétez chaque phrase d'une manière logique en utilisant une expression avec **avoir.**

MODÈLE: Le matin je prends un café parce que je…

→Je prends un café parce que j'ai toujours sommeil.

1. En été on boit beaucoup d'eau quand on…
2. Quand je fais des calculs difficiles, souvent je…
3. Quand les petits enfants regardent un film d'horreur, ils…
4. Mes amis mettent un manteau parce qu'ils…
5. Nous prenons deux gros sandwichs parce que nous…
6. Ma camarade de chambre étudie beaucoup le soir, alors le matin elle…
7. Tu n'as pas l'air bien; est-ce que tu…?

C. Les devoirs et les envies. Qu'est-ce que vous avez envie de faire aujourd'hui? Qu'est-ce que vous avez besoin de faire? Comparez vos réponses avec celles d'un/e partenaire.

MODÈLE: →Moi, aujourd'hui, j'ai envie d'aller au cinéma. Malheureusement, j'ai besoin de travailler à la bibliothèque.

Les voyelles /ø/ et /œ/

To pronounce the vowel /ø/ of **deux**, start from the position of /e/ as in **des** and round the lips. They should also be tense and moved forward. To pronounce the vowel /œ/ of **leur**, start from the position of /ø/ and relax the lips somewhat. Both vowels are usually spelled as **eu**. The vowel /œ/ is also spelled as **œu**, as in **sœur**. You can usually predict which of the two vowels will occur in a particular word. The vowel /œ/ of **leur** occurs before a pronounced consonant; that of **deux** occurs at the end of a syllable and before the consonant sound /z/. When it is pronounced, the *mute e*, in words like **le, me, ce** and **vendredi**, is pronounced with the vowel of **deux**. Compare:

/ø/	/œ/
un p**eu**	la p**eu**r
c**eu**x	s**œu**r
il p**eu**t	ils p**eu**vent
h**eu**r**eu**se	ils v**eu**lent
v**e**ndredi	une h**eu**re

À VOUS LA PAROLE

A. Contrastes. Comparez les voyelles dans chaque paire de mots.

/y/ vs /ø/	/ø/ vs /œ/
du/**deux**	ne/n**eu**f
lu/**le**	deux/s**œu**rs
du jus/**deux jeux**	le m**o**nsieur/le

B. Phrases. Lisez les phrases à haute voix.

1. Mons**ieu**r M**eu**nier a d**eu**x nev**eu**x.
2. Il y a d**eu**x f**eu**tres sur l**e** bureau du profess**eu**r.
3. Mons**ieu**r Del**eu**ze sort à dix-n**eu**f h**eu**res.
4. La s**œu**r de Madame Franc**œu**r sort à d**eu**x h**eu**res.

Les verbes **prendre** et **boire**

The verbs **prendre** and **boire** show some irregularities in their formation.

PRENDRE *to take*		
SINGULIER	**PLURIEL**	
je **prend** s	nous **pren** ons	
tu **prend** s	vous **pren** ez	
il		
elle } **prend**	ils } **prenn** ent	←
on	elles	

IMPÉRATIF: **Prends** un café! **Prenez** le train!
Prenons une pizza!
PASSÉ COMPOSÉ: J'ai **pris** du chocolat.

1. In addition to its general meaning *to take,* **prendre** is used with foods or beverages.

Attention! On **prend** ton sac!	*Watch out! Someone's taking your b*ag!
Je **prends** un citron pressé.	*I'm having lemonade.*
Qu'est-ce que tu **as pris**?	*What did you have?*
—Un verre de lait.	*—A glass of milk.*
Nous allons **prendre** un croque-monsieur et une bière.	*We'll have a grilled ham and cheese sandwich and a beer.*

2. **Apprendre** (*to learn*) and **comprendre** (*to understand*) are formed like **prendre.**

Tu **apprends** l'italien?	*You're learning Italian?*
Ils **comprennent** l'arabe.	*They understand Arabic.*

BOIRE *to drink*		
SINGULIER	**PLURIEL**	
je **boi** s	nous **buv** ons	
tu **boi** s	vous **buv** ez	
il		
elle } **boi** t	ils } **boiv** ent	←
on	elles	

IMPÉRATIF: Ne **bois** pas! **Buvez** de l'eau!
Buvons un verre à sa santé.
PASSÉ COMPOSÉ: J'ai **bu** du lait.

3. **Boire** means *to drink.*

Qu'est-ce que tu **bois**?	*What are you drinking?*
Nous **buvons** du vin rouge.	*We drink red wine.*
Je n'**ai** rien **bu.**	*I haven't drunk anything.*

À VOUS LA PAROLE

A. Quelle consommation? Examinez les dessins et dites ce que chaque personne prend ou boit.

MODÈLE: le jeune homme? et son amie?
→ Il prend une bière.
OU   Il boit une bière.
→ Elle prend un verre d'eau minérale.
OU   Elle boit un verre d'eau minérale.

1. et la dame âgée?

2. et les enfants?

3. et le monsieur?
4. et la petite fille?

5. et les ouvriers?

B. Pays et langue/s. Dites quelle/s langue/s ces personnes comprennent ou apprennent selon la ville ou le pays indiqué. Voici la liste des langues:

l'allemand, l'espagnol, le français, l'italien, le portugais, le russe

MODÈLES: Bruno habite au Portugal.
→ Alors il comprend le portugais.
Je vais en Russie.
→ Tu apprends le russe.

1. Isabella habite en Italie.
2. J'habite en Russie.
3. Franz habite en Allemagne.
4. Nous habitons en France.
5. Mes cousins habitent en Espagne.

6. Guy et Paul vont à Moscou.
7. Nous allons au Mexique.
8. Martine va en Allemagne.
9. Je vais au Portugal.
10. Nous allons au Québec.

C. Vos habitudes. Dites ce que vous prenez dans ces situations.

MODÈLE: le matin, avant d'aller aux cours?

       → Moi, je prends des céréales et un café noir.

1. pendant la journée, entre les cours?
2. quand vous n'avez pas le temps de manger?
3. le soir, quand vous ne pouvez pas dormir?
4. quand vous regardez la télé?
5. quand vous êtes au cinéma?
6. comme boisson, quand vous dînez dans un restaurant?
7. après un film, une pièce ou un concert, quand vous sortez avec des amis?

L'article partitif

1. Consider the following statements.

> J'aime le café.
> *I like coffee.*
> Je n'aime pas le thé.
> *I don't like tea.*
> J'adore les croissants.
> *I love croissants.*
> Je déteste les bananes.
> *I hate bananas.*

- Nouns are of two types in French and in English. *Count nouns* refer to things that can be counted, for example, croissants. *Mass nouns* are things that normally are not counted, like coffee, tea, sugar, and water. Notice that, as in the examples above, count nouns can be made plural; mass nouns are normally used only in the singular.

2. When you refer to a noun not previously specified, use the indefinite article if it is a count noun.

> Il a mangé **un** œuf.
> *He ate an egg.*
> Je prends **une** tranche de pain grillé.
> *I'm having a piece of toast.*
> Elle a acheté **des** pommes.
> *She bought some apples.*

Use the partitive article if it is a mass noun.

> Tu veux **du** coca?
> *Do you want some Coke?*
> Tu prends **de la** crème?
> *Do you take cream?*
> Je sers **de l'**eau minérale.
> *I'm serving mineral water.*

3. Note the differences in meaning between the definite article, on the one hand, and the indefinite and partitive articles on the other hand. The definite article denotes a specific or presupposed item. The indefinite or partitive article denotes an unspecified item.

DEFINITE ARTICLE	INDEFINITE OR PARTITIVE ARTICLE
Il a pris **l'**œuf.	Il a pris **un** œuf.
He took the egg.	*He took an egg. (**any** egg)*
Vous voulez **les** oranges?	Vous voulez **des** oranges?
Do you want the oranges?	*Do you want oranges? (**any** oranges)*
Elle a mangé **le** pain.	Elle a mangé **du** pain.
She ate the bread.	*She ate some bread.*

4. In negative sentences, both the indefinite and the partitive articles are replaced by **de/d'**:

Il prend **un** œuf?	Il **ne** prend **pas d'**œuf.
Elle a pris **des** glaçons?	Elle **n'**a **pas** pris **de** glaçons.
Vous servez **du** thé?	Nous **ne** servons **pas de** thé.

À VOUS LA PAROLE

A. Ce n'est pas logique! Corrigez les phrases illogiques.

MODÈLE: Avec le café je prends de la confiture.
→ Avec le café je prends du sucre.
OU Avec le café je prends du lait.

1. Comme fruit je prends un œuf.
2. Avec le pain grillé je prends du lait.
3. Avec mes céréales je prends du jus d'orange.
4. Généralement, avec une pizza on prend du café.
5. Quand il fait très chaud on prend du chocolat chaud.
6. Dans un thé au citron on met des glaçons.
7. Quand on veut manger quelque chose on prend de la limonade.
8. Quand on veut boire quelque chose on prend de la pizza.

B. Qu'est-ce qu'ils prennent? Imaginez un repas pour chaque personne d'après sa description.

MODÈLE: Victor n'a jamais assez de temps pour manger le matin.
→ Il prend seulement du café noir.

1. Mme Sauvert fait très attention de manger correctement.
2. Sophie déteste faire la cuisine.
3. Pour Corinne, le petit déjeuner, c'est un repas copieux.
4. Richard déjeune souvent au café.
5. André est végétarien.
6. Le petit Nicolas n'aime pas les légumes.
7. M. Berger mange trop de fast-food.

C. À vous de choisir. Vous allez préparer un repas avec un/e ami/e. Il/Elle propose quelque chose. Vous refusez et suggérez autre chose.

MODÈLE: le vin

    É1 On sert du vin rouge?

    É2 Non, je n'aime pas le vin rouge. Alors on sert du vin blanc.

1. le hors-d'œuvre
2. la viande
3. les légumes
4. le fromage
5. le dessert
6. les autres boissons

D. Vos habitudes. Dites ce que vous mangez et ce que vous buvez d'habitude à chacun des repas ou moments de la journée et ce que vous ne mangez et ne buvez jamais.

MODÈLE: pour le petit déjeuner

    →D'habitude, je mange des céréales. Je ne mange jamais d'œuf.

  OU D'habitude, je bois du jus d'orange. Je ne bois jamais de café.

1. au petit déjeuner
2. au déjeuner
3. au dîner
4. entre les cours
5. tard le soir

Les verbes en **-re**

1. A large group of verbs has infinitives ending in **-re** and is conjugated like **attendre.**

ATTENDRE *to wait for*	
SINGULIER	PLURIEL
j' attend s	nous attend ons
tu attend s	vous attend ez
il elle } attend on	ils elles } attend ent ←

IMPÉRATIF: **Attends** un moment! **Attendez** ici!
Attendons Michèle.
PASSÉ COMPOSÉ: J'ai **attendu** une heure.

2. Here are some other **-re** verbs.

descendre	*to go down*	Je descends l'escalier.
entendre	*to hear*	Tu entends cette musique?
perdre	*to lose, waste*	Il perd toujours son temps.
rendre à	*to give back*	Le prof rend les devoirs aux étudiants.
rendre visite à	*to visit someone*	Nous rendons visite à nos parents.
répondre à	*to answer*	Vous avez répondu à sa lettre?
vendre	*to sell*	Ils vendent leur maison.

3. Remember that English and French often differ in the use of prepositions with verbs:

J'attends le bus.
*I'm waiting **for** the bus.*

Il répond **au** prof.
He's answering the teacher.

Elle rend visite **à** sa mère.
She's visiting her mother.

À VOUS LA PAROLE

A. C'est logique. Complétez chaque phrase d'une manière logique en utilisant un verbe en **-re.**

MODÈLE: nous/le train de 17 heures
➤ Nous attendons le train de 17 heures.

1. le prof/en anglais
2. les étudiants /les devoirs au prof
3. les Dupont/leur maison
4. moi/ma grand-mère
5. vous/l'escalier
6. toi/cette belle chanson
7. elle/son temps
8. Marc/un taxi

B. Trouvez une personne. Dans votre classe, trouvez une personne…

MODÈLE: qui descend en ville aujourd'hui
É1   Tu descends en ville aujourd'hui?
É2   Oui, je vais chez le dentiste.

1. qui attend un/e ami/e après le cours
2. qui descend en ville aujourd'hui
3. qui n'entend pas très bien
4. qui perd souvent ses affaires
5. qui n'a pas rendu les devoirs aujourd'hui
6. qui a rendu visite à quelqu'un le week-end passé
7. qui répond toujours rapidement aux lettres
8. qui a entendu quelque chose d'intéressant à la radio ou à la télé hier

MISE EN PRATIQUE

LISONS

A. Avant de lire. This menu is taken from a moderately priced restaurant. In French restaurants, patrons can choose to order a **menu**, which offers a limited choice of items at a fixed price, or **à la carte**, which offers more choice but usually costs more as well.

1. Look at the menu and find the name of the restaurant and the city where it is located.
2. Now determine whether the restaurant only offers a **menu** or allows customers to choose **à la carte**. If the restaurant offers **menus**, how many *different* **menus** are there?
3. Menus are usually divided into sections that list the items in each category. What categories would you expect to see? Make a list of these, and then compare your list to the actual categories you find in the menu reproduced here.

B. En lisant. Look at the menu more closely to answer the following questions.

1. Menus often contain information about restaurant policies. Find a statement concerning restaurant policy on…
   a. personal checks
   b. preparation time for special dishes
   c. substitutions
   d. lost or stolen personal objects
   e. tipping
2. What differences do you find between the **menu à 78F** and the **menu à 95F?**

MENU à 78 fr.
4 Plats au choix

Potage
Terrine du chef
Crudités du jour
Œuf au plat
Radis beurre

Pommes de terre sautées
Spaghetti napolitain
Salade de saison
ou
Légume du jour

Côtes d'agneau grillées
Côte de veau poêlée
Côte de porc poêlée
Beefsteak grillé
Jambon-beurre
Omelette fines-herbes
Poisson du jour
ou
Plat du jour

Fruit
Fromage
Yaourt
Glace
Gâteau maison

RESTAURANT DES ARÈNES
2, Avenue des Arènes - NICE

Plat du jour garni	Notre carte F.	
54 fr.	Assiette de crudités	35
Rosbeef ou	Charcuterie	38
Sole meunière	Poisson	62
Pommes de terre sautées	Viande garnie	58
Haricots blancs	Jambon	45
à la bretonne	Omelette	38
	Légume	25
	Dessert	34
	Glace	25

Les grillades et gratins se commandent 10 minutes à l'avance.
Changement de garniture de plat 4F. de supplément.
La maison n'est pas responsable des vêtements
ou objets perdus, tachés, échangés ou brûlés.

Prix nets
Service compris
Une note détaillée sera remise sur la demande du client.
LES CHÈQUES NE SONT PLUS ADMIS.

MENU à 95 fr.
6 Plats au choix

Potage
Assiette de charcuterie
Crudités du jour
Œuf sur le plat
Radis beurre

Pommes de terre
Spaghetti
Salade de saison
ou
Légume du jour

Poisson du jour
Omelette fines-herbes
Jambon-beurre

Fromage ou yaourt

Côtes d'agneau grillées
Côte de veau poêlée
Côte de porc poêlée
Beefsteak grillé
Omelette fines-herbes
Poisson du jour
ou
Plat du jour

Fruit ou glace
Gâteau maison

C. En regardant de plus près. The names of dishes often tell something about how they are cooked or what accompanies the dish. With this in mind, decide what the following items probably mean:

1. Radis **beurre**
2. Omelette **fines-herbes**
3. Côtes d'agneau **grillées**
4. Pommes de terre **sautées**
5. Plat **du jour**
6. Salade **de saison**
7. Gâteau **maison**

D. Après avoir lu. Now that you are familiar with the menu, decide what each of the following people would most likely order.

1. someone who is very careful about money
2. a vegetarian
3. a 10-year-old
4. your best friend
5. your parents
6. yourself

ÉCOUTONS

Au Petit Saint-Benoît. Listen as two customers order from the menu for the restaurant **Le Petit Saint-Benoît.**

1. First look at the menu. Can customers order a fixed-price **menu,** or must they order **à la carte?** What are the categories from which customers choose?

    a. As you listen, list the food items that each person orders:

	MAN	**WOMAN**
hors d'œuvre		
plat du jour		
légume		
fromage		
dessert		

2. Drinks are not listed on this menu. Listen again, and see whether you can tell what each person has to drink.

le petit saint-benoît

4, Rue Saint-Benoît - PARIS (6e)
Téléphone: 42 60 27 92

Hors-d'œuvre
Melon 22F
Tomate-concombre 18F
Crudités 18F
Radis beurre 18F
Pâté de campagne 15F
Œuf dur mayonnaise 15F
Viande froide mayonnaise 42F

Plat du jour
Pièce de bœuf h. verts 48F
Côtes d'agneau grillées 52F
Poulet rôti garni 38F
Boudin purée 35F
Hachis parmentier 32F

Légumes 18F - Purée - Pommes boulangère - Salade verte

Fromage 15F - Camembert - Brie - Chèvre - Yaourt - Gruyère - Pont l'évêque - Roquefort

Desserts Tarte myrtilles 18F - Tarte citron 18F - Tarte framboises 22 F - Framboises au sucre 18F - Gâteau au chocolat 15F - Glaces 15F

A. Un dîner au restaurant. Jouons des rôles! Invitez un/e camarade de classe à dîner au restaurant. Choisissez ou **Le Petit Saint-Benoît** ou **Le Restaurant des Arènes.** Imaginez que vous êtes au restaurant et que vous commandez.

MODÈLE: LE SERVEUR: Bonsoir, m'sieu, dame. Pour commencer?
                      VOUS: Je vais prendre les crudités.
        VOTRE CAMARADE: Pour moi, le pâté, s'il vous plaît.
            LE SERVEUR: Très bien, et comme plat principal?, etc.

B. Thème et variations. Imaginez que vous êtes au café avec un/e ami/e. Vous appelez le serveur/la serveuse. D'abord, faites comme des gens tout à fait ordinaires. Ensuite, jouez les rôles d'après les indications.

MODÈLE: (le serveur ne fait pas très attention)
      CLIENTE #1: Monsieur!
  (le serveur n'arrive pas)
      CLIENTE # 1: Monsieur, s'il vous plaît!
      LE SERVEUR: Excusez-moi, mesdames! Vous désirez?, etc.

1. un client a des difficultés à décider
2. un client est superpoli
3. le serveur a fait une erreur
4. le serveur n'est pas poli

C. Un sondage. Voici les résultats d'un sondage réalisé par Gallup-Faits et Opinions auprès de 800 Français. Comparez vos réponses personnelles, et celles de vos camarades de classe, avec celles des Français.

MODÈLE: É1 Moi, j'aime beaucoup manger et préparer les repas; pour moi, la gastronomie est un des grands plaisirs de la vie.
         É2 Pour moi, non; la gastronomie ne m'intéresse pas.

Les Français et la cuisine

La gastronomie
Pour vous, la gastronomie…

est un des grands plaisirs de la vie	30%
est un plaisir sans plus	51%
ne vous intéresse pas	18%
sans réponse	1%

Les préférences
Lorsque vous pensez à un bon repas, quel serait le plat principal qui vous ferait le plus plaisir?

Langouste, homard, fruits de mer	13%
Poisson	11%
Gigot	10%
Autre viande (blanquette, pot au feu, etc.)	8%
Grillade	7%
Plat étranger (paella, méchoui, etc.)	7%
Rôti de bœuf	6%
Plat régional (foie gras, choucroute, fondue, etc.)	6%
Canard, poulet (autre volaille)	6%
Lapin, gibier (chevreuil, faisan, etc.)	4%
Autres plats	8%
Sans réponse	14%

La cuisine française
Y a-t-il, selon vous, un pays dans le monde où l'on mange mieux qu'en France?

Non	77%
Oui	8%
Sans réponse	15%

Total supérieur à 100 en raison des réponses multiples possibles.

ÉCRIVONS

Vos habitudes alimentaires. Quand est-ce que vous mangez pendant une journée typique, et qu'est-ce que vous mangez normalement? D'abord, faites une liste en donnant les heures de vos repas et ce que vous mangez. Ensuite, évaluez vos habitudes: est-ce que vous mangez

—très mal? —assez bien? —très bien?

Finalement, essayez d'expliquer vos habitudes.

MODÈLE: ➤Normalement, je mange très mal. Le matin, je ne mange rien parce que j'ai un cours à huit heures et je dors jusqu'à 7h30. Après mon premier cours, je prends un café vers dix heures, et je vais à un autre cours. À midi, je vais au restaurant universitaire; là, je prends souvent un sandwich et une soupe, etc.

View the clips for **Chapitre 5** in the *Chez nous* video

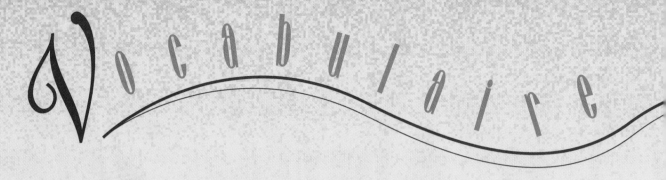

Vocabulaire

♦ **au café ou au restaurant**

l'addition
apporter
commander
désirer
partager
le pourboire
Le service est compris?

Volontiers!

in the cafe or in the restaurant

the bill
to bring
to order
to desire, want
to share
the tip for service
Is the service included?

Gladly! With pleasure!

♦ **pour parler des boissons**

une boisson
boire
une bouteille (de vin)
une carafe (d'eau)
une tasse (de thé)
un verre (de lait)

to talk about drinks

a drink
to drink
a bottle (of wine)
a carafe (of water)
a cup (of tea)
a glass (of milk)

♦ **boissons chaudes**

un café (crème)
un chocolat chaud
un déca(féiné)

un thé (nature, au lait)

hot drinks

a coffee (with cream)
a hot chocolate
a decaffeinated coffee
a tea (plain, with milk)

♦ **boissons fraîches**

une bière
un citron pressé
un coca(-cola)
un diabolo (menthe)

de l'eau (minérale) (f)
des glaçons (m)

cold drinks

a beer
a lemonade
a cola
a sparkling water with (mint) syrup
water (mineral water)
ice cubes

un lait
un jus d'orange
une limonade
une orangeade
le vin (rouge, blanc, rosé)

milk
an orange juice
a lemon soft drink
an orange soft drink
wine

♦ **casse-croûte**

un croque-monsieur

un hamburger
des frites (f)
une pizza
un sandwich (au jambon, au fromage)
un pain au chocolat

snacks

a grilled ham and cheese sandwich
a hamburger
French fries
a pizza
a (ham, cheese) sandwich
a croissant with chocolate filling

♦ **glaces**

de la glace (à la vanille, au chocolat)
un esquimau

ice cream

(vanilla, chocolate) ice cream
an Eskimo pie

♦ **les repas**

le petit déjeuner
le déjeuner
le goûter
le dîner

meals

breakfast
lunch
afternoon snack
dinner

♦ **pour décrire**

au four (pommes de terre au four)
grillé/e
Quelle horreur!

to describe

roasted, baked (baked potatoes)
grilled, toasted
How awful!

au petit déjeuner — at breakfast

prendre le petit déjeuner	*to have breakfast*
le bacon	*bacon*
le beurre	*butter*
un café au lait	*coffee with milk*
des céréales (f)	*cereal*
la confiture	*jam*
un croissant	*a croissant*
un œuf (sur le plat)	*a (fried) egg*
le pain	*bread*
une tranche pain de grillé	*a piece of toast*
une rôtie	*a piece of toast (Can.)*
une tartine	*a slice of bread*

au repas principal — at the main meal

déjeuner	*to have lunch*
dîner	*to have dinner*
un gigot	*a leg of lamb*
les *haricots verts (m)	*green beans*
le pain de campagne	*country bread*
les pommes de terre (f)	*potatoes*
le riz	*rice*
le saumon	*salmon*

épices (f) — spices

la farine	*flour*
le fenouil	*fennel*
la menthe	*mint*
le poivre	*pepper*
le sel	*salt*
le sucre	*sugar*

desserts (m) — desserts

un fruit	*a fruit*
une tarte (aux fraises)	*a (strawberry) pie*
un yaourt	*a yogurt*

fruits — fruits

une banane	*a banana*
un citron	*a lemon*
une fraise	*a strawberry*
une orange	*an orange*
une poire	*a pear*
une pomme	*an apple*

quelques expressions avec avoir — some expressions with avoir

avoir besoin de	*to need*
avoir chaud	*to be hot*
avoir froid	*to be cold*
avoir envie de	*to want*
avoir faim	*to be hungry*
avoir soif	*to be thirsty*
avoir mal	*to have an ache, pain*
avoir peur	*to be afraid*
avoir raison	*to be right*
avoir tort	*to be wrong*
avoir sommeil	*to be sleepy*

verbes comme prendre — verbs like prendre

apprendre	*to learn*
comprendre	*to understand*
prendre	*to take (to have a meal)*

verbes en -re — verbs ending in -re

attendre	*to wait (for)*
descendre	*to go down*
entendre	*to hear*
perdre	*to lose, waste*
rendre à	*to give back*
rendre visite à	*to visit (someone)*
répondre à	*to answer*
vendre	*to sell*

2

Faisons des courses!

Les petits commerçants et les grandes surfaces

Qu'est-ce qu'on achète dans...

* une crémerie?
  du lait, de la crème, du beurre, du fromage, des œufs

* une boulangerie?
  du pain: des baguettes, des petits pains, des croissants

* une pâtisserie?
  des gâteaux, des tartes, des pâtisseries

* une boucherie?
  de la viande: du bifteck, des rôtis, du poulet, du gigot

* une poissonnerie?
  du poisson, des fruits de mer

* une charcuterie?
  du porc et des plats préparés: du pâté, des saucisses, du ja

* une épicerie?
  du sel, du poivre, du sucre, du café, etc.

Qu'est-ce qu'on achète au supermarché?

* un paquet de pâtes, de riz, de petits pois congelés, de chi

* une boîte de sardines

* un sac de pommes de terre, d'oignons

* un pot de moutarde, de confiture

* une bouteille de vin, d'huile, d'eau minérale

* une tranche de pâté, de jambon

* une douzaine d'œufs, de citrons

A. Magasin et commerçant/e. On parle des commerçants et des commerçantes.
C'est quel magasin?

MODÈLE: La boulangère coupe le pain.
→C'est une boulangerie.

1. Le boulanger met les croissants dans un sac.
2. La charcutière suggère le pâté de campagne et le jambon.
3. L'épicier met les boîtes de conserve sur les étagères.
4. La poissonnière a des bons fruits de mer aujourd'hui.
5. Le crémier recommande un morceau de brie.
6. Le boucher a des côtelettes d'agneau et des poulets à vendre.
7. La pâtissière fait des gâteaux magnifiques!

B. Des achats? Qu'est-ce que ces gens ont acheté? Nommez un ou deux produits.

MODÈLE: Pascale est allée à la boucherie.
→Elle a acheté un rôti et un poulet.

1. Nicolas sort de la pâtisserie.
2. M. Dumas est allé à la boulangerie.
3. Mme Ducastel est allée chez le charcutier.
4. M. et Mme Camus sont allés à la poissonnerie.
5. Marc vient de l'épicerie.
6. Gisèle est allée chez la crémière.

C. Faisons des courses. Vous et vos amis, vous avez invité des gens à dîner. Vous avez préparé une liste de produits. Chaque personne doit acheter un produit. Vous distribuez les responsabilités, et chaque personne doit dire ce qu'elle a choisi d'acheter.

MODÈLE: É1   Toi, Mary, tu vas chez le charcutier pour acheter
les hors-d'œuvre.
          É2   Bon, je vais acheter du jambon et des crudités.

Allons au marché!

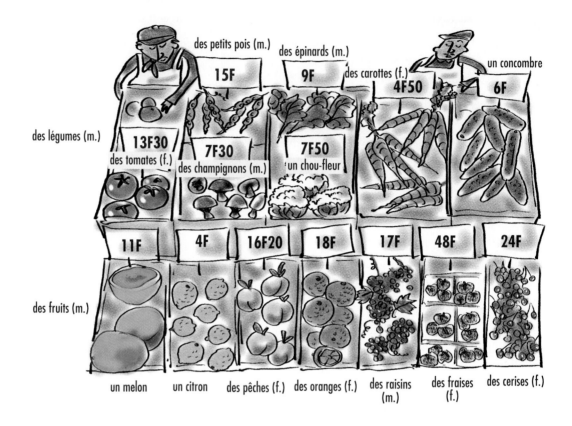

des petits pois (m.) 15F

des épinards (m.) 9F

des carottes (f.) 4F50

un concombre 6F

des légumes (m.)

13F30

7F30

7F50

des tomates (f.)

des champignons (m.)

un chou-fleur

des fruits (m.)

| 11F | 4F | 16F20 | 18F | 17F | 48F | 24F |

un melon   un citron   des pêches (f.)   des oranges (f.)   des raisins (m.)   des fraises (f.)   des cerises (f.)

C'est combien?

le melon?	C'est onze francs **la pièce.**
les pêches?	C'est seize francs vingt **le kilo.**
les fraises?	C'est quarante-huit francs **les cinq cents grammes.**

C'est dimanche. Les Mathieu ont invité leurs parents à déjeuner. Le matin, ils font le marché.

M. MATHIEU: Qu'est-ce qui va bien avec le rôti de porc? Des haricots? J'aime ça, moi.

MME MATHIEU: Il n'y a pas de haricots aujourd'hui.

M. MATHIEU: Alors, des épinards?

MME MATHIEU: Les enfants les détestent, et mon oncle aussi. Les petit pois, c'est mieux.

M. MATHIEU: Mais ils sont trop chers. Quinze francs le kilo!

MME MATHIEU: C'est vrai, mais ils ont l'air délicieux.

M. MATHIEU: Et pour le dessert, des fruits?

MME MATHIEU: Non, les fraises sont trop mûres, les pêches trop vertes et le reste trop cher.

LES MARCHÉS

Pour les courses de tous les jours, les Français vont chez les petits commerçants. Par exemple, le matin ils achètent la baguette du petit déjeuner chez le boulanger et les journaux et les magazines chez le marchand de journaux. Autrement, comme les Américains, ils vont faire les gros achats une ou deux fois par semaine dans les supermarchés. Mais ils aiment faire leur marché, surtout le samedi et le dimanche.

Faire son marché, cela veut dire aller à un marché couvert ou en plein air. Il est vrai que les marchés sont moins confortables que les supermarchés ou les grands magasins d'alimentation, en particulier en hiver ou quand il pleut. Alors pourquoi est-ce que les gens les préfèrent? C'est parce que les produits sont un peu moins chers et plus frais, et surtout parce que les marchés sont plus vivants. Là on trouve une grande variété de couleurs, d'odeurs et de bruits. Les marchands crient: **"Regardez ma belle tomate! Demandez, Mesdames, mes belles fraises du Périgord! Goûtez mes pêches juteuses! Achetez, Monsieur, ma belle laitue, et pas chère!"**

Il y a des marchés dans tous les pays francophones. Aux Antilles et en Afrique ils sont encore plus vivants et intéressants qu'en Europe. La foule est plus dense et les couleurs plus variées, les odeurs plus fortes, le langage plus expressif. Aller au marché est vraiment une bonne manière de connaître la culture des pays francophones.

Un marché en plein air

A. Préparations pour un repas. Dites aux personnes ce qu'il faut acheter et en quelle quantité dans les situations suivantes.

MODÈLES: Maryse va faire une omelette au jambon pour six amis.

➤Alors, achète deux douzaines d'œufs et dix tranches de jambon.

M. Cossard voudrait servir des fruits comme dessert pour ses parents.

➤Alors, achetez des fraises. Elles sont excellentes maintenant, et pas trop chères.

1. Georges va faire une omelette au fromage pour ses parents et ses deux sœurs.
2. Mme Salazar va faire un rôti de porc et des petits pois pour son mari et ses trois enfants.
3. Nous sommes en hiver. M. Bertrand voudrait préparer une salade de fruits.
4. Marie-France va servir du saumon pour sept personnes. Quels légumes est-ce que vous lui suggérez?
5. Gisèle a invité ses parents, son fiancé et les parents de son fiancé pour le déjeuner de dimanche. Qu'est-ce qu'elle pourrait servir comme hors-d'œuvre?
6. M. Charpentier a des amis chez lui; avec sa femme, ses deux enfants et lui, ça fait sept personnes. Il va chez le boulanger. Qu'est-ce qu'il devrait acheter?
7. M. Papin a invité son chef de bureau et sa femme pour dîner. Qu'est-ce que les Papin pourraient préparer comme plat principal? Et comme dessert?

B. Vos goûts. Quelle est votre réaction si on vous offre les choses suivantes? Un/e partenaire vous offre quelque chose; choisissez une des expressions suivantes pour répondre.

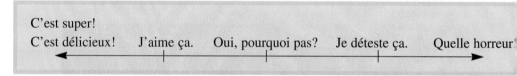

C'est super!
C'est délicieux!   J'aime ça.   Oui, pourquoi pas?   Je déteste ça.   Quelle horreur!

MODÈLE: les bananes trop mûres

É1   Tu aimes les bananes trop mûres?
É2   Quelle horreur!
OU   Je déteste ça!

1. les bananes vertes
2. le sel sur le melon
3. les fraises trop mûres
4. les spaghetti à la sauce tomate
5. le poulet à la moutarde avec beaucoup d'oignons
7. la soupe au chou-fleur
8. les tranches de concombre fines sur du pain
9. le saumon qui n'est pas très cuit

L'*e* instable à l'intérieur du mot

Compare the following two words. Look especially at the number of consonants before the unstable **e**:

ven*dr*edi   sa*m*edi

Both words contain an unstable **e.** This term refers to the letter **e** within a word or in one-syllable words, such as **je, de, ne,** which is sometimes retained and sometimes dropped. When an unstable **e** is retained, it is usually pronounced like the vowel of **deux**. When it is dropped, there is no sound at all. In several pronunciation sections, we will give you rules to help you know when an unstable **e** is likely to be dropped or retained.

Rule 1

An unstable **e** is dropped within words when it comes after only one pronounced consonant. In **samedi**, it comes after a single consonant, /m/, so it is dropped. But in **vendredi**, it comes after two pronounced consonants /dr/, so it is retained.

À VOUS LA PAROLE

A. Contrastes. Comparez la chute et le maintien du **e** instable. Répétez:

samedi	vendredi
rarement	quelquefois

achetez	prenez
les cerises	les pamplemousses

B. Élimination. Lisez les phrases suivantes en prononçant ou en faisant tomber les **e** instables, selon le cas.

1. C'est maintenant.
2. Achetez ça seulement.
3. Il a recommandé les côtelettes.
4. Il a regardé les pamplemousses.

Les verbes comme **acheter** et **appeler**

1. In **Chapitre 2**, you learned that in the present tense of verbs like **préférer** the fir[st] vowel of the base changes in the third person plural and in the singular forms *(préfère)*. Verbs like **acheter** and **appeler** similarly show changes in the third person plural and in the singular forms. These forms have the final vowel /ɛ/, as **sept.** The other forms have an unstable **e,** which usually is not pronounced.

2. This pronunciation change is reflected in the spelling by the use of the grave acc[ent] in some verbs:

   acheter   *to buy*
   Qu'est-ce que tu ach**è**tes?

   amener   *to bring a person*
   Ils am**è**nent leurs enfants.

   lever   *to raise*
   Elle ne l**è**ve jamais le doigt.

   • Other verbs show the change by the doubling of the final consonant of the base[.]

   appeler   *to call*
   Est-ce que tu appe**ll**es le médecin?

   épeler   *to spell*
   Il épe**ll**e son nom.

   jeter   *to throw (out)*
   Ne je**tt**e pas les bananes.

ACHETER *to buy*		
SINGULIER	**PLURIEL**	
j' achèt e	nous achet ons	
tu achèt es	vous achet ez	
il elle on } achèt e	ils elles } achèt ent	←

IMPÉRATIF: **Achète** des chips!
           Achetez les boissons!
           Achetons une paella!
PASSÉ COMPOSÉ: J'ai **acheté** du vin.

APPELER *to call*		
SINGULIER	**PLURIEL**	
j' appell e	nous appel ons	
tu appell es	vous appel ez	
il elle on } appell e	ils elles } appell ent	←

IMPÉRATIF: **Appelle** le dentiste!
           Appelez le médecin!
           Appelons le mécanicien.
PASSÉ COMPOSÉ: J'ai déjà **appelé** le médecin.

A. Des achats. Qu'est-ce qu'on achète?

MODÈLES: Je suis invité chez les Mariani pour dîner.
→J'achète une boîte de chocolats.

Il va faire une omelette aux champignons.
→Il achète des œufs et des champignons.

1. Nous allons préparer une omelette.
2. Mes parents veulent acheter des plats préparés pour le déjeuner.
3. Je veux faire du jus d'orange.
4. Maryse va chez des amis pour dîner.
5. Amaury a besoin d'un cadeau d'anniversaire pour sa mère.
6. Christiane va faire une salade de fruits.
7. Nous allons à un pique-nique.
8. Mes amies veulent faire une tarte aux pommes.

B. Mais pourquoi? Imaginez que vous avez un/e camarade de chambre pénible.
Demandez-lui pourquoi il/elle fait les choses suivantes.

MODÈLE: jeter mon affiche préférée
→Pourquoi est-ce que tu jettes mon affiche préférée?

1. acheter tous ces magazines
2. ne pas appeler tes parents
3. amener dix amis à ma fête
4. ne pas épeler correctement mon nom
5. acheter toujours des chips et du chocolat
6. jeter ma cassette préférée
7. appeler tous tes amis

C. Trouvez une personne. Trouvez une personne qui…

MODÈLE: ne jette jamais ses vieux vêtements
É1   Tu ne jettes jamais tes vieux vêtements?
É2   Si, je jette mes vieux vêtements.

1. appelle ses parents tous les week-ends
2. n'appelle jamais ses parents
3. achète tous les aliments pour préparer les repas
4. n'achète jamais rien au supermarché
5. lève toujours le doigt en classe avant de répondre
6. ne jette jamais ses vieux vêtements
7. jette toujours ses vieux devoirs et examens
8. amène toujours des amis quand il/elle est invité/e à une fête

Les pronoms compléments d'objet direct: **le, la, l', les**

1. A direct object receives the action of a verb, answering the question *who* or *what*. The direct object pronoun replaces a direct object noun phrase; it agrees in gender and number with the noun it replaces.

    Elle prend **la quiche lorraine.**
    Elle **la** prend.

    Elle met **le verre de lait** sur la table.
    Elle **le** met sur la table.

    Elle achète **les pommes de terre.**
    Elle **les** achète.

2. Here are the forms of the direct object pronouns. In the plural, liaison /z/ is pronounced before a vowel.

	SINGULIER	PLURIEL
Masc + consonne	**le**	**les**
	Le verre, je **le** lave.	*Les verres,* je **les** lave.
Masc + voyelle	**l'**	**les**
	Le prof, on **l'**écoute.	*Les profs,* on **les**_écoute.
Fém + voyelle	**l'**	**les**
	La glace, je **l'**adore.	*Les fleurs,* je **les**_adore.
Fém + consonne	**la**	**les**
	La photo, je **la** cherche.	*Les photos,* je **les** cherche.

3. In most cases, direct object pronouns precede the conjugated verb:

    Mes fleurs, tu **les** aimes?
    Le pain, tu **l'**as acheté ce matin?

    • But it is placed before the infinitive in two-verb constructions:

    Ce fromage, tu vas **l'**acheter?
    Ces pommes, tu veux **les** jeter?

    • To point out people or objects, the direct object pronouns precede **voici** and **voilà.**

    Sylvie? **La** voici.
    Sylvie? Here she is.

    Mes cahiers? **Les** voilà.
    My notebooks? There they are.

4. The negative particle **ne** never comes between an object pronoun and verb:

    Le dernier croissant, je ne **l'ai** pas pris.
    Ses fruits, nous ne **les achetons** jamais.

5. In the *passé composé*, the past participle agrees in gender and number with a preceding direct object pronoun:

> J'ai donné **le fromage** à Karine.
> Je **l'**ai donné à Karine.

> J'ai donné **la pomme** à Ludovic.
> Je **l'**ai donné**e** à Ludovic.

> J'ai donné **les petits pains** à Gaëlle.
> Je **les** ai donné**s** à Gaëlle.

> J'ai donné **les cerises** à Rémy.
> Je **les** ai donné**es** à Rémy.

À VOUS LA PAROLE

A. Quel désordre! Micheline doit partir faire ses courses mais elle ne sait jamais où elle met ses affaires. Dites-lui où se trouvent les choses qu'elle cherche.

MODÈLE: Zut! Où est mon sac?
→ Le voilà sur la table.

1. Zut! Où est ma liste?
2. Zut! Où sont mes gants?
3. Zut! Où est mon argent?
4. Zut! Où sont mes chaussures?
5. Zut! Où est ma montre?
6. Zut! Où est mon écharpe?

B. Vos goûts. Dites si vous aimez ou si vous n'aimez pas le plat ou le produit suggéré. Si vous ne l'aimez pas, indiquez une autre chose de la même catégorie que vous préférez.

MODÈLE: les croque-monsieurs?
→Je les aime.
OU   Je ne les aime pas. Je préfère les sandwichs au jambon.

1. le lait?
2. les croissants?
3. les épinards?
4. les cerises?
5. les saucisses avec de la moutarde?
6. le pain grillé?
7. le pâté?
8. le bifteck?
9. la glace à la fraise?
10. le roquefort?

C. Les occupations et les loisirs. Quels sont les occupations et les loisirs de vos camarades de classe? Posez des questions; votre camarade répond en indiquant ses préférences et la fréquence pour chaque activité.

MODÈLE: faire la cuisine
É1 Tu aimes faire la cuisine?
É2 Oui, j'aime la faire; je la fais souvent.
OU   Non, je n'aime pas la faire; je la fais très rarement.

1. faire la vaisselle
2. faire ton lit
3. écouter la radio
4. prendre le train
5. faire les courses
6. mettre la table
7. regarder la télé
8. préparer les repas

Le pronom partitif **en**

1. The pronoun **en** replaces nouns used with the partitive article and the plural indefinite article **des**:

Tu as **du beurre?**	*Do you have butter?*
—Oui, j'**en** ai.	*—Yes, I have some.*
Vous avez acheté **de l'huile?**	*Did you buy oil?*
—Oui, j'**en** ai acheté.	*—Yes, I bought some.*
Il n'y a pas **de sucre?**	*There isn't any sugar?*
—Si, il y **en** a.	*—Yes, there is some.*
Qui veut **des fraises** à la crème?	*Who wants strawberries with cream?*
—Jean, il **en** veut. Il aime bien ça.	*—John wants some. He likes that.*

2. Place **en,** like the direct object pronouns, immediately before the conjugated verb of a sentence, unless there is an infinitive. Compare:

Qui a pris **du jus d'orange?**
Who drank orange juice?
—Ce monsieur **en** a pris.
—*That man drank some.*
—Je n'**en** ai pas pris, moi.
—*Me, I didn't drink any.*

Tu vas acheter **des œufs?**
Are you going to buy eggs?
—Non, je ne vais pas **en** acheter.
—*No, I'm not going to buy any.*
—Claude, lui, il va **en** acheter.
—*Claude, he will buy some.*

3. To replace nouns modified by an expression of quantity (including numbers), use **en.** The expression of quantity is placed at the end of the sentence.

Elle sert **beaucoup de glace?**
Does she serve a lot of ice cream?
—Oui, elle **en** sert beaucoup.
—*Yes, she serves a lot (of it.)*

Tu as bu **un verre de vin?**
Did you drink a glass of wine?
—Oui, j'**en** ai bu un verre.
—*Yes, I drank a glass (of it.)*

Vous allez commander **trois truites?**
Are you going to order three trout?
—Oui, nous allons **en** commander **trois.**
—*Yes, we'll order three (of them.)*

À VOUS LA PAROLE

A. Mais qu'est-ce qu'il a acheté? Daniel prépare un grand dîner. D'après les indications, qu'est-ce qu'il a acheté?

MODÈLE: Il en a acheté une douzaine.
➤une douzaine d'œufs
OU une douzaine de citrons

1. Il en a pris un pot.
2. Il en a acheté un sac.
3. Il en a pris une douzaine.
4. Il en a acheté une bouteille.
5. Il en a pris deux paquets.
6. Il en a commandé deux.
7. Il en a pris beaucoup.
8. Il en a acheté un kilo.
9. Il en a demandé dix tranches.
10. Il en a acheté une boîte.

B. Et vous? Donnez une réponse logique et personnalisée.

MODÈLE: J'en ai une.

➤ J'ai une sœur.

OU J'ai une voiture.

1. J'en ai beaucoup.
2. J'en ai trop.
3. Je n'en ai pas assez.
4. Je voudrais en avoir plus.
5. Je voudrais en avoir deux.
6. Je n'en ai pas du tout.
7. Je n'en veux pas.

Faire des suggestions avec l'imparfait

1. The imperfect (**l'imparfait**) is a tense that is used in a variety of ways. For example, it is used with **si** to make suggestions and to soften commands.

   Si on **jouait** au tennis?
   How about playing tennis?

   Si nous **allions** au Maroc pour les vacances de février?
   How about going to Morocco for winter vacation?

   Si tu **faisais** la vaisselle?
   How about doing the dishes?

   Si nous **allions** au Mali?
   How about going to Mali?

2. To form the imperfect, drop the **-ons** ending of the **nous** form of the present tense and add the imperfect endings. The only exception to this rule is the verb **être**.

INFINITIVE		jouer	partir	finir	descendre	être
nous FORM		jou ons	part ons	finiss ons	descend ons	~~sommes~~
imperfect stem		**jou-**	**part-**	**finiss-**	**descend-**	**ét-**
	je	jou ais	part ais	finiss ais	descend ais	ét ais
	tu	jou ais	part ais	finiss ais	descend ais	ét ais
	il elle on	jou ait	part ait	finiss ait	descend ait	ét ait
	nous	jou ions	part ions	finiss ions	descend ions	ét ions
	vous	jou iez	part iez	finiss iez	descend iez	ét iez
	ils elles	jou aient	part aient	finiss aient	descend aient	ét aient

A. Pour se distraire. Transformez ces ordres en suggestions.

MODÈLE: Jouons au golf.
→ Si on jouait au golf?

1. Faisons une randonnée à la campagne.
2. Allons au café avec les copains!
3. Descendons à la plage.
4. Organisons une fête!
5. Regardons ce qu'il y a à la télé.
6. Jouons une chanson française!
7. Apportons nos guitares.
8. Louons quelques vidéos pour le week-end.

B. Pour le pique-nique. Vous allez organiser un pique-nique. Faites d'abord des suggestions à vos amis pour l'endroit, ensuite des suggestions pour la nourriture et les boissons et, enfin, des suggestions pour les distractions. Utilisez le verbe indiqué.

MODÈLES: aller
Si on allait à la campagne? (ou chez Tracy? etc.)

acheter
Si on achetait des petits pains?

faire
Si on faisait une randonnée?

1. aller
2. prendre
3. boire
4. apporter
5. acheter
6. jouer
7. faire

C. Préparatifs pour une fête. Un/e ami/e veut organiser une fête. Avec un/e partenaire discutez: de la date, du choix des invités, de ce que vous allez servir à boire, des plats que vous allez préparer et des distractions que vous allez organiser. C'est votre partenaire qui va jouer le rôle de la personne qui organise la fête.

MODÈLE: Si tu organisais la fête pour samedi soir?
→ C'est une bonne idée.
OU   Non, j'ai déjà un rendez-vous. Vendredi soir, c'est mieux. Si tu invitais l'étudiante française, Maryse?, etc.

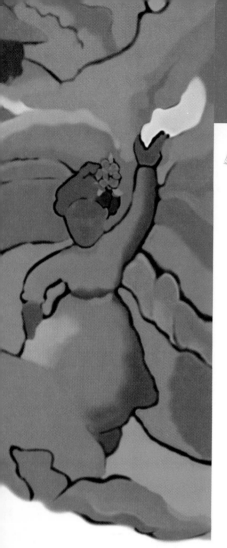

LISONS

A. Avant de lire. The title of the poem that you are going to read is **Déjeuner du matin.** What does it lead you to expect the poem will be about? As you read, consider the series of events that comprise the **déjeuner du matin.** Try to determine why Prévert is describing this simple meal.

B. En lisant. This poem takes the form of a narrative, that is, it recounts a series of events.

1. How many characters are there in the poem? Who might these people be?

Déjeuner du matin

Il a mis le café
Dans la tasse
Il a mis le lait
Dans la tasse de café
Il a mis le sucre
Dans le café au lait
Avec la petite cuiller
Il a tourné
Il a bu le café au lait
Et il a reposé la tasse
Sans me parler
Il a allumé
Une cigarette
Il a fait des ronds
Avec la fumée
Il a mis les cendres
Dans le cendrier
Sans me parler
Sans me regarder
Il s'est levé
Il a mis
Son chapeau sur sa tête
Il a mis
Son manteau de pluie
Parce qu'il pleuvait
Et il est parti
Sous la pluie
Sans une parole
Sans me regarder
Et moi j'ai pris
Ma tête dans ma main
Et j'ai pleuré

Jacques Prévert, Paroles 1949, Éditions Gallimard

2. How is the *story*, the series of events, recounted, and from whose point of view? Does it surprise you to know that Prévert began his career as a writer of screenplays?

3. Summarize what occurs in the poem. For example, (a) The man had a cup of coffee, (b)…

C. En regardant de plus près.

1. The characters of the poem have no names; they are referred to simply as **il** and **je.** What is the effect of this? Notice at what point the pronoun **je** is introduced.

2. What is the overall mood of the poem? What techniques has Prévert used to convey that mood?

3. The title of the poem is **Déjeuner du matin.** Is breakfast, or eating breakfast, the subject of the poem? Why has Prévert used this title?

D. Après avoir lu. Now that you have read and discussed the poem:

1. Try to imagine the following:
   a. what took place just before the action of the poem
   b. what takes place after the action of the poem

2. Could you recount one of your own daily activities, using the style of Prévert?

 ÉCOUTONS

Lise fait ses courses. Lise is preparing a birthday dinner for her sister. Listen as she runs her errands. You will hear her brief conversations with various shopkeepers.

1. As you listen a first time, decide what stores Lise visits. Using the list below, indicate the order in which she visits each store.

   ____ la boucherie
   ____ la boulangerie-pâtisserie
   ____ la charcuterie
   ____ la crémerie
   ____ l'épicerie
   ____ la papeterie

2. Now listen a second time and try to reproduce Lise's shopping list; list only the items she buys, not the quantity. Does Lise change her mind about what she is going to buy?

3. Circle the amount that Lise spends in each store:

magasin 1

a) 46F
b) 86F
c) 90F

magasin 2

a) 68F
b) 58F
c) 87F

magasin 3

a) 33F
b) 53F
c) 73F

magasin 4

a) 50F
b) 69F50
c) 79F50

4. Finally, describe the menu that Lise has planned. Can you think of anything else she might need to make her dinner party complete?

PARLONS ENSEMBLE

A. Préparer un repas. Imaginez que vous et quelques camarades de classe allez préparer un repas. Décidez du menu, et faites une liste des provisions qu'il faut acheter. Choisissez parmi ces possibilités:

1. un dîner d'anniversaire
2. un pique-nique
3. un petit déjeuner du week-end
4. un repas pas cher
5. autre (précisez)

B. Vos activités. Qu'est-ce que vous avez fait le week-end passé? Avec un partenaire, faites une liste des différentes activités et comparez vos activités.

MODÈLE:

MOI	MA/MON PARTENAIRE
aller à un pique-nique	
manger au restaurant	

C. Alibi. Un crime a été commis hier entre 12h et 13h: le gâteau d'anniversaire du professeur a disparu!

1. Si vous êtes un des suspects, c'est à vous d'établir votre alibi avec un/e camarade de classe. Votre stratégie: décidez, avec votre partenaire, de tout ce que vous avez fait entre 12h et 13h.

MODÈLE: É1   Nous avons déjeuné ensemble.
            É2   Nous sommes allés au café Chez le Perroquet.
            É1   Moi, j'ai pris…; mon ami a pris…, etc.

2. Si vous êtes le détective, vous allez poser des questions pour trouver des contradictions.

MODÈLE: ➤Qu'est-ce que vous avez fait hier entre 12h et 13h?
          Où est-ce que vous êtes allés pour manger?
          Qu'est-ce que vous avez pris? Et votre camarade?, etc.

ÉCRIVONS

A. Au régime. Faites la liste de tout ce que vous avez mangé pendant une journée, du matin au soir. Mettez aussi les heures où vous mangez. Maintenant, décidez si vous avez bien mangé ce jour-là. Sinon, quelles seront vos bonnes résolutions?

MODÈLE: ➤Mardi matin, j'ai pris le petit déjeuner vers sept heures. J'ai mangé
          une banane et des céréales avec du lait, etc.

—Je vais manger moins.   ou   —Je vais manger mieux.

B. Une sortie. Racontez une soirée où vous êtes sorti/e. Expliquez…

• si vous avez passé une soirée agréable
• à quelle heure vous êtes sorti/e
• avec qui
• où vous êtes allé/e/s
• ce que vous avez fait

MODÈLE: ➤Samedi dernier, j'ai passé une soirée pas très agréable. Je suis sorti
          avec mon camarade de chambre pour aller à une fête. Nous sommes
          allés chez une de ses amies. On a mangé, on a dansé, on a écouté de la
          musique, mais…

For additional activities visit the *Chez nous* home page.
http://www.prenhall.com/cheznous

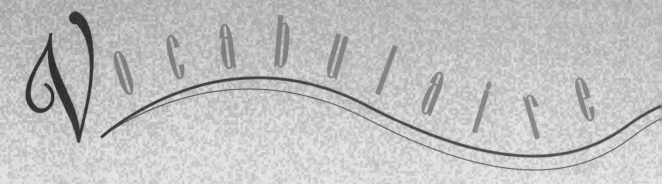

Vocabulaire

◆ **les petits commerçants et les alimentations** — **merchants and food**

un magasin	*a store*
une boucherie	*a butcher's shop*
du bifteck	*beefsteak*
du gigot	*a leg of lamb*
du poulet	*chicken*
un rôti	*a roast*
de la viande	*meat*
une boulangerie-pâtisserie	*a bakery/pastry shop*
une baguette	*French bread (long, thin loaf)*
un croissant	*a croissant roll*
un gâteau	*a cake*
une pâtisserie	*a pastry*
des petits pains (m)	*rolls*
une charcuterie	*a pork butcher's shop*
des plats préparés (m)	*prepared dishes*
du porc	*pork*
du pâté	*pâté*
une saucisse	*a sausage*
une crémerie	*a dairy store*
du beurre	*butter*
de la crème	*cream*
du fromage	*cheese*
du lait	*milk*
un œuf	*an egg*
une épicerie	*a grocery store*
du café	*coffee*
des chips (f)	*potato chips*
une épice	*a spice*
de la moutarde	*mustard*
du poivre	*pepper*
du sel	*salt*

une poissonnerie	*a seafood shop*
des fruits de mer (m)	*seafood*
du poisson	*fish*
une sardine	*a sardine*
un saumon	*a salmon*
un marché	*a market*
faire son marché	*to do one's shopping*
un fruit	*a fruit*
une cerise	*a cherry*
un citron	*a lemon*
une fraise	*a strawberry*
un melon	*a melon*
une orange	*an orange*
une pêche	*a peach*
un raisin	*a grape*
un légume	*a vegetable*
une carotte	*a carrot*
un champignon	*mushroom*
un chou-fleur (des choux-fleurs)	*cauliflower*
un concombre	*a cucumber*
des épinards (m)	*spinach*
des petits pois (m)	*peas*
une tomate	*tomato*

◆ **quantités** — **quantities**

une boîte (de sardines)	*a can (of sardines)*
une bouteille (de bière)	*a bottle (of beer)*
une douzaine (d'œufs)	*a dozen (eggs)*
un gramme (gr.) (de beurre)	*a gram (of butter)*
un kilogramme (kilo, kg.) (de pommes)	*a kilo (of apples)*
un paquet (de chips)	*a package (of chips)*
la pièce (5F la pièce)	*apiece (5 francs apiece)*
un pot (de moutarde)	*a jar (of mustard)*
un sac (d'oranges)	*a sack (of oranges)*
une tranche (de pâté)	*a slice (of pâté)*

◆ pour décrire

avoir l'air (bon, mûr, etc.)

cher/chère
congelé/e
délicieux/-euse
(c'est) mieux
mûr/e
vrai/e

to describe

*to appear/seem
(good, ripe)*

expensive, dear
frozen
delicious
(it's) better
ripe
true, real

◆ verbes comme acheter

acheter
amener

lever

verbs like acheter

to buy
*to bring (along)
a person*
to raise

◆ verbes comme appeler

appeler
épeler
jeter

verbs like appeler

to call
to spell
to throw/throw out

Traditions gastronomiques

Paul Bocuse nous dit ce que c'est que la bonne cuisine française

La France a la réputation d'être le pays de la bonne table et des bons vins. C'est une réputation bien méritée. Depuis plus de trente ans, Paul Bocuse, le célèbre chef de cuisine français, reçoit les trois étoiles du Guide Michelin pour son restaurant de Collonges-au-Mont-d'Or, près de Lyon. Voilà ce qu'il dit au sujet de la bonne cuisine.

"...Les traditions régionales ont [...] disparu des cartes des restaurants... Au bout du compte, la cuisine française a perdu ses références. Rien dans l'assiette et tout dans l'addition, c'est ma version de la nouvelle cuisine française. [...] Il ne faut pas hésiter à revenir en arrière, retrouver les vraies bases de notre patrimoine culinaire... Les restaurants doivent redécouvrir une vérité qu'ils ont un peu oubliée: la cuisine, c'est simple."

Paul Bocuse dans sa cuisine

Propos recueillis par Michel Greignou, **Approche**, la revue des Aéroports de Paris, Numéro 18 (Mars 1994).

La bonne cuisine et les traditions régionales

La cuisine française est très variée. Chaque région a ses plats particuliers qui dépendent de son climat, de ses produits et de ses traditions culturelles.

- **L'Alsace** (influence allemande) - la choucroute
- **La Lorraine** - la quiche lorraine
- **La Normandie** - le cidre; les fromages (en particulier le camembert)
- **La Bretagne** - les crêpes
- **Le Sud-ouest** (Gascogne et Languedoc) - le pâté de foie gras; le cassoulet
- **La Provence** (région maritime) - la bouillabaisse
- **La Bourgogne** - le coq au vin

Prenons la bouillabaisse, par exemple. Au début c'était un plat fait avec des poissons que les pêcheurs ne pouvaient pas vendre. On faisait bouillir ces poissons, on ajoutait de la tomate et on servait cette soupe avec des tranches de pain. Aujourd'hui on fait la bouillabaisse avec des produits plus "nobles", donc plus chers, par exemple on ajoute des fruits de mer et on la sert avec des tranches de pain grillé. Comme la bouillabaise, les plats régionaux les plus célèbres — la quiche lorraine, la choucroute alsacienne, le cassoulet toulousain et la salade niçoise — sont à l'origine des plats de pauvres, c'est-à-dire, des plats qu'on faisait avec des produits assez ordinaires, donc pas chers.

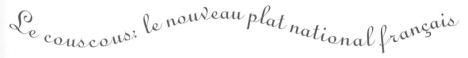

Le couscous: le nouveau plat national français

LE COUSCOUS, SERVI TRÈS SOUVENT DANS LES RESTAURANTS ET CHEZ LES PARTICULIERS, EST UN PLAT D'ORIGINE MAGHRÉBINE. LE COUSCOUS EST COMPOSÉ D'UN POT-AU-FEU SERVI AVEC DE LA SEMOULE. SA POPULARITÉ EN FRANCE DATE DE L'ARRIVÉE EN FRANCE DE DEUX GROUPES D'AFRIQUE DU NORD: LES PIEDS-NOIRS VENUS EN FRANCE À PARTIR DE 1958 ET LES IMMIGRÉS MAGHRÉBINS. DE L'AFRIQUE DU NORD, LE COUSCOUS S'EST RÉPANDU AUSSI VERS L'AFRIQUE, EN PARTICULIER DANS LES PAYS DU SAHEL: LA MAURITANIE, LE SÉNÉGAL, LE MALI, LE TCHAD.

Le couscous: plat rituel

En Algérie, au Maroc et en Tunisie, il y a le couscous ordinaire pour la famille et le couscous plus élaboré, quand on reçoit des invités. Dans ce cas, la viande est plus abondante et les légumes plus variés. Le plus souvent, le chef de famille fait asseoir ses invités autour d'une table basse sur laquelle on pose un grand plat rond en bois. Avec le couscous on boit généralement du petit-lait aigre et fermenté ou du thé à la menthe.

Chapitre 6

Nous sommes chez nous

1 La vie en ville

Language use
- Talking about where you live and your daily routine
- Describing rooms and furnishings

Language tools
- Pronominal verbs and reflexive pronouns
- Adjectives that precede nouns
- The indirect objects *lui* and *leur*
- Sons et lettres: The consonants *l* and *r*

2 La vie à la campagne

Language use
- Talking about life in the country
- Describing conditions and habitual actions in the past

Language tools
- The plural of adjectives that precede nouns
- The relative pronouns *qui* and *où*
- The imperfect tense
- Sons et lettres: The liaison with /t/, /z/ and /n/

Chez nous

French regions

La vie en ville

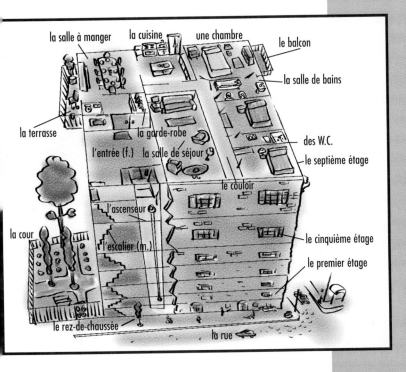

la salle à manger — la cuisine — une chambre — le balcon — la salle de bains — la terrasse — la garde-robe — des W.C. — l'entrée (f.) — la salle de séjour — le septième étage — le couloir — l'ascenseur — le cinquième étage — la cour — l'escalier (m.) — le premier étage — le rez-de-chaussée — la rue

Un bel appartement

Chez les Santini

Les Santini habitent à Saint-Laurent-du-Var, une petite ville située dans la banlieue de Nice. M. et Mme Santini ont trois enfants: Nicolas, qui a onze ans, Véronique, neuf ans, et Adrien, dix mois. Ils habitent un grand immeuble, La Laurentienne, dans une rue tranquille d'un quartier résidentiel.

L'appartement des Santini est au septième étage. C'est un cinq-pièces, avec une salle de bains, des W.C. et une grande cuisine. Il a une grande terrasse qui donne sur la rue devant l'immeuble, et une des chambres a un petit balcon qui donne sur une cour derrière le bâtiment.

Pour monter chez les Santini on peut prendre l'escalier ou l'ascenseur.

le placard — les rideaux (m.) — le réchaud — l'armoire (f.) — le lavabo — la corbeille — le radiateur — le fauteuil — le tapis — la lampe — le lit — l'étagère (f.)

Chez Christelle

Christelle habite au cinquième étage du bâtiment d'un vieil immeuble dans le vieux Nice. Son studio est agréable: il n'est pas très élégant mais bien confortable. En plus, il n'est pas cher: son loyer est seulement de 950 francs par mois. Il n'y a pas de chauffage central, mais les propriétaires lui prêtent un radiateur électrique qui chauffe bien la chambre. Elle a aussi un réchaud à gaz pour préparer ses repas. Le studio est meublé: il y a une belle armoire ancienne pour ranger ses vêtements et des rideaux neufs. Par terre, il y a un beau tapis. Les autres meubles sont un peu usés mais ils sont confortables, surtout le lit et le fauteuil. Il y a aussi un grand placard — c'est très pratique pour mettre ses affaires. Dans le studio il y a un lavabo; il y a une salle de bains moderne et des W.C. à l'étage.

NOUS HABITONS UN APPARTEMENT

Environ 75% des Français habitent un appartement mais la plupart, au lieu de le louer, achètent leur appartement. En France, le nombre de pièces (sans compter la cuisine, la salle de bains ou les W.C.) détermine la classification des appartements. Dans les grands centres urbains il est quelquefois difficile de trouver un logement convenable et pas trop cher, surtout pour les étudiants. Les étudiants qui n'habitent pas la résidence universitaire peuvent louer une chambre dans une famille, ou bien un petit studio. D'autres habitent une pension, où on peut prendre un ou deux repas par jour.

LE QUARTIER

Dans les grandes villes de la France il existe toujours des quartiers résidentiels. Les gens qui y habitent ont le sens d'appartenir à une petite communauté: il y a le café du coin, le boulanger et d'autres petits commerçants chez qui on peut faire les commissions de tous les jours. Il y a peut-être même un marché en plein air certains jours de la semaine. Dans les grandes villes, c'est le quartier qui donne un aspect plus personnel à la vie urbaine souvent trop impersonnelle.

LES H.L.M.

Dans la banlieue des grands centres urbains on trouve souvent des groupes de bâtiments nommés des H.L.M. (achèlèm), des habitations à loyer modéré. Ces appartements sont subventionnés par le gouvernement français, et ils permettent à des gens de condition modeste d'habiter à l'extérieur des villes, à un prix plus modeste. Les H.L.M. sont souvent critiqués du fait qu'ils ont un aspect stérile et même laid, mais on commence à faire des efforts pour les rendre plus verdoyants et attirants.

A. Où est-ce qu'ils sont? Expliquez où sont ces gens.

MODÈLE: Nicolas fait ses devoirs.

→ Il est dans sa chambre.

1. M. Santini prépare un goûter pour les enfants.
2. Véronique met la table.
3. Mme Santini regarde le journal.
4. Le bébé dort.
5. Les Santini regardent la télé.
6. Les enfants jouent aux cartes.
7. M. Santini regarde les voitures qui passent.
8. Le voisin frappe à la porte.
9. Mme Santini range ses vêtements.
10. Les enfants prennent un bain.

B. Une comparaison. Comparez l'endroit où vous habitez avec l'appartement des Santini.

MODÈLE: Les Santini habitent un appartement de cinq-pièces.

→ Moi, j'habite un deux-pièces.

OU Moi, j'ai une chambre à la résidence.

1. Les Santini habitent la banlieue d'une grande ville.
2. Ils habitent un quartier tranquille.
3. Ils habitent un grand immeuble.
4. Ils habitent au septième étage.
5. Il y a un ascenseur et aussi un escalier dans l'immeuble.
6. Chez les Santini il y a une grande cuisine.
7. Il y a trois chambres chez eux.
8. Ils ont une terrasse et aussi un balcon.

C. Chez Christelle. Pour décrire où habite Christelle, faites des phrases en combinant un élément de la colonne A avec un autre de la colonne B.

MODÈLE: le chauffage

→ Le chauffage est ancien.

A	B
l'immeuble	ancienne/moderne, nouvelle
la chambre	belle/laide
le loyer	chère/pas chère
le chauffage	confortable/inconfortable
la salle de bains	grande/petite
l'armoire	vieille, usée/neuve
les rideaux	
le tapis	
les meubles	
le fauteuil	

D. Bien chez vous. Vous habitez la résidence ou un appartement meublé? C'est quelquefois un peu stérile. Qu'est-ce que vous faites pour rendre plus personnel votre environnement?

MODÈLE: →Dans ma chambre, il y a beaucoup de plantes; j'adore les plantes.
OU J'ai mis un beau tapis bleu par terre et des affiches au mur.

E. Où est-ce que vous habitez? Choisissez un/e partenaire. Chacun à votre tour, décrivez l'endroit où vous habitez.

MODÈLE: É1 Moi, j'habite la résidence universitaire. Et toi?
É2 Moi, je partage un appartement avec trois amies. Tu as un camarade de chambre?
É1 Oui.
É2 Comment est votre chambre?
É1 Elle est petite, mais agréable; il y a deux fenêtres, avec des rideaux bleus et blancs et un tapis bleu. Les meubles ne sont pas beaux, mais ils sont confortables, etc.
É2 Il n'y a pas de salle de bains?
É1 Non. Il y a une salle de bains et des W.C. à l'étage. Et ton appartement, il est grand? etc.

À quel étage?

Mme Desgraupes est dans l'entrée de l'immeuble La Fleur de Lys. Elle cherche le bureau de son avocat, Me Requain.

MME DESGRAUPES: Le cabinet de Maître Requain, l'avocat?
L'EMPLOYÉE: Il y a un tableau, là, où il y a les ascenseurs. Je vais vous montrer.
MME DESGRAUPES: Merci, vous êtes bien aimable.
L'EMPLOYÉE: Voyons, Maître Requain. C'est au 21ᵉ étage.

(Mme Desgraupes sort de l'ascenseur. Elle voit une employée.)

MME DESGRAUPES: Pardon, Mademoiselle. Le cabinet de Maître Requain est à cet étage?
L'EMPLOYÉE: Tout à fait. Vous tournez au premier couloir à gauche. Le cabinet des avocats est à la troisième porte à droite.

RdeCh (rez-de-chaussée)		11^e	onzième
1er	premier	12^e	douzième
2^e	deuxième	13^e	treizième
3^e	troisième	14^e	quatorzième
4^e	quatrième	15^e	quinzième
5^e	cinquième	16^e	seizième
6^e	sixième	17^e	dix-septième
7^e	septième	18^e	dix-huitième
8^e	huitième	19^e	dix-neuvième
9^e	neuvième	20^e	vingtième
10^e	dixième	21^e	vingt et unième

A. Un immeuble commercial. Regardez le tableau d'information de l'immeuble commercial **La fleur de lys** et imaginez que vous répondez aux questions des gens qui passent.

MODÈLE: À quel étage est le bureau de Mme Piquesous?
➤ Au treizième étage.

1. Est-ce qu'il y a un médecin dans l'immeuble?
2. Le cabinet du Dr Marteau, s'il vous plaît?
3. Où se trouve l'agence de voyages?
4. Je cherche le bureau des dentistes.
5. L'ingénieur est au sixième étage?
6. Maître Requain est au vingtième étage?
7. Est-ce qu'il y un représentant de commerce dans l'immeuble?
8. Où se trouve l'agence matrimoniale, s'il vous plaît?
9. C'est à quel étage, l'imprimerie?
10. Le bureau de M. Desastres se trouve à quel étage?

La Fleur de Lys

rez-de-chaussée	AGENCE DE VOYAGES LA TRANSCONTINENTALE
1er	MLLE M. GUTENBERG - IMPRIMERIE
2e	DR A. CHARLOT - MÉDECINE INTERNE
3e	DRS R. TENAILLE ET S. MARTEAU, DENTISTES
6e	MME J. EIFFEL, INGÉNIEUR EXPERT
11e	M. K. DESASTRES - AGENT D'ASSURANCES
13e	MME L. PIQUESOUS, REPRÉSENTANTE COMMERCIALE
21e	ME G. REQUAIN, AVOCAT
25e	MME M. LALLIANCE - AGENCE MATRIMONIALE

B. C'est où exactement? Dans le bâtiment où vous avez votre cours de français, est-ce qu'il y a...

MODÈLE: des téléphones?
➤ Oui, il y a des téléphones au rez-de-chaussée.
OU Non, il n'y a pas de téléphones.

1. un snack-bar?
2. un amphithéâtre?
3. une bibliothèque?
4. un centre d'informatique?
5. un laboratoire?
6. des bureaux?

C. Décrivez le bâtiment. Avec un/e partenaire, comparez le bâtiment où vous passez la plus grande partie de votre journée.

MODÈLE: Où est-ce que tu passes la plus grande partie de ta journée?
➤ Je passe la plus grande partie de ma journée à la bibliothèque. C'est un grand bâtiment à huit étages. Il y a une cafétéria au rez-de-chaussée, des téléphones et des bureaux. Je passe tous mes après-midi au cinquième étage, parce que c'est là où il y a les livres d'histoire. J'ai un travail à mi-temps à la bibliothèque; je travaille au deuxième étage, où il y a les magazines et les journaux. Et toi?

La routine de la journée

Il est huit heures du matin. La journée commence.

Chez les Santini, Nicolas se réveille; il va bientôt se lever.

Sa petite sœur Véronique est déjà debout; elle se peigne les cheveux.

Monsieur Santini est en train de se raser.

Madame Santini se maquille et elle s'habille pour aller au travail.

Le bébé a pris son petit déjeuner; il s'endort de nouveau.

Au troisième, Caroline va bientôt partir; elle se lave la figure et elle se brosse les dents.

Au sixième, chez les Morin, Madame Morin prend une douche.

Quand elle sort de la douche, elle s'essuie.

Son mari arrive dans le bâtiment. Lui, il travaille la nuit, donc il rentre le matin pour se coucher. Il se déshabille et il se couche.

À VOUS LA PAROLE

A. Ordre logique. Dans quel ordre est-ce qu'on fait normalement les choses suivantes?

MODÈLE: manger, se brosser les dents
→ On mange, et puis on se brosse les dents.

1. se laver, s'habiller
2. se laver la figure, se laver les mains
3. se lever, se réveiller
4. se déshabiller, se coucher
5. se peigner, prendre une douche
6. se coucher, se brosser les dents
7. se coucher, s'endormir

B. Suite logique. Qu'est-ce que ces gens vont faire maintenant?

MODÈLE: Michèle sort ses vêtements de l'armoire.
→ Elle va s'habiller.

1. Adrien prend son rasoir.
2. Marc va au lit.
3. Josiane cherche le shampooing.
4. Isabelle remplit la baignoire avec de l'eau chaude.
5. Jean-Louis entend son radio-réveil.
6. Gilles prend des vêtements dans le placard.
7. Dominique veut une serviette de toilette.

C. Un questionnaire. Vous faites attention à votre présentation? Un peu trop? Pas assez? Répondez aux questions suivantes.

1. Vous prenez une douche ou un bain tous les jours?	**oui**	**non**
2. Vous vous lavez les cheveux tous les jours?	**oui**	**non**
3. Vous vous brossez les dents après chaque repas?	**oui**	**non**
4. Vous vous peignez trois ou quatre fois pendant la journée?	**oui**	**non**
5. Vous vous habillez différemment chaque jour ?	**oui**	**non**
6. Vous vous maquillez/vous vous rasez tous les jours?	**oui**	**non**
7. Vous vous mettez du parfum/de l'eau de Cologne?	**oui**	**non**
8. Vous faites très attention de ne jamais grossir?	**oui**	**non**

Maintenant, marquez un point pour les réponses «oui», zéro pour les réponses «non» et ensuite additionnez vos points:

- Si vous avez 7 ou 8 points, vous vous intéressez peut-être un peu trop à votre apparence physique. Pensez un peu aux choses plus sérieuses. Avez-vous lu un bon livre récemment ?
- Si vous avez de 3 à 6 points, c'est bien. Vous faites attention à votre présentation, mais vous n'exagérez pas.
- Si vous avez moins de 3 points, attention! Vous risquez de vous négliger.

SONS ET LETTRES

Les consonnes *l* et *r*

1. Say the English word *little*. Notice how your tongue moves from the front to the back of your mouth. In English, we have two ways of producing the consonant *l:* a front *l*, with the tongue against the upper front teeth and a final *l*, pronounced with the tongue pulled back. To pronounce a French *l*, however, always keep your tongue against your upper front teeth, just like the English front *l*. Compare:

ENGLISH	FRENCH
ill	**il**
bell	**belle**
bowl	**bol**

2. The French /r/ has no equivalent sound in English. To pronounce /r/ in French, begin by saying, *aga*; then move your tongue up and back until you pronounce a continuous sound: *ara*. Practice by alternating the two sounds: *aga/ara, aga/ara*, etc.

À VOUS LA PAROLE

A. Répétitions. Répétez les mots et les phrases après votre professeur.

lui	il	elle	s'appelle
Lui, il s'appelle Luc.		Elle, elle s'appelle Laura.	

la rue	la route	la rose	la terrasse
Paris	la gare	première	servir
La terrasse donne sur la rue.		Marie porte une robe rouge.	

B. Comment ils s'appellent? D'après l'arbre généalogique, comment s'appellent ces gens? Posez des questions à vos camarades de classe.

MODÈLE: É1 Comment s'appelle le père de Gilles?
 É2 Il s'appelle Paul Lefranc.

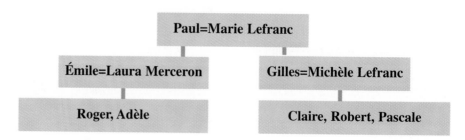

Les verbes pronominaux et les pronoms réfléchis

1. Verbs like **s'essuyer** and **se laver** include a *reflexive pronoun* as part of the verb: this pronoun indicates that the action is reflected on the subject. In English, the word *-self* is sometimes used to express this idea.

Je **m'**essuie.	*I'm drying myself off.*
On **se** lave.	*We're washing up.*
Tu **te** lèves?	*Are you getting up?*

2. Here are the reflexive pronoun forms, shown with the verb **se laver.**

REFLEXIVE PRONOUNS			
SINGULIER		**PLURIEL**	
je **me** lave		nous **nous** lavons	
tu **te** laves		vous **vous** lavez	
il elle on } **se** lave		ils elles } **se** lavent	←

Before a vowel, **me**, **te**, and **se** become **m'**, **t'**, **s'**.

Je **m'**essuie les mains.	*I'm drying my hands.*
Tu **t'**habilles?	*Are you getting dressed?*
Il **s'**endort devant la télé.	*He falls asleep in front of the TV.*

3. Reflexive pronouns appear in the same position as the other object pronouns you've already seen.

Il ne **se** lave pas.	*He's not washing up.*
Je ne vais pas **m'**habiller.	*I'm not going to get dressed.*

4. The definite article is used when a part of the body is specified.

Elle se lave **la** figure.	*She's washing **her** face.*
Ils se brossent **les** dents.	*They're brushing **their** teeth.*

5. Pronominal verbs are always conjugated with **être** in the *passé composé*. The past participle agrees with the reflexive pronoun, unless there is a noun that follows the verb.

Elle **s'**est lav**ée**.	*She washed up.*
Elle **s'**est lavé les cheveux.	*She washed **her hair**.*
Ils **se** sont essuyé**s**.	*They dried off.*
Ils **se** sont essuyé les mains.	*They dried **their hands**.*

A. La routine chez vous. Chez vous, qui fait les choses suivantes?

MODÈLE: se lever la première/le premier
       →Ma camarade de chambre se lève la première.
    OU Moi, je me lève la première.

1. se lever la première/le premier
2. préparer le petit déjeuner
3. prendre sa douche en premier
4. s'habiller avec le plus d'attention
5. se laver les cheveux tous les jours
6. se coucher le plus tard le soir
7. se réveiller le plus facilement le matin

B. Trouvez une personne. Parmi vos camarades, trouvez une personne...

MODÈLE: qui s'est levée avant 6h ce matin
       É1 Tu t'es levé/e avant 6h ce matin?
       É2 Non, je me suis levé/e à 8h.

1. qui s'est levée avant 6h ce matin
2. qui s'est levée très tard ce matin
3. qui s'est couchée après minuit hier soir
4. qui s'est réveillée pendant la nuit
5. qui s'est déjà endormie en classe
6. qui s'est habillée deux fois ce matin
7. qui va se laver les cheveux ce soir
8. qui va se coucher tard ce soir

C. Votre routine. Décrivez votre routine de la journée.

MODÈLE: →Je me lève normalement à 7h30. Je me lave et je m'habille, et je
        descends au resto-U pour manger. Après, je remonte pour me brosser
        les dents, etc.

Les adjectifs prénominaux

1. Most adjectives follow the noun in French. A few, however, are placed before the noun.

jeune	vieille/vieil/vieux
nouvelle/nouvel/nouveau	
petite/petit	grande/grand
	grosse/gros
belle/bel/beau	
jolie/joli	
bonne/bon	mauvaise/mauvais
première/premier	dernière/dernier

2. **Jeune** and **jolie** each have a single spoken form.

une jeune femme   un jeune homme
une jolie affiche   un joli pantalon

3. Most of the other adjectives have two spoken forms. The masculine form, however, when it is followed by a vowel sound, sounds like the feminine.

C'est une peti**te** lampe.   C'est un petit lit.
     C'est un peti**t** appartement.
                          /t/

4. **Grande** and **grosse** have three spoken forms.

C'est une gran**de** armoire.   C'est un grand placard.
     C'est un gran**d** immeuble.
                          /t/

Regarde cette gro**sse** armoire!   Regarde ce gros fauteuil!
     Regarde ce gro**s** arbre!
                          /z/

5. **Belle, nouvelle,** and **vieille** each have a third form for the masculine before a word beginning with a vowel sound.

C'est un **bel** appartement.

C'est un **nouvel** immeuble.

C'est un **vieil** homme.

A. Le contraire. Répondez en utilisant un adjectif qui a le sens opposé.

MODÈLE: C'est au premier étage de l'immeuble, n'est-ce pas?
➤ Au contraire, c'est au dernier étage.

1. C'est une petite ville, n'est-ce pas?
2. C'est un grand immeuble, n'est-ce pas?
3. C'est un vieil appartement, n'est-ce pas?
4. C'est un grand escalier, n'est-ce pas?
5. C'est au dernier étage, n'est-ce pas?
6. C'est un mauvais ascenseur, n'est-ce pas?
7. C'est une grande étagère, n'est-ce pas?
8. C'est une petite armoire, n'est-ce pas?
9. C'est un vieux tapis, n'est-ce pas?

B. Décrivons où nous habitons. Faites une phrase pour décrire où vous habitez en utilisant l'un des deux adjectifs proposés.

MODÈLE: le quartier: vieux ou nouveau
➤ J'habite un nouveau quartier de la ville.
OU J'habite un vieux quartier de la ville.

1. la ville: grande ou petite
2. le quartier: commercial ou résidentiel
3. la rue: animée ou tranquille
4. la maison ou l'appartement: grand/e ou petit/e
5. la cuisine: ancienne ou moderne
6. les meubles: élégants ou confortables; vieux ou neufs

C. Vos préférences. Exprimez votre préférence dans chaque cas.

MODÈLE: Vous préférez habiter un grand ou un petit appartement?
➤ Je préfère habiter un grand appartement.

1. Vous préférez habiter au premier ou au dernier étage d'un immeuble?
2. Vous préférez habiter un vieux ou un nouveau quartier?
3. Vous préférez habiter une grande ou une petite ville?
4. Vous préférez habiter un grand appartement ou une petite maison?
5. Vous préférez étudier dans une grande ou une petite université?
6. Vous préférez avoir une grosse moto ou une petite voiture?
7. Vous préférez manger un bon poisson ou un gros bifteck?
8. Vous préférez boire une bonne bière ou un bon vin blanc?

Les pronoms compléments d'objet indirect **lui** et **leur**

1. In French, nouns that function as indirect objects are generally introduced by the preposition **à.**

Je donne du lait **à mon chat.**	*I'm giving some milk **to my cat.***
	*(or, I'm giving **my cat** some milk.)*
Tu as écrit **à tes parents?**	*Did you write **(to) your parents?***

2. The following examples illustrate the use of indirect object pronouns **lui** *to him, to her* and **leur** *to them.*

Je **lui** ai donné mon adresse.	*I gave him/her my address.*
Tu **leur** as parlé?	*Did you speak to them?*

3. Just as with the other pronouns you've already seen, **lui** and **leur** are placed immediately before the conjugated verb, unless there is an infinitive.

Je **lui** parle.	*I'm speaking to him/her.*
Nous **leur** avons téléphoné.	*We called them up.*
Tu vas **lui** donner l'argent?	*You're going to give him/her the money?*
Vous pouvez **leur** expliquer ça.	*You can explain that to them.*

4. Two main groups of verbs take indirect objects.

a) Verbs of communication:

demander	*to ask*	On va **leur** demander l'adresse.
dire	*to say*	Qu'est-ce que tu vas **lui** dire?
écrire	*to write*	Je **lui** écris une lettre.
expliquer	*to explain*	Tu peux **lui** expliquer ce problème?
montrer	*to show*	Qui va **lui** montrer la chambre?
parler	*to speak*	Je **leur** parle souvent au téléphone.
répondre	*to answer*	Elle ne **leur** a pas répondu.
téléphoner	*to phone*	Nous **leur** avons téléphoné hier.

b) Verbs of transfer:

acheter	*to buy*	Je **leur** ai acheté une vieille voiture.
apporter	*to bring*	L'employé **lui** a apporté le paquet.
donner	*to give*	On peut **leur** donner la liste.
emprunter	*to borrow*	Je **lui** emprunte son radio-réveil.
offrir	*to give (a gift)*	Elle **lui** offre un cadeau.
prêter	*to lend*	Tu **leur** prêtes tes robes?
remettre	*to hand in/over*	Nous **lui** avons remis les devoirs.
rendre	*to give back*	Je **lui** ai rendu le feutre.

A. De quoi est-ce qu'on parle? Pour chaque phrase, trouvez au moins une possibilité logique.

MODÈLE: Je **lui** écris souvent des lettres.

→J'écris souvent des lettres à ma mère.

OU   J'écris souvent des lettres à mon copain.

1. Je **leur** téléphone souvent le week-end.
2. Je **lui** ai rendu visite l'été passé.
3. Je voudrais **lui** donner mon adresse.
4. J'ai envie de **leur** parler.
5. Je **lui** prête mes affaires.
6. Je **leur** explique mes problèmes.
7. Je peux **lui** demander de l'argent.
8. Je **leur** achète des cadeaux.

B. Qu'est-ce qu'il faut offrir? D'après leurs intérêts, qu'est-ce qu'il faut offrir comme cadeau à ces gens?

MODÈLE: Ma sœur adore faire du ski.

→Je lui offre un anorak ou des skis.

1. Mes parents ont un nouveau magnétoscope.
2. Mon oncle adore faire la cuisine.
3. Mes neveux sont très sportifs.
4. Ma cousine aime surtout lire.
5. Mes grands-parents voyagent beaucoup.
6. Mon cousin va bientôt à l'université.
7. Ma tante aime les beaux vêtements.

C. Trouvez une personne. Trouvez une personne...

MODÈLE: qui prête ses vêtements à sa/son camarade de chambre

É1   Est-ce que tu prêtes tes vêtements à ta camarade de chambre?

É2   Non, je ne lui prête jamais mes vêtements.

OU   Oui, je lui prête mes robes et mes pullovers.

1. qui écrit des lettres à ses amis
2. qui dit toujours bonjour au professeur
3. qui parle souvent à ses parents
4. qui offre des cadeaux à ses amis
5. qui demande souvent de l'argent à ses parents
6. qui emprunte souvent des vêtements à ses amis
7. qui achète des bonbons pour ses nièces et ses neveux
8. qui emprunte de l'argent à ses amis

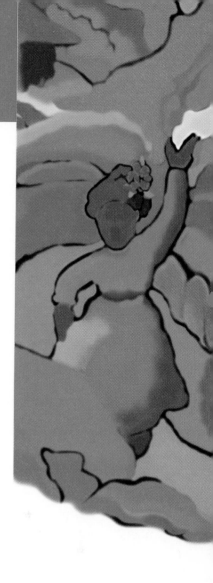

LISONS

A. Avant de lire. Before reading, think about the following questions.

1. Here are several ads for apartments in Paris. They are presented in two sections. Can you explain the difference between the two sections?
2. In English, write your own apartment ad. What types of information have you included? What about the style of your ad? Remember that newspaper ads are expensive! You can expect ads in France to be similar in style and content to those you find in American newspapers.

B. En lisant. Look for specific information as you read.

1. Scan the four ads to determine the meaning of these abbreviations.
   a. 50 m^2
   b. 4 600F/mois **CC**
   c. Paris-20e
   d. 3 ou 4 pces
2. For the two apartments advertised under **Offres,** provide as much of the following information as possible:

	#1	#2
LOCATION	_____	_____
SIZE	_____	_____
NUMBER OF ROOMS	_____	_____
RENT	_____	_____
UTILITIES INCLUDED?	_____	_____

3. For each ad under **Demandes,** explain the needs of the advertisers. For how many people is an apartment needed? What size apartment do the advertisers want, and in what location? How much will they pay?

LOCATIONS

Offres

Poissy (78) **proche RER-SNCF.** Centre-ville, **rue calme** - 50 m^2 - résidence gd standing, chauff. ind. élect. Loyer 4 600 F/mois **CC.** Tél. M Roland bureau (1) 30.47.00.01. Dom. après 19 heures (1) 34.86.50.15.

St-Gratien studio 25m^2 état neuf proche ligne C RER (30 mn Châtelet) 3 750 F charges comprises. Tél (1) 46.52.29.44.

Demandes

Couple sérieux avec 2 enfants cherche à louer **appartement** 3 ou 4 pces, proche banlieue 94 Choisy, Vitry, Maisons-Alfort, ou Paris-20e. Prix: 4 500 F maxi. Tél. 49.30.10.25.

Couple avec futur enfant recherche **appartement** de 3 pièces (60 m^2 minimum), clair et calme, à louer dans le 14e arrondissement à Paris. Tél. au (1) 42.45.69.03 (répondeur).

C. En regardant de plus près. Based on the context, what do the following expressions probably mean?

1. Offre #1: résidence gd standing, chauff. ind. élect.
2. Offre #2: état neuf
3. Demande #2: répondeur

D. Après avoir lu. Do either of the apartments advertised under **Offres** fit the needs of the advertisers under **Demandes**? Why or why not?

ÉCOUTONS

Deux appartements. Gérard is looking for an apartment. Listen to his description of two apartments he has looked at. As you listen, check off from his list of criteria the features mentioned for each one.

	APPARTEMENT #1	APPARTEMENT #2
en centre-ville	_____	_____
deux-pièces	_____	_____
cuisine équipée	_____	_____
beaucoup de placards	_____	_____
salle de bains	_____	_____
W.C.	_____	_____
balcon	_____	_____
parking	_____	_____

Based on the information you have, which apartment do you think Gérard should take, and why? Which would *you* prefer?

PARLONS ENSEMBLE

A. On cherche un appartement. Imaginez que vous et une copine/un copain, vous allez étudier à Paris pendant une année. Ainsi, vous cherchez un appartement. Vous regardez les annonces pour le 5e et le 6e arrondissements; ce sont les quartiers où habitent beaucoup d'étudiants.

1. D'abord, mettez-vous d'accord sur:
    a. le quartier (consultez le plan de Paris)
    b. le nombre de pièces
    c. le loyer
    d. les charges — le gaz et l'électricité — comprises ou non?

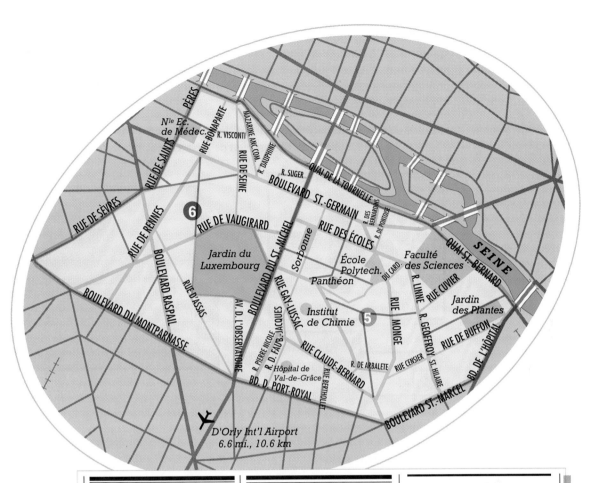

D'Orly Int'l Airport
6.6 mi., 10.6 km

Offres vides 5ᵉ

r. de Pontoise, très joli
4 P. 13.000F ch. comp.
s/pl. ce jr 12/16h.

À saisir r. Pierre Nicole
2p refait nf r.d.c. sud
soleil vue, ce jr 18h00

Offres vides 6ᵉ

BD RASPAIL
190 m² grd. stand.,
calme, 6P, lingerie,
2 bains,
28.500F net, s/pl ce jr
10h à 13h

r. Suger. studio
25 m² rénové 4ᵉ étg.
sans asc. 3.750F + ch.
16/79.71.53.18 Part

r. Vaugirard, apts neufs
• 2P cuis. équ., park,
4ᵉ étg.
• 4/5P terrasse, cuisine
aménagée, parking,
5ᵉ étg.
15-18h 47.87.52.21

R. VISCONTI,
beau studio,
30M² , rénové s/jard.,
4.000+ch, ce jr
14h à 16h

2p à saisir, r. Suger
50 m², 4.700f net.
Ce jour
15h30

2. Ensuite, regardez ces petites annonces pour voir s'il y a
   un appartement qui vous convient.
3. Finalement, si vous avez réussi à trouver quelque chose,
   décrivez votre appartement à vos camarades de classe.

B. À la recherche d'un appartement. Imaginez que vous cherchez un appartement. Quelles sont les questions que vous voudriez poser à un/e représentant/e d'une agence immobilière à propos d'un appartement à louer? Si vous êtes représentant/e, comment persuader un/e client/e à prendre l'appartement? Jouez l'un ou l'autre des deux rôles: client/e ou représentant/e.

MODÈLE: REPRÉSENTANT/E: J'ai un très bel appartement dans le 5ᵉ.
CLIENT/E: Il a combien de pièces? Je voudrais un deux-pièces, moi.

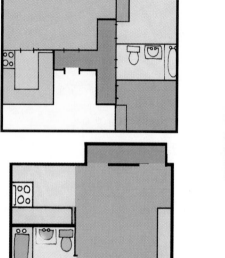

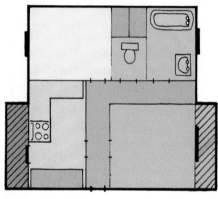

C. La chambre et la personnalité. La chambre est un reflet de la personnalité de la personne qui l'occupe. Décidez comment est la chambre des personnes indiquées. Par exemple, est-ce qu'elle est bien rangée ou en désordre? propre ou sale? confortable ou inconfortable? Comment sont les couleurs, les meubles?

MODÈLE: Comment est la chambre d'une personne très calme et organisée?
➤ Sa chambre est toujours en ordre, et elle est toujours propre. Les meubles sont assez confortables, les couleurs sont surtout le bleu et le vert. Les vêtements sont rangés dans le placard et les livres sur les étagères.

1. Comment est la chambre d'un étudiant pauvre et très occupé?
2. Comment est la chambre d'une femme très sociable et toujours de bonne humeur?
3. Comment est la chambre d'un homme assez pessimiste et antipathique?
4. Comment est la chambre d'une jeune personne non-conformiste?
5. Comment est la chambre d'une dame âgée qui ne jette jamais rien?

Et votre chambre, est-ce qu'elle est un reflet de votre personnalité? Pourquoi ou pourquoi pas?

A. Votre chambre. Prenez une photo de votre chambre ou faites-en un dessin. Sur votre dessin, indiquez le placement des meubles, les couleurs, etc. Ensuite, sur une autre feuille de papier, rédigez une petite description de la chambre. Dans votre description, mentionnez les fenêtres, les murs, les meubles et les couleurs. Apportez le tout en classe avec vous; vos camarades vont essayer de marier dessin ou photo et description!

MODÈLE: → Ma chambre est petite, mais elle est agréable. Il y a deux petites fenêtres, et aux fenêtres il y a des rideaux bleus et blancs. Par terre il y a un beau tapis bleu. Les murs sont blancs, et j'ai mis des photos et des affiches, etc.

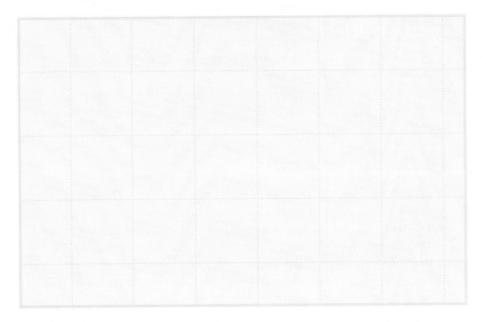

B. Ma chambre idéale. Quelle est votre idée de la chambre idéale? D'abord, faites une liste des caractéristiques les plus importantes pour vous. Ensuite, rédigez une description de cette chambre idéale.

MODÈLE: → une grande chambre
deux fenêtres, beaucoup de soleil
des plantes
des murs blancs, un beau tapis, etc.

DESCRIPTION: → Voici mon idée de la chambre idéale: c'est une grande chambre avec deux fenêtres. Comme ça, il y a beaucoup de soleil pour mes plantes. Les murs sont blancs; je peux mettre des tableaux et des photos, et changer les rideaux pour changer les couleurs. Il y a un beau tapis par terre, peut-être en mauve ou en beige, etc.

View the clips for **Chapitre 6** in the *Chez nous* video

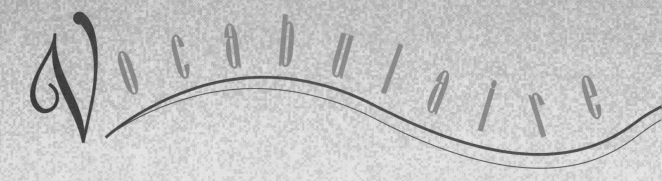

Vocabulaire

◆ **pour décrire un immeuble** | **to describe a building**

un ascenseur	*an elevator*
un bâtiment	*a building*
une cour	*a courtyard*
un escalier	*a staircase, stairs*
un étage	*a story/floor*
un immeuble	*a building*
le rez-de-chaussée	*the ground level/floor*
une rue	*a street*

◆ **pour situer un immeuble** | **to situate a building**

la banlieue	*the suburbs*
en centre-ville	*downtown*
un quartier (résidentiel)	*(residential) neighborhood*
situé/e	*located, situated*

◆ **pour parler d'un appartement** | **to talk about an apartment**

un balcon	*a balcony*
une chambre	*a bedroom*
le chauffage central	*central heating*
un cinq-pièces	*a 3-bedroom apartment with separate living room and dining room*
un couloir	*a hallway*
une cuisine	*a kitchen*
donner sur	*to look onto or lead out to*
une entrée	*an entrance, a foyer*
une garde-robe	*a closet*

le loyer	*the rent*
louer	*to rent*
un placard	*a cupboard*
un/une propriétaire	*a landlord/landlady*
une salle à manger	*a dining room*
une salle de bains	*a bathroom*
un séjour, une salle de séjour	*a living room*
un studio	*a studio apartment*
une terrasse	*a terrace*
des W.C. (m)	*a water closet, toilets*

◆ **meubles** | **furniture**

une armoire	*an armoire*
une corbeille	*a wastebasket*
une étagère	*a bookshelf*
un fauteuil	*an armchair*
une lampe	*a lamp*
un lavabo	*a bathroom sink*
un lit	*a bed*
un meuble	*a piece of furniture*
un radiateur	*a radiator*
un réchaud	*a hot-plate*
un rideau	*a curtain*
un tapis	*a rug*

◆ **pour décrire un appartement ou un meuble** | **to describe an apartment or a piece of furniture**

agréable	*pleasant*
ancien/ne	*old, ancient*
confortable	*comfortable (material objects)*
meublé/e	*furnished*
moderne	*modern*

neuve/neuf	*brand new*
par terre	*on the floor*
pratique	*practical*
usé/e	*worn, worn-out (objects)*

la routine de la journée — the daily routine

être debout	*to be up*
prendre une douche/un bain	*to take a shower/ a bath*
la routine	*a routine*
se brosser (les dents)	*to brush (one's teeth)*
se coucher	*to go to bed*
se déshabiller	*to undress*
s'endormir	*to fall asleep*
s'essuyer	*to dry off, towel off*
s'habiller	*to get dressed*
se laver (la figure)	*to wash (one's face)*
se lever	*to get up*
se maquiller	*to put on make-up*
se peigner	*to comb*
se raser	*to shave*
se réveiller	*to wake up*

autres adjectifs — other adjectives

vieille/vieil/vieux	*old*
nouvelle/nouvel/nouveau	*new*
première/premier	*first*
dernière/dernier	*last*
bonne/bon	*good*

verbes de communication — verbs of communication

demander	*to ask*
dire	*to say*
écrire	*to write*
expliquer	*to explain*
montrer	*to show*
parler	*to speak*
répondre	*to answer*
téléphoner	*to phone*

verbes de transfert — verbs of transfer

acheter	*to buy*
apporter	*to bring*
donner	*to give*
emprunter	*to borrow*
offrir	*to give (a gift)*
prêter	*to lend*
remettre	*to hand in/over*
rendre	*to give back*

autres mots utiles — other useful words

à droite	*to the right*
à gauche	*to the left*
des affaires (f)	*belongings, things*
chauffer	*to heat*
ranger	*to arrange, to tidy up*
seulement	*only*
tourner	*to turn*
la vie	*life*

La vie à la campagne

Une maison à la campagne

le toit
le 1er étage
le rez-de-chaussée
l'arbre (m.)
la pelouse
le jardin
la fleur
le sous-sol   le garage
le mur

Les Santini ont une résidence secondaire près de Manosque en Provence. Leur villa s'appelle La Rose des vents. C'est une maison assez grande, entourée d'un mur de pierres. Elle est de style provençal: le toit de la maison est fait de tuiles rondes et les murs sont peints en rose. Devant la maison on peut voir un jardin avec des belles fleurs et des grands arbres. Il y a une grande pelouse où les enfants peuvent jouer. La maison a un rez-de-chaussée, un étage et en bas, un sous-sol. Au sous-sol, il y a le garage.

Pourquoi est-ce que les Santini aiment aller à la campagne?

M. SANTINI: Moi, j'apprécie surtout le calme. On est loin de la vie animée des grandes villes: loin du bruit, de la circulation, de la pollution. Je peins la maison, je bricole, je vais à la pêche,... je me détends, quoi.

MME SANTINI: On est plus près de la nature: j'ai mon jardin, mes fleurs. Pour les enfants, il y a une jolie pelouse, ils peuvent s'amuser dehors.

NICOLAS: À la campagne, nos voisins ont deux chiens; on n'a pas d'anim chez nous en ville.

VÉRONIQUE: J'aime la campagne. Nous avons des arbres fruitiers chez nous J'aime cueillir les pommes et puis maman en fait des tartes.

Éclairages

LES RÉSIDENCES SECONDAIRES

Environ 10% des familles françaises ont une résidence secondaire. C'est un record mondial! Une résidence secondaire est généralement une maison ou un chalet où on va pour passer le week-end ou les vacances. Dans 80% des cas la résidence secondaire est une maison, souvent avec un jardin. Les autres résidences secondaires peuvent être une caravane ou un camping-car. La moitié des résidences secondaires est située à la campagne. Les autres sont à la mer ou à la montagne. Les résidences secondaires permettent diverses activités de loisir: les sports, par exemple la pêche ou la chasse, le jardinage et le bricolage. Pas forcément une résidence luxueuse, la résidence secondaire est surtout un endroit où on peut aller pour échapper au bruit et au stress de la vie de tous les jours.

LE RETOUR À LA CAMPAGNE

En France on constate un renversement historique du mouvement de la population. Jusque vers les années soixante, les gens de la campagne sont allés vers les banlieues des grands centres urbains à la recherche d'emplois et d'une vie sociale et culturelle plus animée. En même temps, les habitants du centre des grandes villes ont cherché dans les banlieues un jardin et une vie plus calme. Ce mouvement est aussi le résultat de conditions économiques: le prix des appartements dans le centre de Paris, par exemple, fait que beaucoup de personnes à salaire moyen ne peuvent plus y habiter.

Aujourd'hui on observe un mouvement du centre et de la banlieue des grandes villes vers les petites villes et la campagne. Les ouvriers et les cadres moyens, qui n'ont pas les moyens de profiter des avantages des centres-villes, veulent échapper à leurs inconvénients: le bruit, la pollution atmosphérique, les problèmes de la circulation, le crime. Ils recherchent un cadre de vie plus agréable et les joies de la nature. Ils peuvent maintenant trouver loin des grandes villes la "petite" maison individuelle bien équipée, qui est le rêve de la plupart des Français.

À VOUS LA PAROLE

A. Questionnaire. Répondez à ces questions d'après le dessin et la description de la maison des Santini.

1. Combien d'étages a la villa des Santini?
2. Qu'est-ce qui entoure la villa?
3. La villa est de quel style?
4. Qu'est-ce qu'on trouve dans le jardin?
5. Où est-ce que les enfants peuvent jouer?
6. Quelle est une des activités de loisir de M. Santini? et de Mme Santini?

B. Correspondances. Indiquez quelle phrase de la colonne B correspond à celle de colonne A.

A

1. Pourquoi vous achetez des tuiles?
2. Qu'est-ce qu'il y a au sous-sol?
3. Qu'est-ce que tu as planté?
4. Tu aimes bricoler?
5. Ton immeuble est bien situé?
6. Nous allons construire un mur.
7. C'est une grande maison?
8. Vous allez peindre la maison?

B

a. Un garage où je mets ma moto.
b. Non, il est trop loin du campus.
c. Pour réparer mon toit.
d. Oui, j'ai choisi un joli bleu.
e. Oui, il y a un sous-sol et un étage.
f. Il faut trouver des pierres.
g. Oui, je répare toujours ma voiture moi-même.
h. Deux arbres et des roses.

C. Et vous? Comment est la maison où vous habitez, ou bien la maison de vos parents? Complétez les phrases pour la décrire.

MODÈLE: La maison de mes parents…
      →La maison de mes parents est assez petite; il y a seulement trois pièces.

1. Les chambres sont...
2. Il y a beaucoup de…
3. Dans le séjour,…
4. Il n'y a pas assez de…
5. J'aime beaucoup…
6. Dans le jardin,…
7. En général, la cuisine…
8. Dans ma chambre il y a…
9. Le quartier dans lequel se trouve la maison est…
10. En général, la maison…

D. Une résidence secondaire. Imaginez que vous pouvez acheter une résidence secondaire. Décrivez-la d'après vos préférences, et comparez vos idées avec celles d'un/e partenaire.

Elle se trouve au bord de la mer? à la montagne? à la campagne?
C'est une grande ou une petite maison? simple ou élégante?
Qu'est-ce que vous faites quand vous visitez votre résidence secondaire?

MODÈLE: →Ma résidence secondaire se trouve à la montagne. C'est un petit chalet, très simple mais confortable. Là, il ne fait pas trop chaud en été, et il y a toujours de la neige en hiver. En été, donc, je peux faire des randonnées dans la nature, et en hiver je fais du ski.

Tout près de la nature

Les Deleuze ont passé un week-end chez les grands-parents en Bourgogne.
M. Deleuze en parle à son collègue M. Sabbagh.

M. SABBAGH: Qu'est-ce que vous avez fait le week-end dernier?

M. DELEUZE: Nous sommes allés à la campagne chez mes parents. Ils ont une petite ferme près d'Auxerre.

M. SABBAGH: C'était bien?

M. DELEUZE: Formidable! C'était calme, nous avons fait de la pêche dans un petit lac et avec les enfants, nous nous sommes promenés dans la forêt, plutôt le bois à côté de la ferme; après nous avons fait un pique-nique.

M. SABBAGH: Et vos parents, ils sont agriculteurs?

M. DELEUZE: Non, pas du tout. Ils ont un potager et quelques arbres fruitiers, c'est tout.

M. SABBAGH: Alors, il me semble que vous avez passé un bon week-end.

M. DELEUZE: En effet, on se détend toujours quand on est à la campagne.

Dans la vallée du fleuve Rhône

une montagne

une colline

une vallée

un champs

une plage

le bord de la mer

une baie

Au bord de la mer

LA DIVERSITÉ GÉOGRAPHIQUE DE LA FRANCE

Pour un pays qui est un peu moins grand que l'état de Texas, la France témoigne d'une variété géographique impressionnante. Chaque région a ses attractions: en Bretagne on trouve des côtes sauvages et fleuries. En Auvergne on peut descendre dans une grotte préhistorique ou monter au sommet d'un puy, site d'un ancien volcan. Sur la côte basque on se bronze sur les plages blanches de l'Atlantique, et dans les Alpes et les Pyrénées on trouve les plaisirs de la montagne: le ski en hiver, l'alpinisme et la pêche en été. Le Luberon est le "Colorado" français, où des rochers magnifiques en ocre s'élèvent au-dessus de la plaine. Découvrir la France, c'est parcourir un paysage qui est toujours changeant.

A. Nous sommes où? D'après la description, où sont ces gens?

MODÈLE: Pour avoir une meilleure vue de la vallée, il faut monter plus haut.
→Ils sont à la montagne.

1. Il n'y a pas assez de vent pour faire du bateau à voile.
2. Il y a beaucoup de grands arbres anciens ici!
3. Tu veux traverser ici? L'eau n'est pas trop profonde.
4. Il y a un petit potager, et voilà les champs pour les animaux.
5. Tu veux aller à la plage?
6. Quand est-ce qu'on va arriver au sommet?
7. Dis donc! Il y a beaucoup de poissons ici!

B. Destination: la France. Choisissez entre les endroits proposés sur les photos de sites naturels en France. Où est-ce que vous voudriez aller pour les vacances, et pourquoi? Où est-ce que vous ne voudriez pas aller?

MODÈLE: →Moi, je voudrais surtout aller aux Alpes. Je prépare mon diplôme en géologie, alors je trouve cette région très intéressante et j'aime beaucoup les montagnes. Par contre, je ne voudrais pas aller sur la Côte d'Azur; je n'aime pas la mer, je ne fais pas de natation, et il y a trop de gens sur les plages!

C. Projets pour une sortie. Avec deux ou trois camarades de classe, faites des projets pour une sortie. Imaginez qu'il fait beau et que vous avez toute la journée libre. Choisissez sur une destination et des activités.

MODÈLE: É1   On va à la montagne?
         É2   Je préfère aller au bord de la mer.
         É3   Moi aussi. On peut faire de la natation, etc.

D. Une journée à la campagne. Est-ce que vous avez passé une journée à la campagne récemment ? Si oui, avec qui? Quel temps est-ce qu'il a fait? Qu'est-ce que vous avez fait?

La liaison avec /t/, /z/ et /n/

1. Liaison /z/ is the most common liaison consonant because it indicates the plural. It is usually spelled **-s,** but in some cases it is spelled **-x**. Always pronounce liaison /z/:

   a. After the plural form of articles and adjectives that precede the noun:

les‿hommes	des‿enfants	ces‿appartements
/z/	/z/	/z/

les‿anciennes‿églises	les grands‿immeubles	ces beaux‿oiseaux
/z/ /z/	/z/	/z/

   b. After numerals:

trois‿heures	quatre-vingts‿ans	le six‿avril
/z/	/z/	/z/

   c. After the subject pronouns **nous, vous, ils, elles:**

nous‿avons	vous‿arrivez	ils‿ont dit	elles‿adorent
/z/	/z/	/z/	/z/

2. The next most common liaison consonant is /t/. It is usually spelled **-t,** but in some cases it is spelled **-d.** Pronounce liaison /t/:

   a. After the adjectives **petit** and **grand,** the form **cet,** and the numbers **huit, vingt, cent:**

un petit‿oiseau	un grand‿immeuble	cet‿hiver
/t/	/t/	/t/

il a huit‿ans	vingt‿heures	cent‿appartements
/t/	/t/	/t/

   b. Liaison /t/ must also be pronounced in certain fixed phrases:

Quel temps fait-il?	Quelle heure est-il?	Comment‿allez-vous?
/t/	/t/	/t/

   c. Liaison /t/ is *never* pronounced after the coordinating conjunction **et:**

Pierre et / Alain	vingt‿et / un
	/t/

3. Liaison /n/ occurs in the following cases:

   a. After **un** and the possessives **mon, ton, son:**

un‿hôtel	mon‿église	ton‿auto	son‿histoire
/n/	/n/	/n/	/n/

   b. After the pronouns **on** and **en** and the preposition **en:**

on‿y va	il en‿a	en‿octobre
/n/	/n/	/n/

   c. After the adjectives **bon, certain, prochain:**

un bon‿avion	un certain‿itinéraire	le prochain‿arrêt
/n/	/n/	/n/

À VOUS LA PAROLE

A. Contrastes. Remplacez le premier nom par le second.

MODÈLE: un gros chat/oiseau

→ un gros_oiseau

1. un mauvais quartier/endroit
2. deux mois/ans
3. ils partent/arrivent
4. on va/est
5. mon cousin/oncle
6. un petit restaurant/hôtel
7. le vingt mars/avril
8. cent jours/ans
9. le dix mai/avril
10. les belles rues/avenues
11. nous sommes/avons
12. il en prend/a
13. ma sœur/amie
14. un grand parc/immeuble

B. Phrases. Répétez chaque phrase.

1. Elles ont regardé deux autres appartements.
2. Vous avez entendu ces beaux oiseaux?
3. Ils attendent leurs oncles depuis trois heures.
4. Mon oncle va acheter un autre appartement.
5. On en a acheté pour mon immeuble.
6. Son amie a habité en Alsace et en Algérie.
7. Ils ont un petit appartement à Paris.
8. Leur oncle a cent ans et leur tante, quatre-vingt-huit ans.
9. Ils habitent près de ce grand immeuble de vingt étages.

For additional activities visit the *Chez nous* home page.
http://www.prenhall.com/cheznous

Les adjectifs prénominaux au pluriel

You have learned that a mark of the plural in spoken French is the liaison consonant /z/, spelled **-s** or **-x.** This plural marker is heard when adjectives precede a noun starting with a vowel.

1. For **jolie, jeune:**

des jolis bébés	des jolis‿enfants /z/
des jeunes filles	des jeunes‿amies /z/

2. **Grande, petite, bonne, belle, nouvelle, vieille, première, dernière** have four spoken forms in the plural.

des grands murs	des grands‿arbres /z/
des grandes montagnes	des grandes‿îles /z/

For the masculine plural forms before a vowel, add /z/ (spelled **-s** or **-x**) to the form that is used before a consonant.

un **petit** studio	des petits‿appartements /z/
un **beau** garçon	des beaux‿hommes /z/
le **nouveau** musicien	les nouveaux‿artistes /z/
un **vieux** médecin	des vieux‿ingénieurs /z/

3. The masculine forms **mauvais** and **gros** do not change spelling in the plural.

des mauvais‿avions /z/	des gros‿arbres /z/

A. Décrivons notre quartier. Répondez affirmativement aux questions suivantes.

MODÈLE: Ces magasins sont vieux?
> ➤Oui, ce sont des vieux magasins.

1. Ces oiseaux sont jolis?
2. Ces immeubles sont grands?
3. Ces appartements sont beaux?
4. Ces usines sont nouvelles?
5. Ces cafés sont bons?
6. Ces autos sont belles?
7. Ces arbres sont gros?
8. Ces autobus sont mauvais?
9. Ces écoles sont bonnes?

B. Votre ville natale. Décrivez la ville où vous êtes né/e ou celle où vous habitez en employant les adjectifs **belle, bonne, grande, grosse, jolie, mauvaise, nouvelle, petite.**

MODÈLE: ➤J'habite à Cheyenne. Là, il y a beaucoup de beaux immeubles.
À Cheyenne on trouve aussi plusieurs grands parcs, des belles avenues et des bons magasins. Mais il n'y a pas de bons restaurants ou de grandes universités.

C. Trouvez une personne. Trouvez quelqu'un…

MODÈLE: qui a une nouvelle voiture
> É1   Est-ce que tu as une nouvelle voiture?
> É2   Oui, j'ai une nouvelle Mazda.

1. qui habite un bel appartement
2. qui fait souvent des beaux voyages
3. qui a des belles affiches dans sa chambre
4. qui a un nouvel ami
5. qui a une nouvelle voiture
6. qui vient d'acheter des nouveaux vêtements
7. qui est un bon étudiant en maths
8. qui ne voit pas souvent son copain/sa copine
9. qui a des grandes étagères dans sa chambre

Les pronoms relatifs **qui** et **où**

1. Relative pronouns allow you to describe a person or thing in more detail by introducing a phrase that provides additional information. **Qui** can be used when describing a person or thing, and is always followed by a verb.

> David est un musicien *qui* **a beaucoup de talent.**
> *David is a musician **who** is very talented.*

> Rome est une ville *qui* **est connue pour son architecture.**
> *Rome is a city **that** is known for its architecture.*

2. **Où** can be used to describe a place or a time, equivalent to English *where*
or *when*.

C'est une ville **où** il y a beaucoup de monuments historiques.
*It's a city **where** there are many historical monuments.*

L'automne, c'est la saison **où** il commence à faire froid.
*Autumn is the season **when** it starts to get cold.*

À VOUS LA PAROLE

A. En quelle saison? En quelle saison est-ce que ces situations existent?

MODÈLE: On va à la campagne chercher des pommes.
→ L'automne est la saison où on va à la campagne chercher des pommes.

1. On peut faire un pique-nique à la montagne.
2. On peut faire du ski.
3. On va souvent au bord de la mer.
4. On fait des randonnées dans la forêt.
5. On commence à faire du jardinage.
6. On cherche des fleurs à la campagne.
7. On va aux matchs de football américain.
8. On travaille dans le potager.

B. Les grandes villes. Pouvez-vous décrire ces grandes villes?

MODÈLE: New York
→ New York est une ville où il y a beaucoup de grands magasins.
OU   New York est une ville qui a beaucoup de théâtres et de cinémas.

1. San Francisco
2. Paris
3. la Nouvelle-Orléans
4. Los Angeles
5. Washington
6. Boston
7. Québec
8. Bruxelles

C. Quelles sont vos préférences? Pour le logement, les vacances, les gens?

MODÈLE: J'aime les appartements…
→ J'aime les appartements qui sont très modernes.
OU   J'aime les appartements où il n'y a pas beaucoup de bruit.

1. J'aime les appartements…
2. Je préfère les villes…
3. Je n'aime pas les maisons…
4. J'aime les vacances…
5. J'aime surtout visiter des endroits…
6. J'aime les gens…
7. Je n'aime pas beaucoup les gens…

L'imparfait: la description au passé

1. You have learned to use the imperfect to make suggestions. You can also use this tense to describe situations and settings in the past. Look at the following examples:

   - to set the time

Il **était** une heure du matin.	*It was one o'clock in the morning.*
C'**était** en hiver.	*It was during the winter.*

   - to describe the weather:

Il **neigeait** et il **faisait** froid.	*It was snowing and it was cold.*
Le ciel **était** gris.	*The sky was gray.*

   - to describe people and places:

C'**était** une belle maison.	*It was a nice house.*
La dame **avait** les cheveux roux.	*The woman had red hair.*
Elle **portait** un manteau noir.	*She was wearing a black coat.*

   - to express feelings or describe emotions:

Nous **avions** peur.	*We were afraid.*
Ils **étaient** contents.	*They were happy.*

2. Use the imperfect to express habitual actions in the past:

   Tous les week-ends nous **faisions** une randonnée dans les bois.
   Every weekend we would take (took) a hike in the woods.

   Quand j'**étais** petit, on **passait** les vacances chez mes grands-parents.
   When I was little, we used to spend vacations at my grandparents'.

   - Here are some expressions often used with the imperfect to describe things that were done on a routine basis:

quelquefois	*sometimes*
souvent	*often*
d'habitude	*usually*
toujours	*always*
le lundi, le week-end	*every Monday, every weekend*
tous les jours, tous les soirs	*every day, every evening*

A. Une journée à la campagne. Complétez les phrases pour décrire une journée à la campagne pour la famille Santini.

MODÈLE: il/faire beau
    → Il faisait beau.

1. les oiseaux/chanter
2. le ciel/être bleu
3. les enfants/jouer dans le jardin
4. Mme Santini/préparer un pique-nique
5. M. Santini/travailler dans le jardin
6. les grands-parents/regarder les enfants
7. tout le monde/s'amuser

B. Test de mémoire. Regardez ces photos, et ensuite fermez votre manuel. Pouvez-vous vous rappeler tous les détails? Pour chaque photo, indiquez:

(1) quelle était la saison,

(2) quel temps il faisait,

(3) comment étaient les gens, et

(4) quelles étaient les activités

C. Votre enfance. Posez des questions à un/e camarade de classe pour savoir ce qu'il/elle faisait pendant son enfance.

MODÈLE: habiter ici
    É1   Est-ce que tu habitais ici?
    É2   Non, j'habitais à Chicago avec mes parents.

1. habiter ici
2. avoir des animaux
3. aimer aller à l'école
4. faire du sport
5. jouer d'un instrument
6. sortir souvent avec des amis
7. partir souvent en vacances

MISE EN PRATIQUE

LISONS

A. Avant de lire. Where did you live as a child? How did that place seem to you? Under the heading THEN, make a list of words to describe it. Do you now have a different perception of your childhood home? Under the heading NOW, list words that describe your current perceptions of your hometown.

THEN	NOW

In the passage that you are about to read, the late writer Marguerite Duras describes her memories of her childhood home, the town of Nevers. One of France's most famous contemporary writers, she grew up during the period between the two world wars.

B. En lisant. As you read the text, look for information, as follows.

1. Make a list of the *physical features* of the town and its surrounding area that Duras mentions. What does this list suggest about the size and location of Nevers? Notice that these physical features mark the *boundaries* of the town for Duras.

2. In the text, find phrases that indicate: (a) that Nevers seemed very large to the young girl, and (b) that in fact, Nevers was not a large town.

3. In the final paragraph, what emotion is expressed? How does the entire paragraph build toward this emotion?

Nevers

La petite ville d'autrefois

Extrait de: Marguerite Duras, *Hiroshima mon amour;* Gallimard, 1960.

Nevers où je suis née, dans mon souvenir,
est indistinct de moi-même.

C'est une ville dont un enfant peut faire le
tour.

5   Délimitée d'une part par la Loire, d'autre
part par les remparts.

Au-delà des remparts il y a la forêt.

Nevers peut être mesurée au pas d'un
enfant.

10   Nevers «se passe» entre les remparts, le
fleuve, la forêt, la campagne. Les remparts
sont imposants. Le fleuve est le plus large de
France, le plus renommé, le plus beau.

Nevers est donc délimitée comme une
15 capitale.

Quand j'étais une petite fille et que j'en
faisais le tour, je la croyais immense. Son
ombre, dans la Loire, tremblait, l'agrandissant
encore.

20   Cette illusion sur l'immensité de Nevers je
l'ai gardée longtemps, jusqu'au moment où
j'ai atteint l'âge d'une jeune fille.
[…]

Le blé est à ses portes. La forêt est à ses
fenêtres. La nuit, des chouettes en arrivent
25 jusque dans les jardins. Aussi faut-il s'y
défendre d'y avoir peur.

C. En regardant de plus près. Now look more closely at some of the features of lines 16–19.

1. The words **son ombre** may be unfamiliar to you. Notice that it is paired with the verb **tremblait.** Nevers sits on the banks of the Loire river. Knowing this, what do you think is the meaning of the sentence, **Son ombre tremblait dans la Loire?**

2. To fully understand the sentence in #1, you need to understand the use of pronouns. Circle the pronouns that appear in lines 16–19, and decide what each pronoun refers to.

D. Après avoir lu. Now consider the following questions with your classmates.

1. How does Marguerite Duras' perception of her childhood home seem to have changed over the years? Can you identify with her description of her memories?
2. Does she seem to have been a very imaginative child? What things in the text appear to suggest this?

ÉCOUTONS

Le pour et le contre. What are the positive features of life in a large city, and what are the negative features? Make a list of each in English. Now, with the help of your instructor, decide how these ideas might be expressed in French; for example, on the plus side might be "cultural life" — **la vie culturelle.**

Listen as a man who has recently moved to Paris describes what he likes and doesn't like about life in this big city.

1. See how many of the features from your list he mentions.
2. Can you pick up the name of the man's hometown? Locate it on a map of France.
3. Which town does the man seem to prefer, Paris or his hometown? What seem to be the main reasons for his preference?

PARLONS ENSEMBLE

A. Ma ville natale. Comment est votre ville natale, ou une autre ville que vous connaissez bien? Comparez-la avec la ville natale d'un/e partenaire. En donnant des descriptions, répondez aux questions suivantes.

1. C'est une grande ou une petite ville?
2. Où est-ce que la ville est située?
3. Qu'est-ce qu'il y a comme distractions?
4. Comment sont les gens de votre ville?
5. Est-ce qu'il y a des gens célèbres qui sont de votre ville?

MODÈLE: É1 Comment s'appelle ta ville natale?
          É2 Elle s'appelle Franklin. Et toi?
          É1 Ma ville natale s'appelle Terre Haute. Franklin est une grande ville?
          É2 Non. C'est une petite ville qui a seulement 20 000 habitants.
          É1 Où est-ce qu'elle est située?
          É2 Franklin est située près de la montagne, donc en hiver on peut faire du ski, et en été…

B. La ville ou la campagne? Est-ce que la vie est meilleure en ville, ou à la campagne? Avec vos camarades de classe, faites une liste des avantages et des inconvénients pour chacun des deux cas:

MODÈLE: **la ville**   **la campagne**

+	-	+	-
distractions	pollution	calme	pas d'activités, etc.

Maintenant que vous avez fait votre liste, faites un sondage parmi les membres de votre classe: qui préfère habiter en ville? à la campagne?

Est-ce que les gens qui préfèrent la campagne sont nés à la campagne? Est-ce que les gens qui sont nés en ville préfèrent la ville?

C. Un souvenir d'enfance. Roch Voisine, un célèbre chanteur québécois, raconte ses souvenirs d'enfance pour donner une idée de son caractère. Racontez un souvenir personnel qui donne une indication sur votre caractère.

MODÈLE: ➤C'était ma première journée à l'école maternelle. J'avais cinq ans. L'après-midi nous devions faire une sieste et, pour nous y aider, la maîtresse nous disait d'imaginer une grande forêt très calme. J'avais un caractère très imaginatif et alors j'imitais le cri des oiseaux de cette forêt imaginaire. (Adapté d'un article qui est paru dans *7 jours* [Montréal]

ÉCRIVONS

A. Une maison, un appartement ou la résidence? Où est-ce que vous habitez maintenant? Où est-ce que vous préférez habiter?

D'abord, faites une liste d'expressions pour décrire où vous habitez maintenant, et une autre liste de vos préférences.

Ensuite, rédigez votre description.

MODÈLE: ➤**maintenant**   ➤**un jour**
       la résidence   une grande maison
       une très petite chambre   à la campagne
       avec une camarade, etc.   avec des animaux, etc.

     ➤Maintenant, j'habite la résidence. J'ai une très petite chambre. Je la partage avec une camarade. Malheureusement, je ne peux pas avoir d'animaux, etc.… Un jour, je voudrais habiter une grande maison à la campagne, avec des animaux — des chats et des chiens, et peut-être des chevaux, etc.

B. Un nom qui convient. Comment est-ce que vous imaginez ces maisons, d'après leur nom? Qui habite ces maisons?

MODÈLE: Ma Folie
     ➤C'est probablement une énorme maison élégante, mais peut-être de style un peu excentrique. Elle est peinte en rose et jaune, et elle a un beau jardin avec beaucoup de fleurs. Elle est située sur une colline, dans un quartier résidentiel d'une grande ville. Les habitants sont des gens âgés très riches.

1. Mon Repos
2. La Maison blanche
3. Mon Inspiration
4. Succès Fou
5. Sous les Pins
6. Au Bord de l'Eau

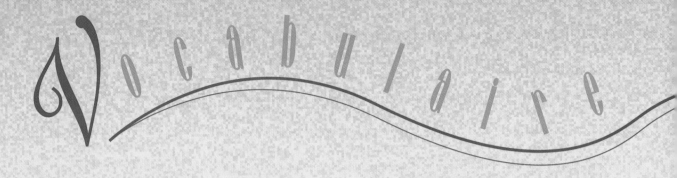

Vocabulaire

◆ **une résidence secondaire à la campagne** — *a secondary residence in the country*

un arbre (fruitier)	*a (fruit) tree*
entouré/e de	*surrounded by*
une fleur	*a flower*
un garage	*a garage*
un jardin	*a garden, yard*
un mur de pierres	*a stone wall*
peint/e en (rose)	*painted (pink)*
une pelouse	*a lawn*
une résidence secondaire	*a second/vacation home*
un sous-sol	*a basement*
un toit	*a roof*
une tuile	*a tile*
une villa	*a house in a residential area, villa*

◆ **pour dire où** — *to say where*

à côté de	*next to*
dehors	*outside*
en bas	*downstairs*
loin	*far*
tout près	*nearby*

◆ **la vie à la campagne** — *life in the country*

un agriculteur	*a farmer*
s'amuser	*to have fun*
apprécier (le calme)	*to appreciate (the calm)*
bricoler	*to do odd jobs, putter around*
cueillir	*to gather*
se détendre	*to relax*
faire un pique-nique	*to go picnicking*
une ferme	*a farm*
la nature	*nature*
peindre	*to paint*
un potager	*a vegetable garden*

◆ **la vie en ville** — *life in the city*

animé/e	*animated, busy*
le bruit	*noise*
la pollution	*pollution*
la circulation	*traffic*

la nature — nature

une baie	a bay
un bois	a woods
le bord de la mer	the seashore
un champ	a field
une colline	a hill
une forêt	a forest
un lac	a lake
une montagne	a mountain
une plage	a beach
une rivière	a large stream or river (tributary)
une vallée	a valley

pour élaborer une description — to elaborate a description

où…	where, when…
qui…	who, that…

pour parler des activités dans le passé — to talk about activities in the past

d'habitude	usually
le lundi, le week-end	every Monday, every weekend
quelquefois	sometimes
souvent	often
toujours	always
tous les jours, tous les soirs	every day, every evening

autres mots utiles — other useful words

un endroit	a place

LE MYTHE de L'HEXAGONE

La France actuelle a la forme générale, au moins pour les Français, d'une figure géométrique avec six côtés plus ou moins égaux: un hexagone. C'est aussi un hexagone équilibré, avec trois côtés bordés par des mers (la Manche, l'océan Atlantique et la Méditerranée) et trois côtés limités par d'autres pays (l'Espagne; l'Italie, la Suisse et l'Allemagne; le Luxembourg et la Belgique).

Certains Français pensent que les frontières de la France d'aujourd'hui sont des frontières naturelles et que la France a toujours eu cette forme. En fait, l'Hexagone est le résultat d'événements politiques qui, au cours d'une douzaine de siècles, ont réuni peu à peu des peuples de langues et de cultures différentes. Le royaume de France s'est constitué d'abord de la réunion au XIIe siècle de deux grands ensembles culturels, les régions de langue d'oïl au nord et celles de langue d'oc au sud. Puis, d'autres régions ont été ajoutées à ce nouvel ensemble:

★ la Bretagne en 1532
★ le Pays Basque en 1620
★ le Roussillon, la région autour de Perpignan, en 1659
★ l'Alsace en 1681
★ la Corse en 1768
★ la Savoie et la région de Nice en 1860

FLAMAND • Lille

Metz •
PARIS ☆   Strasbo
• St. Brieuc
BRETON   ALSACIEN
                             Belfort •
• Nantes   • Tours   Besançon •

• Angoulême   • Lyon

• Bordeaux
              OCCITAN

• Bayonne   • Toulouse
BASQUE   Perpignan   Marseille
      CATALAN

CO

Fête traditionelle basque.

Chez nous

Les régions et les langues de la France

Les habitants des "nouvelles" régions françaises ont conservé une partie de leur culture qui s'exprime, par exemple, à travers les traditions régionales de la cuisine française. Il y a aussi la musique et les fêtes régionales. La diversité culturelle du pays se manifeste également par la langue, car dans ces régions on entend encore parler les langues traditionnelles. Les communautés locales essaient de préserver ces langues, et on commence à introduire les langues régionales à l'école. Voici des exemples de la langue de ces régions qui, tous, veulent dire: Venez chez nous en…!

- En Bretagne, le breton: **Deit genomb é Breizh!**
- Dans la région de Dunkerque, le flamand: **Kom bij ons in Vlanders!**
- En Alsace et dans la région de Metz en Lorraine, les dialectes allemands ainsi que l'allemand standard: **Komme zü uns ens Elsass!**
- En Corse, le corse: **Venite in Corsica!**
- Dans le Roussillon, une variété de catalan: **Vine a veure'ns al Roselló!**
- Au Pays Basque, le basque: **Zatozte Euskal herrirat!**
- Dans tout le Midi, divers dialectes occitans: **Venetz en Occitania!**

La pétanque

La pelote

ugby

Sports régionaux

Le rugby est le sport du sud-ouest de la France, y compris le pays basque. Il ressemble au football américain.

La pétanque, un jeu de boules, est associée à la Provence mais elle est pratiquée partout en France. Comme le golf, c'est un sport pour les gens de tous les âges, pour les femmes comme pour les hommes.

La pelote basque est le sport caractéristique du pays basque. Elle ressemble au squash américain.

LES RÉGIONS ADMINISTRATIVES

Avant la révolution la France était divisée en 34 provinces (voir la carte à la fin du livre) qui avaient une certaine autonomie politique par rapport au gouvernement royal. Le gouvernement révolutionnaire a voulu centraliser l'administration de la France. Il a remplacé les provinces traditionnelles par des unités administratives plus petites, de superficie plus ou moins égale, appelées *départements*. Aujourd'hui, il y a 94 départements dans l'Hexagone, deux en Corse et les cinq DOM.

À partir de 1960, on commence à organiser la France en régions administratives. C'est en 1972 que l'on crée 22 régions qui coïncident en partie avec les anciennes provinces, par exemple, la Bretagne, l'Alsace et la Lorraine. En 1982, pour réduire le poids du gouvernement central à Paris, on a donné aux assemblées régionales un certain pouvoir. Mais les départements existent toujours et représentent encore la division administrative principale de la France.

Le Val d'Aoste

Les trois pays voisins de la France, où au moins une partie de la population utilise le français, sont bien connus: le Luxembourg, la Belgique et la Suisse. Mais on oublie qu'au sud de la Suisse romande existe une région de l'Italie où une partie des 112 000 habitants parle encore le français: c'est le Val d'Aoste. De 1561 à 1860, le Val d'Aoste faisait partie de la Savoie; le français était la langue officielle de cette région. En 1860 le Val d'Aoste a été donné à l'Italie en échange de la Savoie et de la région de Nice. Aujourd'hui le Val d'Aoste est bilingue, ou plutôt trilingue, car dans les vallées de cette région montagneuse on parle encore le dialecte franco-provençal.

271

Voyageons!

1

Projets de voyage

Comment est-ce que vous y allez?

Pour aller au travail, M. Huget prend sa mobylette.

Martine va à l'école à vélo.

Mme Huget prend la voiture pour faire ses courses.

Dans les grandes villes, on peut prendre l'autobus ou le métro.

Pour les longs voyages, le train est très pratique.

D'autres moyens de transport

le taxi
la moto
le car
le bateau
l'avion (m)

VOYAGER PAR LE TRAIN

Le système des trains français est nationalisé. Tous les trains sont sous le contrôle de la Société Nationale des Chemins de Fers Français (la SNCF). Comme l'Amtrak américain, la SNCF contrôle le transport des passagers, mais elle contrôle aussi le transport des marchandises.

Le TGV (train à grande vitesse) est le plus rapide des trains au monde. Ce train dessert trois grands axes du le système ferroviaire français: le sud-est, le sud-ouest et le nord (voir la carte du réseau TGV). Il fait les 400 kilomètres qui séparent Lyon de Paris en seulement deux heures.

En 1994, on a terminé la construction d'un tunnel sous la Manche entre Calais en France et Folkestone en Angleterre. Le terme "Chunnel" combine Channel et tunnel. C'est un événement important car le Royaume-Uni est maintenant relié physiquement au continent européen. En fait, au départ de Lyon il faut seulement cinq heures pour arriver en Angleterre.

Réseau TGV

Map labels: LONDRES DOUVRES FOLKESTONE; Calais; LONDRES GATWICK NEWHAVEN; Boulogne; Lille; Arras; Douai; Le Tréport; Dieppe; Longueau; Cherbourg; Le Havre; Rouen; TGV Nord Europe; Mantes; Versailles Chantiers; Paris; Massy; Brest; Quimper; Rennes; Le Mans; Montbard; Besançon; Mouchard; BERNE LAUSANNE; TGV Atlantique; St-Pierre des Corps; TGV Sud-Est; Le Creusot TGV; Evian-Les-Bains; Nantes; Poitiers; Macon TGV; Vichy; Lyon; St-Gervais-Les-Bains; Albertville; St-Étienne; Valence Livron; Grenoble; Briançon; Avignon; Nimes; Montpellier; Sète; Béziers; Marseille; Nice; Toulon; Bastia; Calvi; Ajaccio

À VOUS LA PAROLE

A. Quel moyen de transport? D'après les indications, quel/s moyen/s de transport est-ce qu'on va probablement utiliser?

MODÈLE: Lise habite la banlieue parisienne; elle va faire des courses à Paris.
➤ Elle va prendre le train pour aller à Paris, et ensuite le métro ou l'autobus pour faire ses courses.

1. Mme Duclair habite à Paris; elle va rendre visite à sa grand-mère à Lyon.
2. Les Lefranc vont quitter la France pour passer des vacances aux Antilles.
3. La petite Hélène va à l'école primaire près de chez elle.
4. Robert habite une petite ville; il descend en centre-ville pour faire des courses.
5. M. Rolland doit traverser Paris pour aller au travail.
6. Michel et Annie vont faire un pique-nique à la campagne.
7. Mme Antonine voyage pour son travail: elle va à Lyon, à Rome et à Berlin.

B. Rev'Afrique. Voici les titres des vacances proposées dans une brochure de Rev'Vacances. Avec un/e partenaire, décidez quels sont les moyens de transports utilisés, au départ de Paris et à l'arrivée.

MODÈLE: La Réunion en liberté: tour auto

→ On prend l'avion pour arriver à la Réunion; ensuite, on voyage en voiture.

1. Océan indien: cocktail d'îles tropicales
2. Madagascar: circuit en véhicule 4X4 ou minibus
3. Le grand tour du Sénégal
4. Okavango safari
5. Kenya safari: savanes et grands fauves
6. Zanzibar: l'île aux épices

C. Parlons des moyens de transport.

1. Comment est-ce que vous allez aux cours? Comment est-ce que vous faites vos courses?
2. Est-ce qu'il y a un service de bus dans votre ville? Un métro? Comment est-ce que les gens vont au travail?
3. Comment est-ce que vous rentrez chez vous pour les vacances?
4. Est-ce que vous avez une voiture? Si oui, quelle sorte de voiture: une voiture française, japonaise, américaine?
5. Est-ce que le train passe par votre ville? Où est-ce qu'on peut aller par le train en partant de votre ville?
6. Comment sont les trains américains comparés aux trains français? Est-ce qu'il existe un TGV aux États-Unis?
7. Pour voyager aux États-Unis, quel est votre moyen de transport préféré? Pourquoi?

Vous êtes de quel pays?

Je suis Denise Duclos. Je suis suisse. J'habite à Lausanne. Je parle allemand aussi bien que français. Je prends l'avion pour aller en Tunisie.

Mon nom, c'est Pierre Piron. Je suis belge et j'habite à Bruxelles. Je vais au Zaïre pour travailler pour *Médecins sans frontières*.

Je m'appelle David Diouf. Je suis du Sénégal et j'étudie à Paris. Ma langue maternelle, c'est le wolof mais je parle aussi français. Je suis allé chez moi pour les vacances.

Les continents

	PAYS	ADJECTIF DE NATIONALITÉ
L'AFRIQUE	l'Algérie	algérien/algérienne
	le Maroc	marocain/e
	le Sénégal	sénégalais/e
	la Côte-d'Ivoire	ivoirien/ivoirienne
	le Cameroun	camerounais/e
	le Zaïre	zaïrois/e
L'ASIE	l'Inde	indien/indienne
	la Chine	chinois/e
	le Japon	japonais/e
L'AUSTRALIE	l'Australie	australien/australienne
L'AMÉRIQUE DU NORD	le Canada	canadien/canadienne
	les États-Unis	américain/e
	le Mexique	mexicain/e
L'AMÉRIQUE DU SUD	la Colombie	colombien/colombienne
	l'Argentine	argentin/e
	le Brésil	brésilien/brésilienne
L'EUROPE	l'Allemagne	allemand/e
	l'Angleterre	anglais/e
	la Belgique	belge
	la Suisse	suisse
	la France	français/e
	l'Italie	italien/italienne
	l'Espagne	espagnol/e
	le Portugal	portugais/e

À VOUS LA PAROLE

A. Introductions. Selon l'endroit où chaque personne habite, indiquez une nationalité et des langues possibles.

MODÈLE: Luc Auger habite à Québec.
→ Il est canadien. Il parle français, et probablement un peu anglais.

1. Maria Garcia est de Buenos Aires.
2. Sylvie Gerniers habite à Bruxelles.
3. Chantal Dupuis est de Genève.
4. Paolo Dos Santos habite à Rio de Janiero.
5. Helmut Müller est de Berlin.
6. Maria Verdi habite à Milan.
7. Jin Lu est de Pékin.

B. C'est quel pays? Décidez quel pays on visite, d'après la description.

MODÈLE: On visite le palais de Buckingham et le musée britannique.
→C'est l'Angleterre.

1. On s'asseoit à la terrasse d'un café pour admirer la Tour Eiffel.
2. On visite le Vatican et la cathédrale de Saint Paul.
3. Il y a des pyramides des Aztèques.
4. On peut visiter les marchés de Casablanca.
5. On visite le château Frontenac à Québec.
6. Là il y a l'administration centrale de la Communauté Européenne.
7. C'est le seul pays d'Europe où on parle espagnol.

C. Un voyage. Imaginez que vous pouvez visiter un pays d'Europe. Quel pays est-ce que vous voudriez visiter? Qu'est-ce que vous allez y faire?

MODÈLE: →Je voudrais visiter la Suisse, parce que j'ai des cousins là-bas.
Je vais faire du ski dans les Alpes...

À l'agence de voyages

	DÉPART						Toutes heures locales	RETOUR						Toutes heures locales
	JOURS	VALIDITÉ du au	DÉPART ✈✕	ARRIVÉE	APPA -REILS	VOLS via Classe sans escales : →		JOURS	VALIDITÉ du au	DÉPART ✈✕	ARRIVÉE	APPA -REILS	VOLS via Classe sans escales : →	
MARSEILLE France ☎ Reservation : 91 39 39 39 ✈ Marignane-Provence 28KM							MRS UTC + 1	**MARSEILLE** France ☎ Reservation : 91 39 39 39 ✈ Marignane-Provence 28KM						MRS UTC + 1
CASABLANCA CAS Maroc UTC ✈ Mohammed V 35 km car 25 dirhams 15 av. de l'Armée Royale ☎ 29 30 30 - R : 29 40 40	------7 ------6- ------7 ----4--- ------7 --2----- ----5---		09 45 11 55 13 10 R 14 30 16 40 R 18 00 19 00 R	11 20 13 30 14 45 17 05 19 45 19 30 20 30	733 733 732 734 727 734 734	CM IT 4384 CM IT 4384 AY AT 711 Y AT 705 Y AT 735 Y AT 731 Y AT 711	→ → → → → → →	------7 --4--- --2---- 1------- ------6- --5---		08 50 R 09 20 09 35 12 10 12 20 14 20 14 30 R	12 20 13 40 13 05 15 50 15 50 18 10 18 00	732 734 734 733 727 733 734	AY AT 710 Y AT 704 Y AT 730 CM IT 4385 Y AT 732 CM IT 4385 Y AT 710	→ → → → → → →
DAKAR Sénégal DLR ✈ Yoff 17 km 47 av. A. Sarrault BP 142 ☎ 23 29 41 - R : 29 49 49	-2------		18 00 R	22 20	313	FCY AF 402	→	-2------		23 55 R	06 00a	313	FCY AF 403	→
DJIBOUTI JB Rép. de Djibouti +3 ✈ Ambouli 5 km AF Place du 27 juin BP 2484 ☎ 35 20 10 - R : 35 10 10								----4----		24/11 02 00 X	06 45	747	CYM AF 451	→
FEZ Maroc FEZ ✈ Saiss 10 km UTC AT/AF 54 avenue Hassan II ☎ 6255 16/17	---4---		14 30	15 45	734	Y AT 705	→	----4---		10 30	13 40	734	Y AT 704	→

MME MAHEU: J'ai besoin d'aller au Cameroun, à Yaoundé, pour un voyage d'affaires.

L'EMPLOYÉ: Vous pouvez y aller par Paris ou par Marseille.

MME MAHEU: Ce sont des vols directs?

L'EMPLOYÉ: Par Paris, oui. Il y a un arrêt à Bamako au Mali. Le vol dure sept heures. Par Marseille, vous devez changer d'avion à Dakar.

M. Dos Santos va passer des vacances au Sénégal. Il a fait des réservations et passe à l'agence de voyages.

L'EMPLOYÉ: Voici votre billet.

M. DOS SANTOS: Vous m'avez réservé une chambre d'hôtel?

L'EMPLOYÉ: Bien sûr. Comment est-ce que vous désirez payer? Par chèque? En espèces?

M. DOS SANTOS: Avec ma carte de crédit. Euh, j'ai besoin d'un passeport?

L'EMPLOYÉ: Absolument.

M. DOS SANTOS: Ils prennent les francs français là-bas?

L'EMPLOYÉ: Oui, mais il vaut mieux avoir la monnaie locale, des francs CFA. Vous pouvez en obtenir à votre banque.

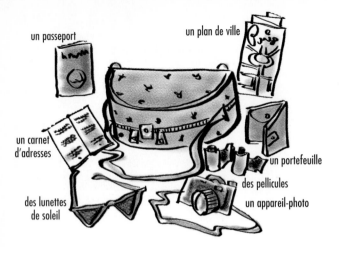

un passeport

un plan de ville

un carnet d'adresses

un portefeuille

des pellicules

un appareil-photo

des lunettes de soleil

Dans le sac de Mme Maheu

Avant son départ pour le Cameroun, Mme Maheu parle au téléphone à son amie Mme Charles.

MME CHARLES: Tu es prête pour ton voyage?

MME MAHEU: J'ai mon passeport, mes francs CFA…

MME CHARLES: Tu as ton appareil-photo?

MME MAHEU: Oui, oh, zut! J'ai oublié les pellicules.

LE CAMEROUN

LE CAMEROUN
Douala · Yaoundé

- SITUATION GÉOGRAPHIQUE
    SUPERFICIE: 475 000 km2
    LOCALISATION: Sur le golfe de Guinée,
        entre le Nigéria, la République Centrafricaine, le
        Gabon et le Congo.
- POPULATION: 12 500 000, divisée en environ 200 ethnies parlant
    des langues différentes
- VILLES PRINCIPALES: Yaoundé (capitale: 1 million), Douala (1, 5
    million)
- ÉCONOMIE: Principalement l'agriculture, exportation de cacao et
    de café; industrie: production de pétrole et
    d'aluminium
- HISTOIRE: Colonisé par l'Allemagne en 1911, puis divisé entre la
    France et l'Angleterre en 1918. Devient un état
    indépendant en 1960
- LANGUES OFFICIELLES: français et anglais; dans la partie ouest du pays, on
    utilise le pidgin English comme langue de communication
    ordinaire
- MONNAIE: Comme dans tous les états de l'Afrique noire francophone,
    le franc CFA (Communauté financière africaine)

A. Où s'adresser? Dites où il faut aller ou où il faut téléphoner pour obtenir les choses ou les renseignements suivants.

MODÈLE: Pour connaître l'horaire d'une ligne aérienne comme Air France.
➤On peut téléphoner au bureau de la ligne aérienne ou
à une agence de voyages.

1. Pour obtenir un passeport en France.
2. Pour obtenir un passeport aux États-Unis.
3. Pour changer de l'argent.
4. Pour acheter des cartes postales.
5. Pour attendre quelqu'un qui arrive en avion.
6. Pour savoir si un vol est arrivé à l'heure.
7. Pour faire une réservation d'avion.

B. Vos voyages. Répondez aux questions suivantes pour décrire vos voyages.

MODÈLE: Est-ce que vous êtes déjà allé dans un pays étranger?
➤Oui, je suis allé au Québec.

1. Quand vous préparez un voyage, est-ce que vous allez normalement dans une agence de voyages? Comment est-ce que vous vous renseignez sur un endroit que vous allez visiter?
2. Est-ce que vous prenez souvent l'avion? Quelle est la dernière fois que vous avez voyagé en avion?
3. Est-ce que vous avez fait un voyage par le train? Où est-ce que vous êtes allé/e?
4. Quand vous voyagez, est-ce que vous réservez toujours votre billet et votre chambre?
5. Quand vous voyagez, comment est-ce que vous préférez payer vos dépenses?
6. Qu'est-ce que vous emportez toujours avec vous quand vous partez en voyage?

C. Projet de voyage. Avec deux camarades de classe, préparez un voyage. Mettez-vous d'accord sur la destination, le moyen de transport, la durée de la visite, les réservations à faire et ce qu'il faut emporter.

MODÈLE: É1   Si on faisait un voyage au Québec?
É2   Oui, on pourrait visiter Québec et Montréal.
É3   Je peux prendre ma voiture.
É1   Super! On peut passer huit jours au Québec, alors?
É2   Oui. Est-ce qu'il faut réserver une chambre d'hôtel?, etc.

La prononciation de _i_ devant une voyelle

- When the letter **i** immediately precedes a vowel sound, it is pronounced /j/, as in English _yes_. It forms a single syllable with the following vowel. Compare:

  la v**i**e/la v**i**eille   la m**i**e/m**i**eux   l'hab**i**t/la b**i**ère

- However, if **i** is preceded by a group of consonants and followed by a vowel sound, it is pronounced /i/ and forms a separate syllable. Compare:

  le chien [ʃjɛ̃]/le client [klijã]   le ciel [sjɛl]/oublier [u bli je]

  In the name of the city Lyon, **y** is pronounced /j/.

À VOUS LA PAROLE

A. Imitation. Répétez ces mots ou expressions qui contiennent la semivoyelle /j/:

à p**i**ed	l'av**i**on	la v**i**ande	anc**i**en
ils v**i**ennent	le p**i**ano	à **Ly**on	c'est m**i**eux

Maintenant, répétez ces mots avec /i/:

offic**i**el   l'**i**ntérieur   l'organisat**i**on   les Norvég**i**ennes

B. Contrastes. Comparez les deux mots ou expressions.

la v**i**e/les v**i**eux   l'hab**i**t/c'est b**i**en
oubl**i**er/ils v**i**ennent   l'oubl**i**/le p**i**ed

C. Phrases. Répétez chaque phrase.

1. Ces Autrich**i**ennes v**i**ennent de **Ly**on.
2. N'oubl**i**ez pas la v**i**ande pour les ch**i**ens.
3. Gabriel aime m**i**eux utiliser ce v**i**eil av**i**on.

Les prépositions avec les noms de lieu

1. You have learned to use the prepositions **à** (meaning *to* or *in*) and **de** (meaning *from)* with the names of cities.

Elle arrive **à** Paris.	*She's arriving in Paris.*
Nous allons **à** Lille.	*We're going to Lille.*
Ils viennent **de** Québec.	*They're coming from Quebec City.*

2. To express *to, at, in* or *from* with the name of countries, states and continents, use French prepositions as shown:

	FEMININE COUNTRY	MASCULINE COUNTRY BEGINNING WITH A VOWEL	MASCULINE COUNTRY BEGINNING WITH A CONSONANT	PLURAL COUNTRY
to/at/in *from*	**en** Suisse **de** Belgique **d'**Afrique	**en** Haïti **d'**Iran	**au** Maroc **du** Canada	**aux** Seychelles **des** États-Unis

• Note that the names of all the continents are feminine. As a general rule, country names that end in **-e** are feminine. Note the exceptions: **le Mexique, le Zaïre.** In general, names of countries that end in any letter other than **-e** are masculine: **le Canada, le Brésil, les États-Unis, les Pays-Bas.**

Ils habitent **en** Amérique latine.	*They live in Latin America.*
Nous sommes allés **en** Australie.	*We went to Australia.*
Salikoko a fait ses études **au** Canada.	*Salikoko studied in Canada.*
Mon chef de bureau va **aux** Pays-Bas.	*My boss is going to the Netherlands.*
Je viens **du** Sénégal.	*I'm from Senegal.*

À VOUS LA PAROLE

A. Vos connaissances en géographie. Dites dans quel continent sont situés ces pays.

MODÈLE: le Brésil
> ➤ C'est en Amérique du Sud.

1. le Mexique
2. l'Israël
3. le Nigéria
4. la Suisse
5. la République Dominicaine
6. l'Afrique du Sud
7. la Chine
8. les États-Unis

B. Escales. Quelquefois il n'y a pas de vol direct entre deux villes. Dites dans quel pays les personnes suivantes doivent s'arrêter pour arriver à leur destination.

MODÈLE: Mlle Schmidt: Berlin-Madrid-Lisbonne
→Elle doit s'arrêter en Espagne.

1. M. Ducret: Paris-Lisbonne-Abidjan
2. M. Thompson: Londres-Montréal-Chicago
3. Mme Smith: Londres-Paris-Barcelone
4. Mme Marconi: Marseille-Genève-Casablanca
5. Mlle Schmidt: Berlin-Londres-Québec
6. Mlle Bordes: Paris-New York-Mexico
7. M. Nègre: Marseille-Rome-Moscou

C. Vos origines. Beaucoup d'Américains ont des parents ou des grands-parents qui sont nés dans un pays étranger. Est-ce que certains de vos parents ou de vos amarades sont nés à l'étranger?

MODÈLE: É1   Tes parents ou tes grands-parents sont nés dans un pays étranger?
É2   Oui, ma grand-mère. Elle est née en Chine. Et toi, où est-ce que tu es né?
É1   Moi, je suis né aux États-Unis, en Californie.

Les verbes comme **venir**

1. The verb **venir** means *to come* or *to come from*:

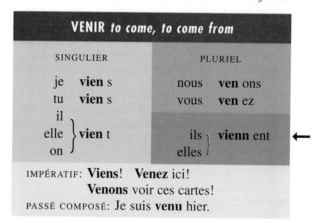

VENIR *to come, to come from*		
SINGULIER		PLURIEL
je **vien** s		nous **ven** ons
tu **vien** s		vous **ven** ez
il elle on } **vien** t		ils elles } **vienn** ent ←

IMPÉRATIF: **Viens!** **Venez** ici!
Venons voir ces cartes!
PASSÉ COMPOSÉ: Je suis **venu** hier.

2. **Devenir** *to become* and **revenir** *to come back* are conjugated like **venir**:

Quand est-ce que **tu reviens** de Genève?
*When **are you coming back** from Geneva?*

Mon frère **est devenu** très raisonnable.
*My brother **has become** very reasonable.*

Qu'est-ce que **vous devenez** ces jours-ci?
What's new with you these days?

3. To express an event that has just occurred, use **venir de** plus an infinitive.

Le train **vient de** partir.   *The train has just left.*
Nous **venons d'**acheter nos billets.   *We've just purchased our tickets.*

À VOUS LA PAROLE

A. L'apprentissage des langues. Dites d'où ces personnes reviennent.

MODÈLE: Elles ont appris le portugais.
→Elles reviennent du Portugal ou du Brésil.

1. Elle a appris l'italien.
2. Il parle espagnol.
3. Nous avons appris l'anglais.
4. Je parle romanche.
5. Ils ont appris l'allemand.
6. Elles parlent chinois.
7. Il a appris le français.

B. Changement de caractère. Comment est-ce que ces gens changent? Choisissez l'adjectif qui convient dans la liste.

adorable   désagréable   égoïste   paresseux
sage   discipliné   sociable

MODÈLE: Je rougis souvent.
→Je deviens timide.

1. Tu ne travailles plus beaucoup.
2. Roger écoute toujours ses parents.
3. Nous sommes toujours de mauvaise humeur.
4. Mes chats sont toujours gentils.
5. Je ne donne jamais rien aux autres.
6. Vous aimez bien parler aux gens.

C. Avant de venir en classe. Expliquez à un/e partenaire ce que vous venez de faire, juste avant d'arriver en classe.

MODÈLE: É1   Moi, je viens de déjeuner au resto-U. Et toi?
É2   Moi, je viens de travailler au labo de langues. Je viens de terminer les devoirs.

Le pronom **y**

1. The pronoun **y** means *there*. It refers back to the name of a place, which can be introduced by a preposition such as **à, en, dans, chez, devant,** or **à côté de.**

> Tu es allé **au théâtre** hier soir?
> *You went to the theater last night?*
> —Oui, j'**y** suis allé avec mes parents.
> —*Yes, I went there with my parents.*

> Tes cousins habitent **en Suisse?**
> *Your cousins live in Switzerland?*
> —Non, il n'**y** habitent plus.
> —*No, they don't live there anymore.*

> Qui va aller **chez le boucher?**
> *Who's going to the butcher shop?*
> —Pas moi; j'**y** suis allée hier.
> —*Not me; I went there yesterday.*

2. The placement of **y** is like the other object pronouns –immediately before the conjugated verb, unless there is an infinitive.

> Tu **y** vas, **au concert de musique rock?**

> Je ne veux plus **y** rester, **dans ce mauvais appartement.**

> Vous allez **en Provence?**
> —Non, nous **y** sommes allés l'été dernier.

À VOUS LA PAROLE

A. C'est logique. De quel endroit est-ce qu'on parle probablement? Il y a souvent plusieurs possibilités.

MODÈLE: Elle y va pour les sports d'hiver.
  →Elle va dans les Alpes.
  OU Elle va au Canada.
  OU Elle va dans le Colorado.

1. On y trouve des belles plages.
2. Les gens y parlent portugais.
3. On y parle anglais, français et pidgin English.
4. On y parle wolof et français.
5. On peut y passer des vacances magnifiques.
6. On y va pour le Carnaval.
7. Les Américains y vont pour parler français sans quitter l'Amérique du Nord.

B. Les voyageurs. En choisissant l'expression appropriée dans la colonne B, dites pourquoi on visite les endroits indiqués.

MODÈLE: André va aller à Paris.

→Il va y aller pour visiter la Tour Eiffel.

A

1. Les Kerboul sont allés à la Nouvelle-Orléans.
2. Les Dupuis vont aller dans les Alpes.
3. Raymond veut aller à la Guadeloupe.
4. André va aller à Paris.
5. Les Brunet sont allés sur la Méditerranée.
6. Christiane voudrait aller au Mexique.
7. Les Santini préfèrent passer leurs vacances en Egypte.
8. M. Lescure va aller dans la région de Bordeaux.

B

a. acheter du vin
b. voir le Carnaval
c. visiter les Pyramides
d. visiter la Tour Eiffel
e. apprendre l'espagnol
f. apprendre le créole
g. nager
h. faire du ski

C. Vos habitudes. Demandez à votre partenaire si elle/s'il va aux endroits suivants. Il/Elle doit vous donner une raison pour sa réponse.

MODÈLE: dans des bons restaurants

    É1   Tu vas quelquefois dans des bons restaurants?

    É2   Non, je n'y vais jamais.

    É1   Pourquoi?

    É2   Parce qu'ils sont très chers et je n'ai pas assez d'argent pour y aller.

1. au théatre
2. aux concerts de musique classique
3. à Euro-Disney ou à Disney World
4. faire du ski ou du patinage au Québec
5. en Louisiane
6. en Europe
7. aux Antilles
8. dans un pays francophone autre que la France

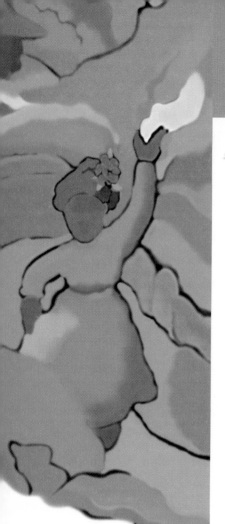

LISONS

A. Avant de lire. This brochure describes special services available to travelers using the **TGV.** Explain the four types of special services offered. Do these services apply to all trains, or only to certain trains?

B. En lisant. Look at each short text more closely to find the following information.

1. **Restauration**
   a. What food and drink items are listed as being available for the various meals?
   b. What words are used to describe the food service?
   c. What seem to be the two features of the food service that the text highlights most?

2. **Le téléphone**
   a. How many phones does each train have available for passenger use?
   b. Where are the phones located?
   c. What do you need to have to make the phone work?

3. **Jeune Voyageur Service**
   a. Which passengers can benefit from this service?
   b. What are the restrictions on this service?

4. **Personnes handicapées**
   a. Where are special handicapped facilities located?
   b. Find in the text an expression that is a synonym for **une personne handicapée.**

LES SERVICES À BORD

Restauration

Ce label de la SNCF vous garantit la qualité du service de restauration assuré par des hôtesses et des stewards.

En 1ʳᵉ classe, la restauration «à la place».
Aux heures habituelles de repas, un service de restauration «à la place» est proposé en 1ʳᵉ classe, dans la plupart des TGV ayant un temps de parcours supérieur à une heure.

Le matin:
Un petit déjeuner complet et varié: thé, café ou chocolat au choix, jus de fruit fraîchement pressé et viennoiseries pour démarrer la journée du bon pied.

Le midi et le soir:
Une cuisine légère et de qualité. Un menu complet vous est proposé, comprenant hors-d'œuvre, plat chaud ou froid, fromage, dessert, boisson et café compris.

Les menus sont renouvelés régulièrement afin d'offrir toute la diversité souhaitée aux voyageurs qui prennent fréquemment le TGV.

Un conseil:
Réservé à l'avance, votre petit déjeuner ou votre repas vous coûtera moins cher et vous serez sûr d'être servi. Attention! Le titre repas n'est valable que dans le train pour lequel vous avez effectué une réservation.

Le téléphone

La plupart des TGV sont maintenant équipés du téléphone relié au réseau Radiocom 2000. Quelle que soit la vitesse du train, vous pouvez ainsi établir une communication téléphonique, privée ou professionnelle, avec n'importe quelle partie du monde.

Chaque rame peut être équipée de deux ou trois cabines téléphoniques situées en première et en seconde classes.

Ces téléphones fonctionnent avec votre télécarte habituelle (également en vente au bar) ou votre carte «France Télécom».

Jeune Voyageur Service

JVS Vos enfants âgés de 4 à 13 ans sont accompagnés par une hôtesse du Service JVS de leur gare d'arrivée. En toute sécurité, ils jouent avec d'autres enfants sous la vigilante attention de l'accompagnatrice.

Pour le prix d'un billet en seconde classe et du forfait JVS (224 F*, Résa TGV comprise), ce service est proposé certains jours pendant les vacances scolaires, sur les relations ci-dessous (aller et retour).

Personnes handicapées

Vous vous déplacez en fauteuil roulant: un espace a été spécialement aménagé en 1ʳᵉ classe, pour vous offrir tout le confort souhaitable. Une chaise transfert vous permettra d'accéder aux toilettes, spécialement adaptées et de vous déplacer dans le train.

Pour plus de renseignements sur les facilités d'accès offertes dans les trains vous pouvez vous procurer gratuitement dans les gares et agences de voyages, «le guide du voyageur à mobilité réduite».

C. En regardant de plus près. Find English equivalents for the following words or phrases.

1. Restauration: un service de restauration "à la place"
2. Le téléphone: quelle que soit la vitesse du train
3. Jeune Voyageur Service: de leur gare de départ à leur gare d'arrivée
4. Personnes handicapées: un fauteuil roulant

D. Après avoir lu. Discuss these questions with your classmates.

1. Special services often target particular groups of people. The texts here are an illustration of how the **SNCF** has targeted specific groups in its descriptions of services provided on the **TGV**. Can you tell what groups are targeted in each instance?

2. How do these services compare with what you might expect to find for bus or air travel?

 ÉCOUTONS

Laure téléphone à Air France. Listen to the phone conversation between Laure Deleuze and a ticket agent for Air France. Laure is planning a trip from Nice to London.

1. What questions do you think Laure will ask the agent? What will the agent ask Laure? Make a list of possible questions for each, as in the model below.

Laure's questions	**Agent's questions**
Do you have direct flights from Nice to London?	What is your planned date of departure?

2. Now listen to the dialogue, and check off each question from your list that is actually asked during the course of the conversation. Were there any questions that you did not anticipate? If so, add them to the list.

3. Listen once more, and circle the information from your original list that is given without its having been directly requested.

4. Finally, provide the following information.
   a. Pendant quel mois est-ce que Laure voudrait voyager?
   b. Combien de temps est-ce qu'elle veut rester en Angleterre?
   c. Pourquoi Laure va pouvoir payer son billet moins cher?
   d. Pourquoi est-ce qu'elle doit prendre une décision rapidement?

A. On se renseigne auprès de la SNCF. Mme Imbert téléphone à la SNCF pour se renseigner sur les trains.

- Elle doit arriver à Paris au début de la soirée; elle a un rendez-vous pour le dîner.
- Mais elle doit rencontrer quelqu'un à la gare de Marseille pour environ une heure.
- Étudiez l'horaire des TGV, et ensuite imaginez la conversation entre Mme Imbert et l'employé de la SNCF. Avec un/e partenaire, jouez les rôles de l'employé et de Mme Imbert.

Nice → Marseille → Avignon → Paris

N° du TGV	606	666	804	808	814	800	844(6)	820(1)	822(2)	824	876	826	826(3)	846	834	836	836	848	838(4)	840
Restauration **D**					🍴		🍴								🍴(5)	🍴	🍴			🍴(5)
Nice **D**					c 6.00	b 6.00	10.20					b11.59			12.55	b13.41	b14.33	15.18	b14.33	
Antibes **D**					c 6.19	b 6.19	10.35					b12.15			13.09	b14.00	b14.51	15.34	b14.51	
Cannes **D**					c 6.31	b 6.31	10.45					b12.26			13.18	b14.12	b15.02	15.44	b15.02	
Saint-Raphaël **D**					c 6.55	b 6.55	11.10					b12.51			13.41	b14.36	b15.25	16.08	b15.25	
Toulon **D**			b 5.25	b 6.25	7.52	b 7.48	12.03	b10.30	b11.45	b12.35		b13.42		14.33	b15.30	b16.17	16.43	16.58	b16.17	17.01
Marseille **D**			6.30	7.55	8.44	8.44			12.00	12.50		13.43		14.50	16.50	17.31	17.31		17.34	18.18
Avignon **D**	5.02		7.27	8.58	9.39	9.39		13.07	13.51	14.55	14.58	15.52	15.52		17.47	18.25	18.25		18.28	19.17
Montélimar **D**	5.38				10.27	10.27		a13.16	14.30						18.22					a19.29
Valence **D**	6.02	6.58	8.34	9.53	10.49	10.49			14.01	14.52		16.49	16.49		18.45	19.20	19.20		19.24	20.12
Lyon-Part-Dieu **D**	7.03	8.00	9.29				15.03											20.18		21.10
Le Creusot - TGV **D**				8.40																21.50
Paris-Gare de Lyon **A**	9.05	10.10	11.33	12.54	13.49	13.49	17.34	16.59	17.42	18.40	18.47	19.46	19.46		21.43	22.16	22.16	22.22	22.22	23.20

D Départ   **A** Arrivée
a Correspondance à Valence   *b* Correspondance à Marseille   *c* Correspondance à Toulon
Service restauration à la place en 1re classe, en réservation.
(1) Ce TGV circule à partir du 5 mars.
(2) Ce TGV circule jusqu'au 4 mars.
(3) Ce TGV circule jusqu'au 1er janvier et à partir du 9 avril ainsi que les jours particuliers ci-dessus.
(4) Ce TGV circule du 19 décembre au 3 avril ainsi que les jours particuliers ci-dessus.
(5) Restauration tous les jours sauf les samedis, dimanches et fêtes.
(6) À partir du 7 mars : Nice 9.36 - Antibes 9.52 - Cannes 10.02 - St-Raphaël 10.27 - Toulon 11.20 - Lyon Part-Dieu 14.49 - Paris 16.53.
(7) La correspondance à Marseille n'est pas assurée les 31 octobre, 1er, 10 et 12 novembre, 3 et 4 avril, 11, 13, 22 et 23 mai.

MODÈLE: L'EMPLOYÉ: Gare SNCF de Nice, oui.

MME IMBERT: Oui, bonjour, Monsieur. Je voudrais aller de Nice à Paris. Je dois arriver à Paris avant dix-huit heures.

L'EMPLOYÉ: Bien, alors vous avez deux possibilités.

B. Projets de voyage. Avec un/e camarade de classe, faites des projets de voyage. Utilisez la carte de la France que vous avez dans votre manuel, et mettez-vous d'accord sur:

1. votre point de départ et votre destination
2. les endroits que vous allez visiter
3. les moyens de transport que vous allez utiliser
4. le nombre de jours que vous allez passer dans chaque endroit

MODÈLE: É1 Imagine que nous partons de Paris.

É2 Et notre destination, c'est les Alpes.

É1 Oui, on peut aller à quelques stations de ski.

É2 Si on prend le train, on peut descendre à Genève, et ensuite…

C. Un voyage en francophonie. Imaginez que vous pouvez faire un voyage à une des régions francophones indiquées. Expliquez (a) l'intérêt touristique de cette région, (b) la plus belle saison pour y aller, (c) comment on peut y aller.

1. le Québec   2. les Seychelles   3. le Maroc   4. Genève

ÉCRIVONS

A. On fait un petit voyage. Imaginez que vous écrivez une lettre pour décrire un voyage que vous allez faire. Utilisez les expressions ci-dessous et le dessin pour préparer votre description.

MODÈLE: →On part de Paris le 28 juillet. On prend le train jusqu'à Marseille.
On couche la première nuit à Marseille, et ensuite…
On part de…
On prend…
On descend/monte jusqu'à…
On couche à…
On repart…
On passe ___ jours à…
On rentre à…

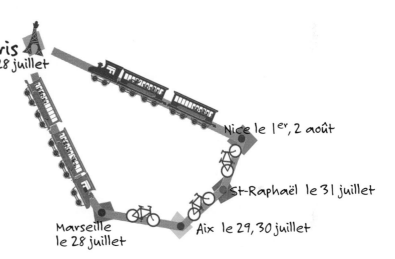

B. Un bon souvenir. Racontez un voyage que vous avez fait récemment et dont vous gardez de bons souvenirs. Dans votre description, racontez:

1. où vous êtes allé/e
2. comment vous avez voyagé
3. les endroits que vous avez visités
4. combien de temps vous avez passé dans chaque endroit

MODÈLE: →L'été dernier, je suis allée en Californie avec mon mari. Nous avons pris l'avion jusqu'à San Francisco, et nous avons passé trois jours dans cette ville. Ensuite, nous avons loué une voiture et nous avons descendu la côte jusqu'à Los Angeles. Nous avons passé deux jours avec mon oncle et ma tante. Nous sommes allés aussi à San Diego, et nous avons traversé la frontière pour aller au Mexique. Ensuite, nous sommes remontés à San Francisco, où nous avons repris l'avion pour rentrer chez nous.

View the clips for **Chapitre 7** in the *Chez nous* video

◆ moyens de transport / means of transportation

un autobus (le bus)	*a city bus*
un avion	*a plane*
un bateau	*a boat*
un car	*an excursion bus*
un métro	*a subway*
une mobylette	*a moped, motorscooter*
une moto	*a motorcycle*
un taxi	*a taxi*
un train	*a train*
un vélo	*a bicycle*
une voiture	*an automobile*

◆ pour parler des pays / to talk about countries

Il est... (de France d'Italie/du Mexique).	*He is from... (France, Italie, Mexico).*
l'Algérie (f)	*Algeria*
l'Allemagne (f)	*Germany*
l'Angleterre (f)	*England*
l'Argentine (f)	*Argentina*
l'Australie (f)	*Australia*
la Belgique	*Belgium*
le Brésil	*Brazil*
le Cameroun	*Cameroon*
le Canada	*Canada*
la Chine	*China*
la Colombie	*Colombia*
la Côte-d'Ivoire	*Ivory Coast*
l'Espagne (f)	*Spain*
les États-Unis	*the United States*
la France	*France*
l'Inde (f)	*India*
l'Italie (f)	*Italy*
le Japon	*Japan*
le Maroc	*Morocco*
le Mexique	*Mexico*
le Portugal	*Portugal*
le Sénégal	*Senegal*
la Suisse	*Switzerland*
le Zaïre	*Zaire*

◆ pour parler des nationalités / to talk about nationalities

Elle est… (belge, française).	*She is… (Belgian, French).*
algérien/algérienne	*Algerian*
allemand/e	*German*
américain/e	*American*
anglais/e	*English*
argentin/e	*Argentinian*
australien/australienne	*Australian*
belge	*Belgian*
brésilien/brésilienne	*Brasilian*
camerounais/e	*Cameroonian*
canadien/canadienne	*Canadian*
chinois/e	*Chinese*
colombien/colombienne	*Colombian*
espagnol/e	*Spanish*
français/e	*French*
indien/indienne	*Indian*
italien/italienne	*Italian*
ivoirien/ivoirienne	*Ivorian*
japonais/e	*Japanese*
marocain/e	*Moroccan*
mexicain/e	*Mexican*
portugais/e	*Portuguese*
sénégalais/e	*Senegalese*
suisse	*Swiss*
zaïrois/e	*Zairean*

◆ pour parler des langues / to talk about languages

Il parle... / *He speaks...*
- l'allemand (m) / *German*
- l'anglais (m) / *English*
- le chinois / *Chinese*
- l'espagnol (m) / *Spanish*
- le français / *French*
- l'italien (m) / *Italian*
- le japonais / *Japanese*
- le portugais / *Portuguese*

◆ pour faire un voyage / to take a trip

- un aéroport / *an airport*
- une agence de voyages / *a travel agency*
- un appareil-photo / *a camera*
- un arrêt / *a stop*
- un bon / *a voucher, coupon*
- un carnet d'adresses / *an addressbook*
- une carte postale / *a postcard*
- une carte de crédit / *a credit card*
- durer / *to last*
- en espèces / *in cash*
- un franc / *a Franc (monetary unit)*
- des lunettes (f) de soleil / *a pair of sunglasses*
- la mairie / *the town hall*
- la monnaie / *money, change*
- obtenir / *to obtain*
- un passeport / *a passport*
- une pellicule / *a roll of film*
- un plan de ville / *a city map*
- un portefeuille / *a wallet*
- une réservation / *a reservation*
- réserver / *to reserve*

- un vol / *a flight*

◆ verbes comme venir / verbs like venir

- devenir / *to become*
- revenir / *to come back*
- venir / *to come*

◆ autres expressions utiles / other useful expressions

- prêt/e (être prêt/e) / *ready*
- envoyer / *to send*

Faisons du tourisme!

Où est-ce qu'on peut loger?

Lorsqu'on part en vacances on peut loger:
- dans un hôtel, surtout dans une ville
- dans une auberge de jeunesse, si on est jeune
- dans un camping, si on voyage avec une caravane, un camping-car ou une tente
- dans un gîte rural, si on veut avoir un contact avec les gens du pays

À l'hôtel

Les Asgarally, des touristes mauriciens, arrivent à l'Hôtel de Saints-Pères à Paris. Ils vont passer plusieurs jours dans la c avant de voyager en France et en Suisse.

LA RÉCEPTIONNISTE:	Bonjour, Monsieur. Bonjour, Madame.
M. ASGARELLY:	Bonjour, Madame. Nous avons une réserv
LA RÉCEPTIONNISTE:	Votre nom?
M. ASGARELLY:	Asgarelly. Deux chambres.
LA RÉCEPTIONNISTE:	Voyons. Oui, une chambre avec un grand une autre à deux lits.
M. ASGARELLY:	Pour trois nuits.
MME ASGARELLY:	Les chambres ont une salle de bains et de W.C.?
LA RÉCEPTIONNISTE:	Votre chambre est avec bain et la chambr vos enfants avec douche. Cela vous convie
MME ASGARELLY:	Parfaitement.
LA RÉCEPTIONNISTE:	Voulez-vous qu'on vous aide à monter les bagages?

LES GUIDES MICHELIN

Les Guides Rouges Michelin contiennent une évaluation des hôtels et des restaurants de France et de plusieurs pays européens. Les Guides Verts décrivent les lieux touristiques.

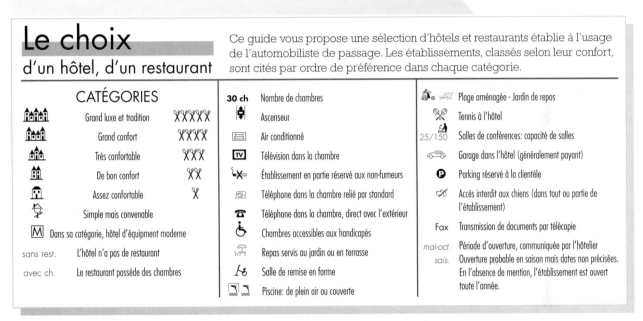

Le choix
d'un hôtel, d'un restaurant

Ce guide vous propose une sélection d'hôtels et restaurants établie à l'usage de l'automobiliste de passage. Les établissements, classés selon leur confort, sont cités par ordre de préférence dans chaque catégorie.

CATÉGORIES

Grand luxe et tradition

Grand confort

Très confortable

De bon confort

Assez confortable

Simple mais convenable

Dans sa catégorie, hôtel d'équipement moderne

sans rest.   L'hôtel n'a pas de restaurant

avec ch.   Le restaurant possède des chambres

30 ch   Nombre de chambres

Ascenseur

Air conditionné

Télévision dans la chambre

Établissement en partie réservé aux non-fumeurs

Téléphone dans la chambre relié par standard

Téléphone dans la chambre, direct avec l'extérieur

Chambres accessibles aux handicapés

Repas servis au jardin ou en terrasse

Salle de remise en forme

Piscine: de plein air ou couverte

Plage aménagée - Jardin de repos

Tennis à l'hôtel

25/150   Salles de conférences: capacité de salles

Garage dans l'hôtel (généralement payant)

Parking réservé à la clientèle

Accès interdit aux chiens (dans tout ou partie de l'établissement)

Fax   Transmission de documents par télécopie

mai-oct.   Période d'ouverture, communiquée par l'hôtelier
sais.   Ouverture probable en saison mais dates non précisées. En l'absence de mention, l'établissement est ouvert toute l'année.

À VOUS LA PAROLE

A. Où est-ce qu'ils vont loger? D'après la description des touristes, dites où ils vont probablement loger.

MODÈLE: Les Merten voudraient avoir un contact avec les gens de la campagne.
→ Ils vont loger dans un gîte rural.

1. Les Martini voudraient une chambre avec mini-bar, télévision et téléphone.
2. Christine va passer trois jours à Bordeaux mais c'est une étudiante et elle a un budget modeste.
3. Les Garcia voyagent avec leur caravane.
4. Marcel et ses copains veulent passer plusieurs semaines en Suisse sans dépenser trop d'argent.
5. Yvon aime la nature; il voyage avec son vélo et sa tente.
6. Les Smith aiment la campagne et ils voudraient pratiquer leur français.

B. À la réception. D'après les dessins, jouez les rôles réceptionniste/client avec un/e partenaire.

le 8 et 9 avril

MODÈLE:	É1	Bonjour, Madame. Je voudrais une chambre avec douche.
	É2	Pour combien de personnes?
	É1	Deux.
	É2	Vous désirez un grand lit ou deux lits?
	É1	Un grand lit. Il y a une télévision dans les chambres?
	É2	Bien sûr. Vous allez rester combien de nuits?
	É1	Deux nuits.

1. le 8 au 10 avril

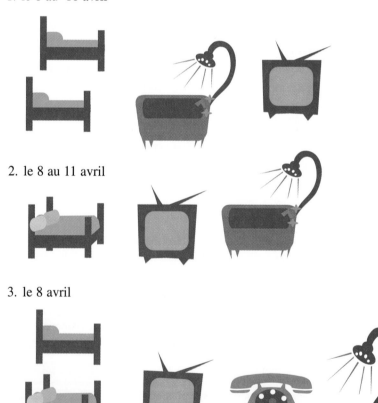

2. le 8 au 11 avril

3. le 8 avril

C. Choix d'hôtel. Vous préparez un voyage à Tours et vous consultez le Guide Michelin qui vous donne les choix suivants. Vous répondez aux questions de votre partenaire concernant le type d'hôtel et les services qu'on peut y trouver.

MODÈLE: Le Royal
    É1 On peut loger au Royal...
    É2 C'est un hôtel de quelle catégorie?
    É1 Très confortable.
    É2 Les chambres ont une télé et un téléphone?
    É1 Bien sûr.
    É2 Est-ce qu'il y a une piscine?
    É1 Non.
    É2 Qu'est-ce qu'on va faire avec notre voiture?
    É1 Il y a un garage.
    É2 L'hôtel a un restaurant?
    É1 Non.
    É2 On doit payer en espèces ou avec un chèque?
    É1 Non, ils acceptent les cartes de crédit.

Harmonie M 🛁 sans rest, 15 r. F. Joliot-Curie 📞 47 66 01 48, Télex 752587 Fax 47 61 66 38 – 🔳 cuisinette 📺 ☎ 👤 🚗 – 🛗 40 AE ➊ GB JCB   DZ **b**
fermé 20 déc. au 10 janv. – ☐ 55 – **48 ch** 450/750 6 appart.

Mercure M 4 pl. Thiers 📞 47 05 50 05, Télex 752740, Fax 47 20 22 07 🛗 ✂
ch. 🔳 📺 ☎ 👤 🚗 – 🛗 70. AE ➊ GB   V **z**
Repas 135/230 bc. enf. 50 – ☐ 55 – **120 ch** 395/490.

Holiday Inn M 15 r. Ed. Vaillant 📞 47 31 12 12, Fax 47 38 53 35 🛁 – 🛗 ✂
ch. 🔳 ch. 📺 ☎ 👤 🚗 – 🛗 50. AE ➊ GB JCB   DZ **m**
Repas 120/150 👤 – ☐ 70 – **105 ch** 460/680.

Royal sans rest, 65 av Grammont 📞 47 64 71 78, Télex 752006, Fax 47 05 84 62
– 🛗 📺 ☎ 👤 🚗 – 🛗 35. AE ➊ GB   V **s**
☐ 39 – **25 ch** 220/310.

Le Manoir sans rest, 2 r. Traversière 📞 47 05 37 37 – 🛗 📺 P ☎ AE ➊ GB   CZ **h**
☐ 30 – **20 ch** 240/320.

Central H. sans rest, 21 r. Berthelot 📞 47 05 46 44, Télex 751173,
Fax 47 66 10 26 – 🛗 📺 ☎ 👤 🚗 P AE ➊ GB JCB   CY **k**
☐ 40 – **41 ch** 310/520.

Criden sans rest, 65 bd Heurteloup 📞 47 20 81 14, Fax 47 05 61 65 – 🛗 📺 ☎ 🚗   DZ **g**
☐ 33 – **32 ch** 265/315. AE ➊ GB JCB

Comment se renseigner

Les Asgarelly viennent d'arriver à Tours. Ils se trouvent à la sortie de l'autoroute. Ils arrêtent leur voiture pour demander des renseignements à un passant.

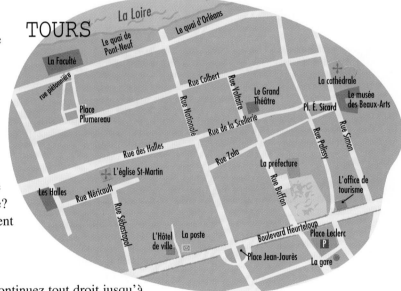

MME ASGARELLY: Pardon, Monsieur. L'office de tourisme, s'il vous plaît?

LE PASSANT: Vous êtes passés juste devant. Il est là, en face.

MME ASGARELLY: Ah, oui, je le vois. Où est-ce que je peux garer ma voiture?

LE PASSANT: Il y a un parc de stationnement tout près, là, sous la place, devant la gare.

MME ASGARELLY: Je tourne à gauche ici?

LE PASSANT: Non, vous ne pouvez pas. Continuez tout droit jusqu'à la place Jean-Jaurès et faites demi-tour.

MME ASGARELLY: Là, où il y a le feu rouge.

LE PASSANT: Non, avant. Il y a un rond-point.

MME ASGARELLY: Merci beaucoup, Monsieur.

LE PASSANT: Je vous en prie

Maison à colombage,
Place Plumereau, Tours

LA TOURAINE ET LA VILLE DE TOURS

Pendant la Renaissance, les rois de France ont choisi la Touraine comme lieu de résidence. Cela explique le grand nombre de magnifiques châteaux dans la région. Au Moyen Âge, on a construit des châteaux fortifiés sur des collines, avec des tours et des murs — des châteaux forts — pour des raisons militaires. À la Renaissance, on ne construit plus les châteaux sur des collines. Au contraire, on les construit au bord de l'eau pour mieux pouvoir y aller. Il n'y a plus de murs mais des jardins. Les châteaux de la Renaissance contiennent des grandes pièces avec des larges fenêtres — des galeries. Des artistes, certains venus d'Italie comme Léonard de Vinci, contribuent à remplir ces châteaux d'œuvres d'art: statues, tableaux et beaux meubles.

Le touriste trouve à Tours les traces d'un riche héritage culturel: des monuments et des constructions de la période gallo-romaine, du Moyen Âge et de la Renaissance. Aujourd'hui la ville possède un grand nombre d'industries légères et connaît une grande activité culturelle et intellectuelle. Le Centre de Congrès Vinci, récemment construit et tout en verre et en métal, est un des chefs-d'œuvre de l'architecture moderne. Le TGV met la ville de Tours à seulement une heure de Paris.

À VOUS LA PAROLE

A. Le sens de l'orientation. En consultant la carte de Tours, dites quelle est la relation entre les deux sites.

MODÈLE: la poste et l'hôtel de ville: à côté de ou en face de?
→La poste est en face de l'hôtel de ville.

1. la cathédrale et les Halles: loin de ou près de?
2. le musée des Beaux-Arts et la place Sicard: derrière ou devant?
3. le musée des Beaux-Arts et la cathédrale: à coté de ou en face de?
4. la gare et la Faculté des Lettres: loin de ou près de?
5. la poste et la place Jean-Jaurès: à droite de ou à gauche de?
6. le parc de stationnement et la place du Maréchal Leclerc: sous ou devant?

B. Les bonnes instructions. Imaginez que vous êtes devant la gare à Tours. Si vous suivez les instructions, où est-ce que vous arrivez?

MODÈLE: Vous tournez à gauche sur le boulevard Heurteloup, ensuite à droite dans la rue Nationale et à droite sur la rue de la Scellerie. Vous vous arrêtez au coin de cette rue et de la rue Voltaire.
→ C'est le Grand Théâtre.

la cathédrale	l'église Saint-Martin
le Grand Théâtre	les Halles
le musée des Beaux-Arts	la place Plumereau
la préfecture	la poste

1. Vous traversez le boulevard Heurteloup. Vous descendez la rue Bernard Palissy. Vous allez tout droit. À la place Sicard vous tournez à droite.
2. Vous tournez à gauche dans le boulevard Heurteloup, ensuite à droite dans la rue Nationale et à droite dans la rue Colbert.
3. Vous tournez à gauche dans le boulevard Heurteloup, vous traversez la rue Nationale, vous continuez tout droit. À la deuxième rue, vous tournez à droite. Vous tournez à gauche. C'est là, à pour quelques mètres.
4. Le plus facile, c'est de descendre la rue Nationale jusqu'au fleuve et de suivre le quai du Pont-Neuf jusqu'à la faculté des Lettres. Ensuite, vous tournez à gauche en face de la fac dans une petite rue piétonnière.
5. Traversez le boulevard Heurteloup et le parc qui est en face.
6. Traversez le boulevard Heurteloup, descendez la rue Buffon, tournez à gauche dans la rue de la Scellerie et continuez tout droit.

C. Contrastes. Remplacez le mot ou l'expression en italique par son contraire.

MODÈLE: L'office de tourisme est *à côté du* centre des congrès.
→ L'office de tourisme est en face du centre des congrès.

1. La Faculté des lettres est *loin du* centre de la ville.
2. L'opéra est *près de* l'université.
3. Vous devez tourner *à droite* dans la prochaine rue.
4. Le jardin est *devant* la mairie.
5. *Descendez* l'avenue Victor Hugo!
6. Il faut *faire demi-tour.*
7. Le musée est sur votre *gauche.*

D. Le Bon Samaritain. Avec un/e partenaire vous allez jouer les rôles du touriste et d'un Tourangeau/d'une Tourangelle qui lui indique le chemin le plus court entre les points indiqués de la ville de Tours.

MODÈLE: de la gare à la cathédrale
    É1 Pour aller à la cathédrale, s'il vous plaît?
    É2 Vous traversez le boulevard Heurteloup et vous prenez la rue Simon. Vous descendez cette rue.
          Vous allez voir la cathédrale à votre droite.

1. de la gare à l'hôtel de ville
2. de l'hôtel de ville à la Faculté des Lettres
3. de la cathédrale à la poste
4. de la place Plumereau à l'hôtel de ville
5. du musée des Beaux-Arts à la place Plumereau

SONS ET LETTRES

La semi-voyelle /j/ en position finale

- The semivowel /j/ occurs before a vowel, as in **vieux** and **avion**. It also occurs at the end of words. In such cases, it is spelled **-il** or **-ille**.

  le trava**il**   il trava**ille**
  un vie**il** hôtel   une vie**ille** église

- The spelling **-ille** represents both final /j/ and final /l/. You must memorize the pronunciation of words which end in **-ille**.

| /j/ | la **fille** | la fam**ille** | Cam**ille** |
| /l/ | la v**ille** | m**ille** | tranqu**ille** |

À VOUS LA PAROLE

A. Contrastes. Comparez la prononciation pour chaque paire de mots.

la v**ille**/la f**ille**   m**ille**/la fam**ille**   tranqu**ille**/Cam**ille**

B. Phrases. Maintenant lisez les phrases.

1. Cam**ille** est une f**ille** très tranqu**ille**.
2. Mire**ille** et Gabrie**lle** habitent à Marse**ille**.
3. Je trava**ille** dans une vie**ille** v**ille** très tranqu**ille**.

Les verbes **connaître** et **savoir**

The verbs **connaître** and **savoir** both mean *to know*, but they are used in somewhat different ways.

1. **Connaître** means *to be acquainted with* or *to be familiar with* and usually refers to places and persons.

Je connais votre tante.	***I know** your aunt.*
Il ne connaît pas ces lacs.	***He is not familiar with** these lakes.*
Vous connaissez ce roman?	***Are you familiar with** this novel?*

2. When used in the *passé composé* with persons **connaître** means *to have met*.

J'ai connu ce poète l'été dernier.	***I met** this poet last summer.*

3. Here are the forms of **connaître**:

CONNAÎTRE *to be familiar with*		
SINGULIER	**PLURIEL**	
je connai **s**	nous connaiss **ons**	
tu connai **s**	vous connaiss **ez**	
il elle on } connaî **t**	ils elles } connaiss **ent**	←

   PASSÉ COMPOSÉ: J'ai **connu** Jamila l'été dernier.

4. **Savoir** means *to know* facts, information, or how to do something. It is used in five types of constructions:

   - Followed by an infinitive:

Tu **sais** nager?	*Do you **know how** to swim?*
Elles ne **savent** pas jouer du piano.	*They don't **know how** to play the piano.*

   - Followed by a noun:

Il **sait** le grec.	*He **knows** Greek.*
Je ne **sais** pas tout.	*I don't **know** everything.*
Nous **savons** la réponse.	*We **know** the answer.*

   - Followed by a sentence introduced by **que**:

Nous savons *qu'il est parti hier.*	*We know (that) he left yesterday.*
Je sais *que tu n'as pas écrit ça.*	*I know (that) you didn't write that.*

- Followed by a sentence introduced by a question word or **si** *whether.*

> Je ne sais pas ***comment*** **elle s'appelle.**
> *I don't know her name.*
> Tu sais ***pourquoi* il part?**
> *Do you know why he's leaving?*
> Est-ce que vous savez ***s'il y a une auberge dans ce village?***
> *Do you know whether there is an inn in this village?*

- Used alone:

> Qu'est-ce qu'elles **savent**?
> *What do they know?*
> Je **sais.**
> *I know.*

5. When used in the *passé composé*, **savoir** means *to have learned* or *found out.*

> J'**ai su** où il était.
> *I found out where he was.*

6. Here are the forms of **savoir:**

SAVOIR *to know*		
SINGULIER	**PLURIEL**	
je sai **s**	nous sav **ons**	
tu sai **s**	vous sav **ez**	
il elle } sai **t** on	ils elles } sav **ent**	

PASSÉ COMPOSÉ: J'ai **su** où il habitait.

À VOUS LA PAROLE

A. Des gens de talent. Qu'est-ce que ces gens savent faire?

MODÈLE: les membres de l'équipe du Canadien de Montréal
→ Ils savent bien jouer au hockey sur glace.

1. Fred Astaire et Ginger Rogers
2. Luciano Pavarotti
3. Andre Agassi
4. Agatha Christie
5. votre prof de français
6. votre frère ou sœur
7. votre meilleur/e ami/e
8. vous

B. Vous connaissez? Vous avez visité un endroit intéressant? Qu'est-ce que vous aimez dans cet endroit?

MODÈLE: →Je connais la ville de New York. J'aime surtout les musées, le Parc Central et les grands magasins.

C. L'espion international. L'INTERPOL recherche Claude Martin, un grand espion. Est-ce que vous le connaissez? Qu'est-ce que vous savez à son sujet? Faites des phrases en employant **connaître** ou **savoir.**

MODÈLES: où il travaille
     →Je sais où il travaille.

    la ville où il est né
     →Je connais la ville où il est né.

1. M. Martin
2. qu'il parle portugais
3. les noms de ses camarades
4. sa femme
5. quand il est parti d'Italie
6. qu'il parle allemand
7. où Martin habite
8. pourquoi il est allé en Belgique
9. ses amis à Liège
10. quand il va repartir

D. Trouvez une personne. Trouvez quelqu'un parmi vos camarades de classe qui sait/connaît...

MODÈLE: jouer de la guitare
     →Est-ce que tu sais jouer de la guitare?

1. parler italien
2. une personne célèbre
3. le président de l'université
4. faire du ski
5. la ville de Washington
6. un pays étranger
7. jouer d'un instrument
8. le prénom du professeur
9. combien d'étudiants il y a à l'université

Les pronoms complément d'objet **me, te, nous, vous**

1. The pronouns **me, te, nous** and **vous** function both as direct object pronouns, corresponding to **le, la, l'** and **les,** and as indirect object pronouns, corresponding to **lui** and **leur.**

Direct object pronouns

Tu **l'**attends?	*Are you waiting for him/her/it?*
Tu **m'**attends?	*Are you waiting for me?*
Attention! On **te** regarde.	*Watch out. They're looking at you.*
Nous **les** invitons pour ce soir.	*We're inviting them over tonight.*
Elles **nous** ont invités à leur fête.	*They invited us to their party.*
Je vais **vous** conduire à la gare.	*I'm going to drive you to the station.*

Indirect object pronouns

On **lui** a dit de partir.	*They told him/her to leave.*
Je **te** téléphone tout de suite.	*I'll call you right away.*
Vous **me** parlez?	*Are you talking to me?*
Qui **leur** a apporté ces robes?	*Who brought them these dresses?*
Qui **nous** a donné ce cadeau?	*Who gave us this gift?*
Qui **vous** a dit de venir?	*Who told you to come?*

2. Here is a summary of object pronouns:

	PERSONNE	DIRECT		INDIRECT
	1ère		me/m'	
SINGULIER	2e		te/t'	
	3e m.	le/l'		lui
	f.	la/l'		
PLURIEL	3e	les/les‿		leur
	2e		vous/vous‿	
	1ère		nous/nous‿	

A. Esprit de coopération et esprit de contradiction. Vous allez proposer quelque chose. Un/e de vos partenaires va donner son accord, l'autre va refuser.

MODÈLE: É1   Tu m'attends?
       É2   Oui, je t'attends.
       É3   Non, je ne t'attends pas.

1. Tu m'aides?
2. Tu me téléphones?
3. Tu m'invites?
4. Tu me prêtes ton stylo?
5. Tu vas m'écrire?
6. Tu vas me montrer ta chambre?
7. Tu vas m'accompagner à la bibliothèque?

B. Réciprocité. Répondez que vous êtes d'accord.

MODÈLE: Je t'invite à dîner si tu me prêtes de l'argent.
    → Alors, je te prête de l'argent.

1. Je t'écris si tu me donnes ton adresse.
2. Je te téléphone si tu me donnes ton numéro de téléphone.
3. Nous t'accompagnons au musée si tu nous invites à ta fête.
4. Nous t'offrons le dessert si tu nous aides à traduire cette lettre.
5. Je t'emmène au cinéma si tu me prêtes ta voiture demain.
6. Je t'explique le problème si tu répares mon vélo.
7. Nous te prêtons l'argent si tu nous accompagnes à Strasbourg.

C. Qu'est-ce qu'ils font? Qu'est-ce que ces gens font pour vous? Parlez-en avec un/e camarade, et ensuite comparez vos réponses avec celles des autres étudiants.

MODÈLE: vos parents
    → Ils me téléphonent le week-end; ils me prêtent de l'argent pour payer mes études; ils me donnent des conseils.

1. votre frère ou sœur
2. votre camarade de chambre
3. votre meilleur/e ami/e
4. votre copain/copine ou votre époux/épouse
5. vos professeurs
6. vos parents

Le futur

1. There are two ways to express future events in French: using *le futur proche* or *le futur*. The two grammatical structures do not carry precisely the same meaning for French speakers. Compare:

   a. Ma tante **va avoir** un enfant.　　*My aunt's going to have a baby.*
   b. Ils **vont** se **marier** et ils **auront**　*They're going to get married,*
   　　beaucoup d'enfants.　　　　　　*and they'll have lots of kids.*

   - In a. we assume that the aunt is expecting. In b. it is not certain that the couple to be married will have *any* children, let alone many.

2. The difference between the *futur proche* and the *futur* is not primarily one of nearness or remoteness of the future event, but of its certainty or definiteness. Compare:

   Je **ferai** la vaisselle plus tard.　　*I'll do the dishes later* (perhaps).
   Je **vais faire** la vaisselle.　　　　*I'm going to do the dishes* (right away).
   L'été prochain je **vais aller** en　　*Next summer I'm going to*
   　Suisse.　　　　　　　　　　*Switzerland.* (definite)

3. Use the *futur* to soften instructions and emphatic commands.

   Vous **traverserez** le pont et vous　　*You cross the bridge and turn*
   tournerez à gauche au premier　　*left at the first intersection.*
   carrefour.

   Tu **fermeras** la porte!　　　　*You **will** close the door!*

4. To form the future tense, add the future endings to the future stem.

INFINITIVE ENDING:	-ER	-IR	-IR/-ISS-	-RE
FUTURE STEM:	chanter-	partir-	finir-	vendr-
FUTURE TENSE:				
je	chanter**ai**	partir**ai**	finir**ai**	vendr**ai**
tu	chanter**as**	partir**as**	finir**as**	vendr**as**
il elle on	chanter**a**	partir**a**	finir**a**	vendr**a**
nous	chanter**ons**	partir**ons**	finir**ons**	vendr**ons**
vous	chanter**ez**	partir**ez**	finir**ez**	vendr**ez**
ils elles	chanter**ont**	partir**ont**	finir**ont**	vendr**ont**

5. The following verbs have irregular future stems:

aller	j'**ir**ai	falloir	il **faudr**a
avoir	j'**aur**ai	pleuvoir	il **pleuvr**a
être	je **ser**ai	pouvoir	je **pourr**ai
faire	je **fer**ai	savoir	je **saur**ai
acheter	j'**achèter**ai	venir	je **viendr**ai
envoyer	j'**enverr**ai	voir	je **verr**ai
devoir	je **devr**ai		

À VOUS LA PAROLE

A. Avec autorité! Mme Meunier donne des ordres très clairs et impératifs à ses enfants. Changez les impératifs selon le modèle.

MODÈLE: Hervé, promène Médor!
→ Hervé, tu promèneras Médor!

1. Hervé, prends ton manteau!
2. Eric, mets la table!
3. Hélène, prépare le déjeuner!
4. Eric, mange tes carottes!
5. Hélène, fais la vaisselle!
6. Les enfants, faites vos devoirs!
7. Hervé, range tes affaires!
8. Eric, donne à manger à Minette.

B. Prévisions de la météo. Voici les prévisions de la météo pour le Canada et pour le monde entier. Quel temps prévoit-on pour les villes indiquées?

MODÈLE: à Ottawa
→ Demain, le ciel sera ensoleillé. La température sera de 18 degrés.
Ce soir elle descendra jusqu'à 6 degrés.

Au Pays		Demain	Le monde		Demain
Iqaluit	P/Nuageux	-5/-12	Amsterdam	Ensoleillé	16/15
Yellowknife	Ensoleillé	11/-2	Athènes	Ensoleillé	22/13
Whitehorse	Ensoleillé	13/0	Beijing	P/Nuageux	19/12
Vancouver	Averses	14/8	Berlin	Ensoleillé	14/3
Victoria	Averses	13/8	Bruxelles	Ensoleillé	16/5
Edmonton	P/Nuageux	15/2	Buenos Aires	Nuageux	15/11
Calgary	P/Nuageux	19/3	Honolulu	P/Nuageux	29/23
Saskatoon	Ensoleillé	12/1	Lisbonne	Ensoleillé	27/14
Régina	P/Nuageux	11/2	Londres	P/Nuageux	19/8
Winnipeg	Nuageux	12/5	Los Angeles	Ensoleillé	23/12
Thunder Bay	Averses	12/2	Madrid	Ensoleillé	28/13
Sudbury	Nuageux	17/5	Mexico	Ensoleillé	29/13
Rouyn	P/Nuageux	16/7	Moscou	P/Nuageux	9/2
Ottawa	Ensoleillé	18/6	New Delhi	P/Nuageux	34/23
Québec	Ensoleillé	18/5	New York	P/Nuageux	17/11
Moncton	Ensoleillé	17/6	Paris	Ensoleillé	19/6
Frédéricton	Ensoleillé	19/6	Rio	P/Nuageux	30/22
Halifax	Ensoleillé	14/1	Rome	Ensoleillé	22/11
Charlottetown	Ensoleillé	13/0	Tokyo	P/Nuageux	21/15
Saint-Jean	Ensoleillé	8/2	Washington	Nuageux	15/22

1. à Québec
2. à Winnipeg
3. à Calgary
4. à Vancouver
5. à Paris
6. à Bruxelles
7. à Londres
8. à Honolulu

C. Boule de cristal. Imaginez que vous allez chez une voyante. Voici ses prédictions. Voyons si vous avez bien compris.

MODÈLE: Je vois que beaucoup d'argent passe entre vos mains.
→ Je serai très riche.
OU Je travaillerai dans une banque.

1. Je vois que vous voyagez beaucoup à cause du travail.
2. Je vois beaucoup d'enfants dans votre avenir.
3. Je vous vois devant une grande maison.
4. Je vous vois en compagnie d'une belle femme/d'un bel homme.
5. Je vois que vous avez beaucoup d'amis.
6. Je vois que vous êtes très célèbre.

D. Rêvons des vacances. Imaginez un voyage à la ville ou l'endroit de vos rêves. Qu'est-ce que vous ferez?

MODÈLE: à Strasbourg
→ Nous nous promènerons dans la vieille ville. Nous visiterons la cathédrale. Nous mangerons une bonne choucroute.

1. en Touraine
2. à la Martinique
3. à la Nouvelle-Orléans
4. au Maroc
5. à Tahiti
6. au Québec
7. en Suisse
8. à Paris

E. Le troisième millénaire. Quelle est votre opinion sur ce qui se passera après l'an 2000?

MODÈLE: travailler dans les usines
→ Personne ne travaillera plus dans les usines. Tout le travail sera fait par des robots.

1. employer des ordinateurs
2. lire des journaux
3. voyager en train
4. parler anglais
5. explorer la planète Mars
6. habiter sur la Lune ou dans l'espace
7. choisir une femme comme présidente des États-Unis

MISE EN PRATIQUE

LISONS

A. Avant de lire.

1. Every travel agency makes available to prospective travelers descriptions of *package deals* for the desired destination. What are some of the reasons travelers might be interested in this type of arrangement? What things are generally included in such a package?

2. Now look at pages from a travel magazine, describing three options for a particular region of France. Scan the texts to find out what region of France is being described. Then, look at the way in which the descriptions are laid out. How are certain types of information highlighted? What information is emphasized here for each option?

B. En lisant. As you read, look for information, as follows:

1. Which option(s) would

   a. be of particular interest to biking enthusiasts?
   b. be most economical for families with small children?
   c. most interest a history buff?
   d. feature water sports?
   e. involve staying in a different hotel each night?

2. Complete the chart with information about each option.

	les petites routes	avec vue	week-end authentique
type of lodging	2-star hotels		
meals included			
suggested activities			

3. Now answer these questions about each option.

   a. For **Les petites routes**, what is the *minimum* distance one might travel during a day? Does the package include the necessary equipment? a guide?
   b. For **Avec vue**, what tells you that this is a *mountain* resort? What features are of particular interest to families with small children?
   c. For **Week-end authentique**, what expressions tell you that the inn is famous for its food? What sport activity can guests of the inn engage in without having to go to Génos Lake?

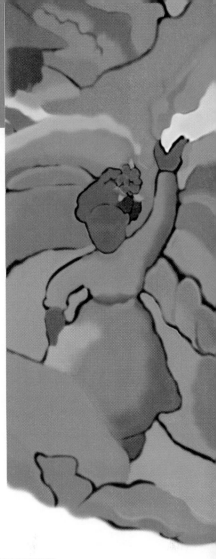

À VÉLO

Les petites routes de Dordogne

Prenez un site naturel loin des grands axes routiers: la vallée de la Dordogne, puis ajoutez à cela un moyen de locomotion, pratique et écologique, idéal pour faire le plein de découvertes: le vélo. Vous voilà parti à la conquête d'une région étonnante, sur des petites routes ou sentiers de campagne. Des étapes de 40 à 60 km par jour vous emmèneront au cœur de l'histoire, au Moyen-âge et au XVIe siècle. Le soir, à l'étape, un dîner régional sera préparé à votre attention dans un hôtel 2* de caractère.

AU PROGRAMME: randonnée à vélo, sans accompagnateur. Les bagages sont transportés entre chaque étape. Étapes de 45km à 60km par jour, avec de nombreux arrêts possibles, sur des petites routes de campagne. Les points forts de votre circuit: Rocamadour, Lacave (nombreux musées, monuments et

sanctuaires), Martel, Turenne (le village médiéval), Floirac (site préhistorique).

DURÉE: 7 jours/6 nuits, du 1er jour au dîner au 7e jour après le petit déjeuner.

HÉBERGEMENT: en petite hôtellerie de charme 2*, chambre double (avec bain ou douche), dîners régionaux aux étapes.

NOMBRE DE PARTICIPANTS: de 2 à 8 personnes.

LE PRIX COMPREND: le séjour en demi-pension en hôtels 2*, le transport des bagages aux étapes, l'assistance technique du matériel à l'étape (sur appel), le descriptif du parcours.

LE PRIX NE COMPREND PAS: les boissons, les déjeuners, la location du vélo.

HÔTEL

Avec vue sur le Luchonnais

Ce petit hôtel familial et à l'accueil chaleureux, confortablement installé sur les flancs du col de Peyresourde, entre deux villages des Pyrénées Centrales, n'attend que votre bon plaisir. Là, à 950 m d'altitude, vous serez singulièrement bien, détendu et heureux de côtoyer les majestueux sommets environnants. Pour retrouver la forme et un rythme de vie harmonieux, entre 2 randonnées ou une partie de pétanque.

HÉBERGEMENT: en hôtel 2*, 17 chambres (toutes avec téléphone) dont quelques chambres familiales ou communicantes, certaines avec balcon et une vue superbe sur

les Pyrénées. Un bar, 2 terrasses, un salon TV. Cuisine raffinée et variée, carte gastronomique.

VOS LOISIRS: un cadre montagnard où vous trouverez, à 300 m de l'hôtel, courts de tennis, terrain de volley, gymnase, boulodrome, une aire de jeux pour enfants. L'hôtelier vous donnera toutes les informations sur les activités, les randonnées et les sites à voir.

LE PRIX COMPREND: le séjour en demi-pension en chambre double et une documentation sur les randonnées et balades dans le Luchonnais.

AUBERGE DE MONTAGNE

Week-end authentique

Prenez la direction de la vallée du Louron, puis au lac de Génos-Loudenvielle: stop. Là, une belle bâtisse de pierre et d'ardoises, située aux bords du lac, vous invite dans la douceur de son feu de bois à vivre un séjour montagnard chaleureux et gastronomique. L'accueil convivial et la chaleur de l'assiette font de cette auberge une halte dont la renommée n'est plus à faire.

HÉBERGEMENT: en auberge de montagne, 10 chambres confortables. En plus des 10 chambres: refuge pour randonneurs avec 2 dortoirs de 8 et 16 places.

VOS LOISIRS:
• **Sur place:** nombreux sentiers de montagne pour tous randonneurs.

• **À proximité:** le lac de Génos avec parapente, deltaplane, pêche, canoë et VTT.

LE PRIX COMPREND: le séjour en demi-pension en chambre double du vendredi pour le dîner au dimanche après le petit déjeuner, un repas gastronomique (vin compris), une journée d'activité au choix (VTT ou randonnée).

C. En regardant de plus près. Now look more closely at the following features of the text.

1. All three options specify **le séjour en demi-pension.** One also notes: **Le prix ne comprend pas: les boissons, les déjeuners, [etc.].** Based on this information, what do you think the expressions **demi-pension** and **pension complète** must mean?

2. One option recommends **une journée d'activité au choix (VTT ou randonnée).** If you know that **VTT** stands for **vélo tout terrain,** then what are the suggested activities?

3. All of these options suggest a simple, more *ecological* lifestyle. What particular phrases can you find that tie in with this idea?

D. Après avoir lu. Now discuss these questions with classmates.

1. What seem to be the most interesting aspects of these travel options? How are these aspects highlighted in the texts?

2. Would you be interested in traveling to this region? Why or why not? If you did visit the area, which of the suggested options would you choose? How would you most likely spend your time?

ÉCOUTONS

Vacances d'été. Listen as two friends, Laurent and Carole, discuss their plans for summer vacation.

1. First explain for each of the two:
   a. where they will stay
   b. with whom they will be
   c. what they plan to do

2. Notice the emotions expressed by Laurent and Carole as they talk. For each emotion listed below, decide who feels that way and why, and pick out a phrase from the conversation that expresses that particular emotion.

	who?	why?	key expression?
surprise			
resignation			
excitement			
envy			

3. Whose vacation plans do you find more appealing, Laurent's or Carole's? Why?

A. Vos prochaines vacances. Qu'est-ce que vous allez faire pendant les prochaines vacances scolaires? Vous pensez voyager? Si oui, avec qui? Où? Parlez avec un/e partenaire de vos projets.

MODÈLE: É1   Tu pars pour les vacances?
           É2   Bien sûr! Je vais au Mexique.
           É1   Pas vrai! Tu as de la chance, toi! Qu'est-ce que tu vas faire?, etc.

B. On va aux Pyrénées. Imaginez que vous allez passer des vacances dans les Pyrénées avec votre famille ou avec des amis. Avec les autres membres de votre groupe, décidez du type de logement et des activités. Chaque personne devrait proposer un choix de logement ou d'activités.

C. Visite guidée. Avec un/e partenaire, imaginez que vous faites le guide pour un/e ami/e francophone qui visite les États-Unis pour un mois de vacances. Décidez de ce que vous allez lui montrer d'après ses intérêts. Ensuite, expliquez à vos camarades de classe ce que vous pensez faire.

1. Elle est très sportive.
2. Il aime la musique et l'art.
3. Elle adore l'histoire américaine.
4. Il aime la nature.
5. Elle aime la science et la technologie.
6. Elle adore les grandes villes.

ÉCRIVONS

A. Un séjour dans la vallée de la Dordogne. Imaginez que vous venez de faire le séjour décrit dans l'annonce **Les petites routes de Dordogne** dans la région Midi-Pyrénées. D'abord lisez l'annonce décrivant des possibilités de tourisme. Puis écrivez une carte postale à un/e ami/e francophone pour décrire ce que vous avez vu et ce que vous avez fait.

MODÈLE: → Salut, Gaby! Je viens de passer huit jours près de Cahors avec un groupe de copines et de copains. Nous sommes restés dans un petit hôtel très confortable et très pittoresque.

B. Pour arriver chez nous. Imaginez que vous avez un/e ami/e francophone qui arrive en avion à New York. Ensuite, votre ami/e va louer une voiture pour venir chez vous. Écrivez-lui une carte postale pour lui donner des instructions pour arriver jusqu'à chez vous. Consultez une carte routière des États-Unis, et n'oubliez pas de dire à votre ami/e combien de temps il/elle va mettre pour arriver chez vous. D'abord, faites une liste des routes et des villes importantes. Ensuite, utilisez les expressions de la liste ci-dessous pour rédiger vos instructions.

EXPRESSIONS UTILES:
en sortant de la ville
prendre l'autoroute numéro/la route nationale numéro _____
aller jusqu'à la ville de _____
traverser l'état de _____
passer par _____

For additional activities visit the *Chez nous* home page.
http://www.prenhall.com/cheznous

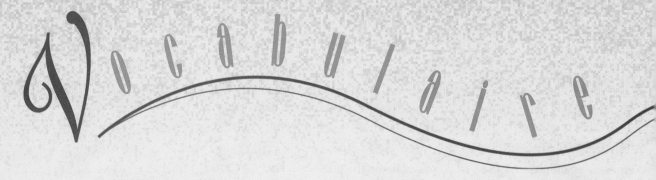

◆ pour loger / lodging

loger (dans un hôtel)	*to stay (in a hotel)*
une auberge (de jeunesse)	*an inn, (youth) hostel*
un camping	*a camping ground*
un camping-car	*an RV*
une caravane	*a camper (vehicle)*
un gîte (rural)	*a (rural) bed and breakfast*
un hôtel	*a hotel*
une tente	*a tent*

◆ à l'hôtel / in the hotel

Cela vous convient?	*Does this suit you?*
monter les bagages	*to take up/carry up luggage*
un/une réceptionniste	*a receptionist*

◆ pour se renseigner / to get information

un guide	*a guide*
je vous/t'en prie	*you're welcome*
un office de tourisme	*a tourism office*
pardon	*excuse me*
un/e passant/e	*a passerby*
des renseignements (m)	*information*
s'il vous/te plaît	*please*
se renseigner	*to get information*

◆ pour dire où / to say where

à droite (de)	*to the right (of)*
à gauche (de)	*to the left (of)*
devant	*in front of*
en face (de)	*facing, opposite*
loin (de)	*far (from)*
près de	*near to*
sous	*under, below*
tout droit	*straight ahead*

◆ pour y aller en voiture / to go there by car

une autoroute	*a highway*
continuer	*to go on/keep going*
un demi-tour (faire demi-tour)	*a U-turn (to make a U-turn)*
un feu rouge	*a stoplight*
garer	*to park*
un parc de stationnement	*a parking lot*
un rond-point	*a traffic circle*
une route	*a road*
une sortie	*an exit*
tourner (à gauche, à droite)	*to turn (left, right)*

◆ pour décrire / to describe

parfaitement	*perfectly, completely*
plusieurs	*several*

◆ **verbes de connaissance**

connaître

savoir

◆ **autres mots utiles**

la gare
lorsque
surtout

verbs of knowing

*to be acquainted/
    familiar with*
*to know (facts,
    how to)*

other useful words

train station
when
especially

L'Afrique actuelle

Pastèques au marché près de Thiès, Sénégal

L'Afrique noire francophone comprend 17 états colonisés par la France et la Belgique. Accompagnée d'une division administrative arbitraire, la colonisation n'a pas respecté les distinctions ethniques et linguistiques. Aujourd'hui ces états sont tous multilingues, excepté le Rwanda et le Burundi qui n'ont qu'une seule langue locale. Le français est partout la langue officielle, mais la proportion des gens capables de bien s'exprimer dans cette langue ne dépasse pas 10% en moyenne. Cependant, ces pays ont beaucoup de relations culturelles, économiques et politiques avec les anciens pays colonisateurs. Par exemple, beaucoup d'étudiants zaïrois font leurs études en Belgique, et beaucoup de jeunes Français participent à des projets de développement dans ces pays.

Des touristes et des représentants commerciaux et industriels français et belges y vont aussi.

Le Sénégal

LE SÉNÉGAL
Dakar

Situation géographique:	Au nord-ouest de l'Afrique, sur l'océan Atlantique
Population:	Plus de 8 millions d'habitants
Villes principales:	Dakar (capitale), Saint-Louis
Langues:	Français (langue officielle); six langues locales principales dont le wolof est la plus importante
Histoire:	Créé en 1857 et colonisé par la France entre 1879 et 1990, le Sénégal devient un pays indépendant en 1960

Tourisme au Sénégal

On décrit Dakar comme le Paris de l'Afrique noire francophone. C'est en effet une grande ville moderne. Pour une vue de l'Afrique plus typique, le touriste doit visiter Saint-Louis, une ville située sur le fleuve Sénégal. Là en 1658 les Français ont établi leur premier comptoir en Afrique, un poste pour les échanges commerciaux avec les habitants.

Saint-Louis est le point de départ pour des excursions qui permettent de mieux connaître l'Afrique profonde. La région offre une grande variété de paysages: dunes, savane et forêt. Les voyageurs peuvent découvrir les villages peulhs et wolof. Près de Saint-Louis se trouvent plusieurs parcs nationaux, dont l'environnement est soigneusement protégé. Dans le parc national du Djoud on trouve plus de 3 millions d'oiseaux appartenant à plus de 300 espèces différentes (y compris les pélicans et les flamants roses) ainsi que beaucoup d'animaux sauvages. La visite de cette réserve naturelle peut se faire en pirogue ou en véhicule tout terrain.

Saint-Louis, Sénégal

La Côte-d'Ivoire

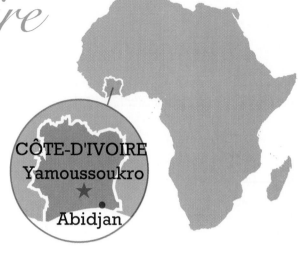

Situation géographique: Au bord du golfe de Guinée entre les états anglophones du Libéria et du Ghana

Population: 13 millions et demi d'habitants

Villes principales: Yamoussoukro (capitale), Abidjan

Langues: Français (langue officielle); plus de 60 langues locales principales dont le baoulé, le bété et le dioula

Histoire: Colonisée par la France à partir de 1893, devient pays indépendant en 1960

Abidjan

Grande ville moderne, proche de la mer, au milieu de forêts et de lagunes, Abidjan (population 1.800.000) a été la capitale de la Côte-d'Ivoire jusqu'en 1983. Elle reste la capitale économique du pays. C'est une ville aux multiples aspects. Le centre ville est essentiellement commercial et comprend des gratte-ciel modernes et de nombreuses boutiques artisanales. Du quartier administratif et de la Présidence on a une vue magnifique sur la baie du Banco. Il faut citer également le quartier élégant de Cocody avec ses hôtels et ses ambassades au bord de la lagune. Comme toutes les villes africaines, Abidjan a son marché pittoresque, avec ses fruits et légumes posés à même le sol et ses marchands de tissus multicolores.

Abidjan, Côte-d'Ivoire

Chapitre 8

Nos relations personnelles

1 Les jeunes et la vie

Language use
- Expressing feelings and concerns
- Talking about childhood events
- Discussing holidays

Language tools
- The imperfect and the *passé composé*: narrating in the past
- Idiomatic pronominal verbs
- The relative pronoun *que*
- Sons et lettres: The semi-vowels /w/ and /ɥ/

2 Les relations et les émotions

Language use
- Talking about relationships
- Expressing emotions

Language tools
- The verbs of communication *écrire, dire, lire*
- Dislocation and emphasis
- The pluperfect
- Sons et lettres: Unstable *e* and the law of 3 consonants

Chez nous

France: a multicultural country

Les jeunes et la vie

Pierre

Sarah

Étienne

Les jeunes parlent

Qui sont ces jeunes, ces 18-25 ans? Nés à l'époque où Herbert Marcuse publiait "la Fin de l'utopie", ils ont été élevés par les fameux "baby boomers" qui manifestaient en Mai-68 et contre la guerre au Viêt-nam. Aux États-Unis, on les baptise la "génération X", la génération inconnue, anonyme. En France, c'est les "baby boudeurs", qui entrent dans la société du chômage, où un diplôme compte pour très peu. Ils ont un style, le "grunge", qui a déjà traversé l'Atlantique. Qui sont-ils? Que veulent-ils? Comment voient-ils le monde et leur avenir?

La famille. Mes parents ont divorcé quand j'avais cinq ans. Je ne dirais pas que l'absence de mon père a été une chance, mais la présence de mon grand-père l'a très bien compensée. Ma mère exerçait l'autorité, rôle quelquefois ingrat. Mon grand-père, ancien instituteur, m'a appris à aimer les livres, en particulier ceux d'histoire. *Pierre, 22 ans, étudiant en histoire.*

Je fais partie d'une famille assez "traditionnelle": mon père travaille et ma mère, c'est la femme au foyer. J'ai de bons rapports avec mes parents. Ils m'ont donné une morale, une vision du monde, le goût du travail et une présence très sécurisante. Je suis bien dans ma peau. *Sarah, 18 ans, bachelière.*

Les études. J'essaie de travailler mieux mais je redouble, parce que l'an dernier, je n'ai rien fait. D'un côté, je me dis qu'il faut bouger pour arriver plus haut. De l'autre, je laisse passer des heures. Nos profs nous poussent pourtant de plus en plus, ils essaient de nous ouvrir les yeux. *Nadine, 17 ans, lycéenne.*

La formation universitaire est une bonne formation, qui donne un esprit d'analyse. Le problème, c'est qu'elle ne nous garantit pas un emploi. *Étienne, 22 ans, étudiant.*

L'avenir. J'ai mon bac depuis un an, et je n'ai pas encore réussi à trouver un poste. Je bosse le week-end comme ouvreuse dans un cinéma. Nos parents ont eu plus de chance que nous. Mon rêve, c'est d'obtenir un travail utile. *Christine, 23 ans.*

La musique. La musique aujourd'hui, il y a beaucoup de mouvements: le rap, le rock, le punk, le heavy-metal. Le rap, surtout, c'est le ras-le-bol de la société. Après le bac, c'est quoi, notre avenir? *Karim, 20 ans.*

Éclairages

LA FAMILLE À LA CARTE

Qu'est-ce qu'une "famille"? Avec ou sans enfants? Deux parents, un seul, davantage? De quel sexe? Nos idées sur la famille évoluent, et le vocabulaire le signale: on parle de familles monoparentales, de pères et de mères célibataires, de mères travailleuses et de pères absents, de familles reconstituées, d'unions libres.

Premier mythe: la famille est en crise. En fait, 90% des jeunes Français sont heureux dans leur cellule familiale, d'après un sondage de la SOFRES (Société Française d'Enquêtes par Sondage). Autre mythe: la famille dite "étendue" disparaît. Mais, en cas d'urgence, on compte toujours sur maman, la belle-mère, les grands-parents, un frère, une tante.

On constate aussi que les jeunes retardent leur départ du domicile parental, pour deux raisons fondamentales: la prolongation des études et la crise de l'emploi. Ainsi, à 22 ans, un jeune Français sur deux habite chez ses parents; à 25 ans, c'est encore le cas d'un sur quatre.

LE LANGAGE DES JEUNES

C'est l'écrivain Jean-Paul Sartre qui a dit, **"Il n'y a pas de sentiment plus communément partagé que de vouloir être différent des autres."** C'est peut-être la devise des jeunes, qui veulent se distinguer par leurs vêtements, leur musique et, surtout par leur langage. Comment décrire le langage des jeunes? La difficulté, c'est qu'il est toujours en train de changer. Le vocabulaire des jeunes, c'est comme le poisson: il ne reste pas frais longtemps! Voici quelques expressions courantes pour parler de ce qui est "bon" et de ce qui est "mauvais":

C'est génial.	**C'est nul.**
cool, supercool	**craignos**
mortel	**lassedégue**

A. D'accord ou pas d'accord? Les jeunes Français qui parlent, seraient-ils d'accord ou pas avec les assertions suivantes?

MODÈLE: Grandir dans une famille monoparentale, c'est pour l'enfant une tragédie.
          → Pas d'accord.

1. La famille exerce très peu d'influence sur les jeunes.
2. On apprécie toujours les parents autoritaires.
3. Les parents et les profs aujourd'hui sont exigeants.
4. Pour réussir, il faut avoir un diplôme.
5. Un diplôme ne garantit pas un emploi.
6. La musique, c'est un moyen de s'exprimer.
7. On écoute de la musique pour oublier ses problèmes.

B. Cause probable. Expliquer comment on est arrivé à la situation décrite.

MODÈLE: Solange n'est pas bien dans sa peau à l'université.
          → Elle ne travaille sans doute pas assez.

1. Lucie a redoublé l'année dernière.
2. Luc n'a pas obtenu le bac.
3. Stéphane n'a pas pu entrer à l'université.
4. C'est leur mère qui a dû exercer l'autorité parentale chez eux.
5. À 28 ans Hervé habite encore avec ses parents.
6. On ne pouvait pas décrire la langue des jeunes.
7. Il a été élevé dans une famille monoparentale.

C. Points de vue français et américains. Formez des groupes de deux ou trois étudiants. Pour chacune des opinions suivantes, dites si elles correspondent à ce que vous pensez.

MODÈLE: On a des bons rapports avec ses grands-parents.
          É1   Nous aussi on a des bons rapports avec nos grands-parents.
               Par exemple, moi, ma grand-mère m'a appris à aimer la musique.
          É2   Je ne suis pas d'accord. Aux États-Unis on a surtout
               des bons rapports avec ses parents.

1. On a des bons rapports avec ses grands-parents.
2. À l'université beaucoup d'étudiants laissent passer des heures sans rien faire.
3. La formation universitaire ne garantit pas un emploi.
4. Après l'université, c'est quoi notre avenir?
5. Nos parents ont eu plus de chance que nous quand ils étaient jeunes.
6. Nos profs nous poussent à travailler de plus en plus.
7. Le rap c'est le ras-le-bol de la société.

Les grands événements

le 9 mai 1975
la naissance de Sylvie

Sylvie à son baptême, avec sa
marraine, et son parrain

le jour de Nöel 1980.
Sylvie a 5 ans

l'anniversaire de Sylvie:
10 bougies, 10 ans

les grandes vacances.
le 14 juillet à la plage

le mariage de Sylvie et de
Bernard, la cérémonie civile avec
Mme le maire; la mariée en blanc,
le marié en smoking!

Les vœux

Meilleurs vœux!	*Best wishes!*
Félicitations!	*Congratulations!*
Bon anniversaire!	*Happy Birthday!*
Joyeux Noël!	*Merry Christmas!*
Bonne année!	*Happy New Year!*

LES FÊTES RELIGIEUSES ET OFFICIELLES

La plupart des jours fériés français sont des fêtes traditionnelles catholiques.

Noël est la plus grande fête de l'année. On décore l'arbre de Noël et on échange des cadeaux. Le soir du 24 décembre (pour certains c'est après la messe de minuit), on se réunit pour un grand repas, le réveillon. Les plats traditionnels sont la dinde aux marrons et les huîtres.

Le jour de l'An est précédé par le réveillon de la Saint-Sylvestre, la nuit du 31 décembre.

La Fête des Rois (l'Épiphanie) a lieu le 6 janvier. On partage un gâteau, la galette, où on a caché la fève — un petit personnage en plastique ou en céramique. La personne qui trouve la fève dans sa part de galette est nommée le roi ou la reine et porte une couronne en papier.

La Chandeleur, c'est le 2 février. Traditionnellement on mange des crêpes. Si vous faites sauter la crêpe et elle tombe dans la poêle, vous aurez de la chance toute l'année.

Pâques. Cette fête célèbre la résurrection du Christ. On offre aux enfants des œufs et des poules en chocolat.

La Fête du Travail. Le premier mai les ouvriers organisent des défilés et on offre un brin de muguet aux membres de sa famille.

La Fête Nationale. Cette grande fête célèbre la prise de la Bastille et le début de la Révolution le 14 juillet 1789. Le soir, toutes les villes et les quartiers des grandes villes organisent un bal public et on tire un feu d'artifice. Le matin, les Parisiens peuvent assister au grand défilé militaire sur les Champs-Elysées, transmis en direct par la télévision.

La Toussaint. Le 1er novembre on honore les morts de la famille en mettant des chrysanthèmes sur leur tombe.

Des œufs et des poules en chocolat.

La Toussaint, le 1er novembre

A. Jeu d'association. À quelle occasion est-ce que vous associez ces choses ou ces personnes?

MODÈLE: un voyage

    Ce sont les grandes vacances.

  OU C'est un mariage.

1. un gâteau
2. des cadeaux
3. un document officiel
4. un grand repas
5. un défilé militaire
6. des fleurs
7. la marraine
8. le maire
9. le prêtre, le pasteur, le rabbin
10. le bébé

B. Le savoir dire. Qu'est-ce que vous dites dans les situations suivantes?

MODÈLE: C'est l'anniversaire de votre mère.

    →Bon anniversaire!

1. Vos amis viennent d'avoir un enfant.
2. C'est le 25 décembre.
3. C'est la Saint-Sylvestre.
4. Vous assistez à un mariage.
5. Votre ami fête ses 20 ans.
6. Vos parents fêtent 25 ans de mariage.
7. C'est le Jour de l'An.

C. Tous les éléments. Quels sont les éléments importants pour une fête? Décrivez une fête d'après la liste d'éléments proposée.

l'endroit

les gens importants

ce qu'on mange et boit

les vêtements

les activités

MODÈLE: un anniversaire

    →On peut fêter un anniversaire à la maison ou dans un restaurant, par exemple. Normalement, la famille et les amis sont présents. Il y a presque toujours un gâteau avec quelquefois des bougies. On chante et on offre des cadeaux.

1. Noël
2. un mariage
3. un baptême
4. la fête nationale
5. les grandes vacances

SONS ET LETTRES

Les semi-voyelles /w/ et /ɥ/

1. The semivowel /w/ is always followed by a vowel, and that vowel is very often /a/. To pronounce /w/, start from the vowel /u/ of **vous** but pronounce it together with the following vowel: **vous/vois; tout/toi.** The semivowel /w/ is usually spelled **ou**, as in **oui** or **jouer.** When followed by the sound /a/, it is usually spelled **oi,** as in **moi, trois.** Note that the spelling **oy** represents /waj/, as in **employé, royal.**

2. To prononce the semivowel /ɥ/, as in **lui,** start from the /y/ of **du** but pronounce it together with the following vowel: **lu/lui.** The sound /ɥ/ is frequently followed by the vowel /i/: **huit, je suis, la nuit; ennuyer.** It is always written with **u.**

À VOUS LA PAROLE

A. Contrastes. Comparez les paires de mots suivantes.

le **roi**	**roy**al
l'empl**oi**	empl**oy**er
je v**ois**	nous v**oy**ons

Maintenant, comparez les mots avec /w/ et /ɥ/.

oui	h**ui**t	Lo**ui**s	l**ui**
joint	j**ui**n	un so**uh**ait	un Suéd**ois**

B. Poème. Lisez ce petit poème.

### Le ver luisant°	°*The glowworm*
Ver l**ui**sant, tu l**ui**s° à min**uit**	°*shine*
Tu t'allumes sous les ét**oi**les	
Et quand tout dort, tu t'introd**uis**°	°*penetrate*
Dans la lune et ronge sa m**oe**lle°.	°*gnaw its marrow*

Robert Desnos
Chantefables et Chantefleurs. Librairie Grund, 1970.

L'imparfait et le passé composé

Both the *imparfait* and the *passé composé* express past action. The use of one or the other depends on the context and the speaker's view of the action or state of being.

1. Use the *passé composé* to express an action that has taken place only once, or a specified number of times, or at a specific point in time.

Ils sont arrivés **lundi.**	*They arrived on Monday.*
Elle a téléphoné **deux fois.**	*She called twice.*

   • Use the *imparfait* to express habitual actions in the past:

   D'habitude on allait au parc **le dimanche.**
   Usually we would go to the park on Sundays.

   Je **travaillais** souvent **le week-end.**
   I often used to work on weekends.

2. Use the *imparfait* to express an ongoing action, in contrast with a completed action (expressed by the *passé composé***).**

   Je r**egardais** la télé quand tu **as téléphoné.**
   I was watching TV when you called.

   Elle **rentrait** chez elle quand il **a commencé** à pleuvoir.
   She was returning home when it started to rain.

3. Use the *passé composé* to narrate a sequence of events, to *advance the plot* in a story. Use the *imparfait* to provide *background information*: to describe the setting or situation.

NARRATING EVENTS	DESCRIBING THE SITUATION
George **a terminé** ses études en juin.	Il **était** fatigué.
	Il **voulait** prendre des vacances.
	Mais il n'**avait** pas d'argent.
	Il **devait** trouver un emploi.
Alors il **a lu** les petites annonces.	
Il **a écrit** des lettres.	
Enfin, un jour, il **a eu** une réponse encourageante.	Il **était** très heureux.

A. Hier, ça n'allait pas! Anne a eu des problèmes hier. Les choses n'ont pas marché comme d'habitude. Expliquez!

MODÈLE: arriver en avance
→ D'habitude elle arrivait en avance.
Mais hier elle n'est pas arrivée en avance.

1. prendre le petit déjeuner
2. apporter son cahier
3. venir en classe à pied
4. préparer la leçon

5. finir les devoirs
6. apporter ses livres
7. travailler à la bibliothèque
8. lire le journal

B. Des excuses. Pourquoi est-ce que ces gens ne sont pas venus en classe? Expliquez la situation ou l'événement, selon le cas.

MODÈLES: Valérie: elle/être malade
→ Valérie n'est pas venue parce qu'elle était malade.

David: il/tomber dans l'escalier
→ David n'est pas venu parce qu'il est tombé dans l'escalier.

1. Bernard: sa mère/téléphoner
2. Adrien: il/rater l'autobus
3. Maria: elle/dormir plus tard
4. Gilberte: son chien/manger ses devoirs
5. Annick: elle/préparer un examen
6. Grégory: il/travailler à la bibliothèque
7. Christiane: elle/avoir un accident
8. Koffi: il/devoir terminer un rapport

C. Racontez l'histoire. Racontez la journée d'Adrien d'après les dessins et en utilisant les mots clés.

MODÈLE: → Hier, c'était samedi.
Adrien s'est réveillé à huit heures, etc.

être samedi, se réveiller, faire beau; ne pas avoir de cours

prendre le petit déjeuner, le téléphone/sonner, être Julie, vouloir jouer, dire oui

l'après-midi/faire chaud; jouer; tomber; être anxieuse

aller à l'hôpital, le médecin/dire/ne pas être sérieux

Maintenant, racontez votre journée d'hier à un/e partenaire.

Les verbes pronominaux idiomatiques

1. Certain verbs change meaning when combined with a reflexive pronoun:

appeler	J'appelle mon chien.	*I'm calling my dog.*
s'appeler	Je m'appelle Didier.	*My name is Didier.*
entendre	J'entends un bruit.	*I hear a noise.*
s'entendre avec	Je m'entends bien avec eux.	*I get along well with them.*

2. Here are some other common idiomatic pronominal verbs:

s'amuser	Ils se sont bien amusés.	*They had a lot of fun.*
s'asseoir	Asseyez-vous!	*Sit down!*
se dépêcher	Il ne se dépêchait jamais.	*He never hurried.*
se détendre	Tu devrais te détendre.	*You should relax.*
s'énerver	Elle s'énerve!	*She's getting irritated.*
s'ennuyer	Je m'ennuie!	*I'm bored!*
se fâcher (avec)	Elle s'est fâchée avec moi.	*She got angry at me.*
s'inquiéter	Ne t'inquiète pas!	*Don't worry!*
s'intéresser à	Tu t'intéresses à la musique?	*Are you interested in music?*
s'occuper de	Tu t'occupes de lui?	*Are you taking care of him?*
se passer	Qu'est-ce qui se passe?	*What's happening?*
se promener	Elle se promène dans le parc.	*She takes a walk in the park.*
se rappeler	Je ne me rappelle pas.	*I don't remember.*
se reposer	On se repose.	*We're resting.*
se souvenir de	Je me souviens de vous.	*I remember you.*

3. Many verbs can be used with a reflexive pronoun to show that the action is mutual, or *reciprocal*. In English we sometimes use the phrase *each other* to express this idea.

se téléphoner	Nous nous sommes téléphoné.	*We phoned each other.*
se retrouver	On se retrouve au café?	*Shall we meet at the café?*
s'embrasser	Ils se sont embrassés.	*They kissed.*

A. À la maternelle. Christophe se souvient de sa classe à l'école maternelle. Pour compléter ses descriptions, choisissez un verbe qui convient dans la liste ci-dessous.

MODÈLE: La maîtresse était toujours calme.
→Elle ne s'énervait jamais.

s'amuser	se dépêcher	s'énerver	s'ennuyer
s'entendre	s'occuper de	se reposer	se souvenir de

1. Pendant la récréation les enfants jouaient ensemble.
2. À midi, on se pressait pour aller à la cafétéria.
3. Une vieille femme préparait le déjeuner.
4. Après le déjeuner, tout le monde faisait la sieste.
5. Jacques et moi, nous étions des bons amis.
6. Je trouvais très intéressantes nos activités en classe.
7. Jacques n'oubliait jamais ses leçons.

B. Trouvez une personne. Trouvez une personne qui…

MODÈLE: s'entend bien avec ses parents
É1 Est-ce que tu t'entends bien avec tes parents?
É2 Non, je ne m'entends pas bien avec eux.
OU Oui, je m'entends bien avec eux.

1. s'entend bien avec ses parents
2. se souvient de son premier jour à l'école
3. s'amuse quelquefois en classe de français
4. s'occupe toujours du dîner le soir
5. ne s'énerve jamais
6. s'est dépêchée ce matin
7. va se détendre ce week-end
8. se rappelle les heures de bureau du professeur

C. Quand? Expliquez à quel moment cela vous arrive de…

MODÈLE: vous fâcher
→Je me fâche quand ma camarade emprunte mes affaires.

1. vous fâcher
2. vous inquiéter
3. vous amuser
4. vous dépêcher
5. vous énerver
6. vous ennuyer
7. vous détendre

Le pronom relatif **que**

1. As you learned in **Chapitre 6**, a relative pronoun allows you to describe a person, place or thing in more detail by introducing a clause that provides additional information. The relative pronoun connects the clause that provides additional information to the main clause. In the example below, the clause that provides additional information (the subordinate clause) is set off by brackets.

   La petite fille était ma meilleure amie. La petite fille habitait à côté.
   La petite fille [**qui** habitait à côté] était ma meilleure amie.
   The little girl who lived next door was my best friend.

   • Note that in the example, **qui**, the relative pronoun that refers to **la petite fille**, is the subject of the subordinate clause.

2. When the relative pronoun is the direct object of the subordinate clause, use **que/qu'**:

   C'était un professeur. J'aimais beaucoup ce professeur.
   C'était un professeur [**que** j'aimais beaucoup].
   *He was a teacher (**whom/that**) I liked a lot.*

   • Note that the relative pronoun **que/qu'** can refer either to a person or a thing and is usually followed by a subject and a verb:

   Le garçon **que j'ai vu** était très triste.
   *The boy (**whom/that**) I saw was very sad.*

   Nous avons acheté le gâteau **que Mme Lerond a fait.**
   *We bought the cake (**that**) Mrs. Lerond made.*

   • In English the words *whom* or *that* may be left out, but in French, **que** must always be used.

3. When you use the *passé composé,* the past participle agrees in number and gender with the preceding direct object pronoun. In both examples below, **que/qu'** refers to a feminine plural noun, and the feminine plural form of the past participle is used.

   Voilà les lettres **que** j'ai écrit**es.**
   *Here are the letters (**that**) I wrote.*

   Vous connaissez les musiciennes **qu'**ils ont invité**es** à jouer?
   *Do you know the musicians (**that**) they invited to play?*

À VOUS LA PAROLE

A. Du beau travail! La petite Isabelle montre les jolies choses qu'elle a faites. Donnez une forme emphatique à ses déclarations.

MODÈLE: J'ai pris ces photos.
→ Voilà les photos que j'ai prises!

1. J'ai écrit ce poème.
2. J'ai préparé ce gâteau.
3. J'ai fait ces dessins.
4. J'ai dessiné ce chat.
5. J'ai apporté ces fleurs.
6. J'ai peint cette affiche.

B. Enrichissons notre vocabulaire. Pouvez-vous deviner le sens des adjectifs suivants en **-able**? Si oui, faites des phrases avec le verbe **pouvoir** suivant le modèle.

MODÈLE: Ce jouet est incassable.
→ C'est un jouet qu'on ne peut pas casser.

1. Ce pullover est lavable.
2. Cette bière est imbuvable.
3. Ce pain est immangeable.
4. Ce produit n'est pas vendable.
5. Cette maison n'est pas habitable.
6. Cet objet est introuvable.
7. Ces vacances sont vraiment inoubliables.

C. Définitions. Dans les définitions, on emploie souvent des propositions relatives. Pouvez-vous définir les choses suivantes?

MODÈLES: un caméscope
→ C'est un appareil qu'on utilise pour faire une vidéo.

un théâtre
→ C'est un endroit où on montre des pièces de théâtre.

un instituteur
→ C'est une personne qui enseigne dans une école primaire.

1. un appareil-photo
2. un magnétophone
3. un musée
4. un cinéma
5. une musicienne
6. un mécanicien

D. Vos souvenirs. Quels sont vos souvenirs d'enfance?

MODÈLE: le jour de la rentrée
→ C'était un jour que j'attendais avec beaucoup d'impatience.
C'était un jour où ma mère m'accompagnait toujours à l'école.

1. votre anniversaire
2. le premier jour des grandes vacances
3. votre meilleur/e ami/e
4. votre jouet préféré
5. votre fête préférée

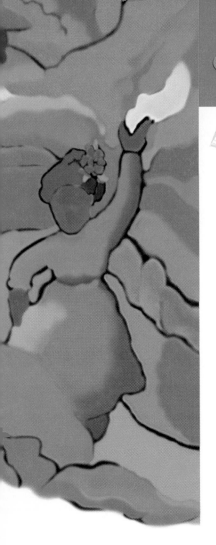

LISONS

A. Avant de lire. In July 1994 the Canadian magazine **L'actualité** devoted thirty pages of its issue to the family.

1. You will read excerpts from the article called **Vivement le dimanche!** Notice the brief description for this article: it contrasts the verbs **changer** and **rester** and puts the word **sacrée** in quotations. What are the main points the writer is making?

> **58 VIVEMENT LE DIMANCHE!**
> Les rituels ont beau changé, le dimanche reste la journée «sacrée» des familles

2. Now write the word *Sunday* in the center of a piece of paper, and around it all the associations you have with this word — these may be activities, feelings, people, etc. When you have finished, look at your associations. Do they group logically in any way? Are they mostly positive or negative?

B. En lisant. As you read excerpts from the article, consider the following points:

1. The text reproduced here consists of three main parts: the writer's memories of Sundays past, a transition to the present time, and a narration of where he goes and whom he talks to on a particular Sunday. Can you identify these three parts of the text?

2. Now look at the description of the writer's childhood memories. In this description, he appeals to the various senses. Find memories which might relate to: (a) sight, (b) hearing, (c) smell, (d) taste. Can you find indications in his description that the writer has idealized the Sundays of his childhood?

3. In the second part, beginning with the third paragraph, the writer sets up a series of contrasts to explain why people like Sundays. What activities do these contrasts suggest?

4. As he travels around Montreal on a Sunday, the writer speaks to a number of people, four of whom are quoted here. Find their names and describe their general view of Sundays.

5. In paragraph 7, the writer evokes the bustle of midday activity. Make a list of the various activities he describes.

6. At the end of his day, the writer goes looking for the young people of Montreal; what does he assume when he can't find them?

Vivement le dimanche!

Jour de repos, jour de rattrapage, jour de retrouvailles?
Les rituels ont beau changé, le dimanche reste la journée des familles.

Il y avait dans les dimanches de mon enfance une solennité, des rubans de satin et de la dentelle blanche aux robes de mes sœurs, et de la musique classique à la radio AM de Radio-Canada. Il y avait aussi du rosbif fumant quand mon grand-père venait dîner après la messe et des légumes nouveaux et exotiques comme du brocoli.

Il faisait toujours beau. C'était le dimanche que les tulipes s'ouvraient au printemps et que les perdrix sortaient sur les routes de gravier en automne. L'air et la lumière n'avaient pas la même texture. Le dimanche est encore une journée hors cadre. Les chaises du jardin remplacent celles de la cuisine, le vélo remplace l'auto, on lit John Le Carré plutôt qu'un rapport annuel... C'est pour ça qu'on aime le dimanche et qu'on lui trouve une couleur propre. C'est aussi pour ça que d'autres le détestent et s'y ennuient, privés d'un rythme auquel ils sont dopés.

"C'en est presque angoissant!" dit Giovanni Calabrese, éditeur, un de ceux qui dé-tes-tent.

"C'est le vide. On n'est pas portés à sortir, ni à recevoir du monde, ni à s'amuser. Il n'y a pas d'activité, pas de circulation dans les rues. Les rares passants sont des promeneurs ou des chauffeurs du dimanche. Ça m'enrage!"

Que fais-tu le dimanche? "Je dors!" Mon amie Élaine Hamel, maquilleuse et coiffeuse, me répond... décoiffée et pas maquillée, en robe de chambre dans l'embrasure de la porte. À 11h, un dimanche matin, je pensais pas la réveiller. Je m'excuse. Je suis confus. Je dis que je reviendrai. Mais 10 minutes plus tard, nous sommes assis devant un café.

"Le dimanche a perdu son côté sacré, dit Élaine. Quand j'étais petite, j'allais à l'église... religieusement! Aujourd'hui, j'ai remplacé la religion par la culture: je vais au cinéma. Ma famille est à Québec et il y a comme un code établi: c'est le dimanche qu'on se téléphone. C'est aussi une journée un peu spirituelle, celle où je pense à mes amis et où je leur écris."

Vers midi, la ville se réveille enfin. C'est l'heure où on espère tout à coup "faire quelque chose" de son dimanche. Les parents et leurs enfants sont partout. Quand la fourmi lance au crapaud "espèce de gros cochon!" c'est le délire chez les enfants qui sont venus voir *Poucette* au cinéma Berri. À l'autre bout de la ville, des enfants de bonne famille font des constructions de blocs hallucinantes avec leurs parents dans la salle de jeu du Centre canadien d'architecture. La famille Essiambre est en train de bruncher chez la mère Tucker. Le Biodôme, le Planétarium et les marchés aux puces se remplissent.

Les montréalais haïtiens, eux, s'endimanchent encore. Pierre-Émile, dans la vingtaine, explique que les dimanches haïtiens demeurent très vivants. "Moins qu'en Haïti, mais il y a encore beaucoup de fêtes: baptêmes, premières communions, confirmations, mariages ... Chez les catholiques, c'est plus vivant que chez les protestants. Les protestants ne boivent pas d'alcool, ne dansent pas le dimanche. Ils sont très conservateurs."

L'heure du blues approche. Tout le monde m'a parlé de ce creux de vague, mélancolique, qui marque les dernières heures du dimanche. La fin du week-end est 7proche, il est temps de faire les devoirs que les enfants ont repoussés jusqu'à l'ultime échéance, le métro-boulot-dodo arrive à grands pas.

Et les jeunes, qu'on dit de plus en plus sans travail et sans attaches familiales, échappent-ils à ce nowhere? Je vais finir mon dimanche aux Foufounes électriques bar-caverne de la rue Sainte-Catherine, chambre de torture musicale, épicentre de la jeunesse no future de Montréal.

"Ici, c'est le soir le plus plat!" De fait, c'est vide. "C'est comme si tout était organisé pour qu'il y ait rien à faire." Nathalie, 20 ans, qui vit à peu près chez son père ("Mon lit et mes affaires sont là mais j'y suis pas souvent"), vient de souper avec lui. "Dans le fond, s'il y avait pas le dimanche, il y aurait pas grand journées où je le verrais..."

Et si le bar est si tranquille le dimanche soir, c'est peut-être que les autres sont encore en visite chez papa ou maman!

(Adapted from *Vivement le dimanche!* by Luc Chartrand. *L'actualité* (Montréal), juillet 1994 p. 58-63)

C. En regardant de plus près. Now that you've read through the article, look more closely at the following features.

1. In paragraph 4, when describing Giovanni Calabrese's attitude towards Sundays, the author writes the word **détestent** as **dé-tes-tent.** What is he trying to convey by doing this?
2. The article contains a number of words or expressions that are particular to Canadian French. What is the meaning of the following?
   a. **des chauffeurs du dimanche** (paragraph 4)
   b. **bruncher** (paragraph 7)
   c. **souper** (paragraph 11)
3. In paragraph 9, the writer describes **l'heure du blues: la fin du week-end est proche, le métro-boulot-dodo arrive.** What do you think the expression **métro-boulot-dodo** means? It may help to know that **le boulot** is a slang expression meaning *work*, and **fais dodo!** is what parents tell small children at night (like our *nightey-night!*).

D. Après avoir lu. Now discuss these questions with your classmates.

1. With what view of Sunday do you most identify, and why?
2. Are Sundays in Montreal very different from or very similar to Sundays in your town?
3. What are your own childhood memories of Sundays?
4. What are your Sundays like now?

 ÉCOUTONS

Souvenirs d'enfance. What types of childhood experiences tend to be the best remembered? Make a list of possibilities with classmates. Now listen to four people tell their most vivid childhood memory.

1. What emotion does each person associate with this memory? (The people are listed in the order in which you will hear them.)

	happiness	sadness	embarrassment
Sophie			
Lise			
Jean-François			
Laurent			

2. Next, determine who the people are that figure in this memory.

MODÈLE: Sophie
→toute la classe (*her classmates*), la maîtresse (*the teacher*)

3. Decide whether the stories fit any of the categories you defined before listening.

A. Vos quinze ans. Posez des questions à un/e camarade de classe pour savoir comment étaient ses quinze ans.

MODÈLE: son caractère
    É1   Comment est-ce que tu étais à quinze ans?
    É2   J'étais très sérieux, je travaillais bien à l'école.

1. son caractère
2. la ville ou le quartier où il/elle habitait
3. sa famille
4. ses amis
5. ses études
6. ses activités
7. ses projets pour l'avenir

B. Comparaison culturelle. Quelles sont les attitudes des jeunes Français au sujet de ce qui est important dans la vie? Voici les réponses de lycéens à cette question. D'abord, examinez les résultats donnés sous forme de statistiques.

QU'EST-CE QUI EST LE PLUS IMPORTANT POUR RÉUSSIR SA VIE?	
Avoir un métier	62%
Être entouré des gens qu'on aime	46%
Fonder un foyer	31%
Avoir de l'argent	26%
Savoir beaucoup de choses	17%
Avoir du pouvoir	0,7%
Être connu	0,4%

Maintenant, décrivez les attitudes des jeunes Français à propos des sujets traités dans ce questionnaire. Vos attitudes et vos valeurs diffèrent-elles beaucoup de celles des jeunes Français? Discutez-en avec un/e partenaire pour trouver vos points communs, et ensuite comparez vos idées avec celles de vos camarades de classe.

MODÈLE: avoir un métier
    É1   Pour les jeunes Français, avoir un métier est très important; ils veulent faire quelque chose d'utile dans la vie. Tu es d'accord avec eux?
    É2   Moi, oui. Mais je crois qu'il faut aussi avoir beaucoup d'argent pour être heureux. Alors il faut trouver un emploi intéressant où on gagne beaucoup d'argent.

C. Votre opinion. Avec un/e camarade, échangez vos opinions sur les sujets suivants.

MODÈLE: les vêtements de marque: Guess, Bugle Boy, Nike, etc.

    É1 Qu'est-ce que tu penses des jeunes qui veulent toujours acheter des vêtements de marque?

    É2 À mon avis, ces vêtements coûtent trop cher. Je préfère acheter des vêtements moins chers; comme ça j'ai plus d'argent pour acheter des disques compacts. Et toi?

    É1 Moi, j'achète quelquefois des vêtements de marque. Les gens ont une meilleure opinion de nous quand on porte ces vêtements.

1. les vêtements de marque: Guess, Bugle Boy, Nike, etc.
2. le style qu'on appelle "le grunge"
3. la musique "rap"
4. MTV
5. les équipes de sport professionnelles
6. les jeunes et la politique
7. les études universitaires et le travail

A. Un souvenir marquant. Racontez votre souvenir le plus marquant. C'est un souvenir heureux ou triste? Quel âge aviez-vous? Quelle était l'occasion? Vous étiez avec qui? Qu'est-ce que vous avez fait?

MODÈLE: →Mon souvenir le plus marquant, c'est un souvenir heureux. J'avais cinq ans, et j'étais fille unique. Un jour, mes parents m'ont dit qu'ils allaient à l'hôpital me chercher un petit frère ou une petite sœur. Ma grand-mère est venue rester à la maison avec moi. Deux jours après, quand j'ai vu la voiture de mon père, j'ai crié, "Voici notre bébé! voici notre bébé!" C'était ma petite sœur. Ma sœur, c'est toujours ma meilleure amie.

B. Les jeunes Américains. Imaginez que vous écrivez une réponse à une lettre envoyée par un/e ami/e français/e. Voici les questions que votre ami/e a posées:

Comment sont les jeunes Américains?
À quoi est-ce qu'ils s'intéressent?
Est-ce qu'ils ont des bons rapports avec leur famille?
Est-ce qu'ils sont plutôt optimistes ou pessimistes en ce qui concerne leur avenir?

D'abord, discutez de ces questions avec vos camarades, et ensuite formulez votre réponse.

For additional activities visit the *Chez nous* home page.
http://www.prenhall.com/cheznous

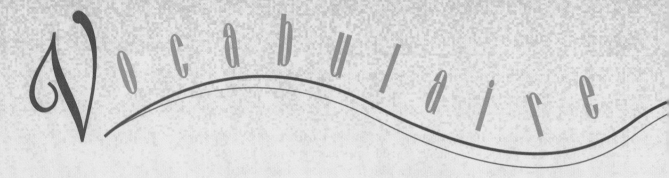

Vocabulaire

♦ **en famille**

exercer son/de l'autorité

une femme au foyer
le foyer
un goût (pour le travail)

monoparental/e
la morale
un rapport

l'union libre (f)

in the family

*to exercise (one's)
   authority*

a housewife
the home
*a taste/liking (for
   work)*
single parent
morals
*a relationship,
   rapport*
cohabitation

♦ **pour décrire une personne**

absent/e
boudeur/-euse
être bien dans sa peau

ingrat/e
travailleur/-euse

to describe a person

absent, missing
pouter, sulker
*to have confidence
   in oneself*
ungrateful
hard-working

♦ **pour parler des études**

arriver plus haut

bosser
bouger
un équilibre
la formation
laisser passer des heures
pousser
redoubler

to talk about studies

*to succeed, climb the
   social ladder*
to work
to move
a balance
education, training
to waste time
to push
*to flunk a grade,
   to be held back*

♦ **la mode et la musique des jeunes**

se mélanger
n'importe quoi

le ras-le-bol

fashion and music of young people

to mix together
*anything, no matter
   what*
*the extreme, limit,
   point where one is
   fed up*

♦ **le langage des jeunes**

le langage
se distinguer (par)

courant/e

the language of young people

language, speech
*to distinguish
   oneself/to stand
   out (by)*
current

♦ **les grands événements de la vie**

une naissance
un anniversaire
un baptême
une bougie
une marraine
un parrain
les grandes vacances
un mariage
une mariée
un marié
une cérémonie civile
un maire

major life events

a birth
a birthday
a baptism
a candle
a godmother
a godfather
summer vacation
a wedding
a bride
a groom
a civil wedding
a mayor

◆ vœux

un vœu	*a wish*
Meilleurs voeux!	*Best Wishes!*
Félicitations!	*Congratulations!*
Bon anniversaire!	*Happy Birthday!*
Joyeux Noël!	*Merry Christmas!*
Bonne année!	*Happy New Year!*

◆ wishes

◆ quelques verbes pronominaux

some pronominal verbs

s'appeler	*to be called*
s'entendre (avec)	*to get along (with)*
s'amuser	*to have fun*
s'asseoir	*to sit down*
se dépêcher	*to hurry up*
se détendre	*to relax*
s'embrasser	*to kiss*
s'énerver	*to become irritated*
s'ennuyer	*to become bored*
se fâcher (avec)	*to get angry (at)*
s'inquiéter	*to worry*
s'intéresser à	*to be interested (in)*
s'occuper de	*to take care of*
se passer	*to happen*
se promener	*to take a walk*
se rappeler	*to remember*
se reposer	*to rest*
se retrouver	*to meet*
se souvenir de	*to remember*
se téléphoner	*to phone one another*

◆ autres mots utiles

other useful words

le chômage	*unemployment*
un poste	*a job, position*
l'avenir (m)	*the future*

2

Les relations et les émotions

Les étapes d'une rencontre sentimentale

Ils se sont rencontrés.

Ils sont tombés amoureux.

Ils se sont fiancés, et après quelques mois, ils se sont mariés.

Ils s'entendaient bien et ils étaient heureux.

Mais elle est devenue jalouse et lui, il n'était pas très affectueux. Ils se disputaient beaucoup. Tout cela les a rendus malheureux.

Ils se sont séparés, et ils ont fini par divorcer.

clairages

LA VIE DE COUPLE

En France, comme dans tous les pays de l'Europe occidentale et de l'Amérique du Nord, le nombre de mariages baisse depuis le début des années 70. En effet, le chiffre des mariages est tombé en France de 417 000 en 1972 à 254 000 en 1993. D'autre part, l'âge moyen de mariage augmente. En 1993 il était de 28,3 ans pour les hommes et de 26,3 pour les femmes.

On estime à environ un million le nombre de Françaises et de Français vivant en union libre, trois fois plus qu'il y a vingt ans. La population accepte mieux l'union libre aussi: en 1976 62% des Français la condamnaient ou la trouvaient choquante. Aujourd'hui par contre, ils sont moins de 30%.

Les relations dites "à longue distance" existent en France aussi bien que chez nous. Lorsque les deux membres d'un couple travaillent dans des villes différentes, on compte sur le train, le téléphone et le courrier pour garder le contact.

Le mariage traditionnel, où la femme reste au foyer, est un phénomène devenu assez rare en France aujourd'hui: 75% des Françaises de 25 à 49 ans travaillent. Par conséquent, les rôles dans les couples sont en train d'évoluer: on partage un peu plus les travaux ménagers, on s'occupe tous les deux des enfants, etc.

À VOUS LA PAROLE

A. Correspondances. Quelle phrase de la colonne B va avec celle de la colonne A?

MODÈLE: Guy et Annick se connaissent?
→ Oui, ils se sont rencontrés l'été dernier.

A

1. Guy et Annick se connaissent?
2. Ils viennent de se fiancer.
3. Il est évident qu'ils s'adorent.
4. Encore une dispute!
5. Vous allez au mariage?
6. Il croit que sa femme aime un autre homme.
7. Ils n'habitent plus ensemble?

B

a. Ils vont bientôt se marier.
b. Oui, ils se sont rencontrés l'été dernier.
c. Ils vont finir par divorcer.
d. Il est devenu très jaloux.
e. Non, ils se sont séparés en janvier.
f. Ils sont amoureux.
g. Oui, à la cérémonie civile; c'est à la mairie.

B. L'histoire d'amour type. Quelle est l'histoire d'amour traditionnelle? Résumez-en les étapes. Maintenant, composez une autre histoire, une histoire d'amour contemporaine.

MODÈLES: →l'histoire traditionnelle: Jean et Marie se connaissent depuis leur enfance; ils sont voisins, et ils jouent ensemble.

→l'histoire contemporaine: Jean et Marie se rencontrent au travail, où Marie est chef d'entreprise et Jean est son employé.

C. Une histoire sentimentale. Racontez l'histoire sentimentale d'un couple que vous connaissez — des parents, des amis, vous-même.

MODÈLE: →Mes parents se sont rencontrés à l'université; ils se sont mariés après leurs études. Ils ont eu trois enfants: mes deux sœurs et moi. Malheureusement, ils ont divorcé après dix ans de mariage.

Pour exprimer les sentiments

CHRISTINE: Tu as l'air d'être content, toi!
ANDRÉ: En effet, je suis tout à fait ravi; je viens de recevoir des bonnes nouvelles. Mais qu'est-ce que tu as? Tu n'as pas l'air d'être heureuse.
CHRISTINE: Eh bien, je suis très inquiète; je n'ai pas de nouvelles de ma sœur.

Les sentiments et les qualités du cœur

être heureuse/heureux, content/e, ravi/e
être triste, malheureuse/malheureux
être inquiète/inquiet, anxieuse/anxieux
être énervé/e, stressé/e
être surpris/e
être en colère, furieuse/furieux, fâché/e
être embarrassé/e, gêné/e
être affectueuse/affectueux, aimable
être fidèle
être jalouse/jaloux
être sensible, tendre, douce/doux

Qu'est-ce qu'on dit quand les gens perdent leur sang-froid?

EXCLAMATIONS!

Il y a beaucoup d'expressions fixes que les Français utilisent pour exprimer leurs émotions. L'accent et l'intonation sont très importants:

LA SURPRISE OU L'ÉTONNEMENT:	**Mon Dieu! Oh, là, là!**
LA JOIE:	**Super! Sensationnel! Formidable! Chouette!**
L'EMBARRAS:	**Excusez-moi! Oh, pardon! Je suis désolé/e!**
LA COLÈRE:	**Zut! Mince! Flûte! Imbécile! Crétin!**
L'INDIFFÉRENCE:	**Bof! Ça m'est égal.**
LA TENDRESSE:	**Ma chérie/Mon chéri, mon petit lapin, mon chou.**

A. Des conseils. Quel conseil est-ce que vous donneriez?

MODÈLE: Votre camarade de chambre a des soucis.
→ Ne t'en fais pas! Ça va s'arranger.

1. Une amie est très anxieuse avant un examen.
2. Votre ami est furieux parce qu'il pense qu'on l'a insulté.
3. Un monsieur s'énerve parce qu'il n'y a plus de place dans l'autobus.
4. Votre amie a tendance à être un peu égoïste.
5. Votre petit frère pleure parce qu'il a cassé un jouet.
6. Une femme est furieuse et elle crie très fort.
7. Vos copains sont anxieux avant un match de tennis.
8. Vos camarades s'inquiètent au sujet de leurs notes.

B. Comment vous sentez-vous aujourd'hui? Expliquez à votre partenaire comment vous vous sentez aujourd'hui. Il/Elle va réagir.

MODÈLE: É1 Ça va aujourd'hui?
       É2 Pas vraiment. J'ai un examen important, et je suis un peu anxieux.
       É1 Ne t'en fais pas! Tu vas réussir à cet examen.

C. Les sentiments. Expliquez à votre partenaire dans quelle/s situation/s vous ressentez les sentiments suivants.

MODÈLE: la tristesse
       → Je suis triste quand mes parents se disputent.

1. le bonheur
2. la jalousie
3. l'inquiétude
4. l'anxiété

5. la colère
6. la surprise
7. la déception

SONS ET LETTRES

L'*e* instable et la loi des trois consonnes

The pronunciation of unstable **e** follows a general rule, called **la loi des trois consonnes,** because whether you keep the unstable **e** depends in large part on the number of consonants that would come together if you dropped it. Unstable **e** occurs in various one-syllable grammatical words such as **je, me, te, se, ne, de, le, ce, que.** In pronouncing these words, apply Rule 2, a slight variant of Rule 1.

Rule 2

- Drop unstable **e** in one-syllable words when the preceding word ends in a pronounced vowel; keep it when the preceding word ends in a pronounced consonant:

  l'ami de Michel vs. le frère de Michel

  nous, on se dépêche vs. elles, elles se dépêchent

- Two unstable **e**'s may occur in successive syllables. Only one is usually retained and the other dropped completely. Here are some frequent combinations:

- je + me, ne, le   Je me lave.

  Je ne sais pas.

  Je le prends.

- ne + me, le, se   Ne me dis pas!

  Ne le faites pas!

  Elle ne se coiffe jamais bien.

- de + ne, le, se   Il est dur de ne pas travailler.

  Il est utile de le savoir.

  Il est important de se laver souvent.

- ce que   C'est ce que je voudrais dire.

- je te   Je te dis de rester au lit.

- Finally, pronounce an unstable **e** when it occurs in the first syllable of a word or phrase:

  Venez!   Demain   Regardez-les!   Ne sors pas!

À VOUS LA PAROLE

A. Contrastes. Dans les groupes de mots suivants, l'**e** instable tombe dans le premier groupe mais reste dans le deuxième.

l'enfant de ma cousine	le fils de ma cousine
la leçon de russe	le cours de russe
tu le fais	elle le fait
on me parle	il te parle
c'est ce film	avec ce film
vous ne savez rien	elles ne savent rien

B. Phrases. Attention de prononcer les **e** muets indiqués.

1. Il sera trop difficile de les faire venir.
2. Il demande si j'ai beaucoup de regrets.
3. Je ne vous demande pas de le faire.
4. Ce que tu me dis je le sais déjà.
5. Je te téléphonerais si tu me le demandais.

Les verbes de communication **écrire**, **dire** et **lire**

1. Here are three useful verbs of communication: **écrire** *to write*; **lire** *to read*; **dire** *to say, to tell*.

	SINGULIER			PLURIEL
je/j'	**écri** s		nous	**écriv** ons
	li s			**lis** ons
	di s			**dis** ons
tu	**écri** s		vous	**écriv** ez
	li s			**lis** ez
	di s			**dites**
il	**écri** t		ils	**écriv** ent
elle	**li** t			**lis** ent
on	**di** t		elles	**dis** ent

IMPÉRATIF:	Écris!	Écrivez!	Écrivons!
	Lis!	Lisez!	Lisons!
	Dis!	**Dites!**	Disons!
PASSÉ COMPOSÉ:	il a **écrit**	il a **lu**	il a **dit**

2. **Décrire** *to describe* is conjugated like **écrire**. **Décrire** and **écrire,** as well as **dire** and **lire,** may take direct and indirect objects.

> J'écris une lettre à mes parents.
> *I'm writing a letter to my parents.*

> Décris-moi ton cousin.
> *Describe your cousin to me.*

> Vous pouvez lire cette histoire aux enfants?
> *Can you read this story to the children?*

> Dites-lui bonjour de ma part.
> *Say hello to him/her for me.*

A. Qu'est-ce qu'ils écrivent? Choisissez dans la liste pour dire ce qu'écrivent les gens suivants. Suivez le modèle.

MODÈLE: Je suis journaliste.
→ J'écris des articles.

des articles	des critiques	des livres de cuisine
des pièces	des poèmes	des programmes
des romans		

1. Elle est informaticienne.
2. Nous sommes journalistes.
3. Il est dramaturge.
4. Il est chef de cuisine.
5. Tu es poète.
6. Ils sont critiques de théâtre.
7. Je suis romancière.

B. Qu'est-ce que vous dites? Comment est-ce qu'on réagit aux nouvelles? Donnez une réponse logique en suivant le modèle.

MODÈLE: Nous sommes contents.
→ Nous disons "Formidable!"

1. Vous êtes faché.
2. Je suis surprise.
3. Ils sont heureux.
4. Tu es indifférent.
5. Elle est en colère.
6. Nous sommes étonnés.
7. Elles sont gênées.

C. Sondage. Trouvez une personne qui…

MODÈLE: lit le journal tous les jours
É1 Est-ce que tu lis le journal tous les jours?
É2 Oui, je lis le *New York Times.*
OU Non, je ne lis pas le journal.

1. lit le journal tous les jours
2. écrit à ses amis
3. dit toujours la vérité
4. écrit pour le journal de l'université
5. a lu au moins un roman cette année
6. va préparer un mémoire ce semestre
7. veut nous dire quel est son âge
8. a déjà écrit une lettre dans une langue étrangère

La dislocation

1. In French you cannot emphasize a word by stressing it, as we do in English: "Did you see *John* or *Bill*?" "I saw *John*." So how do the French emphasize a word or phrase in a sentence? One way is by placing that word or phrase at the very beginning of the sentence, and putting a pronoun equivalent in its original place.

   - With sentences containing the verb **être**, the displaced word or phrase is replaced by **c'**.

     La fidélité est une chose importante dans un mariage.
     Faithfulness is an important thing in a marriage.

     La fidélité, c'est une chose importante dans un mariage.

   - When you are describing or defining something with a verb other than **être**, **ça** serves as a replacement:

     Un couteau sert à couper la viande.
     A knife serves to cut meat.

     Un couteau, ça sert à couper la viande.

   - In other cases, personal pronouns are used:

     Tu as vu Marie-France?
     Did you see Marie-France?
     —**Marie-France,** je ne **l'**ai pas vue, mais j'ai vu sa sœur.
     —*I didn't see **Marie-France,** but I saw her sister.*

2. Dislocation is typically used.

   - To set off a concept or thing one is talking about:

     Le Luxembourg, c'est un petit pays.
     Luxemburg is a small country.

   - To introduce a new topic of conversation:

     Jean, tu **le** connais?
     *Do you know **John?***
     —Non, je ne sais pas qui c'est.
     —*No, I don't know who he is.*

   - To pick up on a topic someone else has introduced:

     Tu peux lui prêter un peu d'argent?
     Can you lend her/him some money?
     —**De l'argent,** je n'**en** ai pas.
     —*I don't have any **money.***

   - To take turns in a conversation:

     Mon père a un grand bureau. Il a...
     My father has a big office. He has...
     —**Moi, mon père, il** a deux bureaux. Un à Paris et un autre ici.
     —*My father has two offices. One in Paris and another one here.*

A. Pour garder le contact. À quoi sert chaque objet mentionné?

MODÈLE: une carte de vœux
→ Une carte de vœux, c'est pour envoyer des vœux.

1. un appareil-photo
2. un plan de ville
3. un album
4. une lettre
5. un ordinateur
6. un agenda
7. un répondeur automatique

B. Points de vue. Donnez un commentaire pour chaque sujet proposé.

MODÈLE: l'union libre
→ L'union libre, je pense que c'est une bonne idée.
OU   L'union libre, c'est mieux acceptée aujourd'hui.

1. l'union libre
2. le mariage
3. les enfants
4. les femmes au foyer
5. les hommes au foyer
6. les pères absents
7. le divorce
8. la fidélité

C. À tour de rôle. Prenez la parole en exprimant votre point de vue.

MODÈLE: le jazz
→ Moi, le jazz, je ne l'aime pas beaucoup. Je préfère le rock.

1. le rap
2. le basket
3. les chiens
4. les histoires d'amour
5. la vie d'étudiant
6. la famille traditionnelle
7. les week-ends

Pour situer dans le passé: le plus-que-parfait

1. To describe an event in the past that occurred before another past event (even an implied event), you can use the *plus-que-parfait.*

Nous ne nous étions jamais rencontrés. *We had never met.*
J'ai appris qu'ils avaient divorcé. *I learned that they had divorced.*
Quand je suis arrivé chez eux, *When I arrived at their house,*
ils étaient déjà sortis. *they had already gone out.*

2. To form the *plus-que-parfait* use the imperfect of **avoir** or **être** and the past participle.

j'	avais joué	j'étais parti/e
tu	avais joué	tu étais parti/e
il		il était parti
elle	} avait joué	elle était partie
on		on était parti
nous	avions joué	nous étions parti/e/s
vous	aviez joué	vous étiez parti/e/s
ils		ils étaient partis
elles	} avaient joué	elles étaient parties

3. Use the *plus-que-parfait* to report what someone said they did.

REPORTING
Elle dit: «J'écris une lettre.»   Elle a dit qu'elle écrivait une lettre.
Elle dit: «J'ai écrit une lettre.»   Elle a dit qu'elle avait écrit une lettre.

À VOUS LA PAROLE

A. Histoire d'amour. Anne et Bruno se sont mariés. Voici toute leur histoire d'amour. Est-ce que les actions suivantes se sont passées avant ou après le mariage?

MODÈLE: Ils s'étaient rencontrés chez des amis.
    → avant

1. Ils s'étaient souvent disputés.
2. Ils ont eu deux enfants.
3. Ils étaient souvent sortis ensemble.
4. Ils se sont séparés.
5. Ils étaient tombés amoureux.
6. Ils avaient acheté un petit appartement.
7. Ils ont fini par se réconcilier.
8. Ils ont fêté 25 ans de mariage.

B. Une sortie. Un soir, Pierre et Nathalie sont sortis ensemble. Pour chaque phrase, indiquez l'ordre des événements.

MODÈLE: Ils étaient arrivés au café quand Nathalie a suggéré d'aller voir un film.

→ 1 Ils sont arrivés au café.
2 Nathalie a suggéré d'aller voir un film.

1. Ils avaient fini de boire leur café quand ils ont décidé d'aller au cinéma.
  Ils ont fini de boire leur café. / Ils ont décidé d'aller au cinéma.
2. Avant de choisir un film, ils avaient acheté le journal.
  Ils ont choisi un film. / Ils ont acheté le journal.
3. Quand ils sont entrés dans le cinéma, le film avait déjà commencé.
  Ils sont entrés dans le cinéma. / Le film a commencé.
4. Pierre avait déjà vu le film, mais il n'a rien dit.
  Pierre a déjà vu le film. / Il n'a rien dit.
5. Après avoir vu le film, ils sont allés chez Nathalie.
  Ils ont vu le film. / Ils sont allés chez Nathalie.
6. Ils avaient discuté du film avant de dîner ensemble.
  Ils ont discuté du film. / Ils ont dîné ensemble.
7. Pierre avait fait la vaisselle avant de partir.
  Pierre est parti. / Pierre a fait la vaisselle.

C. Rétablissez les faits. Ces histoires de couples sont données dans le désordre. Mettez-les dans l'ordre chronologique.

MODÈLE: Il l'a invitée à l'accompagner à la représentation. Ghislaine aimait la danse classique. Un jour, son ami avait pu trouver des places pour le ballet "Le lac des cygnes".

→ Ghislaine aimait la danse classique. Un jour, son ami avait pu trouver des places pour le ballet "Le lac des cygnes". Il l'a invitée à l'accompagner à la représentation.

1. C'est là qu'ils s'étaient rencontrés. Ils sont tombés amoureux. Ils travaillaient tous les deux à la bibliothèque.
2. Je trouvais que mon copain jouait très mal au tennis. Je ne l'ai pas vu tomber. J'étais sortie avant la fin du match.
3. J'étais allée à une nouvelle piscine. À cette époque, je faisais beaucoup de natation. C'est là que j'ai rencontré ce garçon.
4. Ma sœur a tout de suite pensé à moi. Une de ses collègues voulait sortir avec quelqu'un qui savait parler anglais.
5. La sœur de mon copain cherchait quelqu'un pour l'accompagner à un bal. Malheureusement, j'avais déjà fait des projets pour partir en week-end. J'ai dû refuser son invitation.

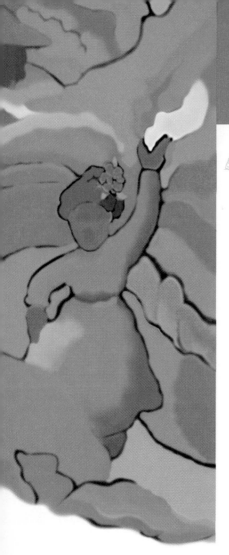

LISONS

A. Avant de lire. This selection is an excerpt from **L'Homme rompu**, a novel by Moroccan author Tahar Ben Jelloun.

1. The word **rompre** means *to break* or *to snap*. The verb **corrompre**, *to corrupt,* and the noun **corruption** are related to this verb. Given its title, what kind of story do you think the novel will tell?

2. Here is what the author himself says about the subject of his book and the universality of its theme. How does this help you understand better the meaning of the book's title?

   "... j'ai écrit L'Homme rompu, un roman sur la corruption, calamité aujourd'hui banale aussi bien dans les pays du Sud que dans ceux du Nord.

   L'histoire se passe au Maroc aujourd'hui. C'est pour [...] dire que sous des ciels différents, à des milliers de kilomètres de distance, l'âme humaine, quand elle est rongée par la même misère, cède parfois aux mêmes démons."

3. The novel's dust jacket introduces the main character, Mourad, and summarizes the plot:

   "Vertueux dans un monde corrompu, consciencieux sans que l'on reconnaisse ses mérites, Mourad a toujours résisté aux tentations. Sa femme et sa belle-mère lui reprochent d'être resté pauvre. Au bureau, on ironise sur son train de vie minable. Mais les fonctionnaires comme lui ne sont-ils pas les derniers remparts protégeant l'État?

   Un jour cependant, Mourad finit par craquer et accepte "une enveloppe". Puis une deuxième. [...] Aussitôt, d'étranges malheurs s'abattent sur sa tête. On le soupçonne. On le traque. On l'interroge."

   (Tahar Ben Jelloun, L'Homme rompu. Éditions du Seuil, 1994.)

4. Have you ever been in a situation that posed an ethical dilemma? If so, how did you feel? How did you resolve the problem?

B. En lisant. As you read, look for the following information.

1. In the first paragraph, Mourad describes his overall temperament.
   a. How has his doctor *diagnosed* Mourad?
   b. What treatment does he prescribe?
   c. What two examples does Mourad give to illustrate his timidity?

2. In the second and third paragraphs, Mourad imagines that he is called in for questioning by the police.
   a. What is his overriding concern about presenting himself to the police?
   b. What *message* does he think his appearance might convey?
   c. Mourad asserts, **"C'est important, l'apparence."** How does he support this opinion with specific examples?

3. In the second part of the excerpt, beginning with paragraph four, Mourad is looking at himself in a mirror.
   a. What does he notice about his appearance?
   b. How does he first explain this malady?
   c. Why does he later reject this explanation?
   d. What seems to him to be the real cause of his physical problems?

L'Homme rompu

Le médecin m'a dit que j'étais hyperémotif et timide. Il m'a donné un calmant, je dors mieux, mais le matin je me sens fatigué. Quant à la timidité, il y a longtemps qu'elle s'acharne sur moi au point de me rendre encore plus petit que je ne suis. Elle m'écrase et me tasse. Je me sens persécuté par cette malédiction. À l'école, je rougissais dès que la maîtresse me regardait. Jusqu'à vingt ans j'évitais de serrer les mains des gens, tellement les miennes étaient moites. À la naissance de mon aîné, j'ai acquis un peu d'assurance et j'ai vaincu une petite partie de cette maladie. En temps de crise, elle redouble de cruauté.

Comment m'habiller si je suis convoqué par la police? J'ai deux costumes et cinq chemises. Si je mets le costume bleu marine, on dira que je cherche à narguer les pauvres agents. Si je suis négligé, on dira que je l'ai fait exprès pour passer pour un petit fonctionnaire se contentant de son misérable salaire.

C'est important, l'apparence. Chez nous l'habit fait le fqih! Enfin, pas toujours. Ici, on n'aime ni le naturel ni la simplicité. Il faut aller dans les campagnes pour rencontrer des gens encore attachés aux choses simples de la vie. Ils sont accueillants et généreux même s'ils sont pauvres. En ville, plus les gens sont riches plus ils sont calculateurs. Ma belle-mère a une calculatrice dans les yeux.

C'est curieux, la tache blanche derrière l'oreille a grandi. Je la palpe. Je ne sens rien. Je regarde l'autre oreille. Un point blanc a fait son apparition. C'est le foie. J'ai lu dans un magazine féminin que ce genre de taches signalait que le foie était fatigué. Pourquoi le mien serait-il malade? Je ne bois presque pas d'alcool, je n'aime pas le chocolat, je fais très attention. Mais cela ne veut rien dire. Les gens qui font attention attirent les problèmes. Ceux qui sont insouciants sont souvent en bonne santé. Il ne leur arrive rien. Les problèmes les évitent. Ils ne trouvent pas chez eux assez de malaise pour se développer.

Il faut que je consulte un spécialiste de foie. Même pour cela il faut une recommandation. Rien que d'y penser, je sens une douleur au côté droit, juste au niveau du foie. Non, je ne suis pas malade. C'est l'angoisse. Elle donne des boutons. J'ai de plus en plus de taches blanches sur la peau. C'est l'argent sale qui provoque ces irruptions cutanées. Je vais devenir un albinos. La police n'aura même pas besoin de m'interroger. Il lui suffira de me déshabiller et elle constatera que mon sang est allergique à la corruption.

(extrait de **L'Homme rompu**, Tahar Ben Jelloun, Éditions du Seuil, 1994.)

C. En regardant de plus près. Now that you've read the text, look more closely at the following features.

1. The character Mourad uses a very vivid image in the sentence, **Ma belle-mère a une calculatrice dans les yeux.** What does he mean for this to say about his mother-in-law?

2. Something of Mourad's attitude towards life is revealed by a number of his statements. For example, appearance is important:…**l'habit fait le fqih!** What other statements can you find that are indicative of his general attitude?

D. Après avoir lu. Now discuss these questions with your classmates.

1. Look back at the way in which Mourad describes himself in the first paragraph. How would you describe your own temperament? What specific examples would you use to illustrate your description?

2. Do you agree with Mourad that appearance is important? Always? Only under certain circumstances?

3. What would you say is the overall theme or message of this passage?
   a. We only make things worse by worrying about them.
   b. Guilt gnaws at the individual and has a physical as well as a moral effect.
   c. Appearance is important.

4. Mourad is a person who has yielded to corruption. Does he, in your opinion, remain a sympathetic character? Why or why not?

 ÉCOUTONS

Lise parle avec sa mère. Listen to the phone conversation between Lise and her mother, who gives Lise news about various family members and acquaintances. Take notes on which family members are mentioned, what their news is, and how Lise reacts. The first piece of news serves as a model.

FAMILY MEMBER	NEWS	LISE'S REACTION
her brother	passed his exams	relief

PARLONS ENSEMBLE

A. Quelles sont les nouvelles? Imaginez une conversation au téléphone;
une personne appelle pour annoncer une nouvelle; l'autre personne y réagit.
Avec un/e partenaire, jouez les rôles.

MODÈLE: des fiançailles

    É1   Allô, Claire? C'est Christine. Tu sais la nouvelle? David et
           moi, on s'est fiancés!

    É2   C'est vrai? Félicitations! Je suis très heureuse pour vous!
           C'est pour quand, le mariage?

    É1   On ne sait pas encore; peut-être pour le mois d'octobre, etc.

1. une naissance
2. un décès (une mort)
3. un divorce
4. un mariage
5. un nouveau poste
6. un accident de voiture
7. une nouvelle maison

B. Quelles sont les réactions? On ne réagit pas tous de la même façon à une
nouvelle. Est-ce que vous pouvez imaginer des scénarios où une nouvelle
pourrait susciter des réactions très différentes?

MODÈLE: ➜Il y a un orage et l'électricité est coupée!

             LE PÈRE: Mince! Je ne peux pas finir mon travail ce soir.

           LA MÈRE: Chouette alors! Je ne suis pas obligée de faire la cuisine.

   LE PETIT FRÈRE: Super! On peut faire du camping dans le living!

 LA GRANDE SŒUR: Zut alors! Je ne peux pas regarder la télé!

C. Les grands événements de ma vie. Quels ont été les grands événements de votre
vie jusqu'à présent? Si vous voulez, vous pouvez les présenter dans une série de
photos ou en montrant des objets.

MODÈLE: ➜Je suis née le 30 août, 1975. Voici une photo de ma mère et moi.
Pour moi, un autre grand événement, c'était la rentrée quand j'avais
six ans. Me voici sur la photo; j'étais très contente d'aller à l'école,
etc.

ÉCRIVONS

A. Cartes de vœux. Très souvent, les cartes de vœux en France n'ont pas de message imprimé à l'intérieur. Écrivez un message pour chacune des cartes représentées.

MODÈLE: "Bonne année"

→Je t'envoie tous mes meilleurs vœux pour la nouvelle année: santé, bonheur et prospérité. Peut-être, c'est trop tard pour te souhaiter un joyeux Noël, mais j'espère que tu as passé de bonnes fêtes.

Sincères amitiés,

B. Une lettre. Imaginez que vous écrivez une lettre à une connaissance francophone, pour annoncer une nouvelle ou bien pour réagir à une nouvelle. Avant de rédiger votre lettre,…

1. Décidez à qui vous allez écrire, et pour quelle raison.
2. Est-ce que vous devez utiliser un style familier ou soutenu?
3. N'oubliez pas les formules pour commencer et pour terminer une lettre.

MODÈLE:

Paris, le 14 avril, 1996

Chers amis,

J'ai été vraiment heureuse d'apprendre que Chantal allait se marier et suis impatiente de connaître son futur mari. Malheureusement, je ne pourrai pas me joindre à vous en cette heureuse occasion. J'ai décidé d'aller étudier en Suisse au mois de septembre prochain et dois passer un examen d'admission le samedi même du mariage.

Ça a été pour moi une grande décision de reprendre les études, mais vous savez que j'ai toujours aimé la traduction et il paraît que l'École de Traduction de l'Université de Genève est une des meilleures écoles d'Europe... etc.

View the clips for **Chapitre 8** in the *Chez nous* video

Vocabulaire

◆ les sentiments / feelings

amoureuse/amoureux	*in love*
anxieuse/anxieux	*anxious*
calme	*calm*
en colère	*angry*
content/e	*happy*
embarrassé/e	*embarrassed*
énervé/e	*irritable*
fâché/e	*angry*
furieuse/furieux	*furious*
gêné/e	*bothered, embarrassed*
heureuse/heureux	*happy*
inquiète/inquiet	*uneasy, anxious*
jalouse/jaloux	*jealous*
malheureuse/malheureux	*unhappy*
ravi/e	*delighted*
stressé/e	*stressed*
surpris/e	*surprised*
triste	*sad*

◆ pour exprimer les sentiments / to express feelings

crier	*to yell*
perdre le sang-froid	*to lose one's composure*
pleurer	*to cry*
regretter	*to be sorry, to regret*
se calmer	*to calm down*
s'en faire (du souci)	*to worry*
s'énerver	*to become irritated/worked up*
s'étonner	*to be astonished / surprised*
se fâcher	*to become angry*
s'inquiéter	*to be anxious, to worry*
se réjouir	*to be happy/glad*

◆ les qualités du cœur / qualities of the heart

affectueuse/affectueux	*affectionate, warm-hearted*
aimable	*lovable*
douce/doux	*gentle*
fidèle	*faithful*
sensible	*sensitive*
tendre	*tender, affectionate*

◆ dans la vie sentimentale / in one's emotional life

divorcer	*to divorce*
se disputer	*to argue*
se fiancer	*to get engaged*
se marier	*to get married*
se rencontrer	*to meet*
se séparer	*to separate*
tomber amoureuse/amoureux	*to fall in love*

◆ verbes de communication / verbs of communication

dire	*to say*
écrire	*to write*
décrire	*to describe*
lire	*to read*

La France, pays pluriculturel

Le mythe gaulois

Pendant longtemps dans les manuels d'histoire de France on parla de "nos ancêtres les Gaulois". En fait, les ancêtres de la plupart des Français d'aujourd'hui ne sont pas ces premiers habitants connus de la Gaule.
La France actuelle est le résultat d'événements politiques qui, au cours d'une douzaine de siècles, ont réuni peu à peu des peuples de langues et de cultures différentes.

À partir de la Révolution industrielle de la fin du XIXe siècle et après les deux guerres mondiales (1914-18 et 1939-45), la France est devenue, comme les États-Unis et le Canada, un pays d'immigration.

LE MAGHREB

LE MOT **MAGHREB** VEUT DIRE L'*OUEST* EN ARABE. LE MAGHREB COMPREND LES TROIS PAYS DU NORD DE L'AFRIQUE QUI ÉTAIENT ENTRE ENVIRON 1850 ET 1950 DES COLONIES FRANÇAISES. C'EST CE QUI EXPLIQUE POURQUOI APRÈS L'ARABE, QUI EST LA LANGUE OFFICIELLE, LE FRANÇAIS EST PARLÉ PAR UN GRAND NOMBRE DE PERSONNES. LORSQUE LES PAYS DU MAGHREB SONT DEVENUS INDÉPENDANTS, ILS ONT CONSERVÉ DES LIENS ÉCONOMIQUES AVEC LA FRANCE. ATTIRÉS PAR DE MEILLEURES CONDITIONS ÉCONOMIQUES, BEAUCOUP DE MAGHRÉBINS ONT IMMIGRÉ EN FRANCE À PARTIR DE 1960. AUJOURD'HUI ENVIRON QUATRE MILLIONS DES HABITANTS DE LA FRANCE SONT MUSULMANS, POUR LA PLUPART DES MAGHRÉBINS.

D'où viennent les immigrants	Avant/En 1945	En 1975	En 1985
l'Europe Sud (l'Italie, l'Espagne, le Portugal)	48%	41%	37%
l'Europe de l'Est	21%	4%	4%
l'Europe de l'Ouest (la Belgique, l'Allemagne, etc.)	21%	5%	4%
le Maghreb (l'Algérie, la Tunisie, le Maroc)	4%	29%	34%
l'Afrique Noire	2%	9%	3%
l'Asie	1%	3%	4%
Autres régions	3%	9%	14%

le Maghreb

L'intégration des immigrés maghrébins

Les différences de religion et de culture, par exemple le statut de la femme, font que les Maghrébins ne s'assimilent pas aussi facilement que les immigrés venant des autres pays méditerranéens. Dans les sociétés arabes traditionnelles la femme a un statut inférieur à celui de l'homme. Leur intégration dans la société française est donc souvent difficile et pose un problème surtout aux enfants des immigrés maghrébins, les Beurs.

Si, pendant les cinquante dernières années, la proportion d'immigrants par rapport à la population globale de la France est restée constante, comme le montrent les statistiques du tableau, leur origine a beaucoup changé. Aujourd'hui la majorité des immigrants vient du Maghreb et de l'Afrique noire. Les différences culturelles entre les Français et les immigrants africains et maghrébins, s'ajoutant au fort taux de chômage, le résultat de problèmes économiques profonds, ont provoqué de la part des Français une réaction contre ces immigrants.

Le dessin humoristique de Plantu (ci-dessous) montre l'ironie de cette réaction. En effet, ces immigrants contribuent au développement économique du pays. Ils font souvent les travaux difficiles dans l'industrie et la construction, par exemple.

Être arabe en France

Les jeunes Beurs ressentent une certaine aliénation dans leur pays, la France. Edgar Pisani, ancien ministre français et président de l'Institut du Monde arabe de Paris, décrit une conversation où un jeune élève de collège répond à la question: "Qu'est-ce que c'est qu'être arabe pour vous?"

E. PISANI: D'où venez-vous?

LE GARÇON: Je suis arabe.

E. PISANI: Quelle est votre nationalité?

LE GARÇON: Je suis français.

E. PISANI: Vous parlez arabe?

LE GARÇON: Non, très peu. Je suis né à Levallois.

E. PISANI: Êtes-vous allé dans le pays de vos parents?

LE GARÇON: Non, jamais.

E. PISANI: Pourquoi alors dites-vous que vous êtes arabe? Est-ce une affaire de religion?

LE GARÇON: Non, nous ne pratiquons pas.... C'est une affaire de nom. Ce sont mes camarades de classe qui font que je me sens différent, que je me sens arabe.

E. PISANI: Vous êtes bon élève?

LE GARÇON: Oui, le premier ou le second de ma classe… je suis français d'origine arabe, nous sommes nombreux dans ce cas. Nous avons acquis la nationalité française. Nous votons, mais nous n'avons pas trouvé notre place dans la société française. Ce n'est pas nous qui marquons la différence. C'est elle...."

Quantara, No. 7 (Avril, Mai, Juin 1993, p. 25)

La santé et le bien-être

Restons en bonne santé!

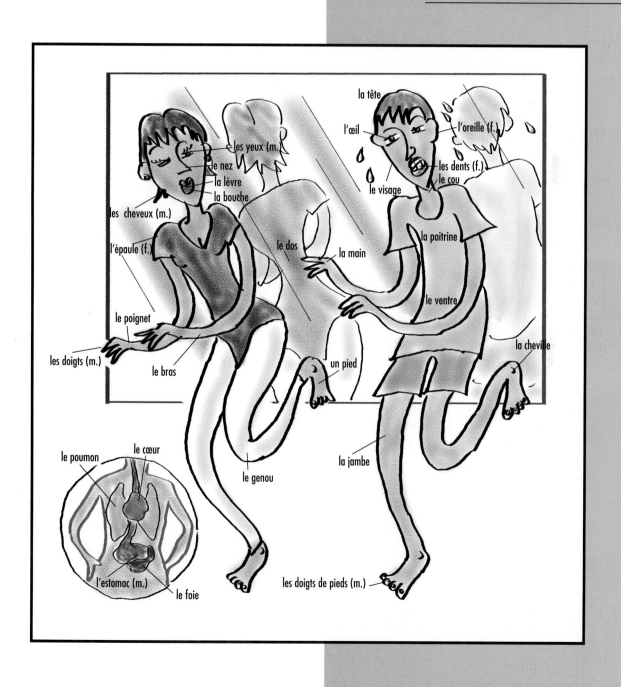

LES PROBLÈMES DE SANTÉ DES FRANÇAIS

Si, d'après des sondages récents, plus de 80% des Français pensent qu'ils sont en bonne santé, 60% disent qu'ils se sentent toujours fatigués. Cette fatigue est sans doute le résultat du stress de la vie moderne: les conditions de travail, l'anxiété face aux problèmes de la vie dans les grandes villes (la pollution, le bruit, le manque de sécurité), la peur du chômage, etc. Ce graphique montre l'évolution des principaux troubles que ressentent les Français pendant les quinze dernières années.

Ainsi, aujourd'hui les Français sont quelquefois déprimés, ils ont du mal à dormir, ils ont souvent mal à la tête ou au dos et ils sont souvent anxieux et stressés. Un grand nombre de Français — 800 000 en 1993 — consultent des **psys,** psychanalystes et psychiatres.

Un autre problème de santé fréquent est la crise de foie. Les symptômes que les Américains associent à l'indigestion sont interprétés par les Français comme **une crise de foie.** Lorsqu'ils ont trop mangé, surtout des plats sucrés ou très riches, ou lorsqu'ils ont bu trop d'alcool, ils **font une crise de foie.**

Les maladies du siècle

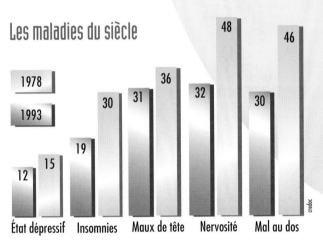

	État dépressif	Insomnies	Maux de tête	Nervosité	Mal au dos
1978	12	19	31	32	30
1993	15	30	36	48	46

credoc

À VOUS LA PAROLE

A. J'ai mal! Dites où ces personnes ont mal.

MODÈLE: Christiane
→Christiane, elle a mal au dos.

Thérèse   Denis   Mme Parizeau   M. Dubosc   Pauline   Christiane   le guide

B. Les excès. Dites où on peut avoir mal si on fait les choses suivantes.

MODÈLE: Si on mange trop de chocolat,…

→On a mal au ventre ou au cœur.

1. Si on regarde trop l'écran de l'ordinateur,…
2. Si on fait trop de jogging,…
3. Si on crie trop,…
4. Si on mange trop,…
5. Si on boit trop de vin,…
6. Si on écoute trop de musique très forte,…
7. Si on a trop de problèmes,…
8. Si on est très fatigué,…

C. Les malades imaginaires. Avec un petit groupe de camarades, imaginez que vous avez des petits problèmes de santé. Vous allez dire où vous avez mal et quelle est la cause des douleurs.

MODÈLE: →Oh, j'ai vraiment mal à la tête. J'ai trop travaillé pour préparer ce cours hier soir.

Un malade imaginaire qui n'a pas de chance!

Jacques Malveine est un garçon qui n'a pas de chance; il est aussi plutôt hypocondriaque. Croyant qu'il est en danger de mourir, il a appelé S.O.S. Médecins.

JACQUES: Je tousse, j'ai mal à la gorge, mon nez coule, j'ai du mal à respirer. C'est une pneumonie, n'est-ce pas, docteur?

LE MÉDECIN: Mais non, un simple petit rhume. Vous n'avez même pas de fièvre!

JACQUES: Je dois rester longtemps au lit?

LE MÉDECIN: Pas du tout, au contraire, l'air frais vous fera du bien. Je vous donne quand même une ordonnance pour quelques médicaments.

La plupart des accidents arrivent dans la cuisine

Voici ce qui est arrivé à Jacques quelques jours après la visite
du médecin.

JACQUES: Zut, alors! Je me suis coupé le
doigt. Regarde comme mon
sang coule!

SON AMIE: Ce n'est pas bien grave.
Je vais mettre un peu
d'antiseptique sur la blessure.

JACQUES: Aïe! Ça brûle!

SON AMIE: Et maintenant, je te mets un
pansement. Tu vas survivre!

Les accidents arrivent souvent aux maladroits

Voilà ce qui est arrivé à Jacques pendant le mois suivant.

Jacques préparait de la soupe. Il a laissé
tomber la casserole contenant la soupe
chaude. Il s'est brûlé la poitrine.

Jacques promenait son chien
dans le parc.

Le chien a vu un chat et a commencé à
courir après lui. Jacques a glissé et
s'est foulé le poignet en tombant.

Jacques est allé aux sports d'hiver. En
faisant du ski, il est tombé et il s'est cassé
la jambe. Il aura la jambe dans le plâtre.

Maux et remèdes

LES MAUX	LES MÉDICAMENTS

Quand on a:
- de la fièvre
- un rhume
- de la toux
- une angine, une bronchite, une infection
- un coup de soleil ou une brûlure
- mal à l'estomac

On peut prendre:
- de l'aspirine
- des gouttes pour le nez
- un sirop
- un antibiotique, par exemple, de la pénicilline
- une pommade
- une tisane à la menthe

clairages

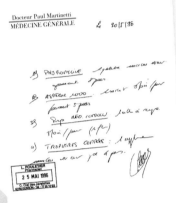

LA SÉCURITÉ SOCIALE (LA SÉCU) EN FRANCE

Les Français ont un excellent système médical. Ils sont tous assurés par un système de sécurité sociale qui couvre les dépenses médicales de presque toute la population. Les malades doivent payer le médecin et le pharmacien mais la plupart de leurs frais médicaux leur sont remboursés. En France on est toujours sûr de trouver un médecin, même la nuit. Dans chaque ville et chaque quartier des grandes villes, il y a un médecin de garde qu'on trouve en téléphonant à la police. Les gens qui sont très malades peuvent faire venir le médecin chez eux en payant une petite somme supplémentaire. Il y a aussi un service de S.O.S. Médecins pour les urgences. Toutes les personnes assurées dans un pays de la Communauté Économique Européenne ont leurs frais médicaux remboursés pendant leur séjour en France. Le même type de système de sécurité sociale existe au Québec.

LES CURES THERMALES

La Sécu rembourse aussi les cures dans les stations thermales. Ces stations, qui remontent à l'époque des Romains, ont des eaux qui ont des propriétés curatives. À Bagnères-de-Luchon, dans les Pyrénées, les curistes se baignent dans l'eau de la station; à Vichy, dans le Massif Central, ou à Vittel, dans les Vosges, ils la boivent. Certaines des eaux des stations thermales sont commercialisées comme eaux minérales, par exemple, l'eau de Vichy, l'eau de Vittel (la Vittelloise). Les stations thermales sont non seulement des endroits où on va pour se soigner mais aussi pour y passer des vacances agréables car elles ont une vie sociale animée par des bals, des concerts et des jeux.

A. Diagnostics. Faites un diagnostic pour chaque symptôme que vous donne un/e ami/e.

MODÈLE: J'ai mal à la gorge et j'ai 40° de fièvre.
→ Tu as sans doute une angine.

1. J'ai mal partout et un peu de fièvre.
2. J'ai 39° de température.
3. Mon nez commence à couler.
4. J'ai mal au cœur.
5. Je tousse beaucoup et j'ai mal à la gorge.
6. Je suis tombé en faisant du vélo et j'ai mal au genou.
7. Mon dos est tout rouge et ça me fait mal.

B. Remèdes. Suggérez ce qu'on pourrait faire pour traiter ces problèmes de santé.

MODÈLE: J'ai mal à la tête.
→ Tu devrais prendre de l'aspirine.

1. J'ai mal aux dents.
2. J'ai un gros rhume.
3. Je ne me sens pas bien depuis quelques jours.
4. Je me suis coupé le doigt.
5. Je me suis brûlé la main.
6. J'ai pris un coup de soleil.

C. Comment est-ce que vous vous soignez? Posez les questions suivantes à un/e partenaire.

1. Qu'est-ce que vous faites quand vous avez un rhume? de la fièvre? une angine?
2. Quand vous êtes malade sur le campus, est-ce que vous allez chez le médecin, à l'infirmière ou à l'hôpital?
3. Si vous avez quelque chose qui n'est pas grave, par exemple un rhume, mal au ventre ou mal au cœur, est-ce que vous demandez des conseils pour vous soigner? À qui est-ce que vous demandez des conseils: à votre pharmacien/ne, à vos parents, à des amis?
4. Est-ce que vous avez été malade ce semestre ou ce trimestre? Qu'est-ce que vous avez eu?
5. Est-ce qu'il y a des étudiants dans votre cours de français qui se préparent à une carrière médicale: médecin, dentiste, vétérinaire, pharmacienne ou pharmacien, infirmière ou infirmier? Quelles sortes de cours est-ce qu'ils doivent suivre?

POUR GARDER LA FORME

LES CONSEILS DU DOCTEUR LESPÉRANCE

Dans le journal *La Gazette du Matin*, le Dr Lespérance répond aux lettres des lecteurs qui veulent des conseils pour se remettre en bonne forme.

J'ai tendance à grossir et je voudrais commencer un régime pour maigrir. Est-ce que je devrais éliminer toutes les graisses de mon régime? Est-ce que je pourrais supprimer complètement certains repas?

Le Dr Lespérance: Non, il faut surtout éviter de sauter un repas. Il vous faut faire des repas équilibrés, donc, prendre des graisses en quantité raisonnable. Consommez des produits laitiers équilibrés comme le fromage, surtout le fromage blanc, et le yaourt. Surtout ne grignotez pas entre les repas ou en regardant la télévision.

J'ai 58 ans. Depuis quelques années je ne fais plus de sport, et j'ai pris des kilos; surtout au ventre. Je voudrais recommencer à faire du sport. Qu'est-ce que vous me conseillez?

Le Dr Lespérance: Je vous conseille un sport aérobique, le vélo, par exemple. Mais attention, en reprenant brutalement une activité sportive, vous risqueriez des blessures ou un accident cardiaque. Il vous faudrait consulter votre médecin et lui demander de vous faire un bilan médical. Après, commencez à faire de l'exercice progressivement, avec une période d'adaptation de plusieurs semaines. Commencez d'abord par la marche et la natation. La natation est excellente pour perdre du ventre. Essayez d'éliminer le tabac et buvez de l'alcool avec modération.

J'ai souvent mal au dos mais j'aime les sports: le judo, le football et le tennis. On me dit d'abandonner ces sports. Qu'est-ce que vous en pensez?

Le Dr Lespérance: Je ne suis pas du tout d'accord avec ce conseil. Bien sûr, il faudrait éviter les sports de compétition ou les exercices physiques comme la gymnastique et la musculation. Vous pourriez essayer le vélo ou les randonnées et, en hiver, le ski. Ce sont d'excellents sports aérobiques individuels qu'on pratique en plein air. Ils seront bons pour votre forme et votre moral.

A. En bonne forme. Vos camarades de classe sont-ils en bonne forme? Ont-ils des bonnes habitudes? Renseignez-vous auprès de vos voisins.

MODÈLE: se sentir toujours bien
   É1 Tu te sens toujours bien?
   É2 Non, j'ai souvent mal à la tête.

1. être en bonne forme
2. se détendre pendant le week-end
3. se reposer un peu
4. avoir des activités en plein air
5. fumer
6. boire beaucoup d'alcool
7. boire beaucoup de café ou de thé
8. être stressé/e
9. bien dormir

B. Des bons conseils. Donnez un conseil à chaque personne.

MODÈLE: J'ai pris trois kilos!
   →Suis un régime!
 OU Mange moins de graisses et de sucre!
 OU Fais plus de sport!

1. Je voudrais faire du sport: j'aime la montagne.
2. Je voudrais faire un sport aérobique.
3. Je voudrais faire de l'exercice, mais je n'aime pas les sports.
4. Je voudrais me remettre à faire du sport.
5. J'aimerais maigrir de quelques kilos.
6. Je voudrais perdre du ventre.
7. J'ai besoin de me détendre un peu mais je n'aime ni les sports ni les activités en plein air.

C. Vos habitudes? Vous allez comparer vos habitudes à celles de vos camarades.

MODÈLE: Comment est-ce que vous vous détendez?
   É1 Moi, je fais du jardinage le week-end. Et toi?
   É2 Moi, je fais du sport, de la gymnastique.

1. Comment est-ce que vous vous détendez?
2. Comment est-ce que vous vous soignez les dents?
3. Est-ce que vos repas sont généralement équilibrés? Quel est votre déjeuner habituel, par exemple? Vous grignotez entre les repas?
4. Vous buvez du café ou du thé? Des boissons gazeuses comme le coca? Des jus de fruits?
5. Vous fumez? Si oui, combien de cigarettes par jour?
6. Est-ce que vous pratiquez un sport aérobique? Un sport d'équipe? Lesquels?
7. Quelles sont vos activités de plein air préférées?
8. Est-ce que vous êtes plutôt détendu/e ou stressé/e? Si vous êtes stressé/e, qu'est-ce que vous faites pour réduire le stress?

La consonne gn /ɲ/ et les voyelles nasales devant une consonne

1. La consonne gn /ɲ/

The consonant /ɲ/, as in **campagne** or **signe**, is pronounced with the tip of the tongue placed against the lower front teeth with the tongue body touching the hard palate. It is as if you were pronouncing /n/ and /j/ simultaneously. It is always spelled **gn**.

2. Les voyelles nasales devant une consonne

Before a consonant, avoid inserting a nasal consonant after nasal vowels. To avoid doing so, lengthen the nasal vowel:

monte → mon-te   anglais → an-glais   timbre → tim-bre

À VOUS LA PAROLE

A. Répétition. Répétez chaque mot.

le si**gn**e	il ga**gn**e	elle soi**gn**e	ga**gn**er
l'Espa**gn**e	les Espa**gn**oles	la monta**gn**e	soi**gn**ez
la bai**gn**oire	l'Allema**gn**e		

B. Phrases. Maintenant, lisez les phrases suivantes.

1. Il y a beaucoup de vi**gn**es en Champa**gn**e.
2. Di**gn**e, Ca**gn**es et Cannes sont en Provence.
3. Les Montai**gn**e vont en Allema**gn**e et en Espa**gn**e.

C. Expansion. Prononcez la voyelle nasale de la même façon dans les paires de mots suivantes.

mon/montagne	en/enfant	sans/santé	quand/campagne
champs/champagne	un/ainsi	long/longtemps	main/maintenant

D. Comptine

Tire, tire, lorgne	lorgner *to eye up*
Le chat était borgne.	borgne *one-eyed*
Il a dit à l'écureuil:	un écureuil *squirrel*
Tu te moques de mon oeil!	se moquer *to make fun of*
Monte sur ta branche	
Tu mourras dimanche.	
Sans fourchette ni chaudron	le chaudron *cauldron*
Mes petits te mangeront.	

Les verbes **croire** et **voir**

1. Here are the forms of the verb **croire,** and of the verb **voir,** which is conjugated like **croire**.

CROIRE *to believe*		VOIR *to see*	
SINGULIER		PLURIEL	
je	**croi** s	nous	**croy** ons
	voi s		**voy** ons
tu	**croi** s	vous	**croy** ez
	voi s		**voy** ez
il elle on	**croi** t **voi** t	ils elles	**croi** ent **voi** ent

IMPÉRATIF: Crois-moi! Croyez-nous! Croyons en Dieu! Voyons!

PASSÉ COMPOSÉ: J'ai **cru** ce qu'il disait. J'ai **vu** la ville.

2. Use the verb **croire**

- to indicate that you believe someone or something:

   Je crois Jean.   *I believe John.*
   Son histoire? Je la crois.   *His story? I believe it.*

- to indicate that you believe *in* something or someone. In this case, use **croire** along with the preposition **à**.

   Nous croyons **à** l'avenir.   *We believe in the future.*
   Ils croient **au** Père Noël.   *They believe in Santa Claus.*

- Note, however, the special expression.

   Nous croyons **en** Dieu.   *We believe in God.*

3. You may also use **croire** to express an opinion. In this case, you generally use **croire** followed by **que/qu'** plus a sentence.

   Il croit **que tu as une bronchite.**   *He thinks you have bronchitis.*

   Tu crois **qu'elle a raison?**   *Do you think she's right?*
   —Oui, je crois bien.   *—Yes, I think so.*

A. Les croyances. À quoi croient-ils? Por chaque phrase de la colonne A, choisissez la réponse de la colonne B qui convient.

MODÈLE: Mme Martin achète des billets de LOTO chaque semaine.
→Elle croit à la chance.

A

1. M. Leblanc va à l'église tous les jours.
2. Anne a six ans, son frère a quatre ans.
3. Gérard est un jeune homme sentimental.
4. Vous travaillez vingt-quatre heures sur vingt-quatre.
5. Je voudrais avoir beaucoup d'enfants.
6. Nous sortons jusqu'à trois heures du matin tous les soirs.
7. Quand Guy est méchant, son père ne lui permet pas de sortir de sa chambre.
8. Mme Martin achète des billets de LOTO chaque semaine.
9. Quand il ne se sent pas bien, il va tout de suite voir le médecin.

B

a. l'amour
b. l'argent
c. Dieu
d. la discipline
e. l'avenir
f. la médecine
g. le Père Noël
h. le plaisir
i. la chance

B. Faisons du tourisme. Dites ce que les gens voient.

MODÈLE: Maryse est à Paris.
→Elle voit la Tour Eiffel.
OU Elle voit le musée du Louvre.

1. Les Keller sont à Chenonceaux.
2. Jean-Paul est à Cannes.
3. Robert et ses parents sont à Québec.
4. Nous sommes à Tahiti.
5. Je suis en Normandie.
6. Christian est dans les Alpes.
7. Vous êtes en Louisiane.

C. Les opinions. Quel est le diagnostic?

MODÈLE: Les enfants ont mal au ventre. Leur mère…
→Leur mère croit qu'ils ont une indigestion.

1. Georges a mal à la gorge. Ses parents…
2. Martine a le nez qui coule. Nous…
3. Ce joueur de basketball s'est fait mal et il ne peut plus marcher. L'entraîneur…
4. La dame est tombée en faisant du ski; elle a très mal au bras. Vous…
5. Laurent coupait des tomates. Tout d'un coup, il a crié de douleur. Sa mère…
6. Jacqueline a de la fièvre et elle ne se sent pas bien. Vous…
7. Les étudiants sont très découragés. Je…

Les verbes pronominaux à l'impératif

Compare the position of reflexive pronouns in negative and affirmative commands.

Ne **te** couche pas tard!	Couche-**toi**!
Ne **vous** asseyez pas!	Asseyez-**vous**!
Ne **nous** dépêchons pas!	Dépêchons-**nous**!

In negative commands the reflexive pronoun occurs before the verb. In affirmative commands, it is placed after the verb and is connected to it by a hyphen. Note that the stressed form **toi** is used in affirmative commands.

À VOUS LA PAROLE

A. Un enfant paresseux. La mère de Guy doit l'encourager à faire sa toilette. Qu'est-ce qu'elle lui dit?

MODÈLE: se réveiller
→ Allez, Guy, réveille-toi!

1. se lever
2. se laver
3. s'essuyer
4. s'habiller
5. se peigner
6. se brosser les dents
7. s'asseoir à table
8. se dépêcher

B. Le bon conseil. Quel est le meilleur conseil?

MODÈLES: Nous sommes très anxieux.
→ Détendez-vous!

Je suis très stressé.
→ Détends-toi!

s'amuser bien	se fâcher	se soigner
se dépêcher	s'inquiéter	se coucher de bonne heure
se détendre	se reposer	

1. Je suis vraiment inquiet.
2. Nous sommes furieux!
3. Je ne fais pas assez attention à ma santé.
4. J'ai du mal à me lever de bonne heure.
5. Nous partons en vacances demain.
6. Nous sommes vraiment fatigués.
7. Oh là là, je suis en retard pour mon rendez-vous!

C. La santé et la toilette. Quel conseil est-ce que vous donneriez à quelqu'un qui a les problèmes de santé ou les ennuis suivants?

MODÈLE: Il n'arrive pas à dormir parce qu'il pense toujours à son travail.
     ➤Détends-toi! Fais du sport!

1. Elle est toujours fatiguée quand elle rentre chez elle le soir.
2. Il ne fait pas attention à sa santé.
3. Elle est toujours très stressée.
4. Il s'énerve toujours.
5. Elle a les mains sales.
6. Ses cheveux ne sont pas bien peignés.
7. Il est mal rasé.
8. Elle a oublié de se brosser les dents.

Le conditionnel

1. You have used the *conditionnel* of **devoir, pouvoir** and **vouloir** to express obligation, to soften commands and to make suggestions.

   Tu **pourrais** arrêter de fumer.
   You could stop smoking.

   On **devrait** se reposer plus.
   We should rest more.

2. Here are some additional uses of the conditional:

   • to express events or situations that are hypothetical or conjectural:

   Vous **planteriez** vraiment des arbres?
   You would really plant trees?

   Il **serait** riche maintenant.
   He would be rich by now.

   Il n'y **aurait** plus de guerre.
   There wouldn't be any more war.

   • to express future events or situations in relation to the past. Compare the uses of the future with the present and the conditional with the *passé composé* in the following pair of sentences:

   Future event with relation to the present:

   Il **dit** qu'il ne **boira** plus.
   He says that he won't drink anymore.

   Future event with relation to the past:

   Il a **dit** qu'il ne **boirait** plus.
   He said that he wouldn't drink anymore.

3. To form the conditional, add the imperfect endings to the future stem.

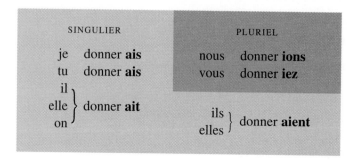

SINGULIER		PLURIEL	
je	donner **ais**	nous	donner **ions**
tu	donner **ais**	vous	donner **iez**
il elle on	donner **ait**	ils elles	donner **aient**

Here are the conditional forms of the main verb groups. Verbs that have an irregular future stem use that same stem in the conditional: **j'irais, j'aurais, je serais,** etc.

VERB GROUP	INFINITIVE	CONDITIONAL
-er	parler	je parlerais
-ir	partir	je partirais
-ir/-iss-	maigrir	je maigrirais
-re	vendre	je vendrais
-yer	nettoyer	je nettoierais
-er (with spelling change)	jeter	je jetterais
	se lever	je me lèverais

À VOUS LA PAROLE

A. Vous aussi? Êtes-vous d'accord avec ce que ces gens feraient s'ils devenaient riches?

MODÈLE: Je m'achèterais une nouvelle voiture.
→ Moi aussi, je m'achèterais une nouvelle voiture.
OU Moi, je ne m'achèterais pas de nouvelle voiture;
je m'achèterais plutôt un grand bateau.

1. Je voyagerais tout le temps.
2. Je ne travaillerais plus.
3. Je partagerais l'argent avec ma famille.
4. Je prêterais de l'argent à mes amis.
5. Je m'achèterais un château en France.
6. J'irais dîner dans les meilleurs restaurants.
7. Je me construirais une grande piscine.

B. Pour une vie plus saine. Quel conseil est-ce que vous donneriez aux personnes qui vous font les déclarations suivantes?

MODÈLES: Je fume trois paquets de cigarettes par jour.
→ À ta place, j'arrêterais de fumer.

Nous nous sommes blessés en faisant de l'alpinisme.
→ À votre place, nous choisirions un sport moins dangereux.

1. J'ai pris dix kilos depuis le début de l'année.
2. Le café me rend anxieuse.
3. Mes enfants regardent trop souvent la télé.
4. Notre fils ne veut pas manger de fruits frais.
5. Le pain me fait grossir.
6. J'ai mal au dos quand je fais de la musculation.
7. Nos enfants grignotent entre le déjeuner et le dîner.
8. Nous ne dormons plus très bien.

C. Vous avez le pouvoir! Imaginez que vous pourriez agir dans les situations suivantes. Que feriez-vous?

MODÈLE: Vous êtes le professeur de votre cours de français.
→ Je donnerais plus de devoirs.
OU Je ne permettrais pas aux étudiants de parler anglais.

1. Vous êtes le professeur de votre cours de français.
2. Vous êtes le président/la présidente de votre université.
3. Vous êtes le chef d'une grande entreprise.
4. Vous êtes le maire de votre ville.
5. Vous êtes le chef d'un grand journal.
6. Vous êtes le président des États-Unis.

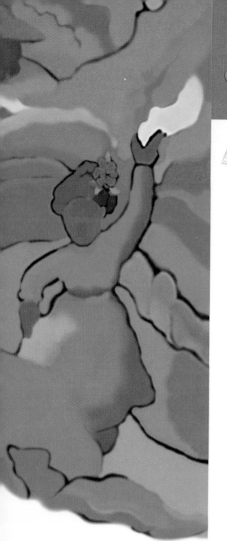

MISE EN PRATIQUE

LISONS

A. Avant de lire. This text is part of an antismoking campaign by a French office that promotes health education.

If you smoke, have you tried to stop? Do you know people who have? Did you or did they succeed the first time?

1. Make a list of how smoking affects one's physical condition.

2. What steps do you or people you know take to quit smoking or reduce the number of cigarettes smoked?

3. What substitutes for smoking do people try? What can be the results of this substitution strategy?

B. En lisant. As you read, look for the following information.

1. In the first paragraph, find…
   a. how long before the time of the story M. Clia tried to stop smoking
   b. for how long he and his coworkers were able to refrain from smoking

2. In the second and third paragraphs, find…
   a. whether M. Clia listened to his doctor's advice
   b. how much he was smoking after his illness
   c. why he quit smoking the third time

3. In the fourth paragraph, M. Clia finally quit smoking. Tell…
   a. what sport he and his son practiced
   b. to what factors he attributes his success this time

4. The last paragraph discusses what steps M. Clia took to stay away from tobacco and the result of his breaking the habit. Find…
   a. what substitutes he tried
   b. what changes he made in his lifestyle
   c. what effect not smoking initially had on his personality
   d. the economic result of his quitting smoking

Comment cesser de fumer

Monsieur François Clia a arrêté de fumer il y a trois ans. Il fumait depuis l'adolescence et aujourd'hui il a quarante ans. Ça n'a pas été facile, il avait déjà essayé d'arrêter de fumer trois fois avant de s'arrêter pour de bon.

Ne plus dormir, c'est impossible.
Ne plus respirer, c'est impossible.
Ne plus aimer, c'est impossible.

Ne plus fumer, c'est possible.

◆ **Monsieur Clia, racontez-nous votre premier arrêt.**

◆ C'était il y a une dizaine d'années, quand j'avais trente ans. Je travaillais avec deux copains dans le même bureau. Nous fumions chacun deux paquets par jour. Un matin, l'un d'entre nous, Henri, a lancé un pari: qui tiendrait le plus longtemps sans cigarette? C'était en milieu de semaine. On s'est arrêté pendant deux, trois jours, puis après le week-end tout le monde refumait.

◆ **Alors, vous vous êtes arrêté pendant quelques jours seulement. Et la deuxième fois?**

◆ C'était à la suite d'une bronchite. Mon médecin m'a conseillé d'arrêter. J'ai diminué «ma dose» de dix cigarettes par jour à cinq, mais ensuite, c'est devenu plus difficile. Et après, j'ai repris comme avant.

◆ **Puis, la troisième fois?**

◆ C'était quand ma femme attendait son second enfant. Elle a arrêté de fumer et je me suis senti un peu obligé de faire comme elle. C'était dur; mais j'ai tenu pendant deux ans.

◆ **Enfin, vous vous êtes arrêté pour de bon. Pouvez-vous nous raconter ça?**

◆ Cette fois-là, je voulais vraiment en finir avec le tabac. Le dimanche matin, avec mon fils de douze ans, nous avions pris l'habitude de courir pendant trois-quarts d'heure. Et régulièrement il me distançait, j'arrivais après lui complètement essoufflé. Je me suis décidé d'arrêter. J'ai prévenu mes collègues de bureau, la famille. Tous m'ont donné un coup de main.

◆ **Et comment avez-vous donc réussi, cette fois?**

◆ Il n'existe pas de remède miracle. Cependant il y a certains petits trucs qui m'ont aidé. Je me suis mis au chewing-gum. J'ai bu un verre d'eau ou j'ai croqué une pomme, quand j'avais envie de fumer. J'ai fait aussi des exercices de respiration. Au début, j'étais plus irritable et, à d'autres moments, fatigué et apathique. Puis, j'ai réorganisé un peu ma vie. Je me suis mis au sport: le jogging, le dimanche matin avec mon fils, et la natation une fois par semaine. Au bout d'un an, sans tabac, je me sentais beaucoup mieux, et j'ai fait le calcul de ce que j'avais économisé, c'était presque 3 500 francs – suffisant pour un beau petit voyage!

(Comité Français d'Éducation pour la Santé)

C. En regardant de plus près. Now look at these features of the text.

1. As is the case for narratives, the imperfect will be used to set the background and the *passé composé* to weave the story, to state actual events. Look at the first paragraph. On a piece of paper, draw a vertical line and make points corresponding to actions that move the story forward. List the verbs used to indicate these actions. At appropriate places on this storyline, make horizontal lines and list the verbs that provide the background.

2. The text includes several fixed expressions. Find suitable English equivalents for:

   a. **lancer un pari**
   b. **attendre un enfant**
   c. **distancer quelqu'un**
   d. **donner un coup de main à quelqu'un**
   e. **croquer une pomme**

D. Après avoir lu. Now that you have read through the text, think about the following questions.

1. How did his family contribute to M. Clia's success?

2. Why is the sentence **Il n'existe pas de remède miracle** the key to the concluding paragraph of the story?

3. What message does the **Comité Français d'Éducation pour la Santé** wish to communicate with this text?

4. In our country, would organizations that try to eliminate smoking use the same arguments as those found in this text?

 ÉCOUTONS

Au cabinet du Dr Gabriel. Listen as Dr Gabriel talks with and examines two patients.

1. First the doctor examines Paul, who has had a small accident.

   a. What symptoms are mentioned?
   b. What does Paul fear happened?
   c. What does the doctor decide is wrong?
   d. What does she prescribe?
   e. To what kind of doctor does she refer him for further procedures?

2. Next, the doctor talks to M. Albertini.

   a. What happens when M. Albertini tries to stop smoking?
   b. What does the doctor recommend he do?

A. Comment garder sa forme. Comparez votre manière de garder la forme avec un/e camarade. Parlez de vos habitudes alimentaires, de vos activités sportives et de vos manières de vivre. Indiquez ce que vous aimeriez changer, et demandez des conseils à votre camarade.

MODÈLE: É1 Moi, je fais des repas assez équilibrés, excepté que je n'aime pas les légumes verts et que je ne mange pas assez de fruits. Je ne grignote jamais quand je regarde la télévision parce que, ça, c'est la meilleure manière de prendre des kilos. Et toi?

          É2 Pour les sports, je fais du jogging trois fois par semaine et l'hiver je joue au basket. Et toi?

          É3 Mon grand problème, c'est que je suis toujours stressé, surtout avant un examen. Qu'est-ce que tu fais, toi, pour te détendre?

B. Quel est le meilleur système? En France, en Belgique, en Suisse et au Québec, tous les citoyens sont remboursés pour la plupart des frais médicaux, y compris les médicaments et les consultations chez le médecin. En France les médecins vont chez les malades. Faites une liste des avantages et des désavantages de ce système français. Le dessin humoristique vous donne quelques-uns des désavantages. Ensuite discutez-en avec vos camarades.

MODÈLE: ➞LES AVANTAGES: Tout le monde peut être soigné, même les gens pauvres…

      LES DÉSAVANTAGES: Beaucoup de gens vont chez le médecin lorsqu'ils ont quelque chose qui n'est pas grave.

C. Les bons et les mauvais médecins. Organisez-vous en groupes de trois. Vous allez discuter des problèmes de santé suivants.

- Les meilleurs remèdes pour les rhumes
- Les meilleurs moyens d'éviter le stress pendant la période des examens
- Les conséquences d'une mauvaise nutrition

MODÈLE: É1 Moi, je me soigne avec des gouttes pour le nez, de l'aspirine pour les maux de tête et un médicament contre la toux.

É2 Moi, je préfère les méthodes naturelles. Je reste au lit pendant deux jours et je bois beaucoup de thé chaud avec du citron.

ÉCRIVONS

A. Histoire d'un accident. Avez-vous eu un accident récemment ou quand vous étiez plus jeune? Qu'est-ce qui vous est arrivé? Dans votre récit, expliquez…

— quel genre d'accident c'était: une jambe cassée? un coup de soleil?
— comment cela vous est arrivé: dans un accident de voiture? quand vous faisiez du sport?
— ce que vous avez fait pour vous soigner: aller chez le médecin? à l'hôpital? rester au lit?

MODÈLE: →J'avais 15 ans. Je promenais mon chien. Tout à coup, il est parti après un chat. Moi, je suis tombée et je me suis cassé le bras. J'ai dû aller à l'hôpital. Là, on a mis mon bras dans un plâtre. Mon bras y est resté pendant six semaines. Je n'étais pas contente.

B. La publicité. Préparez une publicité pour un produit que vous inventez: un produit de beauté ou un article de toilette, par exemple. Qui peut écrire la meilleure pub?

MODÈLE:

View the clips for **Chapitre 9** in the *Chez nous* video

Je me sers du Belledent parce qu'avec lui, on a les dents toujours blanches.

Belledent

Vocabulaire

◆ le corps humain — the human body

la bouche	*mouth*
le bras	*arm*
les cheveux (m)	*hair*
la cheville	*ankle*
le cou	*neck*
le cœur	*heart*
les dents (f)	*teeth*
le doigt	*finger*
le doigt de pieds	*toe*
le dos	*back*
l'estomac (m)	*stomach*
l'épaule (f)	*shoulder*
le foie	*liver*
le genou	*knee*
la gorge	*throat*
la jambe	*leg*
la lèvre	*lip*
la main	*hand*
le nez	*nose*
l'oreille (f)	*ear*
l'œil (m) (pl, les yeux)	*eye (eyes)*
le pied	*foot*
le poignet	*wrist*
la poitrine	*chest*
le poumon	*lung*
la tête	*head*
le visage	*face*
le ventre	*belly, abdomen*
les yeux (m)	*eyes*

◆ pour parler de la santé — to talk about health

avoir l'air (bien, malade)	*to look (well, sick)*
avoir bonne mine	*to look well*
avoir du mal à (respirer)	*to have difficulty (breathing)*
conseiller	*to advise (to give advice)*
fatigué/e	*tired*
un/une malade	*a sick person*
malade	*ill, sick*
Qu'est-ce qui ne va pas?	*What's wrong?*
un régime	*a diet*
la santé	*health*
se sentir bien	*to feel well*

◆ choses à éviter pour rester en forme — things to avoid to stay in shape

la graisse	*fat, grease*
grignoter	*to snack*
des produits laitiers	*dairy products*

◆ maladies et symptômes — sicknesses and symptoms

une angine	*tonsillitis*
avoir mal (à la tête)	*to hurt (to have a headache)*
avoir 40° de température/ fièvre	*to have a temperature/ fever of 40°*
une bronchite	*bronchitis*
une brûlure	*a burn*
une crise de foie	*indigestion*
un coup de soleil	*a sunburn*
une douleur	*a pain*
enflé/e	*swollen*
faire mal	*to cause pain, to hurt*
une fièvre	*a fever*
une grippe	*flu*
une indigestion	*indigestion*
une infection	*an infection*
un mal (des maux)	*a pain, ache*
le mal au cœur	*nausea*
une maladie	*an illness*
un rhume	*a cold*
le sang	*blood*
la toux	*a cough*

◆ pour se soigner — to take care of oneself

un antibiotique	*an antibiotic*
un antiseptique	*an antiseptic*
une aspirine	*an aspirin*
un diagnostic	*a diagnosis*
des gouttes (f) pour le nez	*nose drops*
un médicament	*medicine, drug*
une ordonnance	*a prescription*
une pommade	*an ointment, salve*
la pénicilline	*penicillin*
une piqûre	*a shot*
un remède	*a remedy*
un sirop	*a cough syrup*
une tisane	*herbal tea*

See additional vocabulary page 403, second column

2

Sauvons la Terre et la forêt

– *Allô, le voisin? J'ai des acheteurs pour mon appartement et avec votre radio on ne s'entend pas.*

Les nuisances de la vie moderne

On nous casse les oreilles!

M. DUBREUIL: Quel bruit ce soir!

MME DUBREUIL: C'est les voisins d'en bas. Ils ont mis leur chaîne stéréo à fond!

M. DUBREUIL: Ils vont devenir sourds!

MME DUBREUIL: En tous cas on ne s'entend plus parler ici!

M. DUBREUIL: Je vais leur téléphoner pour demander qu'ils baissent le son. Sinon, je ne vais pas pouvoir dormir cette nuit.

LA NUISANCE DU BRUIT

Les Français se plaignent plus du bruit que de toute autre nuisance. Les causes principales du bruit sont les voitures et les motos, les avions, les sirènes des voitures de police et les alarmes des appartements et des voitures. D'après la loi, l'intensité du bruit ne doit pas dépasser 85 décibels dans les usines et les autres lieux de travail.

Pollutions!

CATHERINE: L'air devient vraiment pollué dans notre ville! Regarde cette fumée. Avec tous ces gaz toxiques, on ne pourra bientôt plus respirer!

SERGE: C'est vrai. Si on ne change pas notre manière de vivre nous allons contaminer toute la Terre.

CATHERINE: Et si on continue de polluer les fleuves et les rivières, il n'y aura plus d'eau potable.

RENÉE: Ce n'est pas grave. On peut toujours boire de l'eau minérale.

CATHERINE: Tu n'es jamais sérieuse, toi!

RENÉE: Si, mais je suis une optimiste, moi. Avec les nouvelles technologies, on trouvera bien des solutions à tous ces problèmes.

SERGE: Oui, on quittera la Terre pour habiter sur la Lune.

POUR LA PROTECTION DE L'ENVIRONNEMENT

- Utilisez du papier recyclé; ce sont des arbres et des forêts sauvés de la destruction.
- Faites vos courses avec des paniers; les commerçants n'auront plus besoin de sacs en plastique ou d'emballages non-biodégradables.
- Ne gaspillez pas l'eau! Prenez une douche au lieu d'un bain; c'est 20 litres d'eau et de l'énergie économisées.
- Triez les déchets domestiques; mettez les ordures, les boîtes de conserve usées, le papier, les bouteilles en verre dans de différentes poubelles; cela permet le recyclage.
- Ne versez pas les huiles de cuisine ou de moteur usées dans l'évier; elles empêchent l'oxygénation de l'eau. Mettez-les dans un récipient et apportez-les au centre de recyclage de votre quartier.
- Utilisez les transports en commun.
- Ne laissez pas les lumières allumées; éteignez-les en sortant de la salle.

LES VERTS

C'est le nom que l'on donne à des groupes politiques qui veulent que le gouvernement prenne des mesures plus énergiques pour préserver l'environnement. Comme le montre le graphique, en France l'influence des partis écologistes est en régression. Mais la pression des groupes écologistes a produit des initiatives pour réduire la pollution de l'air et éliminer le gaspillage des ressources énergétiques, par exemple la réintroduction des tramways et l'utilisation des VTT (vélo-tout-terrain).

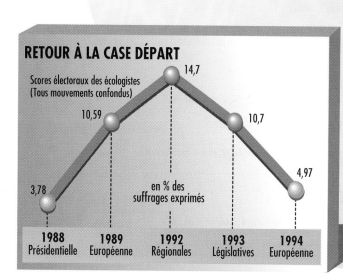

RETOUR À LA CASE DÉPART

Scores électoraux des écologistes
(Tous mouvements confondus)

14,7

10,59

10,7

4,97

3,78

en % des
suffrages exprimés

1988	**1989**	**1992**	**1993**	**1994**
Présidentielle	Européenne	Régionales	Législatives	Européenne

À VOUS LA PAROLE

A. Pour protéger l'environnement. Dites ce qu'il faut faire dans chaque cas pour protéger l'environnement.

MODÈLE: les chaînes stéréo
→Il ne faut pas les mettre à fond.

1. les transports en commun
2. les déchets domestiques
3. l'eau
4. le papier
5. les produits non-biodégradables
6. l'intensité du bruit
7. l'électricité
8. les huiles de cuisine

B. Changeons le comportement des gens. Suggérez une alternative moins polluante à ces personnes et indiquez le résultat de cette alternative.

MODÈLE: Je prends ma voiture pour aller en ville.

→ Pourquoi est-ce que tu ne prends pas le métro? C'est une façon d'éliminer les gaz toxiques.

1. Je prends ma moto pour aller à la bibliothèque.
2. Je vais prendre un bon bain.
3. J'ai besoin d'un cahier et de papier pour mes cours.
4. Jettons l'huile usée du moteur dans l'évier.
5. Mettons ces vieilles boîtes, ces bouteilles et nos ordures dans la poubelle.
6. Achetons des sacs en plastique pour les clients.
7. Mettons plus fort le son de la chaîne stéréo.

C. Les soucis écologiques chez vous. Quelles sont les nuisances chez vous et qu'est-ce qu'on fait pour améliorer la vie?

MODÈLE: les nuisances du bruit

→ À la résidence où j'habite tous mes voisins mettent leurs chaînes stéréo trop fort. Alors, je ne peux pas travailler dans ma chambre. Je dois aller à la bibliothèque. Pendant la nuit, il y a des motos qui passent dans la rue; ça me réveille.

OU Dans ma résidence on n'a pas le droit de mettre de la musique trop fort après dix heures du soir.

1. les nuisances du bruit
2. la pollution de l'air
3. la fumée et les gaz toxiques
4. la pollution des lacs et des rivières
5. les mesures prises pour réduire le gaspillage d'énergie
6. le tri des déchets
7. l'élimination des déchets non-biodégradables

Vers une Terre plus propre et une vie plus agréable

Les Français et l'écologie

L es accidents liés aux développements technologiques ont provoqué en France des inquiétudes concernant l'environnement. Selon Gérard Mermet, (*Francoscopie* 1995), les principales inquiétudes concernent les déchets radioactifs, la destruction des forêts et la pollution de l'eau courante. Le réchauffement de l'atmosphère, le trou d'ozone, l'élimination des déchets domestiques et industriels et l'accroissement des centrales nucléaires sont considérés comme des menaces moins importantes, sans doute parce qu'elles ne semblent pas avoir un effet immédiat sur le mode de vie.

Malgré la perte d'influence des partis Verts, on trouve en France des initiatives pour réduire la pollution et éliminer le gaspillage des ressources énergétiques. Voici des exemples d'initiatives pour réduire l'utilisation des voitures individuelles et pour développer des types de vacances écologiques.

Les tramways reviennent à Strasbourg

À Strasbourg il y a maintenant des tramways qui circulent sur des voies réservées, c'est-à-dire que ces voies ne peuvent pas être utilisées par les automobilistes. Ces nouveaux tramways sont silencieux et ils ont un plancher bas pour faciliter l'accès aux personnes handicapées. Surtout, comme ils marchent à l'électricité, ils ne polluent pas.

Un tramway à Strasbourg.

Le VTT: le vélo remplace la voiture

En France le VTT (vélo-tout-terrain) devient très populaire. Grâce au VTT le vélo sort des routes pour se rapprocher de la nature. Le VTT permet de se promener sur les chemins de randonnées et de goûter aux charmes de la nature. Faire du VTT est une activité non polluante qu'encouragent les associations écologiques.

Le développement du tourisme vert

Les Français sont de plus en plus nombreux à participer au tourisme vert. Dans les régions rurales les agriculteurs ouvrent des gîtes pour accueillir un petit nombre de touristes. Les habitants des villes peuvent y découvrir les charmes de la vie rurale. Leurs hôtes leur apprennent aussi des recettes de la cuisine régionale et les coutumes et l'histoire locales. Des organisations locales organisent aussi des visites guidées et des promenades aux sites historiques et touristiques.

Un autre aspect du tourisme vert sont les chantiers pour les jeunes à partir de 14 ans. Il y a des chantiers archéologiques, d'autres où les jeunes gens replantent des arbres ou nettoient des forêts pour les protéger des incendies, d'autres enfin où ils nettoient des rivières pour sauvegarder leur faune, leur flore et leur beauté. En somme, avec le tourisme vert les gens des villes reprennent contact avec la nature et apprennent l'importance de préserver une terre belle et propre.

Apprendre un métier... mais en vacances!

Vous êtes encore étudiant ou vous avez du temps libre cet été, et vous voulez une expérience professionnelle et humaine. Les travaux saisonniers sont nombreux. Ils vous permettent de visiter des pays sans dépenser beaucoup d'argent, voire sans en dépenser du tout.

L'association Cotravaux (coordination pour le travail volontaire des jeunes) vous communiquera la liste des associations qui lui sont affiliées et qui organisent des chantiers cet été (11 rue de Clichy, 75009 Paris, tél.: (16.1) 45.74.79.20.)

À VOUS LA PAROLE

A. Avantages écologiques. Quels sont les avantages des mesures ou des innovations suivantes pour la préservation de l'environnement?

MODÈLE: élever des poules si on habite à la campagne
→ On peut leur donner à manger certains déchets domestiques.

1. remplacer les autobus par des tramways
2. interdire les voitures individuelles dans les centres-villes
3. faire du jardinage
4. ouvrir des gîtes ruraux
5. se promener dans les forêts en VTT
6. planter des arbres et ne pas détruire les forêts
7. nettoyer les forêts
8. nettoyer les rivières

B. Vous avez compris? Répondez **vrai** ou **faux**. Pour les déclarations qui sont fausses, proposez une réponse correcte.

MODÈLE: On trouve des forêts tropicales surtout en Europe.
→Faux. On trouve des forêts tropicales en Afrique francophone, par exemple.

1. Les motos sont silencieuses et ne polluent pas.
2. Les voitures produisent des gaz qui font réchauffer la Terre.
3. Pour protéger les forêts contre les incendies, il faut les nettoyer.
4. Si on fait du recyclage, on produit plus de déchets industriels.
5. Le trou d'ozone est en train de diminuer.
6. Dans leurs jardins les Français cultivent seulement des fleurs.
7. Pour les Français les déchets radioactifs ne sont pas dangereux.
8. Le recyclage des produits non-biodégradables est une menace pour l'environnement.

C. Placards et slogans. Imaginez que vous préparez un placard ou un slogan pour une manifestation écologique. Les placards et les slogans ont souvent la forme d'une phrase impérative ou alors ils utilisent les expressions **À bas…** (*Down with…*), **Plus de…** (*No more…*), **Vive…** (*Hurray for…*). Organisez-vous en groupes de trois ou quatre pour trouver des slogans attractifs pour protester contre les activités polluantes et pour encourager les mesures écologiques.

MODÈLES: l'utilisation des voitures pour aller aux cours
→Plus de voitures dans le centre du campus!
À bas les voitures sur le campus!
Laissez votre voiture chez vous!
En ville, au lieu d'une voiture, utilisez un vélo!

l'utilisation des transports en commun
→Vive les tramways et le métro!
Avec les transports en commun la terre se réchauffe moins!

1. la construction des centrales nucléaires
2. la réduction du bruit dans les résidences universitaires
3. le développement du tourisme vert
4. le gaspillage du papier
5. les randonnées en VTT
6. le remplacement des autobus par des tramways
7. les vacances d'été dans un chantier de jeunesse

L'*h* aspiré et l'*h* muet

In French the letter **h** does not represent any sound. Most words beginning with **h** behave as if they began with a vowel, that is, *elision* and *liaison* are normally made. These words are said to contain **h muet.**

l'hiver	l'histoire
les‿hommes	les‿habitants
/z/	/z/
pas d'huitres	s'habiller

- Other words beginning with **h** behave as if they began with a consonant: there is neither elision nor liaison. They contain **h aspiré**. In the glossary at the end of this textbook and in the vocabulary lists in each chapter, these words are preceded by an asterisk (*).

le *homard	la *Hollande
les *hors-d'œuvre	en *haut

- Some words that begin with a vowel letter also contain **h aspiré**:

le nombre *un	le *onze mai

À VOUS LA PAROLE

Phrases. Répétez chaque phrase.

1. J'aime les *haricots en été et les huîtres en hiver.
2. Les amies d'Hortense habitent au *Havre.
3. Ces hôtels appartiennent à des *Hollandais.
4. Le cousin d'Henri arrive le *onze avril à deux heures.

Le passé du conditionnel

1. Use the *past conditional* to express a hypothetical action or event in the past. In this case, the past conditional is often used with such expressions as **à ta place, à votre place** or with the stressed pronouns **moi, nous.**

   À ta place, je n'**aurais** pas **versé** les huiles usées dans l'évier.
   If I were you, I wouldn't have poured the used oil down the sink.

   Nous, nous **serions sortis.**
   We would have gone out.

2. To express what should have or could have been done in the past, use the past conditional of **devoir** or **pouvoir.**

   Il a pris un sirop contre la toux.
   He took a cough syrup for his cough.

   Il **aurait dû** prendre un antibiotique.
   He should have taken an antibiotic.

   J'ai mis de la glace dessus pour calmer la douleur.
   I put ice on it to soothe the pain.

   J'**aurais pu** y mettre de la pommade.
   I could have put some salve on it.

3. To form the *past conditional*, use the *conditional* of **avoir** or **être** plus the past participle: the forms of the past conditional are illustrated with the verbs **devoir** and **partir.**

j'aurais dû	je serais parti/e
tu aurais dû	tu serais parti/e
il/elle/on aurait dû	il/elle/on serait parti/e
nous aurions dû	nous serions parti/e/s
vous auriez dû	vous seriez parti/e/s
ils/elles auraient dû	ils/elles seraient parti/e/s

A. Pour être un bon "vert". Dites ce que ces gens auraient dû ou auraient pu faire pour conserver les ressources énergétiques ou préserver l'environnement.

MODÈLE: J'ai laissé les lumières allumées.
→ Tu aurais dû les éteindre.
OU   Tu aurais pu les éteindre.

1. Marion a jeté tous les déchets dans la même poubelle.
2. J'ai jeté les boîtes de bière vides sur la route.
3. Nous sommes allés au campus en voiture.
4. Jacques a pris sa moto pour aller sur le chemin de randonnée.
5. Les Morin ont versé l'huile dans leur évier.
6. J'ai demandé des sacs en plastique.
7. Nos voisins ont mis leur stéréo à fond tard hier soir.

B. Conseils médicaux. Dites ce que ces gens auraient pu prendre ou faire dans les cas suivants.

MODÈLE: J'avais mal au ventre.
→ Tu aurais pu prendre une tisane à la menthe.

1. J'avais de la fièvre.
2. Nous avions mal à la tête.
3. Le nez de Jeanne coulait.
4. Les enfants toussaient beaucoup.
5. Mon père ne pouvait pas dormir.
6. Nous nous sommes brûlé la main.
7. Maryse s'est coupé le doigt.
8. Je me suis foulé la cheville.
9. Nous avons pris un gros coup de soleil.

Le subjonctif

So far you have been using the present *indicative* to state facts and ask questions, and *imperative* forms to express commands. Whenever you express obligation, wishes, emotions, or doubt in complex sentences, you will need to use the present subjunctive, called *le subjonctif*, in French. Compare the use of the present indicative and the present subjunctive:

Nous **travaillons** plus qu'eux.
We work harder than they do.

Il faut que nous **travaillions** plus qu'eux.
We have to/must work harder than they do.

1. Here are the forms of the present subjunctive for **-er** verbs:

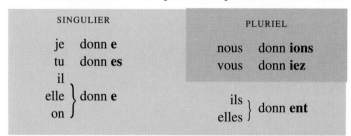

SINGULIER		PLURIEL	
je	donn **e**	nous	donn **ions**
tu	donn **es**	vous	donn **iez**
il elle on }	donn **e**	ils elles }	donn **ent**

2. Use the present subjunctive in complex sentences whose main clause contains a verb expressing necessity or obligation. The subordinate clause containing the present subjunctive form is introduced by **que**. Among these expressions are:

il faut que	*you have to/must*
il ne faut pas que	*you must not*
il est nécessaire que	*it is necessary that*
il est important que	*it is important that*
il est utile que	*it is useful that*
il est urgent que	*it is urgent that*
il vaut/vaudrait mieux que	*it is/would be better (best) that*

Il faut que vous **arrêtiez** de fumer.
You have to stop smoking.

Il vaudrait mieux que nous l'**écoutions.**
It would best if we listened to him/her.

Il est nécessaire qu' ils **arrivent** avant six heures!
They have to arrive before 6 o'clock.

À VOUS LA PAROLE

A. C'est logique. Qu'est-ce qu'on demande dans chaque instance? Choisissez un verbe dans la liste.

MODÈLE: une mère à son enfant
→ Il faut que tu manges tes carottes!

arrêter	étudier	jouer	manger
nettoyer	parler	payer	téléphoner

1. un professeur à ses élèves
2. une étudiante à sa camarade de chambre
3. un agent de police à un automobiliste
4. une sœur à son petit frère
5. un médecin à un patient
6. une jeune femme à son mari
7. une patronne à son employée

B. Solution pour le développement rural. Le chef d'un groupe de développement rural haïtien donne des conseils à ses camarades.

MODÈLE: ne pas couper les arbres
  → Il ne faut pas que nous coupions les arbres.
  OU Il vaut mieux que nous ne coupions pas les arbres.

1. trouver de l'eau
2. planter des nouveaux arbres
3. travailler ensemble
4. ne pas se disputer
5. partager nos ressources
6. aider les pauvres
7. limiter le nombre de nos enfants

C. Préserver la qualité de la vie. Dites à un groupe de gens ce qu'il faut faire pour ne pas polluer et pour préserver la qualité de la vie.

MODÈLE: limiter le bruit
  → Il est nécessaire que vous limitiez le bruit.
  OU Il vaudrait mieux que vous limitiez le bruit.

1. trier les déchets
2. réduire la consommation d'électricité
3. utiliser l'énergie solaire
4. développer des transports en commun plus attractifs
5. défendre l'utilisation des voitures dans les centres-villes
6. protéger les forêts
7. éliminer les gaz toxiques

Le subjonctif d'autres verbes

1. **Le subjonctif des verbes réguliers en *-ir* et en *-re***

   - All verbs take the same set of present subjunctive endings as the **-er** verbs. These endings are added to the present stem, found by dropping the present indicative ending **-ons** from the **nous** form.

PRESENT STEM		
nous **dorm** ons	nous **grossiss** ons	nous **descend** ons

SUBJUNCTIVE FORMS (il faut que)		
je dorm **e**	je grossiss **e**	je descend **e**
tu dorm **es**	tu grossiss **es**	tu descend **es**
il elle } dorm **e** on	il elle } grossiss **e** on	il elle } descend **e** on
nous dorm **ions**	nous grossiss **ions**	nous descend **ions**
vous dorm **iez**	vous grossiss **iez**	vous descend **iez**
ils elles } dorm **ent**	ils elles } grossiss **ent**	ils elles } descend **ent**

2. Le subjonctif de quelques verbes irréguliers

Verbs whose present indicative first person plural and third person plural forms are derived from different stems will show the same pattern of variation in the subjunctive.

present indicative forms	present subjunctive forms
acheter nous **achet** ons	nous **achet** ions
ils **achèt** ent	ils **achèt** ent
nettoyer nous **nettoy** ons	nous **nettoy** ions
ils **nettoi** ent	ils **nettoi** ent

Nous **achetons** du papier recyclé.	Il faut que nous **achetions** du papier recyclé.
Ils ne **jettent** pas les boîtes de conserves vides dans la poubelle.	Il vaut mieux qu'ils ne **jettent** pas les boîtes de conserves vides dans la poubelle.
Nous **employons** des produits écologiques.	Il faudrait que nous **employions** des produits écologiques.
Ils **nettoient** les rivières.	Il est nécessaire qu'ils **nettoient** les rivières.

•   Note that for these verbs the singular forms of the present subjunctive and the present indicative will be identical.

J'**achète** un VTT.	Il faut que j'**achète** un VTT.
Tu **appelles** le gîte rural.	Il vaudrait mieux que tu **appelles** le gîte rural.
Elle **essuie** les verres.	Il est important qu'elle **essuie** les verres.

•   Like regular **-ir** and **-re** verbs, irregular verbs whose infinitives have these endings have different singular forms for the present indicative and the present subjunctive.

PRESENT INDICATIVE FORMS	PRESENT SUBJUNCTIVE FORMS
apprendre nous **appren** ons	nous **appren** ions
ils **apprenn** ent	ils **apprenn** ent
il **appren** d	il **apprenn** e
boire nous **buv** ons	nous **buv** ions
elles **boiv** ent	elles **boiv** ent
elle **boi** t	elle **boiv** e
devoir nous **dev** ons	nous **dev** ions
elles **doiv** ent	elles **doiv** ent
je **doi** s	je **doiv** e
venir nous **ven** ons	nous **ven** ions
elles **vienn** ent	elles **vienn** ent
tu **vien** s	tu **vienn** es

A. Pour une meilleure santé. Dites à ces gens qu'il faut faire ce qu'ils ne veulent pas faire ou qu'il ne faut pas faire ce qu'ils veulent faire.

MODÈLE: Mes filles veulent sortir malgré leur fièvre.
→ Mais il ne faut pas qu'elles sortent.
OU   Il vaut mieux qu'elles ne sortent pas.

1. Nous ne nous soignons pas assez.
2. Pascal ne maigrit pas.
3. Fatmah ne veut pas prendre aspirine.
4. Nous ne consulterons pas le médecin.
5. Je n'appellerai pas l'infirmier.
6. Ma sœur continue à grossir.
7. Mon fils a mal aux yeux mais il continue à lire.

B. Soucis écologiques. Vos amis vous suggèrent de faire certaines choses qui peuvent polluer l'environnement ou déranger les autres. Vous allez refuser poliment et proposer une alternative plus conforme à la préservation d'une terre propre.

MODÈLE: Vous allez jeter tout ce papier?
→ Non, il vaut mieux que nous le recyclions.

1. Vous voulez prendre votre voiture?
2. Vous voulez jeter tous ces déchets à la poubelle tout de suite?
3. Vous allez acheter une grosse voiture?
4. Vous allez prendre un bain?
5. Vous voulez verser ces huiles usées dans l'évier?
6. Vous allez allumer toutes les lumières?
7. Vous allez jeter les boîtes de conserves vides?

MISE EN PRATIQUE

LISONS

A. Avant de lire. Deforestation is an ecological problem shared by developed and developing countries alike. Preindustrial cultures have always realized the importance of harvesting trees in a responsible manner, rather than cutting them down wantonly. Below, an adaptation of a folktale collected from the Soninke people in Senegal carries as its message the need to protect trees in the arid Sahel region, between the Sahara Desert and the equatorial forests of Africa.

The tale opens with the storyteller saying **Xay,** the formula with which Soninke folktales begin. The audience responds in kind and the storyteller can proceed. It is common in the oral traditions of many cultures to mark the beginning of folktales with such formulas. In Haiti, for example, the storyteller says **Cric!,** the audience responding **Crac!**

Reminiscent of the story of the goose that laid golden eggs, this folktale features two widely known characters of African and Haitian folklore, the hare and the hyena. The hyena is slow-witted and gluttonous; the hare embodies cleverness. The hyena's gluttony leads him to be tricked by the hare, who causes him to be tempted in such a way as to bring about his own demise. Do you know any tales in which animals are main characters? Very often the animals in this type of literature are made to speak to humans or among themselves. Why might the author/storyteller choose such a technique? What is generally the purpose of such tales?

B. En lisant. As you read the text, look for the following information.

1. Quickly skim the first part of the story to find:
   a. what Oncle Hyène and Oncle Lièvre were able to find to feed their families
   b. what parts of the tree Oncle Lièvre was invited to taste
   c. the meaning of the magical word **dunwari**

2. Quickly skim the second part of the story to find:
   a. the first thing Oncle Hyène must say to enjoy the same favorable treatment his friend received from the tree
   b. the difference between Oncle Hyène and Oncle Lièvre in their behavior after enjoying the tree's gifts
   c. why Oncle Hyène calls for his family's help
   d. how Oncle Hyène dies
   e. what happens to the tree

L'arbre nourricier

Dites-moi «xay»!

—Xay!

Il y avait la famine au village. Oncle Hyène et Oncle Lièvre ont décidé d'aller chercher de la nourriture pour leurs familles. Oncle Hyène est parti mais n'a rien trouvé. Oncle Lièvre s'est mis aussi en route. Après avoir marché longtemps il a rencontré un arbre. Il s'est arrêté sous son ombre et a dit:

—Arbre, que ton ombre est fraîche!

—Tu as goûté mon ombre mais tu n'as pas goûté mes feuilles.

Alors Lièvre a pris plusieurs feuilles et les a goûtées.

—Arbre, que tes feuilles sont bonnes!

—Tu as goûté mes feuilles mais tu n'as pas encore goûté mon écorce.

Lièvre a pris un bout d'écorce et l'a mis dans sa bouche. Il a dit:

—Arbre, que ton écorce est bonne!

—Tu as goûté mon écorce mais tu n'as pas goûté ce qu'il y a dans mon ventre.

—Comment faire pour en avoir?

—Si tu dis «dunwari», je m'ouvrirai.

Lièvre a dit «dunwari» et l'arbre s'est ouvert. Il y est entré et a mangé à sa faim. Quand il avait assez mangé, il a pris de la nourriture pour sa famille.

De retour au village, Oncle Lièvre a dit à Oncle Hyène qu'il avait rencontré un arbre, qu'il avait mangé à sa faim et qu'il avait rapporté de la nourriture à sa famille. Oncle Hyène lui a dit:

—Montre-moi où tu as trouvé cet arbre merveilleux. J'irai à mon tour demain matin. Quand j'aurai mangé à ma faim, je rapporterai de la nourriture à ma famille.

—D'accord, lui a répondu Lièvre, demain matin je te montrerai cet arbre.

Il se sont mis en route le lendemain, et Lièvre a indiqué le chemin à Hyène:

—Tu marcheras, marcheras jusqu'à cet arbre là-bas. Tu t'arrêteras dessous et tu diras «que ton ombre est bonne!»

Hyène est allé jusqu'à l'arbre, et il lui a dit:

—Arbre, que ton ombre est bonne!

—Tu as goûté mon ombre mais tu n'as pas goûté mes feuilles.

Hyène a pris plusieurs feuilles et les a goûtées.

—Arbre, que tes feuilles sont bonnes!

—Tu as goûté mes feuilles mais tu n'as pas goûté mon écorce.

Hyène a pris un bout d'écorce et l'a mis dans sa bouche. Il a dit:

—Que ton écorce est bonne!

—Tu as goûté mon écorce mais tu n'as pas goûté ce qu'il y a dans mon ventre.

—Comment faire pour en avoir?

—Si tu dis «dunwari», je m'ouvrirai.

Lièvre a dit «dunwari» et l'arbre s'est ouvert. Il y est entré et a mangé à sa faim. Quand il avait assez mangé, il a pris de la nourriture pour sa famille.

Oncle Hyène s'est dit alors: «Ah! Si j'avais quelqu'un pour m'aider je rapporterais cet arbre au village.» L'arbre lui a répondu:

—Tu n'as pas besoin de porteurs, je peux t'aider moi-même. Mets ton coussinet sur la tête.

Hyène a mis son coussinet sur la tête, puis a porté l'arbre sur sa tête, et l'a emporté au village. Arrivé là, il a appelé:

—Venez vite! J'ai rapporté quelque chose de la forêt! Venez m'aider à déposer ce lourd fardeau!

Sa femme et ses enfants sont venus mais n'ont pas réussi à déposer l'arbre.

—Eh bien! Allez vite chercher des gens!

Ils sont allés chercher des gens mais ceux-ci n'ont pas réussi davantage.

—Eh bien! Appelez la moitié du village!

La moitié du village est venue mais sans résultat.

—Alors, appelez tout le village!

Le village entier est venu mais sans succès.

Écrasé sous le poids de l'arbre, Hyène est mort. Alors l'arbre est parti et est retourné à sa place dans la forêt. Je remets le conte là où je l'ai trouvé.

C. En regardant de plus près. Now look more closely at some features of the text.

1. Use the context to guess at the meaning of the following expressions:
   a. il a mangé à sa faim
   b. mettre un coussinet sur sa tête
   c. cet arbre merveilleux
   d. se débarrasser d'un fardeau

2. Give the meaning of the following related pairs of forms:
   a. porter/un porteur
   b. appeler/un appel
   c. parler/la parole
   d. un coussin/un coussinet

D. Après avoir lu. Now that you've read the entire tale, think about these questions.

1. Folktales are stories meant to be listened to, not read. How is the original performance context of folktales reflected in stylistic features of this text? You will note, for example, that the tale includes much dialogue between the protagonists.

2. Try to determine:
   a. what realistic elements are present in the tale
   b what virtues the tale stresses

3. Compare the way the underlying ecological message is presented in this text and in the list of recommendations in the **Points de Départ** section (p. 381). Which do you think is more effective? Why?

ÉCOUTONS

Une enquête auprès de "l'homme (ou la femme) de la rue". You will hear an opinion poll using "man (woman) on the street" interviews.

1. First listen to find out what the question is.
2. Once you have discovered the question, make a list of French words and expressions you might expect to hear in the various responses.
3. Two women and a man are interviewed. For each, decide what they consider the problem to be, and what remedy or remedies they suggest.

	PROBLEM	REMEDY/REMEDIES
First woman		
Man		
Second woman		

4. What do you think of the solutions proposed by the people interviewed? Which do you prefer?

A. Le plus grand problème. Quel est, pour vous, le plus grand problème en ce qui concerne l'environnement dans les domaines suivants? Comparez votre opinion avec celle de vos camarades de classe.

MODÈLE: la pollution en général

→ À mon avis, le plus gros problème, ce sont les déchets. On jette énormément de choses. Il faut absolument faire du recyclage.

1. la pollution en général
2. la pollution de l'eau
3. le bruit
4. la préservation des ressources
5. la surpopulation

B. Qu'est-ce qu'ils ont fait de notre belle Terre! Imaginez que vous êtes Astérix ou Obélix et que vous êtes transporté dans notre siècle. Qu'est-ce que vous diriez en contemplant la pollution produite par nos villes et nos usines?

MODÈLE: OBÉLIX: Où sont nos belles forêts?

ASTÉRIX: Ils les ont toutes coupées et brûlées!

OBÉLIX: Qu'est-ce que c'est que ces drôles de bâtiments là-bas?

ASTÉRIX: Ce sont des réacteurs nucléaires. C'est un danger terrible pour l'environnement.

OBÉLIX: À quoi ça sert?

ASTÉRIX: C'est pour faire de l'électricité et produire encore plus de pollution!

OBÉLIX: Retournons à notre siècle! La vie est plus belle et plus simple!

C. Les débats écologiques sur votre campus ou dans votre ville. Organisez-vous en groupes de trois ou quatre pour discuter des sujets suivants concernant la qualité de la vie et de l'environnement sur votre campus ou dans la ville où se trouve votre université. Vous allez décrire le problème et proposer des solutions.

MODÈLE: le bruit et la pollution sonore
    É1 Il y a trop de bruit dans les résidences. On ne s'entend plus parler!
    É2 C'est vrai, on ne peut pas travailler dans sa chambre.
        On doit aller à la bibliothèque même tard la nuit.
        C'est désagréable et dangereux.
    É3 On devrait interdire de mettre des disques compacts et des
        cassettes avec des chaînes stéréo après dix heures du soir.
    É1 Une autre solution serait d'avoir des chambres spéciales
        pour travailler dans les résidences.
    É4 Pour moi, le problème le plus sérieux est le bruit des motos.
        On devrait interdire leur utilisation en ville.
    É3 Et aussi les sirènes des voitures de police. C'est le pire
        des bruits. Chaque fois que j'en entends pendant la nuit,
        ça me réveille.

1. le bruit et la pollution sonore
2. le stationnement des voitures
3. l'utilisation des vélos: stationnement, pistes spéciales pour les cyclistes (pistes cyclables)
4. la qualité de l'air: la fumée, les gaz toxiques
5. la qualité de l'eau et la propreté des cours d'eau (fleuves, rivières) et des lacs
6. les campagnes d'information pour le recyclage et contre le gaspillage des ressources énergétiques

ÉCRIVONS

A. Les chantiers de jeunesse. Vous voudriez participer à un chantier de jeunesse en France. Vous allez écrire une lettre à une association qui peut vous renseigner sur les divers chantiers de jeunesse organisés en France. Voici l'adresse:

> Association Cotravaux
> 11, rue de Clichy
> 75009 Paris

Dans cette lettre vous devez indiquer:

- Le type de sujet qui vous intéresse
- Les études que vous faites et votre expérience
- Votre compétence en français
- La période qui vous intéresse
- La région de France que vous préférez

MODÈLE:

Association Cotravaux
11, rue de Clichy
75009 Paris

Cheyenne, le 5 avril 1996

Madame, Monsieur,

Je suis étudiante d'histoire à l'Université de Notre-Dame. J'ai étudié le français pendant deux ans au lycée et je termine ma première année d'étude de cette langue à l'Université de Notre-Dame.

Je m'intéresse à l'histoire et à la civilisation françaises. Cet été, j'aimerais participer à un chantier de jeunesse où je pourrais apprendre des choses sur l'histoire d'une région et sur la vie rurale. Je m'intéresse aussi à l'écologie. Je suis libre pendant six semaines entre le 15 juin et le 31 juillet. Deux régions qui m'intéressent sont la Bourgogne et l'Alsace. L'été dernier j'ai participé à un projet d'archéologie amérindienne avec des professeurs de mon université.

Pourriez-vous m'indiquer un stage compatible avec mes intérêts et les conditions de participation? En particulier, combien coûterait le stage?

Avec mes remerciements anticipés, veuillez agréer, Madame, Monsieur, l'expression de mes sentiments distingués.

Karen O'Hara

B. Une brochure. Le gouvernement français (et le gouvernement américain aussi!) publie souvent des brochures contenant des conseils pour préserver l'environnement. Imaginez que vous faites partie d'une équipe qui doit préparer une de ces brochures. Voici quelques sujets possibles:

1. la lutte contre le bruit
2. l'utilisation des transports en commun
3. le tri et le recyclage des déchets
4. la conservation des ressources énergétiques
5. la conservation des forêts

N'oubliez pas que dans les brochures de ce type, on utilise souvent: des statistiques, des impératifs, des slogans.

For additional activities visit the *Chez nous* home page.
http://www.prenhall.com/cheznous

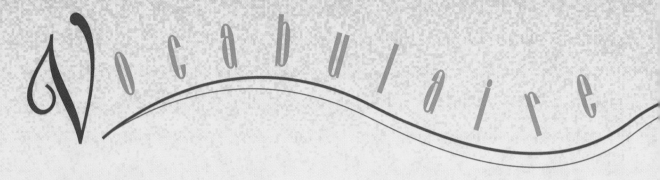

Vocabulaire

◆ **bon pour l'environnement** — **good for the environment**

un accroissement	*an increase*
augmenter	*to increase*
baisser le son	*to lower the sound/volume*
un chantier	*a work camp*
diminuer	*to diminish, decrease*
économiser	*to save, economize*
éteindre (les lumières)	*to turn off (the lights)*
la jeunesse	*youth*
un panier	*a basket*
le recyclage	*recycling*
recycler	*to recycle*
respirer	*to breathe*
une ressource énergétique	*a source of energy*
un stage	*a work experience*
un tramway (un tram)	*a trolley, streetcar*
les transports en commun	*public transportation*
trier	*to sort*
un VTT (un vélo-tout-terrain)	*a mountain bike*

◆ **mauvais pour l'environnement** — **bad for the environment**

un bruit	*a sound*
une centrale nucléaire	*a nuclear energy plant*
un déchet	*waste, refuse*
la fumée	*smoke*
gaspiller	*to waste*
un gaz	*a gas*
le gaz carbonique	*carbon dioxide*
une huile usée	*waste (used) oil*
un incendie	*a fire*

industriel/le	*industrial*
laisser les lumières allumées	*to leave the lights on*
menacer	*to threaten*
mettre la musique à fond	*to turn the music up loud*
non-biodégradable	*nonbiodegradable*
une nuisance	*a harmful thing*
les ordures (f)	*trash, waste*
polluer	*to pollute*
la pollution	*pollution*
un sac en plastique	*a plastic sack/bag*
toxique	*toxic*
un trou	*a hole*

◆ **résultats de la pollution** — **results of pollution**

contaminer	*to contaminate*
un désert	*a desert*
la destruction	*destruction*
détruire	*to destroy*
invivable	*unlivable, intolerable*
les pluies acides	*acid rain*
un réchauffement	*a warming up*
sourd/e	*deaf*

◆ **choses menacées par la pollution** — **things threatened by pollution**

l'air (m)	*the air*
un climat	*a climate*
la couche d'ozone	*ozone layer*
l'eau potable	*drinkable water*
l'environnement	*the environment*
une espèce animale/végétale	*an animal/plant species*
une forêt tropicale	*a tropical rain forest*
menacer	*to threaten, endanger*

l'ozone (f)	ozone
une ressource	a resource
la terre (la Terre)	earth (the Earth)

◆ expressions de nécessité — expressions of necessity

Il est important que	It is important that
Il est nécessaire que	It is necessary that
Il est urgent que	It is urgent that
Il est utile que	It is useful that
Il faut/Il ne faut pas que	You must/must not
Il vaut/vaudrait mieux que	It is/It would be better (best) if

◆ vacabulaire général — general vocabulary

à cause de	due to, because of
écosser	to shell
un frein	a brake
disparaître	to disappear
une poubelle	a trash can
une poule	a hen
produire	to produce
silencieuse/silencieux	silent
un souci	a concern
une vitesse	a speed
une voie	a track, a way

Additional part one vocabulary.

◆ verbes concernant la santé — verbs concerning health

se blesser	to hurt oneself
se brûler (à)	to burn oneself
se casser (le bras, le pied)	to break (one's arm, foot)
couler (le nez qui coule)	to flow, to run (a runny nose)
se couper	to cut oneself
se fouler (la cheville, le poignet)	to sprain (one's ankle, wrist)
mettre __ dans le plâtre	to put __ in a cast
se soigner	to take care of oneself
tousser	to cough

◆ autres mots utiles — other useful words

aïe!	ouch!
croire	to believe
voir	to see
dessus	on top
la chance	luck
maladroit/e	awkward, clumsy

Les liens culturels entre l'Afrique et les Amériques

On découvre aujourd'hui en Afrique les traces de civilisations ancienne qu'il faut préserver tout comme l'environnement menacé par l destruction des forêts et l'urbanisation. On découvre aussi des liens entr la culture de l'Afrique et celle des groupes américains d'origine africaine.

Le Bénin, berceau du Vaudou

Situation géographique: Sur le golfe de Guinée entre le Togo et le Nigéria

Population: Environ 5 millions d'habitants

Langues: Français (langue officielle); une quarantaine de langues locales principales y compris l fon, l'éwé et le haoussa

Villes importantes: Cotonou, Porto-Novo (capitale)

Histoire: Dans le sud du Bénin actuel existait aux XVe et XVIe siècles le grand royaume africain d'Abomey. Les artisans de cette région produisent encore des produits artistiques: du fer forgé, des bijoux et des tissus colorés. Appelé anciennement le Dahomey, le Bénin été colonisé par la France en 1892 et est devenu un état indépendant en 1960.

Travail en application sur tapisserie, Abomey, Bénin

LE VAUDOU: LE LIEN ENTRE L'AFRIQUE ET LES AMÉRIQUES

On donne le nom de **vaudou** (qui signifie **esprit** ou **dieu**) à un ensemble de croyances et de rites d'origine africaine qui, étroitement associé au catholicisme, est la religion de la plupart des Haïtiens. Le vaudou est lié à la culture de plusieurs ethnies

africaines (Fon, Oricha, Nago et Yoruba) établies au Bénin et au Nigéria. Le centre de cette culture est la ville d'Ouidah, située dans le Bénin actuel, la capitale d'un grand royaume africain aux XVe et XVIe siècles. Ouidah était le point de contact entre les Européens et les Africains et un grand port pour la traite des esclaves. C'est avec le transport de ces esclaves au Brésil et aux Antilles que des croyances religieuses basées sur le vaudou se sont établies dans les Amériques.

Voilà ce que dit au sujet du vaudou un étudiant béninois en France: «Pour moi, c'est la manière de vivre qui correspond le plus à la culture africaine, à l'environnement géographique et au mode de pensée africain… Le vaudou est une religion à part entière avec des codes moraux qui sont aussi nobles que ceux de l'islam ou du christianisme.»

Et voilà l'opinion d'une prêtresse vaudou d'origine béninoise qui a vécu en Haïti avant de venir en France:

«À mon avis, il y a trois raisons d'être vaudouisant: la fidélité aux ancêtres, l'amour du peuple et la reconnaissance de la force des **loas**. Nous ne voulons pas être coupés de nos sources; un peuple coupé de son passé est un arbre déraciné.»

 la première république noire au monde

SITUATION GÉOGRAPHIQUE:	Dans le Caraïbe, au sud de Cuba; ce pays partage l'île d'Hispaniola avec la République Dominicaine
POPULATION:	Environ 7 millions d'habitants
LANGUES:	Français et créole haïtien (co-langues officielles)
VILLES IMPORTANTES:	Port-au-Prince (capitale), Cap Haïtien
HISTOIRE:	C'est dans le nord d'Haïti que Christophe Colomb prend contact avec le continent américain en 1492. Deux siècles plus tard, les Français établissent une colonie basée sur l'économie de plantation, avec l'importation massive d'esclaves africains. Au moment de la Révolution Française en 1789 les esclaves se révoltent. Après avoir battu les troupes de Napoléon, ils créent en 1804 un état indépendant auquel ils donnent son ancien nom amérindien, Haïti "terre élevée, terre de montagnes". À partir de 1960 beaucoup d'Haïtiens ont immigré aux États-Unis et au Québec. On estime à plus de 500 000 le nombre d'Haïtiens, regroupés principalement dans le sud de la Floride, dans la région de New York, à Boston et à Montréal.

Marché Belair, Haïti

Quoi de neuf ?

Language use
- Talking about films and TV shows
- Expressing wishes and feelings

Language tools
- Irregular forms of the subjunctive
- Using the subjunctive to express desires or emotions
- Sons et lettres: Pronunciation of the letters *c* and *g*

Language use
- Talking about books and the printed word
- Dealing with the information superhighway

Language tools
- Frequent pronoun combinations
- Tense agreement with certain conjunctions
- Sons et lettres: The consonants /s/ and /z/

French: An intercultural language

Le grand et le petit écran

Des genres de films

Gérard Depardieu, dans *Cyrano*

François Truffaut, dans *Rencontres du troisième type*

M. Hulot

Un film d'horreur a pour objet de faire peur aux gens: il s'agit de monstres, de fantômes, de vampires ou bien de psychopathes.

Gérard Depardieu joue le rôle du personnage principal dans **Cyrano**, un film d'aventures qui raconte l'histoire du fameux Cyrano de Bergerac.

Un film d'espionnage est plein de suspense: il y a des agents qui partent en mission secrète. James Bond, c'est l'espion type.

Dans le film fantastique **Rencontres du troisième type**, des extra-terrestres prennent contact avec les gens de la Terre. Le metteur en scène français François Truffaut joue un rôle dans ce film américain.

Un film historique raconte d'une façon dramatique la vie d'un personnage historique ou un événement historique: la vie d'un roi ou d'une reine, une guerre, par exemple.

Un documentaire informe les gens sur un problème social, la nature, la science ou un événement historique.

Les comédies racontent souvent les mésaventures amusantes des gens. Il y a toute une série de comédies avec M. Hulot en vedette.

Pour les Français, le western est un genre de film typiquement américain: **La Conquête de l'ouest**, par exemple.

Les films policiers avec le fameux inspecteur Maigret sont pleins de suspense.

Un film musical contient beaucoup de danses et de chansons. Les Américains aiment beaucoup ce genre de film.

Le metteur en scène français Louis Malle a tourné le drame psychologique, **Au revoir les enfants**.

Les dessins animés de Disney sont connus partout dans le monde: **Pinocchio**, **Blanche-Neige et les sept nains**, **Le Roi lion**.

Si on regardait un film?

JEU 22.00	**L'HOMME DE PRAGUE** ★
	de Charles Jarrott
	Espionnage (1982). Un agent de la CIA dont la fiancée vient d'être assassinée par un groupe de terroristes demande assistance à ses supérieurs, mais devant leur laxisme embarrassé il décide d'organiser sa propre vengeance. Avec John Savage, Christopher Plummer, Marthe Keller.
A2	Durée : 1 h 51

JEU 20.40	**LES DENTS DE LA MER** ★★
	de Steven Spielberg
	Horreur (1975). On ne se méfie jamais assez des requins, comme vont l'apprendre avec effroi les estivants d'une station balnéaire américaine. Le premier et meilleur épisode de cette saga aux dents acérées, avec Roy Schneider, Robert Shaw, Richard Dreyfuss, Lorraine Gary.
FR3	Durée : 1 h 59

LUC: Si on regardait un film ce soir?

NICOLE: D'accord. Voyons… ce soir, on a le choix entre un film d'horreur, un drame psychologique avec Meryl Streep et un film d'espionnage.

LUC: Meryl Streep? C'est une vraie vedette! Le film est en version originale?

NICOLE: Non, il est doublé.

LUC: Zut alors! Mais, euh, ce film d'espionnage, c'est quoi?

NICOLE: *L'Homme de Prague;* c'est aussi un film américain. Il s'agit d'un agent de la CIA qui se venge du meurtre de sa fiancée.

LUC: Et le metteur en scène?

NICOLE: C'est Jarrott.

Éclairages

LE CINÉMA FRANÇAIS

Les Français ont joué un grand rôle dans le développement du cinéma. C'est en 1895 que les frères Lumière inventent le cinématographe, une machine qui permet de produire les premiers films. Deux ans après, le premier studio cinématographique est construit à Montreuil, près de Paris. Depuis, le film français devient un véhicule important de la culture francophone.

LE FESTIVAL INTERNATIONAL DU FILM À CANNES

Chaque année, pendant quinze jours au mois de mai, la charmante ville touristique de Cannes devient la capitale cinématographique du monde. Le Festival international du film est surtout un congrès professionnel: producteurs, metteurs en scène et vedettes y viennent pour se rencontrer, pour échanger des idées et pour distribuer les «Palmes d'or» pour les meilleurs films de l'année. Partout en France on parle du Festival — à la télé et à la radio, dans les journaux et dans les magazines. Aujourd'hui le Festival de Cannes est un grand événement culturel national.

A. Quelle sorte de film? Quand nous choisissons un film, pour le juger bon nous nous attendons à ce qu'il possède certaines caractéristiques typiques. Quelles sont ces caractéristiques?

MODÈLE: un drame psychologique

→ Un bon drame psychologique doit être triste.

OU   Dans un bon drame psychologique, il s'agit d'un problème social.

1. un film fantastique
2. un western
3. un film d'espionnage
4. un film d'horreur
5. un film d'aventures
6. un film musical
7. une comédie
8. un film historique

B. Ça dépend des jours. Quelquefois on préfère une sorte de film, d'autres fois on préfère une autre sorte. Quelle sorte de film est-ce que vous et votre partenaire préférez voir dans les situations suivantes?

MODÈLE: quand vous êtes triste?

É1   Moi, je préfère les drames psychologique.

É2   Moi non; j'aime plutôt les comédies.

1. quand vous êtes heureuse/heureux?
2. quand vous avez un problème que vous voulez oublier?
3. quand vous venez de passer un examen?
4. quand vous êtes avec votre petit frère ou un autre petit garçon?
5. quand vous êtes avec votre petite sœur ou une autre petite fille?
6. quand vous êtes avec vos parents?
7. quand vous êtes avec votre copine/copain?

C. Allons au cinéma. Imaginez que vous allez au cinéma avec un/e camarade de classe. Quel film est-ce que vous voulez aller voir? Pourquoi est-ce que ce film vous intéresse? Est-ce que c'est une sorte de film que vous aimez? Avec une vedette ou un metteur en scène que vous admirez? Expliquez votre choix à votre partenaire.

MODÈLE: → Moi, je voudrais voir le nouveau film de Woody Allen. C'est un très grand metteur en scène, et je crois que ses films sont toujours intéressants et amusants. Et toi?

D. L'art de convaincre. Imaginez que vous prenez rendez-vous avec un/e ami/e pour aller au cinéma. Vous avez des goûts très différents, mais il faut vous mettre d'accord sur un film. Discutez de vos préférences et essayez de convaincre votre ami/e qu'il faut voir le film que vous voulez voir.

MODÈLE: É1   Si on allait voir un film?

É2   Chouette! Il y a un bon western qui passe en ce moment.

É1   Euh, moi, je préfère voir un drame psychologique, pas toi?, etc.

Qu'est-ce qu'il y a à la télé?

	TF1	
un feuilleton	**13.35**	**Les feux de l'amour.** Feuilleton américain.
	16.45	**Club Dorothée.** "Dessins animés et série".
une série	**18.20**	**Les filles d'à côté.** Série française. "La cassette".
une émission de sport	**20.35**	**France / Chili** Football. Match amical. En direct du stade Gerland à Lyon. Commentaires: Thierry Roland, Jean- Michel Larqué.

	France 2	
un programme de variétés	**15.50**	**La chance aux chansons.** "Le printemps de la chanson". Avec: Marine Havet - Francis Linel - Jacqueline François - Christian Borel - Denise Varenne - Hugues Aufrey - Isa Pardo - Romuald - Linda Gracy - Marc Pascal - Florence Farel - Simone Langlois.
un jeu télévisé	**16.45**	**Des chiffres et des lettres.** Jeu. Présentation : Laurent Romeiko.
le journal télévisé	**20.00**	**Journal** Présentation: Paul Amar.
un magazine d'information	**22.30**	**Bas les masques** Magazine de Mireille Dumas. "J'ai vingt ans et je veux changer la société".

CRYSTALLE: Qu'est-ce qu'il y a à la télé ce soir?

THIERRY: Attends, je vais regarder dans le téléguide. Euh, sur la deuxième chaîne, il y a un film d'aventures, *Les spécialistes.* Tiens, il y a un match de foot sur TF1: la France joue contre le Chili. Qu'est-ce que tu préfères?

CRYSTALLE: J'ai déjà vu ce film; si on regardait le match? L'équipe du Chili est très bonne. Ça devrait être un match intéressant.

THIERRY: D'accord. Tu veux allumer la télé?

CRYSTALLE: C'est toi qui as la télécommande!

THIERRY: Ah bon? Ah, voilà!

CRYSTALLE: Arrête de zapper! Mets la deuxième chaîne!

THIERRY: Bon, ça va, ça va.

LA TÉLÉVISION EN FRANCE

La télévision française a beaucoup changé depuis 1980. À cette époquelà, la télé était encore contrôlée par le gouvernement. Ce système avait plusieurs inconvénients. D'abord, les téléspectateurs avaient un choix limité à seulement trois chaînes. Comme il n'y avait pas de compétition entre ces trois chaînes, les émissions n'étaient pas toujours de bonne qualité. L'information était sous le contrôle plus ou moins direct du gouvernement. Cette situation mettait en question la liberté d'expression et l'indépendance de l'information. Aujourd'hui les Français ont le choix entre six chaînes principales. En plus, les gens qui sont sur câble peuvent choisir entre une douzaine d'autres chaînes plus des chaînes étrangères, y compris CNN. Vous noterez que c'est aux heures optimales, entre dix-neuf et vingt-trois heures, que les principales chaînes passent le journal télévisé, suivi de la météo, des films, des variétés, des magazines ou des émissions sportives et scientifiques.

À VOUS LA PAROLE

A. Quel genre de programme? Imaginez que vous lisez le téléguide. Selon la description, dites de quel genre de programme ou de film il s'agit.

MODÈLE: dernière épisode

→C'est peut-être une série.

OU   S'il y a des épisodes, c'est probablement un feuilleton.

1. un film prophétique
2. l'astrologie devant la science
3. le journal de la semaine
4. à gagner cette semaine: voyage à Tahiti
5. série américaine
6. matchs finals de la Ligue des champions
7. recettes: ris de veau, fumet aux vieux cèpes, galettes de pommes de terre
8. Rintintin junior

B. Les émissions de ce soir. Qu'est-ce qu'on peut regarder ce soir? Avec un/e partenaire, jouez les rôles de deux amis. Consultez le téléguide et discutez de vos choix.

MODÈLE: É1 J'ai envie de regarder un match.

   É2 Si on regardait le match de foot sur TF1?

1. Il y a un programme pour enfants cet après-midi?
2. J'adore les séries américaines.
3. Il n'y a pas de magazine sur France 2 ce soir?
4. Pourquoi pas un film ce soir?
5. J'ai envie d'écouter un peu de musique.
6. J'ai mal à la tête, alors rien de sérieux!
7. Il y a un programme comique ce soir?
8. J'aime les programmes où les gens peuvent gagner beaucoup d'argent.

C. Émissions préférées. Quelles sont vos émissions préférées? Classez les émissions par ordre de préférence, et demandez à un/e camarade de classe ses préférences. Comparez votre liste avec celle des autres membres de la classe.

MODÈLE:

	moi	**mon ami/e**
1	émissions de sport	programmes de musique
2	films	informations
3	variétés	films

D. Votre opinion sur la télé. Tout le monde a son opinion sur la télé. Comparez votre opinion avec celle d'un/e camarade de classe.

MODÈLE: les programmes de musique

   É1 Est-ce que tu aimes regarder les programmes de musique à la télé?

   É2 J'aime les programmes de musique, surtout les opéras, mais il y a très peu de musique classique sur les chaînes privées. Et toi?

1. les feuilletons
2. les émissions de sport
3. les jeux télévisés
4. le journal télévisé
5. les programmes de variété
6. les dessins animés
7. les magazines d'information
8. les chaînes

SONS ET LETTRES

La prononciation des lettres *c* et *g*

Before the letters **a, o** and **u,** at the end of a word, and before consonants, the letter **c** is pronounced /k/; before the letters **i** and **e,** it is pronounced /s/. Compare:

le **c**ousin	la **c**uisine	l'é**c**ole	le do**c**umentaire	musi**c**al
le publi**c**	le gre**c**	le **c**limat	les a**c**teurs	le spe**c**tacle
le **c**inéma	la publi**c**ité	ré**c**ent	poli**c**ier	la Fran**c**e

- The sound /k/ is also spelled with **qu:**

  qui   le **Qu**ébec   fantasti**qu**e   cho**qu**ant

- Words borrowed from other languages show different spellings:

  psy**ch**opathe   le s**k**i   le **k**ilomètre

- Before the letters **a, o** and **u,** and before another consonant, the letter **g** is pronounced /g/; before the letters **i** and **e,** it is pronounced /ʒ/. Compare:

le ma**g**azine	le **g**oût	**G**ustave	la **g**lace	le pro**g**ramme
l'espionna**g**e	le **g**îte	lé**g**er	les **g**ens	psycholo**g**ique

- The sound /g/ is also spelled **gu** plus **i** or **e:**

  la **gu**erre   la **gu**itare   la lan**gu**e   le télé**gu**ide

- The sound /ʒ/ is also spelled **j:**

  le **j**ambon   le su**j**et   **J**osiane   le **j**ournal   le **j**eu

- Notice also that the **cédilla** (**ç**) and the spelling **ge** are used to preserve the same sound in related pairs of words and in verb forms:

  je commen**c**e/nous commen**ç**ons   il na**g**e/nous na**ge**ons

À VOUS LA PAROLE

A. Contrastes. Comparez la prononciation pour chaque paire de mots.

quand/le gant	la cave/le ciel	le cousin/le cinéma
le goût/les gens	le goûter/le gigot	la langue/l'âge

B. Phrases. Lisez les phrases.

1. Quand est-ce que vous aurez le câble?
2. Cette actrice préfère jouer dans les comédies musicales.
3. Cette scène où on montre le jeune Dracula est pleine de violence.
4. Ce grand garçon grec ne comprend que quelques mots de français et d'anglais.

Le subjonctif des verbes irréguliers

A small number of verbs have a special stem for the subjunctive. For example, the subjunctive stem for **faire** is **fass-**:

SINGULIER	PLURIEL
je **fass** e	nous **fass** ions
tu **fass** es	vous **fass** iez
il elle on } **fass** e	ils elles } **fass** ent

- Other verbs with special stems are:

pouvoir	**puiss-**	Il faut qu'il puisse dormir.
savoir	**sach-**	Il est important qu'elles sachent mon nom.
pleuvoir	**pleuv-**	Il est important qu'il ne pleuve pas.

- For **aller** and **vouloir**, the special stem is not used with the **nous** and **vous** forms:

ALLER	VOULOIR
j' **aill** e	je **veuill** e
tu **aill** es	tu **veuill** es
il elle on } **aill** e	il elle on } **veuill** e
nous **all** ions	nous **voul** ions
vous **all** iez	vous **voul** iez
ils elles } **aill** ent	ils elles } **veuill** ent

- **Avoir** and **être** show many irregularities:

AVOIR	ÊTRE
j' **aie**	je **sois**
tu **aies**	tu **sois**
il elle on } **ait**	il elle on } **soit**
nous **ayons**	nous **soyons**
vous **ayez**	vous **soyez**
ils elles } **aient**	ils elles } **soient**

A. Bonjour la France. Thierry a un nouvel emploi: il est présentateur pour une émission qui s'appelle *Bonjour la France*. Ce programme est diffusé en direct à 7h du matin. Thierry doit changer certaines de ses habitudes.

MODÈLE: Il n'aime pas mettre ses lunettes.
→Il faut qu'il mette ses lunettes.

1. Il n'a pas l'habitude d'être à l'heure.
2. Il n'aime pas se coucher de bonne heure.
3. Il ne veut pas porter de cravate.
4. Il aime sortir tous les soirs.
5. Il ne sait jamais quelle heure il est.
6. Il n'a jamais sa montre.
7. Il ne fait jamais sa toilette avant dix heures.

B. Pour réussir dans le cinéma. Imaginez que vous conseillez une jeune actrice. Donnez vos conseils d'une manière plus directe.

MODÈLE: Il faut avoir un agent.
→Il faut que vous ayez un agent.

1. Il faut étudier l'art dramatique.
2. Il faut prendre des leçons de danse.
3. Il est nécessaire d'avoir beaucoup de photos.
4. Il est important de savoir les noms des metteurs en scène.
5. Il vaut mieux être patiente.
6. Il est important d'avoir beaucoup d'ambition.

C. Mon idéal. Décrivez ce qui est, à votre avis, l'idéal.

MODÈLE: le film idéal
→Il faut que ce soit un film fantastique ou un film d'aventures. Il vaut mieux qu'il y ait des acteurs connus. Il faut qu'on puisse aller le voir avec des enfants.

1. la soirée idéale
2. les vacances idéales
3. le/la camarade de chambre idéal/e
4. le mari/la femme idéal/e
5. la maison idéale
6. la ville idéale
7. l'emploi idéal

Le subjonctif après les verbes de volonté et les expressions d'émotion

1. When the main verb of a sentence expresses a desire or wish, the verb of the following clause is usually in the subjunctive.

   Elles veulent qu'il **parte.**
   They want him to leave.

   Je préfère qu'il **vienne** demain.
   I prefer that he come tomorrow.

   • Here are some verbs used to express desires or wishes:

aimer	*to like*
aimer mieux, préférer	*to prefer*
demander	*to request*
désirer	*to desire, want*
exiger	*to require, demand*
souhaiter	*to hope, wish*
vouloir	*to want*

2. Use the subjunctive in the second clause when the main clause expresses any emotion: anger, fear, joy, sadness, etc.

   Je regrette que vous *partiez.*
   I'm sorry (that) you're leaving.

   Elle est contente que tu *sois* là.
   She's happy (that) you're here.

   • Verbs and verbal expressions that express emotion:

   être content/e, enchanté/e, heureuse/heureux, ravi/e
   être étonné/e, surpris/e
   Il/C'est étonnant que
   être déçu/e
   regretter
   être désolé/e, triste
   Il/C'est malheureux, dommage que
   être fâché/e, furieuse/furieux
   craindre
   avoir peur
   être inquiète/inquiet

3. When the subject is the same for both parts of the sentence, use an infinitive construction:

Je suis heureux d'**être** en France.   *I'm happy to be in France.*
Il voudrait **rester** ici.   *He'd like to stay here.*

À VOUS LA PAROLE

A. Devant le petit écran. M. Lemoël a eu une journée difficile. Il est rentré tard et il voudrait seulement se détendre. Dites comment il va probablement répondre à sa femme.

MODÈLE: Tu voudrais que nous répondions au téléphone ou que nous mettions le répondeur?
    → Je voudrais mettre le répondeur.

1. Tu veux que nous restions à la maison ce soir ou que nous sortions?
2. Tu préfères que nous préparions le dîner ensemble ou que nous commandions une pizza?
3. Tu aimes mieux que nous lisions ou que nous regardions la télé?
4. Tu préférerais que nous regardions un magazine ou un film?
5. Tu voudrais que nous attendions le film français ou que nous regardions le film américain maintenant?
6. Tu aimerais que nous prenions une tasse de thé ou un jus de fruit?

B. La grande sœur. Des amis du petit Pierre viennent demander s'il peut faire les choses suivantes. Mais sa grande sœur qui le garde en l'absence de ses parents est très sévère. Vous jouez le rôle du petit Pierre.

MODÈLE: Tu veux aller au cinéma avec nous?
    → Non, je ne peux pas. Ma sœur ne veut pas que j'aille au cinéma.

1. Tu veux aller à la piscine avec nous?
2. Tu veux faire du vélo dans le parc?
3. Tu peux sortir dans la rue?
4. Tu peux venir chez nous?
5. Tu veux aller chez Jojo?
6. Tu peux faire une promenade en voiture avec ma famille?
7. Tu peux sortir tes jouets dans la cour?

C. La solidarité. Vous partagez les émotions de vos amis.

MODÈLE: Je suis contente d'être invitée au mariage.
> ➤Moi aussi, je suis content/e que tu sois invitée au mariage.

1. Nous sommes déçues de ne pas pouvoir venir.
2. Je suis malheureux de partir demain.
3. Antoine est étonné de ne pas être sur la liste des invités.
4. Roland et Bernadette sont heureux d'y aller.
5. Anne est enchantée d'entendre la nouvelle.
6. Nous regrettons d'avoir manqué l'occasion.
7. Je suis ravie de voir les parents de Sylvie.

D. Harmonie ou conflit. Pour chaque catégorie suivante, dites si vous et vos parents partagez les mêmes souhaits, désirs, etc.

MODÈLE: votre future profession: votre souhait
> ➤Je souhaite devenir actrice/acteur. Mes parents souhaitent que je devienne agent commercial.
> OU   Mes parents souhaitent aussi que je devienne actrice/acteur.

1. vos études: votre souhait
2. vos vacances de printemps ou d'hiver: votre désir
3. vos projets pour l'été prochain: votre préférence
4. votre prochaine voiture: votre désir
5. votre futur mari ou femme: votre préférence
6. vos futurs enfants: votre souhait
7. votre lieu de résidence éventuel: votre désir

MISE EN PRATIQUE

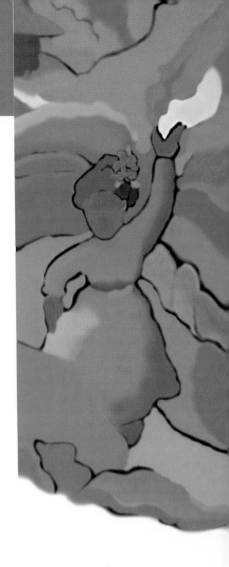

LISONS

A. Avant de lire. Here are the results of a survey on the attitudes of the French towards the movies, reported by the magazine **Première.**

1. First read the brief introduction.

2. Now take a look at the text to see how the information is presented:
   a. The survey is divided into three main parts; how is this indicated?
   b. Two groups of people were surveyed; whom do these groups represent? (This is explained in the introduction.)

3. In part one, respondents have a range of possible responses; decide whether they are indicating
   a. frequency
   b. agreement/disagreement
   c. preference

4. If you were going to question Americans about their attitudes towards the movies, what types of questions would you ask?

B. En lisant. Read the survey results carefully to find the following information.

1. Read through the results for the six questions in part one, then decide whether, for most French moviegoers, the sentences below are true or false. Explain your answer in each case.

   MODÈLE: Les Français croient qu'un film qui a une vedette va être
   un grand succès.
   →False; 46% of the general public say that a star doesn't guarantee the success of a film.

   a. En général, les Français vont moins souvent au cinéma parce qu'ils peuvent voir des films à la télé.
   b. Un bon film a toujours du succès.
   c. À présent, il y a plus de bons films que dans le passé.
   d. Le prix des places de cinéma est raisonnable.
   e. En général, les Français pensent qu'il y a plus de bons films américains que de bons films français.

2. Now read the results for the second question (part two of the survey):

   a. For each of the two groups, list the results in order of importance.

	ENSEMBLE	ASSIDUS DU CINÉMA
1er	Le sujet	Le sujet
2ème		
3ème, etc.		

   b. Look carefully at the table. Does the general public have the same preferences as the avid moviegoers? What are the particular preferences of the two groups? Summarize what you have learned..

C. En regardant de plus près. Look more closely at the following words and expressions.

1. In **Chapitre 2** you learned how to make comparisons using the words **plus** and **moins (que).** Use what you know about the comparative to explain the meaning of the following sentences:

   a. Il y a **moins de** bons films **qu'**avant.
   b. Il y a **plus de** bons films américains **que** de bons films français.
   c. Qu'est-ce qui vous donne **le plus** envie d'aller voir un film?

2. Use the context to help you decide the meaning of the highlighted words:

   a. Est-ce que vous **partagez** cette opinion?
   b. La télévision **diffuse** un grand nombre de films.
   c. Un bon film n'a pas **forcément** de succès.
   d. **Les places** de cinéma sont vraiment trop chères.

D. Après avoir lu. Have the members of your class respond to the survey, giving their own opinions. Summarize the results and compare your attitudes with those of the French.

Depuis l'arrivée de la télé, on a moins envie d'aller au cinéma. Ce nouveau médium n'a-t-il pas aussi changé les attitudes des gens envers les films?

Le questionnaire suivant a pour objectif de sonder les opinions des Français à propos du cinéma et des films. Vous noterez que dans ce questionnaire on distingue entre les assidus — les Français qui vont souvent au cinéma — et l'ensemble du public.

LES FRANÇAIS FONT LEUR CINÉMA

QUESTION: Voici un certain nombre d'opinions que l'on entend aujourd'hui à propos du cinéma. Vous-même, dites-moi pour chacune d'entre elles, si vous la partagez tout à fait, assez peu ou pas du tout?

A) La présence de vedettes au générique d'un film ne garantit pas le succès de ce film:	ENSEMBLE %	ASSIDUS DU CINÉMA %
- Tout à fait	46	54
- Assez	29	27
- Peu	12	10
- Pas du tout	8	9
- NSP*	5	—

B) Le fait que la télévision diffuse un grand nombre de films donne moins envie d'aller au cinéma:	ENSEMBLE %	ASSIDUS DU CINÉMA %
- Tout à fait	42	27
- Assez	26	22
- Peu	13	20
- Pas du tout	16	30
- NSP	3	1

C) Un bon film n'a pas forcément de succès:	ENSEMBLE %	ASSIDUS DU CINÉMA %
- Tout à fait	40	51
- Assez	31	28
- Peu	14	12
- Pas du tout	7	7
- NSP	8	2

D) Il y a moins de bons films qu'avant:	ENSEMBLE %	ASSIDUS DU CINÉMA %
- Tout à fait	28	17
- Assez	20	16
- Peu	22	27
- Pas du tout	19	32
- NSP	11	8

E) Les places de cinéma sont vraiment trop chères:	ENSEMBLE %	ASSIDUS DU CINÉMA %
- Tout à fait	45	46
- Assez	22	29
- Peu	12	17
- Pas du tout	6	7
- NSP	15	1

F) Il y a plus de bons films américains que de bons films français:	ENSEMBLE %	ASSIDUS DU CINÉMA %
- Tout à fait	20	17
- Assez	5	15
- Peu	21	22
- Pas du tout	33	44
- NSP	11	2

QUESTION: Parmi les choses suivantes, qu'est-ce qui vous donne le plus envie d'aller voir un film? Et ensuite?

ENSEMBLE	1er choix %	2e choix %	Total %
- Les acteurs	25	24	49
- Le metteur en scène	5	6	11
- Le sujet	37	20	57
- Les critiques	5	8	13
- Le bouche-à-oreille	9	10	19
- Les extraits à la télévision ou les bandes-annonces dans les salles	8	13	21
- Les récompenses qu'il a pu obtenir (Palme à Cannes, Oscar, César…)	3	5	8
- L'affiche	1	2	3
- NSP	7	11	18

ASSIDUS	1er choix %	2e choix %	Total %
- Les acteurs	21	26	47
- Le metteur en scène	9	10	19
- Le sujet	42	16	58
- Les critiques	9	13	22
- Le bouche-à-oreille	9	14	23
- Les extraits à la télévision ou les bandes-annonces dans les salles	5	11	16
- Les récompenses qu'il a pu obtenir (Palme à Cannes, Oscar, César…)	3	4	7
- L'affiche	2	3	5
- NSP	—	3	3

QUESTION: Généralement, préférez-vous…?

	ENSEMBLE %	ASSIDUS %
- Les films français	49	40
- Les films américains	17	2
- Les films étrangers autres qu'américains	4	6
- Pas de préférence (spontanée)	28	34
- NSP	2	—

* Ne se prononcent pas

Une émission de télé. You are going to hear an excerpt from a very popular French television program called *Des mots et des nombres*. Based only on the name, what type of program would you guess this to be? This particular evening, you will hear the host and the co-host talking with two contestants Serge Marchand and Michèle Lefranc.

1. To begin, the host says hello to the TV viewers.
   a. What do you think he will do next?
   b. What are contestants normally asked at the beginning of a program?

2. Now listen to the program and complete the chart with information about the contestants.

	SERGE MARCHAND	MICHÈLE LEFRANC
from what region?		
profession?		
married?		
children?		

3. There are two parts to the game itself: **Tout compte fait** and **Salade de lettres.** For the first part, the contestants choose six numbers at random. They must manipulate these numbers (adding, subtracting, multiplying, dividing) in order to arrive at a seventh number, the total. For example: Use the numbers 6, 3, 7, 5, 16, and 2 to obtain the number 345. For the second part of the game, the contestants choose nine vowels and consonants at random; with these letters, they try to form the longest word possible.

Now listen again, as the contestants choose six numbers at random and the co-host puts them on the board along with a seventh number, the total.

   a. Write down the list of numbers and the total:
   _____ _____ _____ _____ _____ _____ total - _____

   b. As Madame Lefranc gives her answer, fill in the blanks appropriately:
   _____ + 5 = _____ - 1 = _____
   _____ x 75 = _____
   _____ x 6 = _____ + 750 = _____

PARLONS ENSEMBLE

A. À vous. Voici quelques raisons pour aller voir un film:

1. Le film est drôle.
2. Il a une intrigue policière ou d'espionage, beaucoup de suspense.
3. Il raconte une histoire pleine d'action et de violence.
4. Il raconte une histoire d'amour.
5. Il décrit un événement historique.
6. Il traite des relations entre les individus et la société, des problèmes de la famille ou du couple, des problèmes psychologiques.
7. Il traite d'un problème politique ou social.
8. Il raconte une histoire fantastique.

Quelles sont les caractéristiques qui vous poussent à voir un film? Demandez à dix camarades de classe et faites une liste des réponses.

B. La télévision: un bien ou un mal? La télévision a ses bons et ses mauvais côtés. Par exemple, renseigner les gens, c'est une bonne chose. Avec l'aide de vos camarades de classe, établissez une liste des bons et des mauvais aspects de la télévision, et donnez pour chacun un exemple:

MODÈLE:

LE BON	LE MAUVAIS
La télé peut renseigner. Par exemple, les documentaires peuvent renseigner les gens sur des problèmes sociaux.	

C. Images de l'Amérique. Les chaînes de télévision françaises et canadiennes achètent beaucoup d'émissions américaines, surtout des films, des séries et des feuilletons. Ces émissions donnent une certaine image des États-Unis. Quels programmes donnent une bonne impression des États-Unis et quels programmes en donnent une mauvaise impression? Identifiez le type de programme et justifiez votre opinion.

MODÈLE: →**In the Heat of the Night/Dans la chaleur de la nuit**
C'est une série. Elle donne une mauvaise impression des États-Unis. Cette émission contient des scènes très violentes.

D. Dossier-débat: vos souhaits pour le 21ième siècle. Imaginez que vous participez à un dossier-débat. Dans une perspective écologique, qu'est-ce que vous souhaitez pour votre pays et le monde au 21ième siècle?

MODÈLE: ➤Je souhaite qu'on puisse réduire la quantité de déchets industriels produite chaque année. Je voudrais qu'on utilise moins souvent la voiture.

ÉCRIVONS

A. Télé ou cinéma? Aujourd'hui aux États-Unis comme en France les gens vont moins souvent au cinéma parce que tout le monde a sa télévision. Quelle est votre opinion: est-ce que vous préférez aller au cinéma ou rester à la maison devant la télé? Expliquez votre attitude.

1. Réfléchissons d'abord. Nous savons que les deux média ont leurs avantages et leurs inconvénients. Faites une liste des avantages et des inconvénients de la télé et du ciné:

   MODÈLE: Avantages de la télé:
   ➤Elle est plus chère au début, mais moins chère à la fin.

   Inconvénients de la télé:
   ➤Sur certaines chaînes il y a beaucoup de publicité.

2. Mais on n'est pas toujours objectif — on a ses préférences. Faites une liste de vos préférences.

   MODÈLE: ➤Pour voir un film, je trouve que le cinéma est plus agréable que la télé.

3. Prenez vos notes et recombinez-les sous forme d'un paragraphe:

   MODÈLE: ➤Le cinéma et la télévision ont des avantages et des inconvénients. Par exemple, la télé est moins chère que le cinéma, mais elle montre la publicité. Malgré ses inconvénients, je trouve que le cinéma est plus agréable que la télé pour voir un film.

B. Faisons le bilan. Imaginez que vous travaillez pour un journal. Comme vous êtes spécialiste de la culture française, on vous demande d'écrire un article sur les attitudes des Français envers le cinéma. Utilisez les résultats du sondage (trouvé dans la section **Lisons**) pour vous aider.

1. Commencez votre reportage par une phrase qui résume l'attitude des Français d'après les résultats du sondage. Voici quelques possibilités:
   Selon un sondage récent, le cinéma français se porte mal....
   Le Français moyen croit que le cinéma français se porte bien....

2. Expliquez votre thèse en donnant les résultats du sondage: Par exemple, 45% des spectateurs croient que les places de cinéma sont trop chères.

3. Terminez par une phrase qui pose une question ou qui fait un commentaire sur les résultats du sondage: Par exemple, ces résultats nous mènent à poser la question suivante: quel est l'avenir du cinéma en France?

View the clips for **Chapitre 10** in the *Chez nous* video

Vocabulaire

◆ **genres de films** — **genres of films**

une comédie	*a comedy*
un dessin animé	*an animated film, cartoon*
un documentaire	*a documentary*
un drame psychologique	*a psychological drama*
un film d'aventures	*an adventure movie*
un film d'espionnage	*a spy movie*
un film d'horreur	*a horror movie*
un film fantastique	*a science fiction movie*
un film historique	*a historical movie*
un film musical	*a musical*
un film policier	*a detective/police movie*
un western	*a western*

◆ **pour tourner un film** — **to make a film**

un metteur en scène	*a film or stage director*
un rôle (principal)	*a (leading) role, part*
une vedette	*a movie star*

◆ **genres d'émissions** — **kinds of programs**

une émission	*a broadcast, program*
un feuilleton	*a soap opera, a series*
un jeu télévisé	*a game show*
le journal télévisé	*a news broadcast*
un magazine d'information	*a news magazine*
un programme de variétés	*a variety show*
une série	*a TV serial*

◆ **pour regarder la télé** — **to watch TV**

allumer	*to turn on (an appliance)*
une chaîne	*a TV (or radio) station*
un écran	*a screen*
une télécommande	*a TV remote control*
un téléguide	*a listing of TV programs*
zapper	*to channel-surf*

◆ **quelques verbes de volonté qui exigent le subjonctif** — **some verbs of volition that require the subjunctive**

aimer	*to like*
aimer mieux	*to prefer*
demander	*to request, ask*
désirer	*to desire, want*
exiger	*to require, demand*
préférer	*to prefer*
souhaiter	*to hope, wish*
vouloir	*to want*

quelques expressions d'émotion qui exigent le subjonctif

some expressions of emotion that require the subjunctive

avoir peur	*to be afraid*
craindre	*to fear*
être content/e	*to be happy*
être déçu/e	*to be disappointed*
être désolé/e	*to be sorry*
être dommage	*to be a shame*
être enchanté/e	*to be delighted*
être étonnant	*to be astonishing, surprising*
être étonné/e	*to be astonished, surprised*
être fâché/e	*to be angry*
être furieuse/furieux	*to be furious*
être heureuse/heureux	*to be happy*
être inquiète/inquiet	*to be anxious*
être malheureux que	*to be a shame that*
être ravi/e	*to be delighted*
être surpris/e	*to be surprised*
être triste	*to be sad*
regretter	*to be sorry, to regret*

vocabulaire général

general vocabulary

s'agir de	*to be about, concern*
doublé	*dubbed*
Quoi de neuf?	*What's new?*

2

On se renseigne

Le chat perdu

Prix: 49F

Histoire d'enfant joliment illustrée.

Claude Monet

Prix: 105F

Son œuvre, sa vie. Avec 75 reproductions couleurs.

La cuisine rapide

Prix: 130F

1 000 recettes pour ceux qui mènent une vie chargée.

INTRODUCTION À LA PSYCHOLOGIE

psychologie, psychanalyse, FREUD, Jung, *rêves,* le moi, L'OMBRE.

Prix: 115F

Excellente introduction à l'étude de la psychologie.

L'ESSENTIEL DE L'ANGLAIS

Prix: 95F

Un "must" pour tout étudiant de l'anglais! Exemples et explications des usages britanniques et américains.

Bien Écrire

"Chère Madame,"

"Monsieur le Procureur,"

"Je vous prie,"

Prix: 98F

Guide pratique du savoir écrire.

La lecture et vous

Quelles sont vos habitudes en ce qui concerne la lecture? Complétez le questionnaire!

Indiquez vos trois types de lecture préférés:
- [ ] les journaux (nationaux, régionaux, spécialisés -- sport, économie)
- [ ] les magazines (d'information, de télévision, féminins ou familiaux)
- [ ] les romans (d'amour, historiques, policiers, de science-fiction)
- [ ] les livres de loisirs (de cuisine, de sport, de bricolage, de jardinage)
- [ ] les livres d'art (sur la peinture, l'architecture, le cinéma)
- [ ] les livres d'histoire ou les biographies
- [ ] les livres sur la science ou la technologie (la santé, l'informatique)
- [ ] les poésies
- [ ] les bandes dessinées (les BD)
- [ ] les ouvrages de référence (le dictionnaire, l'atlas, l'encyclopédie)

Comment choisissez-vous un livre?
- [ ] les recommandations des critiques dans la presse ou à la télévision
- [ ] les recommandations d'amis
- [ ] la publicité

Comment obtenez-vous les livres?
- [ ] vous les empruntez à une bibliothèque
- [ ] vous les empruntez à des amis
- [ ] vous les achetez dans une librairie
- [ ] vous êtes abonné/e à un club lecture

Pourquoi lisez-vous?
- [ ] pour vous détendre
- [ ] pour vous instruire
- [ ] pour vous distraire

Quand lisez-vous?
- [ ] en vacances
- [ ] en voyage ou dans les transports publics
- [ ] à la bibliothèque
- [ ] chez vous
- [ ] en écoutant de la musique
- [ ] au lit pour vous endormir

LA PRESSE FRANÇAISE

Les deux journaux nationaux les mieux connus à l'étranger sont **Le Figaro**, qui offre une perspective assez conservatrice, et **Le Monde**, le plus objectif des journaux français. Mais en France comme aux États-Unis, le nombre de journaux quotidiens diminue. Seulement environ 45% des Français lisent un journal tous les jours et 23% admettent ne jamais en lire. Par contre, le nombre de périodiques qui sortent une fois par semaine (les hebdomadaires) ou une fois par mois (les mensuels) augmente. Les dix premiers hebdomadaires du point de vue de leur tirage sont:

• télévision: **Télé 7 Jours, Télé Star, Télé Poche, Télé de A à Z, Télé Loisirs**
• féminins et familiaux: **Femme actuelle**
• actualités: **Paris Match, France-Dimanche, L'Express, Le Nouvel Observateur**

À VOUS LA PAROLE

A. Un livre pour tout le monde. Consultez la liste des livres offerts par le sur la page précédente. Trouvez un livre pour…

MODÈLE: un enfant
→ Le chat perdu

1. un étudiant qui fait de la psychologie
2. quelqu'un qui aime la peinture
3. quelqu'un qui aime faire la cuisine
4. quelqu'un qui apprend l'anglais
5. quelqu'un qui écrit beaucoup de lettres

B. D'après le titre. D'après le titre, c'est quel genre de livre, de journal ou de magazine?

MODÈLE: La Maison de Marie-Claire
→ C'est probablement un magazine féminin.

1. Télé Sept Jours
2. InfoMatin
3. Elle
4. La Semaine du Foot
5. Les Années 80
6. Lucky Luke dans le Far-Ouest
7. Le Guide Pratique du Droit
8. Cuisine Minceur

C. Et vous? Quelles sont vos habitudes? Comparez-les avec celles d'un/e camarade de classe.

1. Qu'est-ce que vous lisez tous les jours? — le journal, des magazines?
2. Quels ouvrages de référence est-ce que vous avez chez vous?
3. Qu'est-ce que vous lisez pour vos cours?
4. Qu'est-ce que vous lisez pour vous informer? pour vous détendre?
5. Est-ce que vous lisez juste avant de vous endormir? Si oui, qu'est-ce que vous lisez?
6. Qu'est-ce que vous lisez quand vous êtes en vacances?
7. Est-ce que vous êtes abonné/e à un magazine ou à un club pour acheter des livres?
8. Quel est le dernier livre que vous avez lu? Est-ce que vous êtes en train de lire un livre maintenant?
9. Quel est votre genre de livre préféré?
10. Quel est votre auteur préféré?

Les autoroutes de l'information

Vous servez-vous de l'ordinateur? C'est un outil qui devient de plus en plus indispensable pour les études, le travail et les loisirs!

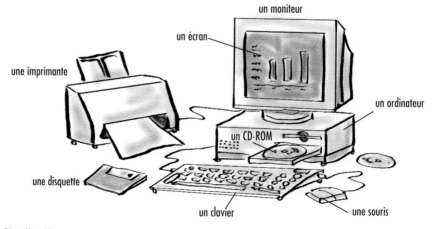

un moniteur

un écran

une imprimante

un ordinateur

un CD-ROM

une disquette

un clavier

une souris

- *Pour écrire:* il y a des logiciels de traitement de texte: WordPerfect, Word, etc. N'oubliez pas de sauvegarder votre fichier, pour éviter de perdre votre travail!
- *Pour apprendre:* l'ordinateur rend possible un enseignement multi-média et interactif. Chaque étudiant travaille à son propre rythme.
- *Pour communiquer:* beaucoup de gens font du "télétravail", grâce au courrier éléctronique. Les réseaux tels que l'Internet permettent la communication partout dans le monde et donnent accès à des banques de données que l'on peut utiliser pour la recherche, les affaires et l'éducation. Bientôt le campus virtuel!
- *Pour jouer:* Même les enfants peuvent se servir de l'ordinateur pour dessiner, pour faire de la musique, pour jouer tout simplement. Il ne vous manque jamais de partenaire!

Quels sont les points forts de ce portable? Si vous étiez vendeuse ou vendeur, sur lesquelles de ses qualités insisteriez-vous? Vous aimeriez le posséder vous-même?

HANDY ÉCRAN COULEUR
14 990 F TTC
12639 FHT

POIDS PLUME
2kg

Handy 486 SX-25 Écran couleur

- processeur 486 SX-25
- RAM 4 Mo extensible à 8 Mo ou 20 Mo
- disque dur: 170 Mo
- lecteur de disquettes 3,5"
- 1 port PCMCIA 2 (supporte les modems et carte d'extension mémoire)
- trackball ergonomique intégré
- ports série et parallèle
- connecteur VGA pour écran externe
- connecteur clavier externe

- connecteur station de base (docking station)
- **écran couleur STN, 256 couleurs**
- format: 280 X 177 X 37 mm
- poids: 2 kg (batterie incluse)
- sacoche de transport
- logiciels fournis: DOS 6.2, Windows 3.11, Works pour Windows

options:
- cordon allume-cigare: **290 F TTC**
- station d'accueil: **1390 F TTC**

Handy 486 SX-25
Écran VGA Monochrome LCD 64 niveaux de gris
9990 F TTC 8423 F HT

intel inside

Éclairages

LE MINITEL

Le Minitel, développé au début des années 80, est la première autoroute télématique francophone. Le Minitel consiste d'un moniteur et d'un clavier, rattachés au téléphone. Pour le modeste prix de 20F par mois, le Minitel remplace l'annuaire du téléphone: en tapant le numéro 11, on a accès à plus de 25 millions de numéros de téléphone pour la France et les départements d'outre-mer. Mais ce n'est pas tout: le Minitel sert aussi de

système de courrier électronique. Pour moins d'un franc la minute, on peut envoyer des messages, payer ses factures, réserver des billets de train et d'avion, acheter des provisions et apprendre les dernières nouvelles en se servant du Minitel. En plus, l'installation du Minitel est gratuite! C'est un service des P&T (Postes et Télécommunications) françaises.

A. Définitions. Trouvez le mot qui correspond à chaque définition.

MODÈLE: C'est l'appareil qui produit le texte sur papier.
→ C'est l'imprimante.

1. C'est un logiciel utilisé pour écrire des textes.
2. C'est un ordinateur qu'on peut facilement porter.
3. C'est sur cet instrument qu'on tape.
4. C'est utile pour envoyer des messages.
5. C'est ce qu'on regarde lorsqu'on utilise l'ordinateur.
6. On peut sauvegarder son fichier sur ça.
7. C'est un terme général pour les programmes.
8. Cela permet un enseignement visuel et interactif.

B. Vous êtes technophile? Vous êtes technophile ou technophobe? Combien de ces nouveautés technologiques savez-vous utiliser? Comment est-ce que vous les utilisez? Comparez vos réponses avec celles d'un/e camarade de classe.

MODÈLE: un magnétoscope
→ Mes parents ont un magnétoscope chez eux. Je l'utilise pour regarder des films sur vidéo, mais malheureusement je ne sais pas comment le programmer.

1. un ordinateur
2. un logiciel de traitement de texte
3. le courrier électronique
4. des jeux d'ordinateur
5. un magnétoscope
6. une platine laser
7. un répondeur automatique

À votre avis, ces innovations technologiques sont-elles vraiment indispensables à la vie moderne?

C. L'ordinateur et vous. Trouvez un/e partenaire et posez-lui les questions suivantes.

1. Est-ce que tu sais te servir d'un ordinateur? Comment est-ce que tu as appris à t'en servir?
2. Est-ce que tu as un ordinateur, ou est-ce que tu voudrais en acheter un? De quel type?
3. Est-ce que tu sais te servir d'un logiciel de traitement de texte? Lequel? Est-ce que cela a changé ta façon d'écrire et de travailler? Explique.
4. Est-ce que tu utilises le courrier électronique? Comment est-ce que tu l'utilises?
5. Est-ce que tu as suivi des cours où il fallait utiliser l'ordinateur? Explique.
6. Est-ce que tu aimes les jeux d'ordinateur? Lesquels?

D. Pour convaincre. Quels arguments est-ce que vous pourriez utiliser pour convaincre les personnes suivantes d'acheter un ordinateur? Préparez vos arguments, et ensuite jouez des rôles avec un/e partenaire.

MODÈLE: la mère d'une fille de 10 ans

→ les arguments: avec un traitement de texte, elle fera ses devoirs plus rapidement; si on a le CD-ROM, on peut acheter l'encyclopédie et beaucoup de jeux; etc.

É1 Pourquoi est-ce que vous n'achetez pas un ordinateur pour votre fille?

É2 Je trouve que c'est très cher, l'ordinateur.

É1 Mais avec un logiciel de traitement de texte, elle fera ses devoirs plus rapidement, etc.

1. la mère d'une fille de 10 ans
2. une personne âgée
3. un/e camarade de classe
4. une femme au foyer
5. un médecin
6. votre mère ou votre père

SONS ET LETTRES

Les consonnes /s/ et /z/

- The letter **s** may represent either the sound /s/ or the sound /z/. A number of word pairs are distinguished by these two consonant sounds. In the middle of words, **-ss-** is pronounced as /s/ and **-s-** as /z/:

le dessert	*dessert*	le désert	*desert*
le coussin	*cushion*	le cousin	*cousin*
le poisson	*fish*	le poison	*poison*

- At the beginning of words and after a nasal vowel, the letter **s** is pronounced /s/; in liaison it is pronounced /z/. Compare:

  ils **s**ont/ils **s** ont   vous **s**avez/vous **s** avez   en**s**emble   ain**s**i

- The letter **x** is pronounced:
  - /s/ in: si**x**   soi**x**ante   Bru**x**elles
  - liaison /z/ in: si**x** hommes   di**x** enfants
  - /gz/ in: l'e**x**amen   e**x**agérer   e**x**actement
  - ks/ in: le ta**x**i   l'e**x**périence

À VOUS LA PAROLE

Contrastes. Prononcez chaque paire de mots.

assez/ l'usage	insupportable /la résolution
ils passent/ils se taisent	insensible/l'église
les Écossaises/les Anglaises	passé/basé
soixante/exacte	exotique/dix

Les combinaisons de pronoms compléments d'objet

1. Certain pronoun combinations are very common in French:

- The expression **il y en a:**

  Il y a combien de livres?
  –**Il y en a** cinq.
  There are five (of them).

- Combinations involving a person and a thing (or things):

  Tu **me le** prêtes?
  Will you lend it to me?
  Je **les lui** ai offerts.
  I offered them to her.
  Je **lui en** ai donné cinq.
  I gave him five of them.
  Ne **leur en** donne pas!
  Don't give them any!

2. When two object pronouns (direct, indirect, reflexive) occur together, their order is as follows:

SUBJECT	me te se nous vous	le/l' la les	lui leur	y	en	VERB

3. In affirmative commands, the order is somewhat different:

  Voilà mon roman; apporte-**le-moi!**
  There's my novel; bring it to me!

  Donnez-**nous-en!**
  Give us some!

  Voilà du café; sers-**t'en!**
  Here's coffee; help yourself!

VERB	le la les	moi/m' toi/t' lui nous vous leur	y	en

À VOUS LA PAROLE

A. Au kiosque à journaux. Vous écoutez des gens qui parlent devant un kiosque à journaux. De quoi est-ce qu'ils parlent probablement?

MODÈLE: Il y en a beaucoup.
→ Il y a beaucoup de journaux.
OU Il y a beaucoup de magazines.

1. Tenez, je vous la donne.
2. Non, il n'y en a pas.
3. Vous m'en donnez deux, s'il vous plaît?
4. Est-ce que je vous en ai donné un/e?
5. Passez-le-moi, s'il vous plaît.
6. Pas de problème; il y en a pour tout le monde.

B. Il y en a combien? Donnez la bonne réponse.

MODÈLE: combien de fenêtres dans votre salle de classe?
→ Il y en a cinq.
OU Il n'y en a pas.

1. combien de semaines dans un semestre/trimestre?
2. combien d'examens pour votre cours de français?
3. combien d'étudiants dans votre cours de français?
4. combien d'étages dans le bâtiment?
5. combien d'ordinateurs dans votre labo de langues?
6. combien d'étudiants à votre université?
7. combien de personnes dans votre ville?

C. Qui en prend? C'est l'anniversaire du petit Alain. On sert des jus de fruits et du champagne. Le champagne, à qui est-ce qu'on en donne?

MODÈLE: à son oncle?
→ Oui, on lui en donne.

1. à sa grand-mère?
2. au petit Alain?
3. à sa tante?
4. à ses petits cousins?
5. à son copain?
6. à sa maîtresse d'école?
7. aux voisins?

D. Donnant donnant. En parlant de votre camarade de chambre ou votre meilleur/e ami/e, est-ce que vous lui faites les choses suivantes?

MODÈLES: Vous lui prêtez votre ordinateur?
→ Non, je ne le lui prête jamais.

Il/Elle vous prête son dictionnaire?
→ Oui, il/elle me le prête souvent.

1. Vous lui prêtez des vêtements?
2. Il/Elle vous prête ses livres?
3. Vous lui empruntez des cassettes?
4. Il/Elle vous envoie une carte pour votre anniversaire?
5. Vous lui offrez des cadeaux?
6. Vous lui demandez des conseils? Et il/elle vous en demande aussi?

E. Vos habitudes. Quand faites-vous les choses suivantes?

MODÈLE: se brosser les cheveux
→ Je me les brosse chaque matin.

1. se laver les mains
2. se brosser les dents
3. se laver la figure
4. se mettre du parfum, de l'eau de Cologne
5. s'acheter des disques compacts
6. s'acheter des nouveaux vêtements

L'emploi des temps avec certaines conjonctions

1. You can use the following conjunctions to talk about two events that occur at about the same time:

quand, lorsque	*when*
dès que, aussitôt que	*as soon as*
pendant que	*while*

The verbs of the two clauses belong to the same time frame:

• Present

Il **lit** le journal pendant que je **travaille.**
He reads the paper while I work.

• Future

Vous me **téléphonerez** aussitôt que le film **commencera?**
You'll call me as soon as the film begins?

• Past

Nous **sommes allés** voir une pièce de Molière quand j'**étais** à Paris.
We went to see a play by Molière when I was in Paris.

2. With the imperative, use either the present or the future tense.

> Enregistrez-les dès qu'ils **commencent** à jouer.
> *Record them as soon as they begin to play.*

> Lorsqu'on **jouera** *La Marseillaise,* ne restez pas assis.
> *When they play the Marseillaise, do not remain seated.*

3. To express a condition and its result, use the conjunction **si**.

- Use **si** plus the present tense to express a condition that, if fulfilled, will result in a certain action (stated in the present or future).

> Si je **trouve** ce nouveau roman, je te l'**envoie/enverrai.**
> *If I find this new novel, I'll send it to you.*

- Use the imperfect in the **si** clause and the conditional in the result clause if the situation is hypothetical.

> Si je **gagnais** beaucoup d'argent, je m'**achèterais** un nouveau magnétoscope.
> *If I won a lot of money, I would buy myself a new VCR.*

À VOUS LA PAROLE

A. Sur l'autoroute de l'information. David explique à son amie Chantal comment se mettre en route sur l'autoroute de l'information. Complétez chaque phrase d'une façon logique.

MODÈLES: Si tu veux apporter ton ordinateur en classe,…
→Si tu veux apporter ton ordinateur en classe, achète un portable.

Aussitôt que tu auras ton ordinateur,…
→Aussitôt que tu auras ton ordinateur, tu auras besoin d'un logiciel.

1. Si tu as besoin d'écrire un texte,…
2. Quand tu écris sur un fichier,…
3. Aussitôt que tu finis d'écrire le texte,…
4. Si tu cherches un numéro de téléphone,…
5. Lorsque tu veux avoir les dernières nouvelles,…
6. Si tu as le temps de jouer,…
7. Si tu veux regarder une vidéo sur ordinateur,…

B. Choix de profession. Quelques jeunes gens ne peuvent pas décider quelle profession choisir. Vous allez leur dire ce qu'ils feraient s'ils choisissaient une profession dans les arts ou dans les médias.

MODÈLE: journaliste

→ Si vous étiez journaliste, vous écririez des articles pour un journal ou un magazine.

1. annonceur à la télé
2. actrice/acteur
3. metteur en scène
4. chanteuse/chanteur
5. photographe
6. musicien/ne
7. chef d'orchestre
8. écrivain

C. Les vacances. Complétez les phrases pour parler de vos vacances.

MODÈLE: Lorsque j'étais petit/e…

→ … nous passions toujours l'été dans le Maine.

1. Lorsque j'étais petit/e…
2. Quand j'allais au lycée…
3. Dès que les cours se termineront…
4. Quand les vacances arrivent…
5. Aussitôt que j'arriverai à ma destination…
6. Si je trouvais du travail cet été…
7. S'il me reste encore de l'argent après les vacances…

D. Des rêves. Qu'est-ce que vous ferez ou feriez dans les situations suivantes? Avec un/e partenaire, parlez de vos projets.

MODÈLE: Si tu étais une actrice/un acteur célèbre?

É1 Si tu étais une actrice célèbre, qu'est-ce que tu ferais?

É2 Je serais très riche et j'habiterais à Beverly Hills.

1. Dès que tu auras ton diplôme?
2. Si tu étais millionnaire?
3. Quand tu trouveras un emploi?
4. Lorsque tu iras en vacances?
5. Si tu étais en France?
6. Si tu étais le président des États-Unis?
7. Quand tu auras 50 ans?

For additional activities visit the *Chez nous* home page.
http://www.prenhall.com/cheznous

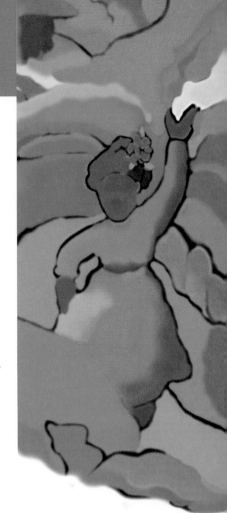

LISONS

A. Avant de lire.

1. How many in your class have visited a museum in the past month? When did you last go to a museum? What are some of the reasons people commonly give for not visiting museums?

2. The review you are about to read is entitled **Le Louvre à la maison.** What does this title suggest? How might you bring the Louvre into your home? To see whether your assumptions are correct, scan the article for key words. What type of review is this?

B. En lisant. As you read, look for information, as follows.

1. The first half of the review deals with **Le Louvre.** In the first paragraph, find reasons the writer gives for not visiting the Louvre in person and the advantages of a visit on CD-ROM. In the second paragraph, find (a) how many paintings are described, (b) what types of commentary are included, and (c) what to do if you are interested in finding out more about a particular painting. In the third paragraph, the writer describes some unexpected benefits of using this CD-ROM. What are they?

2. The second half of the article reviews three other CD-ROM packages. These are listed at the end of the review along with useful information for potential buyers. What important information is provided here?

Le Louvre à la maison

Bien sûr, l'idéal c'est d'y aller. Mais soyez honnête et faites le total de vos visites de musées cette année, pour voir. Le manque de temps, le froid et les files d'attente sont venus à bout de pas mal de tentatives. Sans parler des cars de Japonais et des visites scolaires. Là, pas d'angoisse, c'est quand on veut, même le mardi. Et surtout, pas besoin de suivre le guide: les commentaires sont consultables à tout moment.

Exemple: "Le Louvre", qui associe une centaine de toiles à deux heures et demie de commentaires, des chronologies par écoles (française, italienne, du Nord, etc.) et une histoire des bâtiments, du Louvre médiéval jusqu'à nos jours. Une visite tranquille dans des salles désertes où il suffit de cliquer sur une toile pour la voir en plein écran et connaître son histoire. Certaines bénéficient d'un traitement privilégié, comme les *Noces de Cana*, où sont expliqués les lignes de fuite et les principes qui ont guidé la construction du tableau.

Au lieu de remplacer une visite au musée, le CD-ROM donne au contraire envie d'y aller et permet de se retrouver dans l'immensité des collections. La Réunion des musées nationaux commercialise également un titre consacré à Poussin et un autre à Delacroix.

En revanche, mieux vaut éviter l'ennuyeux Rodin, sauf à être un inconditionnel: la sculpture, avec son aspect tridimensionnel, se prête moins bien à la mise en fichier que la peinture. Par ailleurs, le produit est dépassé technologiquement puisque la nouvelle extension Quicktime d'Apple permet de prendre les objets et de les faire pivoter. Bref, on pourra bientôt tourner autour des sculptures, comme pour de vrai.

On peut aussi chercher des associations comme avec le «Monet, Verlaine, Debussy» qui permet de se plonger dans une époque à travers l'association des trois artistes. Chaque œuvre est brièvement commentée et replacée dans la vie de l'artiste. On se laisse embarquer et on en vient même à oublier le son - d'assez mauvaise qualité.

Le CD-ROM est aussi le medium idéal pour publier des photos: l'agence Magnum s'est associée avec Apple pour produire le magnifique «Camps de réfugiés». Un livre de photos consacré aux réfugiés du monde entier: les clichés de John Vink sont magnifiques, accompagnés d'un commentaire et d'une musique qui permettent de replacer l'illustration dans son contexte.

O. L.

- «Le Louvre, peintures et palais», Mac et PC, éd. RMN et Montparnasse Multimédia, 399F.
- «Monet, Verlaine, Debussy», Mac et PC, éd. Arborescence, 250F.
- «Rodin», Mac et PC, éd. ODA, 190F.
- «Camps de réfugiés», éd. Apple, au bénéfice de Médecins sans frontières, 250F.

3. Now match each CD-ROM title to the paragraph that describes it. Do all of the packages get a favorable review? Pick out key words and phrases that help indicate in each case whether the review is generally favorable or unfavorable.

C. En regardant de plus près. Now look more closely at the following features of the text.

1. One of the advantages of the CD-ROM, according to this writer, is… **c'est quand on veut, même le mardi.** Why do you think the writer specifically mentions Tuesdays?
2. The listing for the CD-ROM **Camps de réfugiés** states **au bénéfice de Médecins sans frontières.** What does this mean?

D. Après avoir lu. Now that you have read the article, discuss the following questions with your classmates.

1. Imagine that one of your friends is interested in these CD-ROMs. Would you recommend each of them? Why or why not?
2. Is the museum becoming a thing of the past? Will museums eventually be replaced by CD-ROM and other technologies? In your opinion, why or why not?
3. What CD-ROMs have you tried, if any? What did you like or dislike about them? If you were designing a CD-ROM, what type of program would you create, and what would it do?

 ÉCOUTONS

Écoutons les nouvelles à la radio. Listen to a series of news briefs broadcast on French radio.

1. Before you listen, make a list of some of the topics you might expect to hear about on a national news broadcast. For example: civil unrest, peace negotiations, pending legislation, a natural disaster or major accident, a protest rally. Add to this list.
2. Now listen to the radio announcers as they present the news briefs. Decide what the general topic of each news brief is.
3. Good journalism reports in a concise way who does what, when, where and why. For each news brief, supply this information in the chart. The first entry serves as an example.

	WHO	WHAT	WHEN	WHERE
#1	Simone Weil	new legislation	this morning	National Asseml
#2				
#3				
#4				
#5				

PARLONS ENSEMBLE

A. Romans et périodiques américains. Connaissez-vous ces romans et ces périodiques américains? Comment est-ce que vous les décririez à un/e Français/e?

MODÈLES: *The New York Times*

➤C'est peut-être le meilleur journal des États-Unis. Il y a beaucoup d'articles sur la politique américaine et internationale. Il n'y a pas de bandes dessinées, mais il est très célèbre pour ses mots croisés difficiles.

Tom Sawyer

➤C'est un roman très célèbre de Mark Twain. C'est l'histoire d'un garçon qui habite près du Mississippi. Le roman raconte toutes ses aventures.

1. *The Washington Post*
2. *Newsweek*
3. *Sports Illustrated*
4. *People Magazine*
5. *The Grapes of Wrath*
6. *Catcher in the Rye*
7. *Gone With the Wind*
8. *The Last of the Mohicans*

B. Notre façon de voir les choses. Connaissez-vous des films, des émissions télévisées, des journaux, des magazines ou des romans qui ont influencé l'opinion publique et ont changé notre façon de regarder le monde? Expliquez.

MODÈLE: ➤Je pense que le roman *To Kill a Mockingbird*, écrit par Harper Lee, est un livre important. Beaucoup de gens qui n'ont pas lu le roman ont vu le film avec Gregory Peck. Il s'agit d'une femme qui raconte son enfance dans le sud des États-Unis. Le roman montre les problèmes sociaux causés par le racisme et l'ignorance.

C. Êtes-vous d'accord? Êtes-vous d'accord ou pas d'accord avec les affirmations suivantes? Faites une liste de vos arguments, et ensuite menez un débat avec vos camarades de classe.

Pour exprimer votre opinion:	**Pour réagir aux opinions des autres:**
Je pense/Je crois/Je trouve que…	Je (ne) suis (pas) d'accord…
À mon avis, …/Pour moi,…	Au contraire,…
	Tu exagères!

MODÈLE: La jeune génération, trop orientée vers le visuel, ne possède plus la capacité de lire.

➤À mon avis, les jeunes sont trop orientés vers le visuel, et ils ne lisent plus. Mes arguments: Des sondages ont montré que les enfants passent beaucoup d'heures devant la télé. Mon frère qui a 12 ans n'a pas lu un seul livre cet été, etc.

1. La jeune génération, trop orientée vers le visuel, ne possède plus la capacité de lire.
2. Les médias ont trop de pouvoir parce qu'ils déterminent quelles informations nous allons lire et voir.
3. Les gens d'aujourd'hui restent mal informés, malgré une véritable explosion des médias.
4. Si notre société devient de plus en plus violente, c'est parce que les médias nous y habituent.

A. L'image d'Amérique. Un ami français qui étudie l'anglais et qui s'intéresse à la culture américaine veut s'abonner à un magazine américain. Aidez-le à décider quel magazine il doit choisir. Justifiez votre réponse.

MODÈLE: ➤Je pense que mon ami doit s'abonner à People Magazine. Il y a des articles sur les personnes célèbres, mais aussi sur les Américains typiques. On parle du cinéma, de la télévision et des livres. Il est facile à lire et il ne coûte pas cher.

B. Un sondage. Imaginez que vous êtes journaliste et que votre journal va faire un sondage. D'abord, il faut décider quel sujet sera traité par le sondage. Par exemple, vous aimez les bandes dessinées, mais le journal ne les accepte pas parce qu'on ne les trouve pas assez sérieuses. Vous posez des questions pour voir quelle est l'attitude du public envers les bandes dessinées. Par exemple:

1. Lisez-vous les bandes dessinées…
   a) jamais
   b) rarement
   c) souvent
   d) tous les jours?
2. Combien de bandes dessinées est-ce que vous lisez régulièrement?
   a) 1 à 3
   b) 4 à 7
   c) 8 à 10
   d) plus de dix
3. Est-ce que vous préférez les bandes dessinées…
   a) réalistes
   b) fantastiques
   c) politiques?

Terminez ce questionnaire, ou inventez-en un autre.

C. Pourquoi acheter un ordinateur? Imaginez que vous écrivez une lettre à un/e ami/e français/e. Essayez de le/la convaincre d'acheter un ordinateur.

1. Vous avez un ordinateur vous-même? Si oui, expliquez comment vous vous en servez.
2. Comment est-ce qu'il/elle pourrait s'en servir?
3. Donnez-lui quelques conseils pour acheter un ordinateur.

MODÈLE: ➤Cher Patrick,
Je t'écris à l'aide de mon nouvel ordinateur. Maintenant tu n'auras plus de problèmes à lire mon écriture! C'est vraiment super, l'ordinateur. J'ai un logiciel de traitement de texte, donc il est très facile d'écrire et de réviser. J'ai aussi quelques jeux: un jeu d'échecs et le Scrabble. Je ne suis jamais sans partenaire!...

Vocabulaire

◆ **l'expression écrite** — **written expression**

un atlas	*an atlas*
une bande dessinée (une BD)	*a comic, comic strip*
une biographie	*a biography*
un dictionnaire	*a dictionary*
une encyclopédie	*an encyclopedia*
un journal	*a newspaper*
un livre d'art	*an art book*
un livre d'histoire	*a history book*
un livre de loisirs	*a book on leisure time or hobbies*
un magazine	*a magazine*
un ouvrage de référence	*a reference book*
la poésie	*poetry*
la presse	*the press*
une publicité (une pub)	*an advertisement*
un roman	*a novel*

◆ **pour choisir un livre** — **to choose a book**

un critique	*a critic (person)*
une critique	*a critique, criticism*
une recommandation	*a recommendation*

◆ **où obtenir un livre/un magazine** — **where to get a book/ a magazine**

s'abonner (à)	*to subscribe (to)*
une bibliothèque	*a library*
emprunter	*to borrow*
une librairie	*a bookstore*

◆ **pour situer l'action** — **to situate action**

quand/lorsque	*when*
pendant que	*while*
dès que/aussitôt que	*as soon as*

◆ **l'ordinateur** — **the computer**

un CD-ROM	*a CD-ROM drive*
un clavier	*a keyboard*
une disquette	*a diskette*
un écran	*a screen*
une imprimante	*a printer*
un logiciel	*a program*
un moniteur	*a monitor*
un ordinateur	*a computer*
un portable	*a portable computer*
une souris	*a mouse*

◆ **travaillant à l'ordinateur** — **working at the computer**

une banque de données	*a database*
le courrier électronique	*electronic mail*
un fichier	*a computer file*
un réseau	*a network*
sauvegarder	*to save a file*
le traitement de texte	*wordprocessing, editing*

◆ **vocabulaire général** — **general vocabulary**

l'amour (m)	*love*
l'architecture (f)	*architecture*
se distraire	*to amuse oneself*
féminin/e	*feminine*
la lecture	*reading*
national/e	*national*
régional/e	*regional*
s'instruire	*to educate oneself, improve one's mind*
la technologie	*technology*

Le français, langue interculturelle

● ● ● ● ● ● ● ● ● ●

ÉCRIRE ET PRODUIRE EN FRANÇAIS

UNE DES CARACTÉRISTIQUES DE LA FRANCOPHONIE EST LA VITALITÉ DE SES CRÉATIONS DANS LE DOMAINE DES ARTS, DU CINÉMA, DE LA LITTÉRATURE ET DE LA MUSIQUE. DANS BEAUCOUP DE PAYS DITS "FRANCOPHONES", LA MAJORITÉ DE LA POPULATION NE PARLE PAS FRANÇAIS ET NE PEUT PAS LIRE LES OUVRAGES RÉDIGÉS DANS CETTE LANGUE. ALORS POURQUOI DES AUTEURS COMME LES MARTINIQUAIS AIMÉ CÉSAIRE ET PATRICK CHAMOISEAU, LA GUADELOUPÉENNE SIMONE SCHWARTZ-BART, LE MAROCAIN CHRAÏBI DRISS OU L'IVOIRIENNE VÉRONIQUE TADJO ONT-ILS CHOISI D'ÉCRIRE EN FRANÇAIS? VOILÀ LA RÉPONSE QUE DONNE LE POÈTE ET JOURNALISTE MAURICIEN EDOUARD MAURICK DONT LA LANGUE MATERNELLE EST LE CRÉOLE MAURICIEN: **POUR AVOIR FORCÉ LE FRANÇAIS À DIRE CERTAINES CHOSES QU'IL NE DISAIT PAS, OU QU'IL AVAIT LA POTENTIALITÉ DE DIRE À TRAVERS UN MANIEMENT «CRÉOLE» DU FRANÇAIS, JE SUIS ARRIVÉ, JE PENSE, À DIRE CE QUE J'AVAIS À DIRE.**

(REGARDER L'AFRIQUE, SEPTEMBRE 1994, P. 67)

L'artiste martiniquais Charpentier se représente en sculptant le buste de Gaugin.

Chez nous

La négritude

Les auteurs africains, maghrébins et antillais d'expression française connaissent un grand succès en France. Par exemple, en 1992 Patrick Chamoiseau a remporté le prix Goncourt, le plus prestigieux des prix littéraires français, pour son roman *Texaco*. Mais l'intérêt du public français pour les auteurs des autres régions francophones, en particulier l'Afrique et les Antilles, n'est pas nouveau. Il remonte au mouvement de la négritude des années trente. La négritude est un mouvement littéraire fondé en 1935 à Paris par Léopold Sédar Senghor et deux écrivains antillais, le Martiniquais Aimé Césaire et le Guyanais Léon Damas. Ce mouvement, inspiré du jazz américain, avait pour but l'expression par la langue française de l'héritage culturel partagé par les Noirs, africains ou antillais. On peut dire que le mouvement de la négritude, par son affirmation de la valeur des anciennes traditions de l'Afrique, marque le début de l'émancipation culturelle de la francophonie africaine et antillaise. Dans un premier temps, les artistes et les écrivains noirs devaient retrouver les traditions culturelles qu'ils avaient abandonnées au profit d'une culture superficielle d'origine française. La négritude suppose donc une certaine défrancisation, et elle se traduit aux Antilles et en Haïti par la valorisation du créole et en Afrique par la reconnaissance des langues locales. Aujourd'hui la valeur de l'héritage culturel africain est reconnue. Les écrivains tentent de réconcilier cet héritage avec celui de l'Europe transmis par l'intermédiaire du français, leur seule langue commune et la seule qui leur permette de se faire connaître à l'étranger.

POÈME

VOICI UN EXTRAIT DU POÈME DE RENÉ PHILOMBE, LE NOM DE PLUME DE L'AUTEUR CAMEROUNAIS PHILIPPE-LOUIS OMBEBE. CE POÈME SOULIGNE BIEN LA NATURE MULTIETHNIQUE DE LA POPULATION FRANÇAISE ET LA DIVERSITÉ DES CULTURES FRANCOPHONES UNIES PAR LA LANGUE FRANÇAISE.

L'HOMME QUI TE RESSEMBLE

J'AI FRAPPÉ À TA PORTE
J'AI FRAPPÉ À TON CŒUR...
[...]
OUVRE-MOI MON FRÈRE!
POURQUOI ME DEMANDER
SI JE SUIS D'AFRIQUE
SI JE SUIS D'AMÉRIQUE
SI JE SUIS D'ASIE
SI JE SUIS D'EUROPE?
[...]
JE NE SUIS PAS UN NOIR
JE NE SUIS PAS UN ROUGE
JE NE SUIS PAS UN JAUNE
JE NE SUIS PAS UN BLANC
MAIS JE NE SUIS QU'UN HOMME.

OUVRE-MOI MON FRÈRE.
OUVRE-MOI TA PORTE
OUVRE-MOI TON CŒUR
CAR JE SUIS UN HOMME
L'HOMME DE TOUS LES TEMPS
L'HOMME DE TOUS LES CIEUX
L'HOMME QUI TE RESSEMBLE.

RENÉ PHILOMBE (1930—)
(POÉSIE D'UN CONTINENT. ÉD. BAUER, MARTINE ET PAUL DAKEYO. PARIS: EDITIONS SILEX, 1983,. P. 401–2)

445

APPENDIXES

APPENDIX 1

Irregular Verbs

VERBE INFINITIF	PRÉSENT DE L'INDICATIF	PRÉSENT DU SUBJONCTIF	IMPARFAIT	PASSÉ COMPOSÉ	FUTUR	CONDITIONNEL	IMPÉRATIF
acheter *to buy*	j'**achète** tu **achètes** il **achète** / nous **achetons** vous achetez ils **achètent**	que j'**achète** que tu **achètes** qu'il **achète** / que nous **achetions** que vous achetiez qu'ils **achètent**	j'**achetais**	j'ai **acheté**	j'**achèterai**	j'**achèterais**	**achète** **achetons** **achetez**
aller *to go*	je vais tu vas il va / nous allons vous allez ils vont	que j'**aille** que tu **ailles** qu'il **aille** / que nous **allions** que vous alliez qu'ils **aillent**	j'allais	je suis **allé/e**	j'**irai**	j'**irais**	va allons allez
amener *to bring* voir: acheter							
appeler *to call*	j'**appelle** tu **appelles** il **appelle** / nous **appelons** vous appelez ils **appellent**	que j'**appelle** que tu **appelles** qu'il **appelle** / que nous **appelions** que vous appeliez qu'ils **appellent**	j'**appelais**	j'ai **appelé**	j'**appellerai**	j'**appellerais**	**appelle** **appelons** **appelez**
apprendre *to learn* voir: prendre							
s'asseoir *to sit down*	je m'**assieds** tu t'**assieds** il s'**assied** / nous asseyons vous asseyez ils s'**asseyent**	que je m'**asseye** que tu t'**asseyes** qu'il s'**asseye** / que nous nous asseyions que vous vous asseyiez qu'ils s'**asseyent**	je m'**asseyais**	je me suis **assis/e**	je m'**assiérai**	je m'**assiérais**	assieds-toi asseyons-nous asseyez-vous
avoir *to have*	j'**ai** tu as il a / nous avons vous avez ils ont	que j'**aie** que tu aies qu'il **ait** / que nous **ayons** que vous ayez qu'ils **aient**	j'**avais**	j'ai **eu**	j'**aurai**	j'**aurais**	aie ayons ayez
boire *to drink*	je bois tu bois il **boit** / nous **buvons** vous buvez ils **boivent**	que je boive que tu boives qu'il boive / que nous **buvions** que vous buviez qu'ils **boivent**	je buvais	j'ai **bu**	je **boirai**	je **boirais**	bois buvons buvez
célébrer *to celebrate* voir: préférer							
commencer *to begin*	je commence tu commences il commence / nous commençons vous commencez ils **commencent**	que je commence que tu commences qu'il commence / que nous commencions que vous commenciez qu'ils **commencent**	je **commençais**	j'ai **commencé**	je **commencerai**	je **commencerais**	commence commençons commencez
comprendre *to understand* voir: prendre							

VERBE INFINITIF	PRÉSENT DE L'INDICATIF	PRÉSENT DU SUBJONCTIF	IMPARFAIT	PASSÉ COMPOSÉ	FUTUR	CONDITIONNEL	IMPÉRATIF
connaître *to know, be acquainted with*	je connais tu connais il **connaît** nous connaissons vous connaissez ils **connaissent**	que je connaisse que tu connaisses qu'il connaisse que nous connaissions que vous connaissiez qu'ils **connaissent**	je **connaissais**	j'ai **connu**	je **connaîtrai**	je **connaîtrais**	connais connaissons connaissez
craindre *to fear* voir: peindre							
croire *to believe*	je crois tu crois il croit nous **croyons** vous croyez ils **croient**	que je croie que tu croies qu'il croie que nous **croyons** que vous croyiez qu'ils **croient**	je **croyais**	j'ai **cru**	je **croirai**	je **croirais**	crois croyons croyez
décrire *to describe* voir: écrire							
détruire *to destroy* voir: produire							
devenir *to become* voir: venir							
devoir *must, to have to; to owe*	je dois tu dois il **doit** nous **devons** vous devez ils **doivent**	que je doive que tu doives qu'il doive que nous **devions** que vous deviez qu'ils **doivent**	je devais	j'ai **dû**	je **devrai**	je **devrais**	
dire *to say*	je dis tu dis il **dit** nous disons vous **dites** ils disent	que je dise que tu dises qu'il dise que nous disions que vous disiez qu'ils **disent**	je disais	j'ai **dit**	je dirai	je dirais	dis disons dites
disparaître *to disappear* voir: connaître							
écrire *to write*	j'écris tu écris il **écrit** nous écrivons vous écrivez ils **écrivent**	que j'écrive que tu écrives qu'il écrive que nous écrivions que vous écriviez qu'ils **écrivent**	j'**écrivais**	j'ai **écrit**	j'**écrirai**	j'**écrirais**	écris écrivons écrivez
s'ennuyer *to become bored* voir: payer							
envoyer *to send*	j'envoie tu envoies il envoie nous **envoyons** vous envoyez **ils envoient**	que j'envoie que tu envoies qu'il envoie que nous **envoyions** que vous envoyiez qu'ils **envoient**	j'**envoyais**	j'ai **envoyé**	j'**enverrai**	j'**enverrais**	envois envoyons envoyez

VERBE INFINITIF	PRÉSENT DE L'INDICATIF	PRÉSENT DU SUBJONCTIF	IMPARFAIT	PASSÉ COMPOSÉ	FUTUR	CONDITIONNEL	IMPÉRATIF
épeler *to spell* voir: appeler							
espérer *to hope* voir: préférer							
s'essuyer *to dry off* voir: payer							
éteindre *to turn out, extinguish* voir: peindre							
être *to be*	je suis tu es il est / nous sommes vous êtes ils sont	que je sois que tu sois qu'il soit / que nous **soyons** que vous soyez qu'ils **soient**	j'étais	j'ai été	je serai	je serais	sois soyons soyez
faire *to do, make*	je fais tu fais il fait / nous faisons vous faites ils font	que je fasse que tu fasses qu'il fasse / que nous fassions que vous fassiez qu'ils **fassent**	je faisais	j'ai **fait**	je ferai	je ferais	fais faisons faites
falloir *to be necessary*	il **faut**	qu'il **faille**	il fallait	il a **fallu**	il faudra	il faudrait	
geler *to freeze* voir: acheter							
s'inquiéter *to be anxious, to worry* voir: préférer							
s'instruire *to educate oneself* voir: produire							
jeter *to throw* voir: appeler							
lever *to raise* voir: acheter							

VERBE INFINITIF	PRÉSENT DE L'INDICATIF	PRÉSENT DU SUBJONCTIF		IMPARFAIT	PASSÉ COMPOSÉ	FUTUR	CONDITIONNEL	IMPÉRATIF
lire *to read*	je lis / tu lis / il **lit** / nous lisons / vous lisez / ils **lisent**	que je lise / que tu lises / qu'il lise	que nous lisions / que vous lisiez / qu'ils **lisent**	je lisais	j'ai **lu**	je lirai	je lirais	lis / lisons / lisez
loger *to stay, lodge* voir: manger								
manger *to eat*	je mange / tu manges / il mange / nous mangeons / vous mangez / ils **mangent**	que je mange / que tu manges / qu'il mange	que nous mangions / que vous mangiez / qu'ils **mangent**	je mangeais	j'ai **mangé**	je **mangerai**	je **mangerais**	mange / mangeons / mangez
mettre *to put, put on*	je mets / tu mets / il **met** / nous mettons / vous mettez / ils **mettent**	que je mette / que tu mettes / qu'il mette	que nous mettions / que vous mettiez / qu'ils **mettent**	je **mettais**	j'ai **mis**	je **mettrai**	je **mettrais**	mets / mettons / mettez
mourir *to die*	je meurs / tu meurs / il meurt / nous **mourons** / vous mourez / ils **meurent**	que je meure / que tu meures / qu'il meure	que nous **mourions** / que vous mouriez / qu'ils **meurent**	je mourais	je suis **mort** / **e**	je mourrai	je mourrais	meurs / mourons / mourez
nager *to swim* voir: manger								
naître *to be born*	je nais / tu nais / il **naît** / nous naissons / vous naissez / ils **naissent**	que je naisse / que tu naisses / qu'il naisse	que nous naissions / que vous naissiez / qu'ils **naissent**	je naissais	je suis **né** / **e**	je **naîtrai**	je **naîtrais**	
obtenir *to obtain* voir: venir								
offrir *to offer* voir: ouvrir								
ouvrir *to open*	j'ouvre / tu ouvres / il ouvre / nous ouvrons / vous ouvrez / ils **ouvrent**	que j'ouvre / que tu ouvres / qu'il ouvre	que nous ouvrions / que vous ouvriez / qu'ils **ouvrent**	j'ouvrais	j'ai **ouvert**	j'**ouvrirai**	j'**ouvrirais**	ouvre / ouvrons / ouvrez
partager *to share* voir: manger								
payer *to pay*	je paie / tu paies / il paie / nous **payons** / vous payez / ils **paient**	que je paie / que tu paies / qu'il paie	que nous **payons** / que vous payiez / qu'ils **paient**	je payais	j'ai **payé**	je **paierai**	je **paierais**	paie / payons / payez

VERBE INFINITIF	PRÉSENT DE L'INDICATIF	PRÉSENT DU SUBJONCTIF	IMPARFAIT	PASSÉ COMPOSÉ	FUTUR	CONDITIONNEL	IMPÉRATIF
peindre *to paint*	je peins tu peins il **peint** nous peignons vous peignez ils **peignent**	que je peigne que tu peignes qu'il peigne que nous peignions que vous peigniez qu'ils **peignent**	je peignais	j'ai peint	je peindrai	je peindrais	peins peignons peignez
permettre *to permit* voir: mettre							
pleuvoir *to rain*	il **pleut**	qu'il **pleuve**	il pleuvait	il a plu	il pleuvra	il pleuvrait	
pouvoir *to be able to*	je peux tu peux il **peut** nous **pouvons** vous pouvez ils **peuvent**	que je puisse que tu puisses qu'il puisse que nous puissions que vous puissiez qu'ils **puissent**	je pouvais	j'ai pu	je pourrai	je pourrais	
préférer *to prefer*	je préfère tu préfères il **préfère** nous **préférons** vous préférez ils **préfèrent**	que je préfère que tu préfères qu'il **préfère** que nous **préférions** que vous préfériez qu'ils **préfèrent**	je préférais	j'ai préféré	je préférerai	je préférerais	préfère préférons préférez
prendre *to take*	je prends tu prends il **prend** nous **prenons** vous prenez ils **prennent**	que je prenne que tu prennes qu'il **prenne** que nous **prenions** que vous preniez qu'ils **prennent**	je prenais	j'ai pris	je prendrai	je prendrais	prends prenons prenez
produire *to produce*	je produis tu produis il **produit** nous produisons vous produisez ils **produisent**	que je produise que tu produises qu'il **produise** que nous produisions que vous produisiez qu'ils **produisent**	je produisais	j'ai produit	je produirai	je produirais	produis produisons produisez
promener *to walk* voir: acheter							
promettre *to promise* voir: mettre							
se rappeler *to remember* voir: appeler							
remettre *to hand in, turn in* voir: mettre							
répéter *to repeat* voir: préférer							

VERBE INFINITIF	PRÉSENT DE L'INDICATIF	PRÉSENT DU SUBJONCTIF	IMPARFAIT	PASSÉ COMPOSÉ	FUTUR	CONDITIONNEL	IMPÉRATIF
revenir to return, come back voir: venir							
savoir to know	je sais tu sais il **sait** nous savons vous savez ils **savent**	que je sache que tu saches qu'il sache que nous sachions que vous sachiez qu'ils **sachent**	je savais	j'ai **su**	je **saurai**	je **saurais**	sache sachons sachez
se souvenir de to remember voir: venir							
venir to come	je viens tu viens il **vient** nous **venons** vous venez ils **viennent**	que je vienne que tu viennes qu'il vienne que nous **venions** que vous veniez qu'ils **viennent**	je venais	je suis **venu/e**	je **viendrai**	je **viendrais**	viens venons venez
voir to see	je vois tu vois il voit nous **voyons** vous voyez ils **voient**	que je voie que tu voies qu'il voie que nous **voyons** que vous voyiez qu'ils **voient**	je **voyais**	j'ai **vu**	je **verrai**	je **verrais**	vois voyons voyez
vouloir to want	je veux tu veux il **veut** nous **voulons** vous voulez ils **veulent**	que je veuille que tu veuilles qu'il veuille que nous **voulions** que vous vouliez qu'ils **veuillent**	je voulais	j'ai **voulu**	je **voudrai**	je **voudrais**	veuillez

Regular Verbs

VERBE INFINITIF	PRÉSENT DE L'INDICATIF	PRÉSENT DU SUBJONCTIF	IMPARFAIT	PASSÉ COMPOSÉ	FUTUR	CONDITIONNEL	IMPÉRATIF
verbes -er							
regarder *to look at*	je regarde tu regardes il regarde ils **regardent** nous regardons vous regardez	que je regarde que tu regardes qu'il regarde qu'ils **regardent** que nous regardions que vous regardiez	je regardais tu regardais il regardait ils **regardaient** nous regardions vous regardiez	j'ai **regardé** tu as regardé il a regardé ils ont regardé nous avons regardé vous avez regardé	je regarderai tu regarderas il regardera ils **regarderont** nous regarderons vous regarderez	je regarderais tu regarderais il regarderait ils **regarderaient** nous regarderions vous regarderiez	regarde regardons regardez
verbes -ir							
dormir *to sleep*	je dors tu dors il **dort** ils **dorment** nous dormons vous dormez	que je dorme que tu dormes qu'il dorme qu'ils **dorment** que nous dormions que vous dormiez	je dormais tu dormais il dormait ils **dormaient** nous dormions vous dormiez	j'ai **dormi** tu as dormi il a dormi ils ont dormi nous avons dormi vous avez dormi	je dormirai tu dormiras il dormira ils **dormiront** nous dormirons vous dormirez	je dormirais tu dormirais il dormirait ils **dormiraient** nous dormirions vous dormiriez	dors dormons dormez
verbes -ir/-iss							
finir *to finish*	je finis tu finis il **finit** ils **finissent** nous finissons vous finissez	que je finisse que tu finisses qu'il finisse qu'ils **finissent** que nous finissions que vous finissiez	je finissais tu finissais il finissait ils **finissaient** nous finissions vous finissiez	j'ai **fini** tu as fini il a fini ils ont fini nous avons fini vous avez fini	je finirai tu finiras il finira ils **finiront** nous finirons vous finirez	je finirais tu finirais il finirait ils **finiraient** nous finirions vous finiriez	finis finissons finissez
verbes -re							
attendre *to wait for*	j'attends tu attends il **attend** ils **attendent** nous attendons vous attendez	que j'attende que tu attendes qu'il attende qu'ils **attendent** que nous attendions que vous attendiez	j'attendais tu attendais il attendait ils **attendaient** nous attendions vous attendiez	j'ai **attendu** tu as attendu il a attendu ils ont attendu nous avons attendu vous avez attendu	j'attendrai tu attendras il attendra ils **attendront** nous attendrons vous attendrez	j'attendrais tu attendrais il attendrait ils **attendraient** nous attendrions vous attendriez	attends attendons attendez
verbes pronominaux							
se laver *to wash oneself*	je me lave tu te laves il se lave ils se **lavent** nous nous lavons vous vous lavez	que je me lave que tu te laves qu'il se lave qu'ils se **lavent** que nous nous lavions que vous vous laviez	je me lavais tu te lavais il se lavait ils se **lavaient** nous nous lavions vous vous laviez	je me suis **lavé/e** tu t'es lavé/e il s'est lavé/elle s'est lavée ils/elles se sont lavés/lavées nous nous sommes lavé/e/s vous vous êtes lavé/e/s	je me laverai tu te laveras il se lavera ils se **laveront** nous nous laverons vous vous laverez	je me laverais tu te laverais il se laverait ils se **laveraient** nous nous laverions vous vous laveriez	lave-toi lavons-nous lavez-vous

Comme **dormir** : partir, servir, sortir.
Comme **finir** : choisir, désobéir à, grandir, grossir, maigrir, obéir à, pâlir, punir, réfléchir, remplir, réussir à, rougir.
Comme **attendre** : descendre, entendre, perdre, rendre à, rendre visite à, répondre à, vendre.

Appendix 2

Lexique français-anglais

This vocabulary lists all French words used actively in the text. Active vocabulary words appear in the **Points de départ** and **Formes et fonctions** sections; these words reappear periodically. You are expected to recognize these words when you read and hear them and to use them yourself in drills and conversational activities. All other words, including those presented in readings and realia, are receptive vocabulary; you are expected only to recognize them and to know their meanings when you see them in written form or hear them in context.

- The number following an entry indicates the chapter in which that vocabulary item is first introduced; the symbol **LP** refers to the introductory lesson, **Leçon préliminaire.** Since verbs in their infinitive form are occasionally introduced as vocabulary items before their conjugation is presented, refer to the Index to locate where the conjugation is introduced.

- The gender of nouns is indicated by the abbreviations *m.* for masculine and *f.* for feminine. Feminine and masculine nouns that are closely related in meaning and identical or similar in pronunciation are listed under a single entry: **architecte** *m./f.*; **boulanger** *m.*, **boulangère** *f.* Nouns that occur only in the plural form are followed by the gender indication and *pl.*: **chips** *f.pl.*, **beaux-arts** *m.pl.*

- Adjectives with differing masculine and feminine written forms are shown in the masculine form followed by the feminine ending in parentheses: **allemand(e), actuel(le), affreux(se).** For adjectives whose masculine and feminine forms vary considerably, both forms are listed. Special prenominal forms of adjectives are given in parentheses: **beau (bel), belle.** When necessary for clarity, adjectives and adverbs are indicated by *adj.* and *adv.*, respectively.

- An asterisk (*) before a word indicates that the initial **h** is aspirate.

- The hashmark (†) appears after verbs showing some irregularity in conjugation; these verbs appear in their full conjugation in the verb charts, Appendix 1. Reflexive verbs are listed under a separate entry: **brosser** *to brush*; **se brosser** *to brush one's—*; **ennuyer** *to bore*; **s'ennuyer** *to be bored.* For verbs that require a preposition under certain conditions, the latter appears in parentheses: **commencer (à), (il commence son travail, il commence à travailler)**; for verbs that always require a preposition, the preposition is indicated without parentheses: **s'occuper de (il s'occupe de moi).**

A

à to, at, in, on, LP
 à la vanille vanilla-flavored, 5,1
s'abonner (à) to subscribe to, 10,1
d'abord *adv.* first, 1,1
absent(e) absent, missing, 8,1
accepter to accept, 4,2
accompagner to accompany, 4,2
d'accord agreed, OK, 2,1
accordéon *m.* accordeon, 4,2

accroissement *m.* increase, 9,2
acheter† to buy, 5,2
acteur *m.*, **actrice** *f.* actor, actress, 3,2
activité *f.* activity, 1,2
addition *f.* bill, check, 5,1
adorable adorable, cute, 2,1
adorer to adore, love, 1,2
aéroport *m.* airport, 7,1
affaires *f.pl.* belongings, things, 6,1

affectueux(-se) affectionate, warm-hearted, 8,2
affiche *f.* poster, LP
africain(e) African, 7,1
Afrique *f.* Africa, 7,1
âge *m.* age, 1,1
quel âge tu as?/quel âge avez-vous? how old are you?, 1,1
âgé(e) aged, old, 2,1
agence de voyages *f.* travel agency, 7,1

agent *m.*, **agente** *f.* agent, 3,2
  agent de police *m.* police officer, 3,2
s'agir de to be about, 10,1
agréable pleasant, 6,1
agriculteur *m.* farmer, 6,2
aïe! ouch!, 9,1
aimable lovable, 8,2
aimer to like, to love, 1,2
  aimer mieux to prefer, 10,1
air *m.* air, 9,2
  avoir l'air (de) to appear, to seem, 5,2
Algérie *f.* Algeria, 7,1
algérien(ne) Algerian, 7,1
Allemagne *f.* Germany, 7,1
allemand(e) German, 7,1
aller† to go, 3,1
  Comment allez-vous? How are you?, LP
  Je vais bien. I'm fine., LP
allô hello (telephone), 1,2
allumé(e) lit, turned-on (an appliance), 9,2
allumer to turn on (an appliance), 10,1
allumé(e) lit, turned on (an appliance), 9,2
alors then, so, 2,1
alpinisme *m.* mountain climbing, 2,1
  faire de l'alpinisme to go mountain climbing, 4,1
ambitieux(-se) ambitious, 2,1
amener† to bring (along) (a person), 5,2
américain(e) American, 7,1
Amérique *f.* America, 7,1
  Amérique du Nord *f.* North America, 7,1
  Amérique du Sud *f.* South America, 7,1
ami(e) friend, LP
amour *m.* love, 10,2
amoureux(-se) (de) in love (with), 8,2

tomber amoureux (de) to fall in love (with), 8,2
amphithéâtre *m.* lecture hall, 3,1
amusant(e) funny, 2,1
s'amuser to have fun, 6,2
an *m.* year, 1,1
  J'ai 19 ans. I am 19 years old., 1,1
ancien(ne) old, ancient, 6,1
angine *f.* strep throat, 9,1
anglais(e) English, 7,1
Angleterre *f.* England, 7,1
animal *m.* animal, 1,1
  animal familier pet, 1,1
animal(e) *adj.* animal, 9,2
animé(e) animated, busy, 6,2
  dessin animé *m.* cartoon, 10,1
année *f.* year, 8,1
  Bonne année! Happy New Year!, 8,1
anniversaire *m.* birthday, anniversary, 8,1
  Bon anniversaire! Happy Birthday!, 8,1
anorak *m.* anorak, parka with hood, 2,2
anthropologie *f.* anthropology, 3,1
antibiotique *m.* antibiotic, 9,1
antiseptique *m.* antiseptic, 9,1
anxieux(-se) anxious, 8,2
août *m.* August, LP
appareil-photo *m.* camera, 7,1
appartement *m.* apartment, 1,1
appeler† to call, 5,2
  s'appeler to be named, 8,1
  Je m'appelle… My name is …, LP
apporter to bring, 5,1
apprécier to appreciate, enjoy, 6,2
apprendre† to learn, 5,1
après after, LP
après-midi *m.* afternoon, 1,2
arbre *m.* tree, 6,2

arbre fruitier fruit tree, 6,2
architecte *m./f.* architect, 3,2
architecture *f.* architecture, 10,2
argent *m.* money, 3,2
argentin(e) Argentinian, 7,1
Argentine *f.* Argentina, 7,1
armoire *f.* armoire, 6,1
arrêt *m.* stop, 7,1
arriver to arrive, 1,2; to happen, 9,1
  arriver plus haut to succeed, 8,1
art *m.* art, 10,2
ascenseur *m.* elevator, 6,1
Asie *f.* Asia, 7,1
aspirine *f.* aspirin, 9,1
s'asseoir† to sit (down), 8,1
assez rather, fairly, 2,1
assistant social *m.*, **assistante sociale** *f.* social worker, 3,2
assister à to attend, 4,2
astronomie *f.* astronomy, 3,1
atlas *m.* atlas, 10,2
attaché commercial *m.*, **attachée commerciale** *f.* salesperson, 3,2
attendre to wait (for), 4,2
attention: faire attention to pay attention, to be careful, 4,1
au (à + le)
auberge *f.* inn, hostel, 7,2
  auberge de jeunesse youth hostel, 7,2
augmenter to increase, 9,2
aujourd'hui today, 1,2
aussi also, 2,1
  aussi… que as…as, 2,2
aussitôt que as soon as, 10,2
Australie *f.* Australia, 7,1
australien(ne) Australian, 7,1
autobus *m.* city bus (intracity), 7,1
automne *m.* fall, 4,1
autorité *f.* authority, 8,1
autoroute *f.* highway, 7,2
autre other, 1,1

aux (à + les)

avant-hier *adv.* day before yesterday, 4,1

avec with, 1,1

avenir *m.* future, 8,1

aventure *f.* adventure, 10,1

avion *m.* plane, 7,1

avis *m.* opinion, 2,1

   à mon avis in my opinion, 2,1

avocat *m.*, **avocate** *f.* lawyer, 2,1

avoir† to have, 1,1

avril *m.* April, LP

B

baccalauréat *m.* **(en)** bachelor's degree (in) *Can.*, 3,1

bacon *m.* bacon *Can.*, 5,1

bagages *m.pl.* luggage, 7,2

baguette *f.* French bread (long loaf), 5,2

bain *m.* bath, 6,1

baisser to lower, 9,2

baladeur *m.* walkman, 1,1

balcon *m.* balcony, 6,1

banane *f.* banana, 5,1

bande dessinée (BD) *f.* comic strip, 10,2

banlieue *f.* suburb, 6,1

banque *f.* bank, 3,2

   banque de données *f.* database, databank, 10,2

baptême *m.* baptism, 8,1

bas: en bas downstairs, 6,2

basket(-ball) *m.* basketball, 1,2

bateau *m.* boat, 7,1

bâtiment *m.* building, 6,1

beau (bel), belle beautiful, handsome, 2,1

   Il fait beau. It's beautiful weather., 4,1

beau-père *m.* stepfather, father-in-law, 1,1

beaucoup (de) very much, a lot, 2,1

beaux-arts *m.pl.* fine arts, 3,1

beige beige, 2,2

belge *m./f.* Belgian, 7,1

Belgique *f.* Belgium, 7,1

belle see **beau**

belle-mère *f.* stepmother, mother-in-law, 1,1

besoin: avoir besoin de to need, 5,1

bête stupid, 2,1

beurre *m.* butter, 5,1

bibliothèque *f.* library, 3,1

bien well, fine, LP

bien-être *m.* well-being, 9,1

bien sûr of course, 2,1

bientôt soon, 3,1

   à bientôt see you soon, LP

bière *f.* beer, 5,1

bifteck *m.* beefsteak, 5,2

billet *m.* ticket, 4,1

biographie *f.* biography, 10,2

biologie *f.* biology, 3,1

blanc(he) white, 2,2

se blesser to hurt oneself, 9,1

bleu(e) blue, 2,2

blond(e) blond, 2,1

blouson *m.* light jacket, windbreaker, 2,2

bof! oh, I don't know (about that), 2,1

boire† to drink, 5,1

boisson *f.* drink, 5,1

boîte *f.* can, box, 5,2

bon(ne) good, 6,1

   Il fait bon. It's nice weather., 4,1

bon *m.* voucher, coupon, 7,1

bonjour hello, LP

bosser to work, 8,1

botanique *f.* botany, 3,1

botte *f.* boot, 2,2

bouche *f.* mouth, 9,1

boucherie *f.* butcher's shop, 5,2

boudeur *m.*, **boudeuse** *f.* pouter, sulker, 8,1

bouger to move, 8,1

bougie *f.* candle, 8,1

boulangerie *f.* bakery, 5,2

bouteille *f.* bottle, 5,1

bras *m.* arm, 9,1

bravo! great!, congratulations! 4,1

Brésil *m.* Brazil, 7,1

brésilien(ne) Brazilian, 7,1

bricoler to do odd jobs, 6,2

bronchite *f.* bronchitis, 9,1

se brosser to brush one's –, 6,1

brouillard *m.* fog, 4,1

   Il y a du brouillard. It's foggy., 4,1

bruit *m.* noise, sound, 6,2

se brûler to burn oneself, 9,1

brûlure *f.* burn, 9,1

brun(e) brunette, 2,1

bureau *m.* desk, office, LP

bus *m.* city bus (intracity), 7,1

C

ça that, LP

   Comment ça va? How's it going?, LP

   Ça va. It's going fine., LP

   C'est ça. That's right., 3,2

café *m.* café, coffee, 3,1

   café au lait coffee with milk, 5,1

   café-crème coffee with cream, 5,1

cahier *m.* notebook, LP

calculatrice *f.* calculator, 1,1

calme calm, 2,1

se calmer to calm down, 8,2

camarade *m./f.* friend, buddy, LP

Cameroun *m.* Cameroon, 7,1

camerounais(e) Cameroonian, 7,1

campagne *f.* country, 4,1

   à la campagne in the country, 4,1

camping *m.* camping ground, 7,2

   faire du camping to camp, to go camping, 4,1

camping-car *m.* RV, 7,2

campus *m.* campus, 3,1

Canada *m.* Canada, 7,1

canadien(ne) Canadian, 7,1

car *m.* excursion bus (intercity), 7,1

caractère *m.* disposition, personality, 2,1

carafe *f.* carafe, 5,1

caravane *f.* camper (vehicle), 7,2

carbonique: gaz carbonique *m.* carbon dioxide, 9,2

carnet d'adresses *m.* address book, 7,1

carotte *f.* carrot, 5,2

carrière *f.* career, 3,2

carte *f.* map, card, LP

　carte de crédit *f.* credit card, 7,1

　carte postale *f.* postcard, 7,1

casse-croûte *m.* snack, 5,1

se casser to break one's –, 9,1

cassette *f.* cassette, LP

cause *f.* cause, 9,2

　à cause de due to, because of, 9,2

CD-ROM *m.* CD-ROM drive, 10,2

ce (c') it, that, LP

　c'est… it is…, LP

　ce sont… they are…, LP

ce (cet), cette this, that, 2,2

　ces these, those, 2,2

cela that, 7,2

　Cela vous convient? Does that suit you?, 7,2

célébrer† to celebrate, 4,1

célibataire *m./f.* single, 1,1

cent hundred, 3,2

centrale nucléaire *f.* nuclear power plant, 9,2

centre *m.* center, 3,1

　centre d'informatique computer lab, 3,1

centre-ville *m.* downtown, 6,1

céréales *f.pl.* cereal, 5,1

cérémonie civile *m.* civil wedding, 8,1

cerise *f.* cherry, 5,2

ces, cet, cette see **ce**

chaîne *f.* TV or radio station, 10,1

chaîne stéréo *f.* stereo system, 1,1

chaise *f.* chair, LP

chambre *f.* bedroom, 1,1

champignon *m.* mushroom, 5,2

chance *f.* luck, 9,1

chanter to sing, 1,2

chanteur *m.*, **chanteuse** *f.* singer, 3,2

chantier *m.* work camp, 9,2

chapeau *m.* hat, 2,2

chapitre *m.* chapter, 1,1

chaque each, 3,1

charcuterie *f.* pork butcher's shop, delicatessen 5,2

chat *m.* cat, 1,1

chaud(e) hot, 4,1

　avoir chaud to be hot (person), 5,1

　Il fait chaud. It's hot (weather)., 4,1

chauffage central *m.* central heating, 6,1

chauffer to heat, 6,1

chaussette *f.* sock, 2,2

chaussure *f.* shoe, 2,2

chemise *f.* shirt, 2,2

chemisier *m.* blouse, 2,2

cheval *m.* (**-aux** *pl.*) horse, 4,1

　faire du cheval to go horseback riding, 4,1

cher(-ère) expensive, dear, 5,2

chercher to look for, 3,2

cheveux *m.pl.* hair, 9,1

cheville *f.* ankle, 9,1

chez at the home of, at the place of, 1,1

chien *m.* dog, 1,1

chimie *f.* chemistry, 3,1

Chine *f.* Chine, 7,1

chinois(e) Chinese, 7,1

chips *f.pl.* potato chips, 5,2

chocolat *m.* chocolate, 5,1

　chocolat chaud *m.* hot chocolate, 5,1

choisir (de) to choose, 4,1

chômage *m.* unemployment, 8,1

chorale *f.* choir, 1,2

chou-fleur *m.* cauliflower, 5,2

chouette! neat!, 4,1

ciel *m.* sky, 4,1

cinéma *m.* movie theatre, 1,2

cinq five, LP

cinquième fifth, 6,1

cinq-pièces *m.* 3-bedroom apartment with separate living and dining rooms, 6,1

cinquante fifty, 1,1

cinquième fifth, 6,1

circulation *f.* traffic, 6,2

citron *m.* lemon, 5,1

　citron pressé *m.* lemonade, 5,1

classe *f.* class, LP

classique classical, 1,2

clavier *m.* keyboard, 10,2

climat *m.* climate, 9,2

clinique *f.* private hospital, 2,1

coca(-cola) *m.* cola, 5,1

cœur *m.* heart, 9,1

　avoir mal au cœur to be nauseated, 9,1

colère *f.* anger, 8,2

　en colère angry, 8,2

collant *m.* pair of panty hose, tights, 2,2

collège *m.* middle school, 1,1

Colombie *f.* Colombia, 7,1

colombien(ne) Colombian, 7,1

combien how much, 3,1

　combien de how many, 3,1

comédie *f.* comedy, 10,1

commander to order, 5,1

comme like, as, 2,1

　comme serveur as a waiter, 3,2

commencer† to start, to begin, 4,1

comment how, 3,1

Comment allez-vous? How are you?, LP

Comment ça va? How's it going?, LP

Comment dit-on __ ? How do you say __?, LP

Comment tu t'appelles? What is your name?, LP

Comment vous appelez-vous? What is your name?, LP

commerçant *m.*, **commerçante** *f.* merchant, 5,2

complet *m.* man's suit, 2,2

comprendre† to understand, 5,1

comptabilité *f.* accounting, 3,1

comptable *m./f.* accountant, 3,2

compter to count, LP

concert *m.* concert, 1,2

concombre *m.* cucumber, 5,2

confiture *f.* jam, 5,1

conformiste conformist, 2,1

confortable comfortable (material objects), 6,1

congelé(e) frozen, 5,2

connaître† to be acquainted with, 7,2

conseiller to advise (to give advice), 9,1

conserver to store, 6,2

contaminer to contaminate, 9,2

content(e) happy, 4,1

continent *m.* continent, 7,1

continuer to go on/keep going, 7,2

copain *m.*, **copine** *f.* friend, buddy, boyfriend/girlfriend, 2,1

copieux(-se) copious, hearty, 5,1

corbeille *f.* wastebasket, 6,1

corps *m.* body, 9,1

côté *m.* side, 6,2

à côté de beside, next to, 6,2

Côte-d'Ivoire *f.* Ivory Coast, 7,1

cou *m.* neck, 9,1

couche d'ozone *f.* ozone layer, 9,2

se coucher to go to bed, 6,1

couler to flow, to run (nose), 9,1

couleur *f.* color, 2,2

couloir *m.* hallway, 6,1

coup de soleil *m.* sunburn, 9,1

se couper to cut oneself, 9,1

cour *f.* courtyard, 6,1

courant(e) current, 8,1

courrier *m.* mail, 10,2

cours *m.* class, course, 3,1

course *f.* errand, 4,1

faire des courses to run errands, 4,1

cousin *m.*, **cousine** *f.* cousin, 1,1

couvert(e) covered, 4,1

Le ciel est couvert. It's cloudy, it's overcast., 4,1

craie *f.* chalk, LP

craindre† to fear, 10,1

cravate *f.* tie, 2,2

crayon *m.* pencil, LP

crème *f.* cream, 5,2

crémerie *f.* dairy store, 5,2

crier to yell, 8,2

crise de foie *f.* indigestion, 9,1

critique *f.* critique, criticism, 10,2

critique *m.* critic (person), 10,2

croire† (à, en) to believe in, 9,1

croissant *m.* croissant, 5,1

croque-monsieur *m.* grilled ham and cheese sandwich, 5,1

cueillir to gather, to pick, 6,2

cuisine *f.* kitchen, 6,1

D

dames *f.pl.* checkers, 1,2

dans in, into, LP

danse *f.* dance, 3,1

danser to dance, 1,2

date *f.* date, LP

Quelle est la date? What's the date?, LP

de (d') from, of, about, 3,1

debout standing, on one's feet, 6,1

être debout to be up, out of bed, 6,1

déca(féiné) *m.* decaffeinated coffee, 5,1

décembre *m.* December, LP

déchet *m.* waste, refuse, 9,2

décrire† to describe, 8,2

déçu(e) disappointed, 10,1

degré *m.* degree, 4,1

Il fait 20 degrés. It's 20 degrees., 4,1

dehors outside, 6,2

déjà already, 4,2

déjeuner to have lunch, 5,1

déjeuner *m.* lunch, 5,1

petit déjeuner *m.* breakfast, 5,1

délicieux(-se) delicious, 5,2

demain tomorrow, 3,1

à demain see you tomorrow, LP

demander (à, de) to ask, to request, 6,1

demi(e) half, 4,2

une heure et demie an hour and a half; 1:30, 4,2

demi-tour *m.* U-turn, 7,2

faire demi-tour to make a U-turn, 7,2

dent *f.* tooth, 9,1

dentiste *m./f.* dentist, 3,2

se dépêcher to hurry up, 8,1

depuis since, for, 2,2

dernier(-ière) last, 6,1

derrière behind, 1,1

des *pl.* some, LP

dès que as soon as, 10,2

descendre to go down, 4,2

désert *m.* desert, 9,2

se déshabiller to get undressed, 6,1

désirer to desire, to want, 5,1

désobéir (à) to disobey, 4,1

désolé(e) sorry, 10,1

dessert *m.* dessert, 5,1

dessin *m.* drawing, drafting, 3,1

dessin animé *m.* cartoon, 10,1

dessus on top, 9,1

destruction *f.* destruction, 9,2

se détendre to relax, 6,2

détester to detest, hate, 1,2

détruire† to destroy, 9,2

deux two, LP

deuxième second, 6,1

devant in front of, 1,2

devenir† to become, 3,2

devoir† must, to have to; to owe, 3,2

devoirs *m.pl.* homework, LP

diabolo *m.* sparkling water with syrup, 5,1

diagnostic *m.* diagnosis, 9,1

dictionnaire *m.* dictionary, 10,2

difficile difficult, 3,1

dimanche *m.* Sunday, 1,2

diminuer to diminish, decrease, 9,2

dîner to have dinner, 1,2

dîner *m.* dinner, 5,1

diplôme *m.* **(en)** degree (in), 3,1

dire† to say, 6,1

discipline *f.* discipline, course of study, 3,1

disparaître† to disappear, 9,2

se disputer to argue, 8,2

disque compact *m.* compact disc, 1,1

disquette *f.* diskette, 10,2

se distinguer (par) to distinguish oneself (by), 8,1

distractions *f.pl.* entertainment, 4,2

divorcé(e) divorced, 1,1

divorcer to divorce, 8,2

dix ten, LP

dixième tenth, 6,1

dix-huit eighteen, LP

dix-huitième eighteenth, 6,1

dix-neuf nineteen, LP

dix-neuvième nineteenth, 6,1

dix-sept seventeen, LP

dix-septième seventeenth, 6,1

docteur *m.* doctor, 3,2

documentaire *m.* documentary, 10,1

doigt *m.* finger, 9,1

doigt de pieds *m.* toe, 9,1

dominos *m.pl.* dominoes, 4,2

dommage: C'est dommage. It's too bad, it's a pity., 4,2

donner to give, 6,1

donner sur to look onto, to lead out to, 6,1

dormir to sleep, 3,2

dos *m.* back, 9,1

doublé dubbed, 10,1

doué(e) gifted, 2,1

douleur *f.* pain, 9,1

doux(-ce) gentle, 8,2

douzaine *f.* dozen, 5,2

douze twelve, LP

douzième twelfth, 6,1

drame *m.* drama, 10,1

droit *m.* law, 3,1

droit: tout droit straight ahead, 7,2

droite *f.* right, 6,1

à droite (de) to the right (of), 6,1

drôle amusing, funny, 2,1

du (de + le)

durer to last, 7,1

E

eau *f.* water, 4,1

eau minérale *f.* mineral water, 5,1

eau potable *f.* drinkable water, 9,2

échecs *m.pl.* chess, 1,2

éclair *m.* lightning, bolt of lightning, 4,1

Il y a des éclairs. There's lightning., 4,1

école *f.* school, 3,2

économie *f.* economy, 3,1

économique economic, 3,1

sciences économiques *f.pl.* economics, 3,1

économiser to save, to economize, 9,2

écosser to shell, 9,2

écouter to listen to, 1,2

écran *m.* screen, 10,1

écrire† to write, 6,1

écrivain *m.* writer, 3,2

éducation *f.* education, 3,1

sciences de l'éducation *f.pl.* education studies, 3,1

effacer to erase, LP

égoïste selfish, self-centered, 2,1

électronique electronic, 10,2

élégant(e) elegant, well-dressed, 2,1

elle *f.* she, her, it, LP

elle-même herself, 2,1

elles *f.pl.* they, them, 1,1

elles-mêmes *f.pl.* themselves, 2,1

embarrassé(e) embarrassed, 8,2

s'embrasser to kiss, 8,1

émission *f.* broadcast, program, 10,1

emploi *m.* employment, job, 3,2

emploi du temps *m.* schedule (of classes), 3,1

emporter to carry along, 4,1

emprunter to borrow, 6,1

en in, to, at, LP; some, any, 5,1

enchanté(e) delighted, LP

encore still, yet, 4,1

encyclopédie *f.* encyclopedia, 10,2

s'endormir to fall asleep, 6,1

endroit *m.* place, 6,2

énergique energetic, 2,1

énervé(e) irritable, 8,2

s'énerver to become irritated, 8,1

enfant *m.-f.* child, 1,1

enfin finally, 2,1

enflé(e) swollen, 9,1

s'ennuyer† to become bored, 8,1

ennuyeux(-se) boring, tedious, 3,1

ensemble together, 4,2

entendre to hear, 5,1

s'entendre (avec) to get along (with), 8,1

entouré(e) de surrounded by, 6,2

entrée *f.* entrance, foyer, 4,2

entreprise *f.* business, enterprise, 2,1

entrer (dans) to enter, 4,2

envie: avoir envie de to want, 5,1

environ about, approximately, 6,2

environnement *m.* environment, 9,2

environs *m.pl.* surrounding area, 3,1

envoyer† to send, 7,1

épaule *f.* shoulder, 9,1

épeler† to spell, 5,2

épice *f.* spice, 5,1

épicerie *f.* grocery store, 5,2

épinards *m.pl.* spinach, 5,2

équilibre *m.* balance, 8,1

escalier *m.* staircase, stairs, 6,1

Espagne *f.* Spain, 7,1

espagnol(e) Spanish, 7,1

espèce *f.* kind, sort; species, 9,2

en espèces in cash, 7,1

espérer† to hope, 2,2

espionnage *m* espionnage, spying, 10,1

esquimau *m.* Eskimo pie, 5,1

s'essuyer† to dry off, towel off, 6,1

estomac *m.* stomach, 9,1

et and, LP

étage *m.* story, floor, 6,1

étagère *f.* bookshelf, 1,1

étape *f.* stage, step (in a process), 8,2

États-Unis (É-U) *m.pl.* United States, 7,1

été *m.* summer, 4,1

éteindre† to turn off, 9,2

étonnant(e) astonishing, surprising, 10,1

étonné(e) astonished, surprised, 10,1

s'étonner to be astonished, surprised, 8,2

étranger(-ère) foreign, 3,1

être† to be, 2,1

être bien dans sa peau to have confidence in oneself, 8,1

étude *f.* study, 3,1

hautes études commerciales *f.pl.* business studies, 3,1

étudiant *m.*, **étudiante** *f.* student, LP

Europe *f.* Europe

eux *m.pl.* they, them, 2,1

eux-mêmes *m.pl.* themselves, 2,1

événement *m.* event, 8,1

examen *m.* exam, 3,1

préparer un examen to study for an exam, 3,1

exercer l'autorité to exercise authority, 8,1

exiger to require, to demand, 10,1

expérience *f.* experiment, 3,1

faire une expérience to carry out an experiment, 3,1

expliquer to explain, 6,1

exposition *f.* exhibition, 4,2

exprimer to express, 8,2

F

fac = faculté

face: en face (de) opposite, facing, 1,1

fâché(e) angry, 8,2

se fâcher (avec) to become angry (at), 8,1

facile easy, 3,1

faculté *f.* school or college within a university, 3,1

faim: avoir faim to be hungry, 5,1

faire† to do, to make, 4,1

faire du français to study French, 4,1

faire du sport to participate in sports, 4,1

un et un font deux 1+1 = 2 (equals), 4,1

s'en faire (du souci) to worry, 8,2

falloir† to be necessary, 9,2

Il faut que… It's necessary that…, 9,2

familier: animal familier *m.* pet, 1,1

famille *f.* family, 1,1

en famille at home, with the family, 1,2

fantastique fantastic, 10,1

film fantastique *m.* science fiction movie, 10,1

farine *f.* flour, 5,1

fatigué(e) tired, 9,1

faut see **falloir**

faute *f.* mistake, 4,1

faire une faute to make a mistake, 4,1

fauteuil *m.* armchair, 6,1

Félicitations! Congratulations!, 8,1

féminin(e) feminine, 10,2

femme *f.* wife, woman, 1,1

femme au foyer *f.* housewife, homemaker, 8,1

femme d'affaires *f.* businesswoman, 3,2

fenêtre *f.* window, LP

fenouil *m.* fennel, 5,1

ferme *f.* farm, 6,2

fermer to close, LP

fête *f.* holiday, party, 4,1

feu rouge *m.* stoplight, 7,2

feuilleton *m.* soap opera, 10,1

feutre *m.* felt-tip marker, LP

février *m.* February, LP

fiancé(e) engaged, 1,1

se fiancer to get engaged, 8,2

fichier *m.* computer file, 10,2

fidèle faithful, 8,2

fièvre *f.* fever, 9,1

avoir 40° de fièvre to have a fever of 40°, 9,1

fille *f.* daughter, 1,1

jeune fille *f.* girl, 2,1

film *m.* movie, 1,2

fils *m.* son, 1,1

final(e) final, 3,1
finir to finish, 4,1
fleur *f.* flower, 4,1
foie *m.* liver, 9,1
  crise de foie *f.* indigestion, 9,1
fond: à fond to the extreme, fully, 9,2
foot(ball) *m.* soccer, 1,2
forêt *f.* forest, 9,2
  forêt tropicale *f.* tropical rain forest, 9,2
formation *f.* education, training, 8,1
forme: garder la forme to stay fit, 9,1
former to form, 4,2
formidable tremendous, fantastic, 2,1
fort(e) strong, 2,1
fort *adv.* loud, LP
foulard *m.* scarf, 2,2
se fouler to sprain, to twist, 9,1
four *m.* oven
  au four roasted, baked, 5,1
foyer *m.* home, 8,1
  femme au foyer *f.* housewife, homemaker, 8,1
frais (fraîche) cool, 4,1
  Il fait frais. It's cool (weather)., 4,1
fraise *f.* strawberry, 5,1
franc *m.* franc, 7,1
français(e) French, 7,1
France *f.* France, 7,1
franchement frankly, really, 3,2
frein *m.* brake, 9,2
frère *m.* brother, 1,1
frites *f.pl.* French fries, 5,1
froid(e) cold, 4,1
  avoir froid to be cold (person), 5,1
  Il fait froid. It's cold (weather)., 4,1
fromage *m.* cheese, 5,2
fruit *m.* fruit, 5,1
  fruits de mer *m.pl.* seafood, 5,2

fruitier: arbre fruitier *m.* fruit tree, 6,2
fumée *f.* smoke, 9,2
furieux(-se) furious, 8,2

G

gagner to win, to earn, 3,2
gant *m.* glove, 2,2
garage *m.* garage, 6,2
garçon *m.* boy, 2,1
garde-robe *f.* closet, 6,1
garder to keep, 9,1
  garder la forme to stay fit, 9,1
gare *f.* train, station, 7,2
se garer to park, 7,2
gaspiller to waste, 9,2
gâteau *m.* cake, 5,2
gauche *f.* left, 6,1
  à gauche (de) to the left (of), 6,1
gaz *m.* gas, 9,2
  gaz carbonique *m.* carbon dioxide, 9,2
geler† to freeze, 4,1
gêné(e) bothered, embarrassed, 8,2
généreux(-se) generous, warm-hearted, 2,1
genou *m.* knee, 9,1
gens *m.pl.* people, 2,1
gentil(le) kind, nice, 2,1
  C'est gentil à vous. That's kind of you., 4,2
géographie *f.* geography, 3,1
géologie *f.* geology, 3,1
gigot *m.* leg of lamb, 5,1
gîte (rural) *m.* rural bed and breakfast, 7,2
glace *f.* ice cream, 5,1
  glace à la vanille *f.* vanilla ice cream, 5,1
glace *f.* mirror, 1,1
glaçon *m.* ice cube, 5,1
golf *m.* golf, 1,2
gomme *f.* eraser, LP

gorge *f.* throat, 9,1
goût *m.* taste, 8,1
goûter *m.* afternoon snack, 5,1
gouttes pour le nez *f.pl.* nose drops, 9,1
graisse *f.* fat, grease, 9,1
gramme (gr) *m.* gram, 5,2
grand(e) tall, big, 2,1
grand-mère *f.* grandmother, 1,1
grand-père *m.* grandfather, 1,1
grands-parents *m.pl.* grandparents, 1,1
grandir to grow up (children), 4,1
grignoter to snack, 9,1
grillé(e) toasted, grilled, 5,1
grippe *f.* flu, 9,1
gris(e) gray, 2,2
  Le ciel est gris. It's cloudy., 4,1
gros(se) big, fat, 2,1
grossir to gain weight, 4,1
guide *m.* guide, 7,2
guitare *f.* guitar, 1,2
gymnase *m.* gymnasium, 3,1
gymnastique *f.* gymnastics, 4,1
  faire de la gymnastique to do gymnastics, 4,1

H

s'habiller to get dressed, 6,1
habiter to live, to reside, 1,1
d'habitude usually, 6,2
***hamburger** *m.* hamburger, 5,1
***haricot vert** *m.* green bean, 5,1
***haut(e)** high, 3,1
  ***hautes études commerciales** *f.pl.* business studies, 3,1
***hein!** huh!, understood?, 2,1
heure *f.* hour, 4,2
  Vous avez l'heure? Do you have the time?, 4,2
heureux(-se) happy, 8,2
hier yesterday, 4,1
histoire *f.* story, 2,1; history, 3,1
historique historical, 10,1
hiver *m.* winter, 4,1

homme *m.* man, 2,1

  homme d'affaires *m.* businessman, 3,2

hôpital *m.* public hospital, 3,2

horreur *f.* horror, 10,1

  quelle horreur! how awful!, 5,1

hôtel *m.* hotel, 7,2

huile *f.* oil, 9,2

  huile usée *f.* waste oil, 9,2

huit eight, LP

huitième eighth, 6,1

humain(e) human, 9,1

  sciences humaines *f.pl.* humanities, 3,1

humide humid, 4,1

  Il fait humide. It's humid., 4,1

I

ici here, LP

il *m.* he, it, LP

ils *m.pl.* they, 1,1

il y a… there is/are…, LP

  il y a deux jours two days ago, 4,1

  il y a longtemps a long time ago, 4,1

immeuble *m.* building, 6,1

imperméable *m.* raincoat, 2,2

important(e) important, 9,2

imprimante *f.* printer, 10,2

incendie *m.* fire, 9,2

Inde *f.* India, 7,1

indien(ne) Indian, 7,1

indigestion *f.* indigestion, 9,1

individualiste individualistic, 2,1

industriel(le) industrial, 9,2

infection *f.* infection, 9,1

infirmerie *f.* health clinic, 3,1

infirmier *m.*, **infirmière** *f.* nurse, 3,2

informaticien *m.*, **informaticienne** *f.* computer scientist, 3,2

information *f.* information, 10,1

informatique *f.* computer science, 3,1

ingénieur *m.* engineer, 3,2

ingrat(e) ungrateful, 8,1

inquiet(-ète) uneasy, anxious, 8,2

s'inquiéter† to be anxious, to worry, 8,1

inscrit(e) en enrolled in, 3,1

instituteur *m.*, **institutrice** *f.* grade school teacher, 3,2

s'instruire† to educate oneself, to improve one's mind, 10,2

intelligent(e) intelligent, smart, 2,1

intéressant(e) interesting, 3,1

s'intéresser à to be interested in, 8,1

inviter to invite, 1,2

invivable unlivable, intolerable, 9,2

Italie *f.* Italy, 7,1

italien(ne) Italian, 7,1

ivoirien(ne) Ivorian, 7,1

J

jaloux(-se) jealous, 8,2

jamais never, 2,1

jambe *f.* leg, 9,1

jambon *m.* ham, 5,1

janvier *m.* January, LP

Japon *m.* Japan, 7,1

japonais(e) Japanese, 7,1

jardin *m.* garden, yard, 1,2

jaune yellow, 2,2

jazz *m.* jazz, 1,2

je (j') I, LP

jean *m.* pair of jeans, 2,2

jeter† to throw (out), 5,2

jeu *m.* game, 1,2

jeu télévisé *m.* game show, 10,1

jeudi *m.* Thursday, 1,2

jeune young, 2,1

  jeune fille *f.* girl, 2,1

jeunesse *f.* youth, 9,2

jogging *m.* jogging, 4,1

  faire du jogging to go jogging, to jog, 4,1

joli(e) pretty, 2,1

jouer to play, 4,1

  jouer une pièce to perform a play, 4,2

  jouer à to play (a sport), 1,2

  jouer de to play (an instrument), 1,2

jour *m.* day, 1,2

  Quel jour sommes-nous? What day is it?, 1,2

journal *m.* newspaper, 4,2

  journal télévisé *m.* news broadcast, 10,1

journalisme *m.* journalism, 3,1

journaliste *m./f.* journalist, 3,2

journée *f.* day(time), 1,2

joyeux(-se) joyful, 8,1

juillet *m.* July, LP

juin *m.* June, LP

jumeaux *m.pl.*, **jumelles** *f.pl.* twins, 1,1

jupe *f.* skirt, 2,2

jus *m.* juice, 5,1

  jus d'orange *m.* orange juice, 5,1

jusque until, 6,1

K

kilo(gramme) *m.* kilo, 5,2

L

la (l') *f.* the, LP; her, it, 5,2

là there, 1,1

laboratoire *m.* laboratory, 3,1

lac *m.* lake, 6,2

laisser to allow, to let, 8,1

  laisser passer des heures to waste time, 8,1

lait *m.* milk, 5,1

laitier: produit laitier *m.* dairy product, 9,1

lampe *f.* lamp, 1,1

langage *m.* language, speech, 8,1

langue *f.* language, tongue, 3,1

lavabo *m.* bathroom sink, 6,1

se laver to wash oneself, 6,1

le (l') *m.* the, LP; him, it, 5,2

leçon *f.* lesson, LP

lecture *f.* reading, 10,2

légume *m.* vegetable, 5,2

les *pl.* the, LP; them, 5,2

lettre *f.* letter, 3,1

  lettres *f.pl.* liberal arts, 3,1

leur their, 1,1; to them, 6,1

lever† to raise, 5,2

  lever le doigt to raise your hand, LP

  se lever† to get up, 6,1

lèvre *f.* lip, 9,1

librairie *f.* bookstore, 3,1

libre free, available, 4,2

limonade *f.* lemon soft drink, 5,1

linguistique *f.* linguistics, 3,1

lire† to read, 8,2

lit *m.* bed, 1,1

littérature *f.* literature, 3,1

livre *m.* book, LP

loger† to lodge, 7,2

logiciel *m.* computer program, software, 10,2

loin (de) far from, 6,2

loisirs *m.pl.* leisure activities, 10,2

longtemps long time, 4,1

lorsque when, 7,2

louer to rent, 6,1

loyer *m.* rent, 6,1

lui him, 2,1; to him/her, 6,1

  lui-même himself, 2,1

lumière *f.* light, 9,2

lundi *m.* Monday, 1,2

lunettes *f.pl.* eyeglasses, 7,1

  lunettes de soleil *f.pl.* sunglasses, 7,1

lycée *m.* high school, 1,1

M

ma *f.* my, 1,1

Madame (Mme) Mrs., LP

Mademoiselle (Mlle) Miss, LP

magasin *m.* store, 5,2

magazine *m.* magazine, 10,1

magnétophone *m.* tape recorder/player, LP

magnétoscope *m.* videocassette player, 1,1

mai *m.* May, LP

maigrir to lose weight, 4,1

maillot (de bain) *m.* swimsuit, 2,2

main *f.* hand, 9,1

maintenant now, 3,1

maire *m.* mayor, 8,1

mairie *f.* town hall, 7,1

mais but, 1,1

maison *f.* house, 1,1

mal *adv.* badly, LP

mal *m.* (**maux** *pl.*) pain, ache, illness, 9,1

  avoir mal au cœur *m.* to be nauseated, 9,1

  avoir mal à la tête to have a headache, 9,1

  avoir mal (à) to have an ache, pain; to hurt 5,1

  avoir du mal à to have difficulty to, 9,1

  faire mal to cause pain, to hurt, 9,1

malade (*adj.*) ill, sick, 9,1

malade *m./f.* sick person, 9,1

maladie *f.* illness, 9,1

maladroit(e) awkward, clumsy, 9,1

malheureux(-se) unhappy, unfortunate, 8,2

  Il est malheureux que… It's a shame/unfortunate that…, 10,1

manger† to eat, 3,1

manteau *m.* coat, 2,2

se maquiller to put on make-up, 6,1

marché *m.* market, 5,2

  faire son marché to do one's shopping, 5,2

marcher to walk, 4,2

mardi *m.* Tuesday, 1,2

mari *m.* husband, 1,1

mariage *m.* wedding, 8,1

marié *m.*, **mariée** *f.* groom, bride, 8,1

marié(e) married, 1,1

se marier to get married, 8,2

Maroc *m.* Morocco, 7,1

marocain(e) Moroccan, 7,1

marraine *f.* godmother, 8,1

marron brown, 2,2

mars *m.* March, LP

match *m.* game, 3,1

mathématiques (maths) *f.pl.* mathematics, 3,1

matin *m.* morning, 1,2

mauvais(e) bad, 4,1

  Il fait mauvais. The weather's bad., 4,1

maux see **mal**

me (m') me, to me, LP

mécanicien *m.*, **mécanicienne** *f.* mechanic, 3,2

méchant(e) mean, naughty, 2,1

médecin *m.* doctor (MD), 3,2

médecine *f.* medecine, 3,1

médicament *m.* medicine, drug, 9,1

médiocre mediocre, 3,1

meilleur(e) *adj.* better, best, 8,1

se mélanger† to mix together, 8,1

melon *m.* melon, 5,2

même same, 3,1

mémoire *m.* paper (academic), 3,1

menacer to threaten, to endanger, 9,2

menthe *f.* mint, 5,1

menu *m.* menu, 3,1

mer *f.* sea, 5,2
merci thank you, LP
mercredi *m.* Wednesday, 1,2
mère *f.* mother, 1,1
mes *pl.* my, 1,1
météo *f.* weather report, 4,1
métier *m.* occupation, job, 3,2
métro *m.* subway, 7,1
metteur en scène *m.* film or stage director, 10,1
mettre† to put, to put on, 4,2
meuble *m.* piece of furniture, 6,1
meublé(e) furnished, 6,1
mexicain(e) Mexican, 7,1
Mexique *m.* Mexico, 7,1
midi *m.* noon, 4,2
mieux *adv.* better, 5,2
mille thousand, 3,2
milliard billion, 3,2
million million, 3,2
mince thin, slender, 2,1
mine: avoir bonne mine to look well, 9,1
minéral(e) mineral, 5,1
mineur *m.* **(en)** minor (in), 3,1
minuit *m.* midnight, 4,2
minute *f.* minute, 3,1
mobylette *f.* moped, motorscooter, 7,1
moderne modern, 6,1
moi me, 2,1
  moi-même myself, 2,1
moins less, 2,2
  moins le quart a quarter to, 4,2
  moins… que less… than, 2,2
mois *m.* month, 3,1
moment *m.* moment, 4,1
  à ce moment-là at that moment, 4,1
mon *m.* my, 1,1
monde *m.* world, 4,1
  tout le monde everyone, 4,1
moniteur *m.,* **monitrice** *f.* **de ski** ski instructor, 10,2
monnaie *f.* money, change, 7,1

monoparental(e) single-parent, 8,1
Monsieur (M.) Mr., LP
montagne *f.* mountain, 4,1
monter to go up, to take up, 4,2
montre *f.* watch, 4,2
montrer to show, 6,1
morale *f.* morals, 8,1
mot *m.* word, LP
moto *f.* motorcycle, 7,1
  faire de la moto to go motorcycle riding, 4,1
mourir† to die, 4,2
moutarde *f.* mustard, 5,2
moyen(ne) average, 2,1
mur *m.* wall, LP
  aux murs on the walls, 1,1
  mur de pierres *m.* stone wall, 6,2
mûr(e) ripe, 5,2
musée *m.* museum, 3,1
musical(e) musical, 10,1
musicien *m.,* **musicienne** *f.* musician, 3,2
musique *f.* music, 1,2

N

nager† to swim, 4,1
naissance *f.* birth, 8,1
naître† to be born, 4,2
natation *f.* swimming, 4,1
  faire de la natation to swim, 4,1
national(e) national, 10,2
nationalité *f.* nationality, 7,1
nature *f.* nature, 6,2
naturel: sciences naturelles *f.pl.* natural sciences, 3,1
ne…jamais never, 2,1
ne…pas not, 1,2
nécessaire necessary, 9,2
neige *f.* snow, 4,1
  Il y a de la neige. It's snowing., 4,1
neiger: Il neige. It's snowing., 4,1

neuf(-ve) brand new, 6,1
  Quoi de neuf? What's new?, 10,1
neuf nine, LP
neuvième ninth, 6,1
neveu *m.* nephew, 1,1
nez *m.* nose, 9,1
nièce *f.* niece, 1,1
Noël *m.* Christmas, 8,1
  Joyeux Noël! Merry Christmas!, 8,1
noir(e) black, 2,1
nom *m.* name, LP
nombreux(-se) numerous, 1,1
  famille nombreuse *f.* big family, 4,1
non no, LP
non-biodégradable nonbiodegradable, 9,2
nord *m.* north, 2,2
nos *pl.* our, 1,1
note *f.* grade, 3,1
notre *m./f.* our, 1,1
nourriture *f.* food, 5,1
nous we, 1,1; us, to us, 7,2
  nous-mêmes ourselves, 2,1
nouveau (nouvel), nouvelle new, 6,1
novembre *m.* November, LP
nuage *m.* cloud, 4,1
  Il y a des nuages. It's cloudy., 4,1
nuisance *f.* harmful thing, 9,2
nuit *f.* night, 6,1

O

obéir à to obey, 4,1
obligatoire required, 3,1
obtenir† to obtain, 7,1
s'occuper de to take care of, 8,1
octobre *m.* October, LP
œil (yeux *pl.***)** *m.* eye, 9,1
œuf *m.* egg, 5,1
  œuf sur le plat *m.* fried egg, 5,1

office de tourisme *m.* tourism office, 7,2

offrir† to offer, to give (a gift), 3,2

on one, people in general, 1,1

oncle *m.* oncle, 1,1

onze eleven, LP

onzième eleventh, 6,1

orage *m.* storm, 4,1

orange *adj.* orange-colored, 2,2

orange *f.* orange, 5,1

orangeade *f.* orange soft drink, 5,1

ordinateur *m.* computer, LP

ordonnance *f.* prescription, 9,1

ordures *f.pl.* trash, waste, 9,2

oreille *f.* ear, 9,1

ou or, LP

où where, 3,1; when, 6,2

oui yes, LP

ouvrage de référence *m.* reference book, 10,2

ouvrir† to open, LP

ouvrier *m.*, **ouvrière** *f.* factory worker, 3,2

ozone *f.* ozone, 9,2

P

pain *m.* bread, 5,1

  pain au chocolat *m.* croissant with chocolate filling, 5,1

  petit pain *m.* roll, 5,2

pâlir to become pale, 4,1

panier *m.* basket, 9,2

pantalon *m.* pair of pants, 2,2

paquet *m.* package, 5,2

par by, through, 2,2

  par terre on the floor, 6,1

paramédical(e) paramedical, 3,2

parapluie *m.* umbrella, 4,1

parc *m.* park, 7,2

  parc de stationnement *m.* parking lot, 7,2

parce que because, 2,1

pardon! excuse me!, LP

parents *m.pl.* parents; relatives, 1,1

paresseux(-se) lazy, 2,1

parfait(e) perfect, 4,1

parfaitement perfectly, 7,2

parler to speak, LP

parrain *m.* godfather, 8,1

partager† to share, 5,1

partir to leave, 3,2

partout everywhere, 4,1

pas not, LP

  pas du tout not at all, 2,1

  pas mal not bad, LP

passant *m.*, **passante** *f.* passer-by, 7,2

passeport *m.* passport, 7,1

passer to go by, to stop by; to spend (time), 4,2

  se passer to happen, 8,1

pâté *m.* pâté, 5,2

patinage *m.* skating, 4,1

  patinage à glace ice-skating, 4,1

  faire du patinage to skate, 4,1

pâtisserie *f.* pastry, pastry shop, 5,2

payer† to pay, 3,2

pays *m.* country, 2,2

peau *f.* skin, 8,1

  être bien dans sa peau to have confidence in oneself, 8,1

pêche *f.* fishing, 4,1

  aller à la pêche to go fishing, 4,1

pêche *f.* peach, 5,2

se peigner to comb, 6,1

peindre† to paint, 6,2

peintre *m.* painter, 3,2

peinture *f.* painting, 3,1

pellicule *f.* roll of film, 7,1

pelouse *f.* lawn, 6,2

pendant during, 3,1

  pendant que while, 10,2

pénible difficult, impossible (people), 2,1

pénicilline *f.* penicillin, 9,1

penser† (**à, de**) to think (of, about), 2,1

perdre to lose, waste, 5,1

père *m.* father, 1,1

permettre† (**à, de**) to permit, 4,2

petit(e) short, small, 2,1

petit-fils *m.* grandson, 1,1

petite-fille *f.* granddaughter, 1,1

petits-enfants *m.pl.* grandchildren, 1,1

peu *m.* little bit, 2,1

peur: avoir peur to be afraid, 5,1

peut-être maybe, 2,1

pharmacien *m.*, **pharmacienne** *f.* pharmacist, 3,2

philosophie *f.* philosophy, 3,1

photo *f.* photograph, 1,1

phrase *f.* sentence, LP

physiologie *f.* physiology, 3,1

physique *m.* physical appearance, 2,1

physique *f.* physics, 3,1

  sciences physiques *f.pl.* physical sciences, 3,1

piano *m.* piano, 1,2

pièce *f.* play (theater), 4,2; apiece, 5,2

  5F la pièce 5 francs apiece, 5,2

pied *m.* foot, 9,1

pierre *f.* stone, 6,2

pique-nique *m.* picnic, 6,2

  faire un pique-nique to go picnicking, 6,2

piqûre *f.* shot, 9,1

piscine *f.* swimming pool, 3,1

pizza *f.* pizza, 5,1

placard *m.* cupboard, closet, 6,1

place *f.* seat, place, 4,2

plage *f.* beach, 4,1

plaisir *m.* pleasure, 4,2

plaît: s'il te/vous plaît please, LP

plan de ville *m.* city map, 7,1

planche à voile *f.* windsurfing board, 4,1

  faire de la planche à voile to windsurf, 4,1

plante *f.* plant, 1,1

plastique plastic, 9,2
plat *m.* dish, 5,2
platine laser *f.* compact disc player, 1,1
plâtre *m.* cast (plaster), 9,1
pleurer to cry, 8,2
pleuvoir†: Il pleut. It's raining., 4,1
pluie *f.* rain, 4,1
 pluie acide *f.* acid rain, 9,2
 Il y a de la pluie. It's raining., 4,1
plus more, 2,2
 non plus neither, 2,1
 plus… que more… than, 2,2
plusieurs several, 7,2
poésie *f.* poetry, 10,2
poignet *m.* wrist, 9,1
poire *f.* pear, 5,1
pois: petits pois *m.pl.* peas, 5,2
poisson *m.* fish, 5,2
poissonnerie *f.* seafood shop, 5,2
poitrine *f.* chest, 9,1
poivre *m.* pepper, 5,1
policier: film policier *m.* detective/police movie, 10,1
politique: sciences politiques *f.pl.* political science, 3,1
polluer to pollute, 9,2
pollution *f.* pollution, 6,2
pommade *f.* ointment, salve, 9,1
pomme *f.* apple, 5,1
 pomme de terre *f.* potato, 5,1
porc *m.* pork , 5,2
portable *m.* portable computer, 10,2
porte *f.* door, LP
portefeuille *m.* wallet, 7,1
porter to wear, 2,2
portugais(e) Portuguese, 7,1
Portugal *m.* Portugal, 7,1
poste *m.* job, position, 8,1
pot *m.* jar, 5,2
potable drinkable, 9,2
potager *m.* vegetable garden, 6,2

poubelle *f.* trash can, 9,2
poule *f.* hen, 9,2
poulet *m.* chicken, 5,2
poumon *m.* lung, 9,1
pour for, 3,1
pourboire *m.* tip, gratuity, 5,1
pourquoi why, 3,1
pousser to push, 8,1
pouvoir† to be able to, 3,2
pratique practical, 6,1
préférer† to prefer, 1,2
premier(-ère) first, 6,1
prendre† to take, 5,1
 prendre le petit déjeuner to have breakfast, 5,1
préparer to prepare, 1,2
 préparer un diplôme to work toward a degree, 3,1
 préparer un repas to fix a meal, 1,2
près (de) near, near to, 1,1
 tout près very near, 6,2
présenter to introduce, to present, LP
 Je vous présente Marc. This is Mark., LP
presque almost, 4,2
presse *f.* press, 10,2
prêt(e) ready, 7,1
prêter to lend, 6,1
prier to beg, 7,2
 je vous en prie you're welcome, 7,2
principal(e) principal, leading, 10,1
printemps *m.* spring, 4,1
 au printemps in the spring, 4,1
pris: être pris(e) to be busy, to have plans, 4,2
prochain(e) next, 3,1
produire† to produce, 9,2
produit *m.* product, 9,1
prof = professeur
professeur *m.* professor, LP
programme *m.* program, 3,1

programme de variétés *m.* variety show, 10,1
projets *m.pl.* plans, 3,2
promenade *f.* walk, 4,1
 faire une promenade to take a walk, 4,1
promener† to take for a walk, 8,1
 se promener† to take a walk, 8,1
promettre† (à, de) to promise, 4,2
propre clean, 9,2
propriétaire *m./f.* landlord, landlady, 6,1
psychologie *f.* psychology, 3,1
psychologique psychological, 10,1
public *m.* the public, 3,2
publicité *f.* advertisement, 10,2
puis then, 4,2
pull(over) *m.* sweater, 2,2
punir to punish, 4,1

Q

quand when, 3,1
 quand même anyway, just the same, 2,1
quarante forty, 1,1
quart *m.* quarter, 4,2
 et quart a quarter after, 4,2
 moins le quart a quarter to, 4,2
quartier *m.* neighborhood, 6,1
quatorze fourteen, LP
quatorzième fourteenth, 6,1
quatre four, LP
quatrième fourth, 6,1
quatre-vingts eighty, 1,1
quatre-vingt-dix ninety, 1,1
que (qu') what, whom, LP; which, that, 6,2
 qu'est-ce que/qui… what…, 4,2
 Qu'est-ce qui ne va pas? What's wrong?, 9,1
 Qu'est-ce qui vous intéresse? What interests you?, 3,2

quel(le) which, what, 3,1
quelquefois sometimes, 2,1
qui who, 1,1; which, whom, 4,2
quinze fifteen, LP
quinzième fifteenth, 6,1
quitter to leave, 4,1
quoi what, 4,2
  n'importe quoi anything, no matter what, 8,1
  Quoi de neuf? What's new? 10,1

R

raconter to tell (a story), 2,1
radiateur *m.* radiator, 6,1
radio *f.* radio, 1,2
radio-réveil *m.* clock radio, 1,1
raisin *m.* grape, 5,2
raison: avoir raison to be right, 5,1
raisonnable reasonable, rational, 2,1
randonnée *f.* hike, 4,1
  faire une randonnée to go for a hike, 4,1
ranger† to arrange, to tidy, 6,1
se rappeler† to remember, 8,1
rapport *m.* report 3,1; relationship, 8,1
ras-le-bol *m.* the extreme, limit, 8,1
  J'en ai ras-le-bol. I'm fed up.
se raser to shave, 6,1
ravi(e) delighted, 4,2
réceptionniste *m./f.* receptionist, 7,2
réchaud *m.* hot plate, 6,1
réchauffement *m.* warming up, 9,2
recommandation *f.* recommendation, 10,2
recyclage *m.* recycling, 9,2
recycler to recycle, 9,2
redoubler to repeat a grade, to be held back, 8,1

réfléchir (à) to think about, 4,1
regarder to look at, to watch, 1,2
régime *m.* diet, 9,1
régional(e) regional, 10,2
règle *f.* ruler, LP
regretter to be sorry, to regret, 8,2
se réjouir (de) to be happy about, 8,2
remarié(e) remarried, 1,1
remède *m.* remedy, cure, 9,1
remettre† to hand in/over, 6,1
remplir to fill, 4,1
rencontre *f.* meeting, encounter, 8,2
se rencontrer to meet, 8,2
rendez-vous *m.* meeting, appointment, 4,2
rendre to give back, 5,1
  rendre visite à to visit (someone), 5,1
renseignements *m.pl.* information, 7,2
se renseigner (sur) to get information (about), 7,2
rentrer to go back (in) , to come back (in), 4,2
repas *m.* meal, 1,2
répéter† to repeat, 2,2
répondre (à) to answer, 5,1
repos *m.* rest, 4,1
se reposer to rest, 8,1
réservation *f.* reservation, 7,1
réservé(e) shy, reserved, 2,1
réserver to reserve, 7,1
résidence *f.* residence, 1,1
  résidence secondaire *f.* second home, vacation home, 6,2
  résidence universitaire *f.* residence hall, dorm, 1,1
résidentiel(le) residential, 6,1
respirer to breathe, 9,2
ressource *f.* resource, 9,2
  ressource énergétique *f.* source of energy, 9,2
restaurant *m.* restaurant, 3,1

restaurant universitaire *m.* university dining hall, 3,1
rester to stay, 4,2
resto = restaurant
resto-U = restaurant universitaire
retard: en retard late, 4,2
retourner to go back, 4,2
se retrouver to meet, 8,1
réussir (à) to succeed (at), to pass, 4,1
se réveiller to wake up, 6,1
revenir† to come back, 4,2
revoir: au revoir goodbye, LP
rez-de-chaussée *m.* ground floor, 6,1
rhume *m.* cold, 9,1
rideau *m.* curtain, 1,1
rien nothing, 1,2
riz *m.* rice, 5,1
robe *f.* dress, 2,2
rock *m.* rock, 1,2
rôle *m.* role, 10,1
roman *m.* novel, 10,2
rond-point *m.* traffic circle, 7,2
rose pink, 2,2
rosé rosé, 5,1
rôti *m.* roast, 5,2
rôtie *f.* piece of toast (*Can.*), 5,1
rouge red, 2,2
rougir to blush, 4,1
route *f.* road, 7,2
routine *f.* routine, 6,1
roux(-sse) redhead, redheaded, 2,1
rue *f.* street, 6,1
rugby *m.* rugby, 1,2
rural(e) rural, 7,2

S

sa *f.* his, her, 1,1
sac *m.* sack, bag, 5,2
  sac en plastique *m.* plastic sack/bag, 9,2
saison *f.* season, 4,1

belle saison *f.* summertime, 4,1
salle *f.* room, LP
salle à manger *f.* dining room, 6,1
salle de bains *f.* bathroom, 6,1
salle de classe *f.* classroom, LP
salle de séjour *f.* living room, 6,1
salut hi; bye, LP
samedi *m.* Saturday, 1,2
sandale *f.* sandal, 2,2
sandwich *m.* sandwich, 5,1
sandwich au jambon *m.* ham sandwich, 5,1
sang *m.* blood, 9,1
sang-froid *m.* composure, 8,2
sans without, 4,1
santé *f.* health, 9,1
sardine *f.* sardine, 5,2
saucisse *f.* sausage, 5,2
saumon *m.* salmon, 5,1
sauvegarder to save a file, 10,2
savoir† to know (how), 7,2
saxophone *m.* saxophone, 4,2
science *f.* science, 3,1
sculpture *f.* sculpture, 3,1
sec/sèche dry, 4,1
Il fait sec. It's dry (weather)., 4,1
secrétaire *m./f.* secretary, 3,2
sécurité *f.* security, 1,1
seize sixteen, LP
seizième sixteen, 2,1
sel *m.* salt, 5,1
semaine *f.* week, 3,1
semblable (*adj.*) similar, alike, 2,1
semestre *m.* semester, 3,1
Sénégal *m.* Senegal, 7,1
sénégalais(e) Senegalese, 7,1
sensible sensitive, 8,2
sentiment *m.* feeling, 8,2
sentimental(e) sentimental, 8,2
se sentir to feel (health, emotion), 9,1
se séparer to separate, 8,2

sept seven, LP
septième seventh, 6,1
septembre *m.* September, LP
série *f.* series, 10,1
sérieux(-se) serious, 2,1
serveur *m.*, **serveuse** *f.* waiter, waitress, 3,2
service *m.* service, 5,1
service compris service included, 5,1
servir to serve, 3,2
ses *pl.* his, her, 1,1
seulement only, 6,1
sévère stern, harsh, 2,1
short *m.* pair of shorts, 2,2
si if, whether, 1,1
si yes, 1,2
silencieux(-se) silent, 9,2
sirop *m.* cough syrup, 9,1
situé(e) located, situated, 6,1
six six, LP
sixième sixth, 6,1
ski *m.* skiing, 4,1
ski nautique water ski, 4,1
faire du ski to ski, 4,1
snack-bar *m.* snack bar, 3,1
sociable sociable, 2,1
social(e) social, 1,1
sociologie *f.* sociology, 3,1
sœur *f.* sister, 1,1
soif: avoir soif to be thirsty, 5,1
se soigner to take care of oneself, 9,1
soir *m.* evening, 1,2
soirée *f.* evening (duration); party, 4,2
soixante sixty, 1,1
soixante-dix seventy, 1,1
soleil *m.* sun, 4,1
Il y a du soleil. It's sunny., 4,1
sommeil: avoir sommeil to be sleepy, 5,1
son *m. adj.* his, her, 1,1
son *m.* sound, volume, 9,2
sortie *f.* exit, 7,2

sortir to go out, 3,2
souci *m.* concern, 9,2
se faire du souci to worry, 8,2
souhaiter to hope, to wish, 10,1
sourd(e) deaf, 9,2
souris *f.* mouse, 10,2
sous under, below, 1,1
sous-sol *m.* basement, 6,2
souvenir: se souvenir† **de** to remember, 8,1
souvent often, 2,1
spécialisation *f.* **(en)** major (in), 3,1
spécialisé(e) (en) specialising (in), 3,1
spectacle *m.* show, 4,2
sport *m.* sport, 4,1
faire du sport to participate in sports, 4,1
sportif(-ve) athletic, 2,1
stade *m.* stadium, 3,1
stage *m.* work experience, internship, 9,2
stressé(e) stressed, 8,2
studio *m.* studio apartment, 6,1
stylo *m.* pen, LP
sucre *m.* sugar, 5,1
sud *m.* south, 2,2
suggérer† to suggest, 2,2
Suisse *f.* Switzerland, 7,1
suisse Swiss, 7,1
suivre† to take (courses), 3,1
super super, fantastic, 2,1
supermarché *m.* supermarket, 5,2
sûr(e) certain, sure, 4,1
sur on, 1,1
surface: grande surface *f.* superstore, 5,2
surpris(e) surprised, 8,2
surtout especially, 7,2
sympa = sympathique
sympathique nice, 2,1

T

ta *f.* your, 1,1
table *f.* table, 4,2
tableau *m.* blackboard, LP
taille *f.* size, height, 2,1
  de taille moyenne of medium size, average height, 2,1
tailleur *m.* woman's suit, 2,2
tante *f.* aunt, 1,1
tapis *m.* rug, 1,1
tarte *f.* pie, 5,1
tartine *f.* slice of bread with butter/jam, 5,1
tasse *f.* cup, 5,1
taxi *m.* taxi, 7,1
te (t') you, to you, LP
technicien *m.*, **technicienne** *f.* technician, 3,2
technologie *f.* technology, 10,2
tee-shirt *m.* T-shirt, 2,2
télé = télévision
télécommande *f.* TV remote control, 10,1
téléguide *m.* listing of TV programs, 10,1
téléphone *m.* telephone, 1,1
téléphoner to phone, 6,1
  se téléphoner to phone one another, 8,1
télévisé(e) televised, 10,1
télévision *f.* television, TV set, 1,1
température *f.* temperature, 9,1
  avoir 40° de température to have a temperature of 40°, 9,1
temps *m.* weather, 4,1; time, 4,2
  Quel temps fait-il? What's the weather like?, 4,1
  à mi-temps part-time, 3,2
  à plein temps full-time, 3,2
tendre tender, affectionate, 8,2
tennis *m.* tennis, 1,2
tennis *m.pl.* tennis shoes, 2,2
tente *f.* tent, 7,2
terrain de sport *m.* playing field, court, 3,1
terrasse *f.* terrace, 6,1

terre *f.* Earth, ground, 9,2
  par terre on the floor, on the ground, 6,1
tes *pl.* your, 1,1
tête *f.* head, 9,1
têtu(e) stubborn, 2,1
thé *m.* tea, 5,1
théâtre *m.* theater, 3,1
  pièce de théâtre *f.* play, 4,2
tisane *f.* medicinal herbal tea, 9,1
toi you, LP
  toi-même yourself, 2,1
toit *m.* roof, 6,2
tomate *f.* tomato, 5,2
tomber to fall, 4,2
ton *m.* your, 1,1
tonnerre *m.* thunder, 4,1
  Il y a du tonnerre. It's thundering., 4,1
tort: avoir tort to be wrong, 5,1
toujours always, 2,1
tourisme *m.* tourism, 7,2
tourner to turn, 6,1
tousser to cough, 9,1
tout, tous, toute, toutes all, 3,2
  tous les jours every day, 6,2
  tout à fait entirely, exactly, 4,1
  tout droit straight ahead, 7,2
  tout le monde everyone, 4,1
toux *f.* cough, 9,1
toxique toxic, 9,2
train *m.* train, 7,1
traitement de texte *m.* wordprocessing, editing, 10,2
tram = tramway
tramway *m.* trolley, streetcar, 9,2
tranche *f.* slice, 5,2
tranquille tranquil, calm, 4,2
transport *m.* transportation, 7,1
  transports en commun *m.* mass transit, 9,2
travail *m.* job, 3,2
travailler to work, to study, 3,1

travailler comme serveur to work as a waiter, 3,2
travailleur(-se) hard-working, 8,1
treize thirteen, LP
treizième thirteenth, 6,1
trente thirty, LP
très very, 2,1
trier to sort, 9,2
trimestre *m.* trimester, 3,1
triste sad, 8,2
trois three, LP
troisième third, 6,1
trop too much, 2,1
trou *m.* hole, 9,2
tu you, LP
tuile *f.* tile, 6,2

un(e) one; a, an, LP
-unième: vingt et unième twenty-first, 6,1
union libre *f.* cohabitation, 8,1
université *f.* university, 3,1
urgent(e) urgent, 9,2
usé(e) used, worn-out (objects), 6,1
  huile usée *f.* waste oil, 9,2
usine *f.* factory, 3,2
utile useful, 9,2

V

vacances *f.pl.* vacation, 4,1
  en vacances on vacation, 4,1
  grandes vacances *f.pl.* summer vacation, 8,1
vaisselle *f.* dishes, 4,1
  faire la vaisselle to do the dishes, 4,1
vanille *f.* vanilla, 5,1
variable variable, changing, 4,1
vaut: il vaut/vaudrait mieux it is/would be better (to), 9,2
vedette *f.* movie star, 10,1
végétal(e) vegetable (*adj.*), 9,2

vélo *m.* bicycle, 7,1

  vélo tout terrain (VTT) *m.*
  mountain bike, 9,2

  faire du vélo to ride a bicycle,
  4,1

vendeur *m.*, **vendeuse** *f.*
  salesclerk, 3,2

vendre to sell, 5,1

vendredi *m.* Friday, 1,2

venir† to come, 4,2

  venir de + inf. to have just
  (done something), 7,1

vent *m.* wind, 4,1

  Il fait du vent. It's windy., 4,1

ventre *m.* belly, abdomen, 9,1

verglas *m.* sleet, ice on the
  ground, 4,1

  Il y a du verglas. It's icy., 4,1

verre *m.* glass, 5,1

vers toward, 9,2

vert(e) green, 2,2

veste *f.* jacket, 2,2

vêtements *m.pl.* clothes, 2,2

viande *f.* meat, 5,2

vidéocassette *f.* videocassette,
  1,1

vie *f.* life, 6,1

vieux (vieil), vieille old, 6,1

villa *f.* house in a residential
  area, villa, 6,2

ville *f.* city, 1,1

vin *m.* wine, 5,1

vingt twenty, LP

vingtième twentieth, 6,1

violet(te) purple, 2,2

visage *m.* face, 9,1

visite: rendre visite à to visit
  (someone), 5,1

visiter to visit (a place), 4,1

vitesse *f.* speed, 9,2

Vive…! Hurray for…!, 4,1

vœu *m.* wish, 8,1

  Meilleurs vœux! *m.pl.* Best
  wishes!, 8,1

voici here is/are, LP

voie *f.* track, way, 9,2

voilà there is/are, LP

voile: faire de la voile to go
  sailing, 4,1

voir† to see, 9,1

voisin *m.*, **voisine** *f.* neighbor,
  LP

voiture *f.* car, automobile, 7,1

vol *m.* flight, 7,1

volontiers gladly, willingly, 5,1

vos *pl.* your, 1,1

votre *m./f.* your, 1,1

vouloir† to want, to wish, 3,2

  vouloir dire to mean, 3,2

vous you, LP; to you, 7,2

  vous-même yourself, 2,1

  vous-mêmes yourselves, 2,1

voyage *m.* trip, 7,1

voyager to travel, 4,1

vrai(e) true, real, 5,2

vraiment really, 2,1

VTT = vélo tout terrain

W

W.C. *m.pl.* toilets, restroom (*lit.*
  water closet), 6,1

week-end *m.* weekend, 1,2

western *m.* western, 10,1

Y

y there, 7,1

yaourt *m.* yogurt, 5,1

yeux see **œil**

Z

Zaïre *m.* Zaire, 7,1

zaïrois(e) Zairian, 7,1

zapper to channel-surf, 10,1

zéro *m.* zero, LP

zoologie *f.* zoology, 3,1

zut! darn!, 4,1

Appendix 3

Lexique anglais-français

A

a un(e)
abdomen ventre *m.*
to be able pouvoir†
about de, environ
  to be about s'agir de
absent absent(e)
to accept accepter
to accompany accompagner
accordeon accordéon *m.*
accountant comptable *m./f.*
accounting comptabilité *f.*
ache mal *m.* (maux *pl.*)
  to have an ache avoir mal à
to be acquainted with connaître†
activity activité *f.*
actor acteur *m.*
actress actrice *f.*
address book carnet d'adresses *m.*
adorable adorable
to adore adorer
adventure aventure *f.*
advertisement publicité *f.*
to advise conseiller
affectionate affectueux(-se), tendre
to be afraid avoir peur
Africa Afrique *f.*
African africain(e)
after après
afternoon après-midi *m.*
age âge *m.*
agent agent *m.*, agente *f.*
ago il y a…
  a long time ago il y a longtemps
  two days ago il y a deux jours
  agreed d'accord

ahead: straight ahead tout droit
air air *m.*
airport aéroport *m.*
Algeria Algérie *f.*
Algerian algérien(ne)
alike semblable
all tout, tous, toute, toutes
  all over partout
to allow laisser, permettre
almost presque
along: to get along (with) s'entendre (avec)
already déjà
also aussi
always toujours
ambitious ambitieux(-se)
America: North America Amérique du Nord *f.*
  South America Amérique du Sud *f.*
American américain(e)
amusing amusant(e), drôle
ancient ancien(ne)
and et
anger colère *f.*
angry fâché(e), en colère
  to become angry (at) se fâcher (avec)
animal animal *m.*
animal *adj.* animal(e)
animated animé(e)
ankle cheville *f.*
anniversary anniversaire *m.*
anorak anorak *m.*
to answer répondre (à)
anthropology anthropologie *f.*
antibiotic antibiotique *m.*
antiseptic antiseptique *m.*
anxious anxieux(-se), inquiet(-ète)

to be anxious s'inquiéter†
any en
anything n'importe quoi
anyway quand même
apartment appartement *m.*
apiece pièce *f.* (5F la pièce)
to appear avoir l'air (de)
apple pomme *f.*
appointment rendez-vous *m.*
to appreciate apprécier
approximately environ
April avril *m.*
architect architecte *m./f.*
architecture architecture *f.*
Argentina Argentine *f.*
Argentinian argentin(e)
to argue se disputer
arm bras *m.*
armchair fauteuil *m.*
armoire armoire *f.*
to arrange ranger†
to arrive arriver
art art *m.*
as comme
  as a waiter comme serveur
  as soon as aussitôt que, dès que
  as… as aussi… que
Asia Asie *f.*
to ask demander (à, de)
asleep: to fall asleep s'endormir
aspirin aspirine *f.*
astonished étonné(e)
  to be astonished s'étonner
astonishing étonnant(e)
astronomy astronomie *f.*
at à, en
athletic sportif(-ve)
atlas atlas *m.*
to attend assister à

attention: to pay attention (to)
faire attention (à)

August août *m.*

aunt tante *f.*

Australia Australie *f.*

Australian australien(ne)

authority autorité *f.*

automobile voiture *f.*

available libre

average moyen(ne)
average height de taille moyenne

awful: how awful! quelle horreur!

awkward maladroit(e)

B

bachelor's degree (in)
baccalauréat *m.* (en) *(Can.)*

back dos *m.*

bacon bacon *m. (Can.)*

bad mauvais(e)
It's too bad. C'est dommage.
The weather's bad. Il fait
mauvais.

badly mal

bag sac *m.*
plastic bag sac en plastique *m.*

baked au four

bakery boulangerie *f.*

balance équilibre *m.*

balcony balcon *m.*

banana banane *f.*

bank banque *f.*

baptism baptême *m.*

basement sous-sol *m.*

basket panier *m.*
wastebasket corbeille *f.*

basketball basket(-ball) *m.*

bath bain *m.*

bathroom salle de bains *f.*

to be être
How are you? Comment allez-
vous?
I'm fine. Je vais bien.

beach plage *f.*

bean: green bean *haricot vert *m.*

beautiful beau (bel), belle
It's beautiful weather. Il fait
beau.

because parce que
because of à cause de

to become devenir†

bed lit *m.*
to go to bed se coucher
to be out of bed être debout

bed and breakfast gîte (rural) *m.*

bedroom chambre *f.*

beefsteak bifteck *m.*

beer bière *f.*

to begin commencer†

behind derrière

beige beige

Belgian belge *m./f.*

Belgium Belgique *f.*

to believe in croire† (à, en)

belly ventre *m.*

belongings affaires *f.pl.*

below sous

beside à côté de

best le meilleur(e) *adj.*

better meilleur(e) *adj.*, mieux
adv.
it is better (to) il vaut mieux
it would be better (to) il
vaudrait mieux

bicycle vélo *m.*
mountain bike vélo tout
terrain (VTT) *m.*
to ride a bicycle faire du vélo

big grand(e), gros(se)

bill addition *f.*

billion milliard

biography biographie *f.*

biology biologie *f.*

birth naissance *f.*

birthday anniversaire *m.*
Happy Birthday! Bon
anniversaire!

black noir(e)

blackboard tableau *m.*

blond blond(e)

blood sang *m.*

blouse chemisier *m.*

blue bleu(e)

to blush rougir

boat bateau *m.*

body corps *m.*

book livre *m.*
reference book ouvrage de
référence *m.*

bookshelf étagère *f.*

bookstore librairie *f.*

boot botte *f.*

bored: to become bored
s'ennuyer†

boring ennuyeux(-se)

born: to be born naître†

to borrow emprunter

botany botanique *f.*

bothered gêné(e)

bottle bouteille *f.*

box boîte *f.*

boy garçon *m.*

boyfriend copain *m.*

brake frein *m.*

Brazil Brésil *m.*

Brazilian brésilien(ne)

bread pain *m.*
a slice of bread w/ butter/jam
tartine de beurre *f.*

to break one's -- se casser

breakfast petit déjeuner *m.*
to have breakfast prendre le
petit déjeuner

to breathe respirer

bride mariée *f.*

to bring apporter; (**a person**)
amener†

broadcast émission *f.*

bronchitis bronchite *f.*

brother frère *m.*

brown marron

brunette brun(e)

to brush one's -- se brosser

buddy camarade *m./f.*, copain
m., copine *f.*

building bâtiment *m.*, immeuble *m.*

burn brûlure *f.*

to burn oneself se brûler

bus (auto)bus *m.*, (**excursion**) car *m.*

business entreprise *f.*

business studies hautes études commerciales *f.pl.*

businessman homme d'affaires *m.*

businesswoman femme d'affaires *f.*

but mais

butcher's shop boucherie *f.*

pork butcher's shop charcuterie *f.*

butter beurre *m.*

to buy acheter†

by par

bye! salut!

C

café café *m.*

cake gâteau *m.*

calculator calculatrice *f.*

to call appeler†

calm calme, tranquille

to calm down se calmer

camera appareil-photo *m.*

Cameroon Cameroun *m.*

Cameroonian camerounais(e)

to camp faire du camping

camper (vehicle) caravane *f.*

camping ground camping *m.*

campus campus *m.*

can boîte *f.*

Canada Canada *m.*

Canadian canadien(ne)

candle bougie *f.*

car voiture *f.*

carafe carafe *f.*

carbon dioxide gaz carbonique *m.*

card carte *f.*

care: to take care of s'occuper de

to take care of oneself se soigner

career carrière *f.*

careful: to be careful faire attention

carrot carotte *f.*

to carry along emporter

cartoon dessin animé *m.*

cash: in cash en espèces

cassette cassette *f.*

cast (plaster) plâtre *m.*

cat chat *m.*

cauliflower chou-fleur *m.*

cause cause *f.*

to cause pain faire mal

CD disque compact *m.*

CD player platine laser *f.*

CD-ROM drive CD-ROM *m.*

to celebrate célébrer†

center centre *m.*

cereal céréales *f.pl.*

certain sûr(e)

chair chaise *f.*

chalk craie *f.*

change monnaie *f.*

changing variable

channel (TV, radio) chaîne *f.*

to channel-surf zapper

chapter chapitre *m.*

check (restaurant) addition *f.*

checkers dames *f.pl.*

cheese fromage *m.*

chemistry chimie *f.*

cherry cerise *f.*

chess échecs *m.pl.*

chest (body) poitrine *f.*

chicken poulet *m.*

child enfant *m.*

Chine Chine *f.*

Chinese chinois(e)

chocolate chocolat *m.*

hot chocolate chocolat chaud *m.*

choir chorale *f.*

to choose choisir (de)

Christmas Noël *m.*

Merry Christmas! Joyeux Noël!

city ville *f.*

class cours *m.*, classe *f.*

classical classique

classroom salle de classe *f.*

clean propre

to clean up ranger†, nettoyer

climate climat *m.*

health clinic infirmerie *f.*

clock radio radio-réveil *f.*

to close fermer

closet placard *m.*

clothes vêtements *m.pl.*

cloud nuage *m.*

cloudy: It's cloudy. Il y a des nuages., Le ciel est couvert., Le ciel est gris.

clumsy maladroit(e)

coat manteau *m.*

raincoat imperméable *m.*

coffee café *m.*

coffee with cream café-crème

coffee with milk café au lait

decaffeinated coffee déca(féiné) *m.*

cohabitation union libre *f.*

cola coca(-cola) *m.*

cold froid(e); rhume *m.*

It's cold (weather). Il fait froid.

to be cold (person) avoir froid

Colombia Colombie *f.*

Colombian colombien(ne)

color couleur *f.*

to comb se peigner

to come venir†

to come back revenir†, rentrer

to come back in rentrer

to come by passer

comedy comédie *f.*

comfortable (things) confortable

comic strip bande dessinée (BD) *f.*

compact disc see **CD**

composure sang-froid *m.*

computer ordinateur *m.*

portable computer portable *m.*

computer file   fichier *m.*
computer lab   centre d'informatique
computer science   informatique *f.*
computer scientist   informaticien *m.*, informaticienne *f.*
concern   souci *m.*
concert   concert *m.*
confidence: to have confidence in oneself   être bien dans sa peau
conformist   conformiste
Congratulations!   Félicitations!
to contaminate   contaminer
continent   continent *m.*
to continue   continuer
cool   frais (fraîche)
   It's cool (weather).   Il fait frais.
copious   copieux(-se)
to cough   tousser
cough   toux *f.*
to count   compter
country   pays *m.*; campagne *f.*
   in the country   à la campagne
coupon   bon *m.*
course   cours *m.*
   of course   bien sûr
courtyard   cour *f.*
cousin   cousin *m.*, cousine *f.*
covered   couvert(e)
cream   crème *f.*
credit card   carte de crédit *f.*
critic   critique *m.*
criticism   critique *f.*
critique   critique *f.*
croissant   croissant *m.*
to cry   pleurer
cucumber   concombre *m.*
cup   tasse *f.*
cupboard   placard *m.*
cure   remède *m.*
current   courant(e)
curtain   rideau *m.*
to cut oneself   se couper
cute   adorable

D

dairy product   produit laitier *m.*
dairy store   crémerie *f.*
dance   danse *f.*
to dance   danser
darn!   zut!
database   banque de données *f.*
date   date *f.*
   What's the date?   Quelle est la date?
daughter   fille *f.*
day   jour *m.*, journée *f.*
   day before yesterday   avant-hier
   What day is it?   Quel jour sommes-nous?
deaf   sourd(e)
dear   cher(-ère)
decaffeinated   décaféiné(e)
December   décembre *m.*
to decrease   diminuer
degree   degré *m.*; diplôme *m.*
   It's 10 degrees.   Il fait 10 degrés.
   degree (in)   diplôme *m.* (en)
   to work toward a degree   préparer un diplôme
delicious   délicieux(-se)
delighted   enchanté(e), ravi(e)
to demand   exiger
dentist   dentiste *m./f.*
to describe   décrire†
desert   désert *m.*
to desire   désirer
desk   bureau *m.*
dessert   dessert *m.*
to destroy   détruire†
destruction   destruction *f.*
to detest   détester
diagnosis   diagnostic *m.*
dictionary   dictionnaire *m.*
to die   mourir†
diet   régime *m.*
difficult   difficile; pénible (people)

difficulty: to have difficulty   avoir du mal à
to diminish   diminuer
dining hall   see *university dining hall*
dining room   salle à manger *f.*
dinner   dîner *m.*
   to have dinner   dîner
director (film or stage)   metteur en scène *m.*
to disappear   disparaître†
disappointed   déçu(e)
discipline   discipline *f.*
dish   plat *m.*
dishes   vaisselle *f.*
   to do the dishes   faire la vaisselle
diskette   disquette *f.*
to disobey   désobéir (à)
disposition   caractère *m.*
to distinguish oneself (by)   se distinguer (par)
to divorce   divorcer
divorced   divorcé(e)
to do   faire†
doctor   médecin *m.*, docteur *m.*
documentary   documentaire *m.*
dog   chien *m.*
dominoes   dominos *m.pl.*
door   porte *f.*
dorm   résidence universitaire *f.*
downstairs   en bas
downtown   centre-ville *m.*
dozen   douzaine *f.*
drafting   dessin *m.*
drama   drame *m.*
drawing   dessin *m.*
dress   robe *f.*
dressed: to get dressed   s'habiller
to drink   boire†
drink   boisson *f.*
drinkable   potable
drug   médicament *m.*
dry   sec/sèche
   It's dry (weather).   Il fait sec.
dubbed   doublé

due to à cause de
during pendant

E

each chaque
ear oreille *f.*
earn gagner
Earth Terre *f.*
easy facile
to eat manger†
economic économique
  economics sciences
  économiques *f.pl.*
to economize économiser
economy économie *f.*
editing traitemente de texte *m.*
to educate oneself s'instruire†
education éducation *f.*, formation
  f.
education studies sciences de
  l'éducation *f.pl.*
egg œuf *m.*
  fried egg œuf sur le plat *m.*
eight huit
eighteen dix-huit
eighteenth dix-huitième
eighth huitième
eighty quatre-vingts
electronic électronique
elegant élégant(e)
elevator ascenseur *m.*
eleven onze
eleventh onzième
embarrassed embarrassé(e),
  gêné(e)
employment emploi *m.*
encounter rencontre *f.*
encyclopedia encyclopédie *f.*
to endanger menacer
energetic énergique
engaged fiancé(e)
  to get engaged se fiancer
engineer ingénieur
England Angleterre *f.*
English anglais(e)

to enjoy apprécier
enrolled in inscrit(e) en
to enter entrer dans
enterprise entreprise *f.*
entertainment distractions *f.pl.*
entirely tout à fait
entrance entrée *f.*
environment environnement *m.*
equals: 1+1 = 2 un et un font
  deux
to erase effacer
eraser gomme *f.*
errand course *f.*
  to run errands faire des courses
Eskimo pie esquimau *m.*
especially surtout
espionnage espionnage *m.*
Europe Europe *f.*
evening soir *m.*, soirée *f.*
  (**duration**)
event événement *m.*
every chaque
  every day tous les jours
  everyone tout le monde
  everywhere partout
exactly tout à fait
exam examen *m.*
  to study for an exam préparer
  un examen
excuse me! pardon!
exercise authority exercer
  l'autorité
exhibition exposition *f.*
exit sortie *f.*
expensive cher(-ère)
experiment expérience *f.*
  to perform an experiment
  faire une expérience
to explain expliquer
to express exprimer
extreme ras-le-bol *m.* (*slang*)
  to the extreme à fond
eye œil (yeux *pl.*) *m.*
eyeglasses lunettes *f.pl.*

F

face visage *m.*
facing en face (de)
factory usine *f.*
fairly assez
faithful fidèle
fall automne *m.*
to fall tomber
family famille *f.*
  big family famille nombreuse *f.*
  single-parent family famille
  monoparentale
  with the family en famille
fantastic fantastique, formidable;
  super!
far from loin (de)
farm ferme *f.*
farmer agriculteur *m.*
fat graisse *f.*
fat *adj.* gros(se)
father père *m.*
  father-in-law beau-père *m.*
to fear craindre†
February février *m.*
to feel se sentir (**health or
  emotion**)
feeling sentiment *m.*
feminine féminin(e)
fennel fenouil *m.*
fever fièvre *f.*
  to have a fever of 40° avoir 40°
  de fièvre
fifteen quinze
fifteenth quinzième
fifth cinquième
fifty cinquante
file fichier *m.*
to fill remplir
film film *m.*
  roll of film pellicule *f.*
final final(e)
finally enfin
fine bien
  fine arts beaux-arts *m.pl.*

finger doigt *m.*
to finish finir
fire incendie *m.*
first d'abord *adv.*
first premier(-ère); -unième (vingt et unième)
fish poisson *m.*
fishing pêche *f.*
  to go fishing aller à la pêche
fit: to stay fit garder la forme
five cinq
flavored: vanilla-flavored à la vanille
flight vol *m.*
floor étage *m.*
  ground floor rez-de-chaussée *m.*
  on the floor par terre
flour farine *f.*
to flow couler
flower fleur *f.*
flu grippe *f.*
fog brouillard *m.*
foggy: It's foggy. Il y a du brouillard.
food nourriture *f.*
foot pied *m.*
  on one's feet debout
for pour; depuis (**time**)
foreign étranger(-ère)
forest forêt *f.*
to form former
forty quarante
four quatre
fourteen quatorze
fourteenth quatorzième
fourth quatrième
foyer entrée *f.*
franc franc *m.*
France France *f.*
frankly franchement
freeze geler†
French français(e)
  French bread (long loaf) baguette *f.*
  French fries frites *f.pl.*
  Friday vendredi *m.*

friend ami(e); camarade *m./f.*; copain *m.*, copine *f.*
from de (d')
front: in front of devant
frozen congelé(e)
fruit fruit *m.*
  fruit tree arbre fruitier *m.*
fun: to have fun s'amuser
funny amusant(e), drôle
furious furieux(-se)
furnished meublé(e)
furniture: a piece of furniture meuble *m.*
future avenir *m.*

G

to gain weight grossir
game jeu *m.*, match *m.*
  game show jeu télévisé *m.*
garage garage *m.*
garden jardin *m.*
  vegetable garden potager *m.*
gas gaz *m.*
to gather cueillir
generous généreux(-se)
gentle doux(-ce)
geography géographie *f.*
geology géologie *f.*
German allemand(e)
Germany Allemagne *f.*
to get up se lever†
gifted doué(e)
girl jeune fille *f.*
girlfriend copine *f.*
to give donner; offrir† (**a gift**)
  to give advice conseiller
  to give back rendre
gladly volontiers
glass verre *m.*
glove gant *m.*
to go aller†
  to go back retourner
  to go back in rentrer
  to go by passer
  to go down descendre

to go out sortir
How's it going? Comment ça va?
It's going fine. Ça va.
godfather parrain *m.*
godmother marraine *f.*
golf golf *m.*
good bon(ne)
goodbye au revoir
grade note *f.*; classe *f.* (**grade level**)
gram gramme (gr.) *m.*
grandchildren petits-enfants *m.pl.*
granddaughter petite-fille *f.*
grandfather grand-père *m.*
grandmother grand-mère *f.*
grandparents grands-parents *m.pl.*
grandson petit-fils *m.*
grape raisin *m.*
gray gris(e)
grease graisse *f.*
great! bravo!, super!
green vert(e)
grilled grillé(e)
grocery store épicerie *f.*
groom marié *m.*
ground terre *f.*
  on the ground par terre
to grow up grandir (**children**)
guide guide *m.*
guitar guitare *f.*
gymnasium gymnase *m.*
gymnastics gymnastique *f.*
  to do gymnastics faire de la gymnastique

H

hair cheveux *m.pl.*
half demi(e)
hallway couloir *m.*
ham jambon *m.*
hamburger *hamburger *m.*
hand main *f.*

to hand in   remettre†
handsome   beau (bel), belle
to happen   se passer; arriver
happy   content(e), heureux(-se)
  to be happy about   se réjouir
  de
harmful thing   nuisance f.
harsh   sévère
hat   chapeau m.
to hate   détester
to have   avoir†
  to have to   devoir†
he   il m.
head   tête f.
  to have a headache   avoir mal
  à la tête
health   santé f.
  health clinic   infirmerie f.
to hear   entendre
heart   cœur m.
hearty   copieux(-se)
to heat   chauffer
heating: central heating
  chauffage central m.
height   taille f.
held back: to be held back
  redoubler
hello   bonjour; allô (**telephone**)
hen   poule f.
her   elle; la; son, sa, ses
  to her   lui
here   ici
  here is/are   voici
herself   elle-même
hi   salut
high   *haut(e)
highway   autoroute f.
hike   randonnée f.
  to go for a hike   faire une
  randonnée
him   le; lui
  to him   lui
himself   lui-même
his   son, sa, ses
historical   historique

history   histoire f.
hole   trou m.
holiday   fête f.
home   foyer m.
  at home   en famille
  at the home of   chez
  second/vacation home
  résidence secondaire f.
homemaker   femme au foyer f.
homework   devoirs m.pl.
to hope   espérer†, souhaiter
horror   horreur f.
horse   cheval m. (-aux pl.)
  to go horseback riding   faire
  du cheval
hospital   hôpital m. (**public**);
  clinique f. (**private**)
hostel   auberge f.
  youth hostel   auberge de jeunesse
hot   chaud(e)
  It's hot (weather).   Il fait
  chaud.
  to be hot (person)   avoir chaud
hot plate   réchaud m.
hotel   hôtel m.
hour   heure f.
house   maison f., villa f. (**in a
  residential area**)
housewife   femme au foyer f.
how   comment
  how many   combien de
  how much   combien
human   humain(e)
humanities   sciences humaines
  f.pl.
humid   humide
  It's humid.   Il fait humide.
hundred   cent
hungry: to be hungry   avoir
  faim
Hurray for…!   Vive…!
to hurry up   se dépêcher
to hurt   faire mal, avoir mal
  to hurt oneself   se blesser
husband   mari m.

I   je (j')
ice   verglas m.
  ice cream   glace f.
  ice cube   glaçon m.
icy: It's icy.   Il y a du verglas.
if   si
ill   malade
illness   maladie f.; mal m. (maux
  pl.)
important   important(e)
to improve one's mind
  s'instruire†
in   à, dans, en
increase   accroissement m.
to increase   augmenter
India   Inde f.
Indian   indien(ne)
indigestion   indigestion f., crise
  de foie f.
individualistic   individualiste
industrial   industriel(le)
infection   infection f.
information   information f.,
  renseignements m.pl.
  to get information (about)   se
  renseigner (sur)
inn   auberge f.
instructor   moniteur m. /
  monitrice f.
intelligent   intelligent(e)
interested: to be interested in
  s'intéresser à
interesting   intéressant(e)
internship   stage m.
into   dans
intolerable   invivable
to introduce   présenter
to invite   inviter
irritable   énervé(e)
irritated: to become irritated
  s'énerver
it   ce (c'); il; elle; le; la
  it is…   c'est…

Italian italien(ne)
Italy Italie *f.*
Ivory Coast Côte-d'Ivoire *f.*
 Ivorian ivoirien(ne)

J

jacket blouson *m.*; veste *f.*
jam confiture *f.*
January janvier *m.*
Japan Japon *m.*
Japanese japonais(e)
jar pot *m.*
jazz jazz *m.*
jealous jaloux(-se)
jeans jean *m.*
job emploi *m.*, poste *m.*, travail *m.*
jogging jogging *m.*
 to go jogging faire du jogging
journalism journalisme *m.*
journalist journaliste *m./f.*
joyful joyeux(-se)
juice jus *m.*
 orange juice jus d'orange *m.*
July juillet *m.*
June juin *m.*
just: to have just (done something) venir de + inf.

K

keep garder
keyboard clavier *m.*
kilo kilo(gramme) *m.*
kind espèce *f.*
kind gentil(le)
to kiss (s')embrasser
kitchen cuisine *f.*
knee genou *m.*
to know (how) savoir† (+ infinitive)

L

laboratory laboratoire *m.*
lake lac *m.*
lamb: leg of lamb gigot *m.*

lamp lampe *f.*
landlord, landlady propriétaire *m./f.*
language langage *m.*, langue *f.*
last dernier(-ière)
to last durer
late en retard
law droit *m.*
lawn pelouse *f.*
lawyer avocat *m.*, avocate *f.*
lazy paresseux(-se)
to lead out to donner sur
leading principal(e)
to learn apprendre†
to leave partir, quitter
lecture hall amphithéâtre *m.*
left gauche *f.*
 to the left (of) à gauche (de)
leg jambe *f.*
 leg of lamb gigot *m.*
leisure activities loisirs *m.pl.*
lemon citron *m.*
 lemon soft drink limonade *f.*
lemonade citron pressé *m.*
to lend prêter
less moins
 less… than moins… que
to let laisser
letter lettre *f.*
liberal arts lettres *f.pl.*
library bibliothèque *f.*
life vie *f.*
light lumière *f.*
lightning éclair *m.*
 There is lightning. Il y a des éclairs.
to like aimer
like comme
limit ras-le-bol *m.* (*slang*)
 I've reached my limit! J'en ai ras-le-bol!
linguistics linguistique *f.*
lip lèvre *f.*
to listen to écouter
lit allumé(e)
literature littérature *f.*

little bit peu *m.*
to live habiter
liver foie *m.*
living room salle de séjour *f.*
located situé(e)
to lodge loger†
to look at regarder
 to look for chercher
 to look onto donner sur
 to look well avoir bonne mine
to lose perdre
 to lose weight maigrir
lot: a lot beaucoup (de)
loud fort *adv.*
lovable aimable
love amour *m.*
 to love aimer, adorer
 in love (with) amoureux(-se) (de)
 to fall in love (with) tomber amoureux(-se) (de)
to lower baisser
luggage bagages *m.pl.*
luck chance *f.*
lunch déjeuner *m.*
 to have lunch déjeuner
lung poumon *m.*

M

mazagine magazine *m.*
mail courrier *m.*
major (in) spécialisation *f.* (en)
to make faire†
make-up: to put on make-up se maquiller
man homme *m.*
map carte *f.*
 city map plan de ville *m.*
March mars *m.*
marker feutre *m.*
market marché *m.*
married: to get married se marier
math mathématiques (maths) *f.pl.*
May mai *m.*

maybe peut-être

mayor maire *m.*

me moi

me, to me me (m')

meal repas *m.*

  to fix a meal préparer un repas

mean méchant(e)

to mean vouloir dire

meat viande *f.*

mechanic mécanicien *m.*, mécanicienne *f.*

medecine médecine *f.*, médicament *m.*

mediocre médiocre

medium size de taille moyenne

  to meet se rencontrer; se retrouver

meeting rendez-vous *m.*, rencontre *f.*

melon melon *m.*

menu menu *m.*

merchant commerçant *m.*, commerçante *f.*

Mexican mexicain(e)

Mexico Mexique *m.*

midnight minuit *m.*

milk lait *m.*

million million *m.*

mineral minéral(e)

minor (in) mineur *m.* (en)

mint menthe *f.*

minute minute *f.*

mirror glace *f.*

Miss Mademoiselle (Mlle)

missing absent(e)

mistake faute *f.*

  to make a mistake faire une faute

to mix together se mélanger†

modern moderne

moment moment *m.*

  at that moment à ce moment-là

Monday lundi *m.*

money argent *m.*, monnaie *f.*

monitor moniteur *m.*

month mois *m.*

moped mobylette *f.*

morals morale *f.*

more plus

  more… than plus… que

morning matin *m.*

Moroccan marocain(e)

Morocco Maroc *m.*

mother mère *f.*

  mother-in-law belle-mère *f.*

motorcycle moto *f.*

  to go motorcycle riding faire de la moto

motorscooter mobylette *f.*

mountain montagne *f.*

  mountain climbing alpinisme *m.*

  to go mountain climbing faire de l'alpinisme

mouse souris *f.*

mouth bouche *f.*

to move bouger

movie film *m.*

  movie star vedette *f.*

  movie theater cinéma *m.*

  detective/police movie film policier *m.*

Mr. Monsieur (M.)

Mrs. Madame (Mme)

much: very much beaucoup (de)

museum musée *m.*

mushroom champignon *m.*

music musique *f.*

musical musical(e)

musician musicien *m.*, musicienne *f.*

must devoir†

mustard moutarde *f.*

my mon, ma, mes

myself moi-même

N

name nom *m.*

  to be named s'appeler†

  My name is … Je m'appelle…

  What is your name? Comment tu t'appelles?; Comment vous appelez-vous?

national national(e)

nationality nationalité *f.*

nature nature *f.*

naughty méchant(e)

nausea: to be nauseated avoir mal au cœur *m.*

near près (de)

  very near tout près (de)

neat! chouette!

necessary nécessaire

  It's necessary that Il faut que (falloir†)

neck cou *m.*

to need avoir besoin de

neighbor voisin *m.*, voisine *f.*

neighborhood quartier *m.*

neither non pluss

nephew neveu *m.*

never jamais, ne…jamais

new nouveau (nouvel), nouvelle

  brand new neuf(-ve)

  Quoi de neuf? What's new?

news broadcast journal télévisé *m.*

newspaper journal *m.*

next prochain(e)

  next to à côté de

nice gentil(le), sympa(thique)

  That's nice of you. C'est gentil à vous.

  It's nice weather. Il fait bon.

niece nièce *f.*

night nuit *f.*

nine neuf

nineteen dix-neuf

nineteenth dix-neuvième

ninety quatre-vingt-dix

ninth neuvième

no non

  no matter what n'importe quoi

noise bruit *m.*

nonbiodegradable non-biodégradable

noon midi *m.*

north nord *m.*

nose nez *m.*

  nose drops gouttes pour le nez *f.pl.*

not pas, ne…pas

  not at all pas du tout

  not bad pas mal

notebook cahier *m.*

nothing rien

novel roman *m.*

November novembre *m.*

now maintenant

nuclear power plant centrale nucléaire *f.*

numerous nombreux(-se)

nurse infirmier *m.*, infirmière *f.*

O

to obey obéir (à)

to obtain obtenir†

occupation métier *m.*

October octobre *m.*

odd jobs: to do odd jobs bricoler

of de (d')

to offer offrir†

office bureau *m.*

often souvent

oil huile *f.*

  waste oil huile usée *f.*

ointment pommade *f.*

OK d'accord

old vieux (vieil), vieille; ancien(ne)

  How old are you? Quel âge tu as?; Quel âge avez-vous?

on à, sur

oncle oncle *m.*

one un(e)

  one (one says…) on (on dit…)

only seulement

to open ouvrir†

opinion avis *m.*

  in my opinion à mon avis

opposite en face (de)

or ou

orange orange *f.*

  orange soft drink orangeade *f.*

orange-colored orange (*adj.*)

to order commander

other autre

ouch! aïe!

our notre, nos

ourselves nous-mêmes

outside dehors

overcast: It's overcast. Le ciel est couvert.

to owe devoir†

ozone ozone *f.*

  ozone layer couche d'ozone *f.*

P

package paquet *m.*

pain douleur *f.*; mal *m.* (maux pl.)

  to have a pain avoir mal

to paint peindre†

painter peintre *m.*

painting peinture *f.*

pale: to become pale pâlir

pants pantalon *m.*

pantyhose collant *m.*

paper (**news**) journal *m.*; (**academic**) mémoire *m.*

paramedical paramédical(e)

parents parents *m.pl.*

to park se garer

park parc *m.*

parka anorak *m.*

parking lot parc de stationnement *m.*

party fête *f.*, soirée *f.*

to pass réussir (à) (**an exam**)

  to pass by passer

passer-by passant *m.*/passante *f.*

passport passeport *m.*

pastry pâtisserie *f.*

  pastry shop pâtisserie *f.*

pâté pâté *m.*

to pay payer†

peach pêche *f.*

pear poire *f.*

peas petits pois *m.pl.*

pen stylo *m.*

pencil crayon *m.*

penicillin pénicilline *f.*

people gens *m.pl.*

  people (people say…) on (on dit…)

pepper poivre *m.*

perfect parfait(e)

perfectly parfaitement

to permit permettre† (à, de)

personality caractère *m.*, personnalité *f.*

pet animal familier

pharmacist pharmacien *m.*, pharmacienne *f.*

philosophy philosophie *f.*

phone see **telephone**

photograph photo *f.*

physics physique *f.*

physiology physiologie *f.*

piano piano *m.*

to pick cueillir

picnic pique-nique *m.*

  to go picnicking faire un pique-nique

pie tarte *f.*

pink rose

pity: It's a pity. C'est dommage.

pizza pizza *f.*

place endroit *m.*, place *f.*

  at the place of chez

plane avion *m.*

plans projets *m.pl.*

  to already have plans être pris(e)

plant plante *f.*

plastic plastique

play pièce de théâtre *f.*

to play jouer

  (**a sport**) jouer à

  (**an instrument**) jouer de

playing field terrain de sport *m.*

pleasant agréable

please s'il te plaît, s'il vous plaît

pleasure plaisir *m.*

poetry poésie *f.*

police officer agent de police *m.*

political science sciences politiques *f.pl.*

to pollute polluer

pollution pollution *f.*

pork porc *m.*

  pork butcher's shop charcuterie *f.*

Portugal Portugal *m.*

Portuguese portugais(e)

position poste *m.*

postcard carte postale *f.*

poster affiche *f.*

potato pomme de terre *f.*

  potato chips chips *f.pl.*

pouter boudeur *m.*, boudeuse *f.*

practical pratique

to prefer préférer†, aimer mieux

to prepare préparer

prescription ordonnance *f.*

to present présenter

press presse *f.*

pretty joli(e)

principal principal(e)

printer imprimante *f.*

to produce produire†

product produit *m.*

professor professeur (prof) *m.*

program émission *f.*

program programme *m.*; **(computer)** logiciel *m.*

to promise promettre† (à, de)

psychological psychologique

psychology psychologie *f.*

public public *m.*

to punish punir

to push pousser

to put (on) mettre†

Q

quarter quart *m.*

  quarter after et quart

  quarter to moins le quart

R

radiator radiateur *m.*

radio radio *f.*

rain pluie *f.*

  acid rain pluie acide *f.*

raincoat imperméable *m.*

raining: It's raining. Il pleut. (pleuvoir†), Il y a de la pluie.

to raise lever†

  to raise your hand lever le doigt

rather assez

rational raisonnable

to read lire†

reading lecture *f.*

ready prêt(e)

real vrai(e)

really vraiment

reasonable raisonnable

receptionist réceptionniste *m./f.*

recommendation recommandation *f.*

to recycle recycler

recycling recyclage *m.*

red rouge

  redhead, redheaded roux(-sse)

reference book ouvrage de référence *m.*

refuse déchet *m.*

regional régional(e)

to regret regretter

relationship rapport *m.*

relatives parents *m.pl.*

to relax se détendre

remarried remarié(e)

remedy remède *m.*

to remember se rappeler†, se souvenir† de

to rent louer

rent loyer *m.*

to repeat répéter†

report rapport *m.*

to request demander (à, de)

to require exiger

required obligatoire

reservation réservation *f.*

to reserve réserver

reserved réservé(e)

to reside habiter

residence résidence *f.*

residential résidentiel(le)

resource ressource *f.*

rest repos *m.*

to rest se reposer

restaurant restaurant (resto) *m.*

restroom W.C. *m.pl.*

rice riz *m.*

right droite *f.*

  to the right (of) à droite (de)

  right: to be right avoir raison

  that's right c'est ça

ripe mûr(e)

road route *f.*

roast rôti *m.*

roasted au four

rock music rock *m.*

role rôle *m.*

roll petit pain *m.*

  roll with chocolate inside pain au chocolat *m.*

roof toit *m.*

room salle *f.*

rosé (wine) rosé

routine routine *f.*

rug tapis *m.*

rugby rugby *m.*

ruler règle *f.*

to run (nose) couler

rural rural(e)

RV camping-car *m.*

S

sack sac *m.*

  plastic sack/bag sac en plastique *m.*

sad triste
sailing: to go sailing faire de la voile
salesclerk vendeur *m.*, vendeuse *f.*
salesperson attaché commercial *m.*, attachée commerciale *f.*
salmon saumon *m.*
salt sel *m.*
salve pommade *f.*
same même
  just the same quand même
sandal sandale *f.*
sandwich sandwich *m.*
  ham sandwich sandwich au jambon *m.*
  grilled ham and cheese sandwich croque-monsieur *m.*
sardine sardine *f.*
Saturday samedi *m.*
sausage saucisse *f.*
to save économiser
  to save a file sauvegarder
saxophone saxophone *m.*
to say dire†
  How do you say __? Comment dit-on __ ?
scarf foulard *m.*
schedule emploi du temps *m.* **(of classes)**; horaire *m.* **(timetable)**
school école *f.*
  middle school collège *m.*
  high school lycée *m.*
  school within a university faculté *f.*
science science *f.*
  natural sciences sciences naturelles *f.pl.*
  physical sciences sciences physiques *f.pl.*
science fiction movie film fantastique *m.*
screen écran *m.*
sculpture sculpture *f.*

sea mer *f.*
seafood fruits de mer *m.pl.*
  seafood shop poissonnerie *f.*
season saison *f.*
seat place *f.*
second deuxième
secretary secrétaire *m./f.*
security sécurité *f.*
to see voir†
  see you soon à bientôt
  see you tomorrow à demain
to seem avoir l'air (de)
self-centered égoïste
selfish égoïste
to sell vendre
semester semestre *m.*
to send envoyer†
Senegal Sénégal *m.*
Senegalese sénégalais(e)
sensitive sensible
sentence phrase *f.*
sentimental sentimental(e)
to separate se séparer
September septembre *m.*
series série *f.*
serious sérieux(-se)
to serve servir
service service *m.*
  service included service compris
seven sept
seventeen dix-sept
seventeenth dix-septième
seventh septième
seventy soixante-dix
several plusieurs
shame: It's a shame … Il est malheureux que…
to share partager†
to shave se raser
she elle *f.*
to shell écosser
shirt chemise *f.*
shoe chaussure *f.*
  tennis shoes tennis *m.pl.*

shopping: to do one's shopping faire son marché
short petit(e)
shorts short *m.*
shot piqûre *f.*
shoulder épaule *f.*
to show montrer
show spectacle *m.*
shy réservé(e)
sick malade
sick person malade *m./f.*
side côté *m.*
silent silencieux(-se)
similar semblable
since depuis
to sing chanter
singer chanteur *m.*, chanteuse *f.*
single célibataire *m./f.*
sink lavabo *m.* **(bathroom)**
sister sœur *f.*
to sit (down) s'asseoir†
situated situé(e)
six six
sixteen seize
sixth sixième
sixty soixante
size taille *f.*
to skate faire du patinage
  skating patinage *m.*
  ice-skating patinage à glace
to ski faire du ski
  skiing ski *m.*
  water skiing ski nautique
  ski instructor moniteur *m.* / monitrice *f.* de ski
skin peau *f.*
skirt jupe *f.*
sky ciel *m.*
to sleep dormir
sleepy: to be sleepy avoir sommeil
sleet verglas *m.*
slender mince
slice tranche *f.*
small petit(e)

smart intelligent(e)

smoke fumée *f.*

snack casse-croûte *m.*

  afternoon snack goûter *m.*

  snack bar snack-bar *m.*

  to snack grignoter

snow neige *f.*

snowing: It's snowing. Il neige., Il y a de la neige.

so alors

soap opera feuilleton *m.*

soccer foot(ball) *m.*

sociable sociable

social social(e)

social worker assistant social *m.*, assistante sociale *f.*

sociology sociologie *f.*

sock chaussette *f.*

some des; en

sometimes quelquefois

son fils *m.*

soon bientôt

as soon as aussitôt que, dès que

sorry désolé(e)

  to be sorry regretter

sort espèce *f.*

to sort trier

sound bruit *m.*, son *m.*

south sud *m.*

source of energy ressource énergétique *f.*

Spain Espagne *f.*

Spanish espagnol(e)

to speak parler

species espèce *f.*

speech langage *m.*

speed vitesse *f.*

to spell épeler†

to spend (time) passer

spice épice *f.*

spinach épinards *m.pl.*

sport sport *m.*

  to participate in sports faire du sport

to sprain se fouler

spring printemps *m.*

  in the spring au printemps

spying espionnage *m.*

stadium stade *m.*

stage (in a process) étape *f.*

staircase, stairs escalier *m.*

standing up debout

star: movie star vedette *f.*

to start commencer†

station (TV or radio) chaîne *f.*

to stay rester; loger† **(in a hotel)**

step (in a process) étape *f.*

stepfather beau-père *m.*

stepmother belle-mère *f.*

stereo system chaîne stéréo *f.*

stern sévère

still encore

stomach estomac *m.*

stone pierre *f.*

stop arrêt *m.* **(bus)**

stoplight feu rouge *m.*

to store conserver

store magasin *m.*

superstore grande surface *f.*

storm orage *m.*

story histoire *f.*; **(of a building)** étage *m.*

strawberry fraise *f.*

street rue *f.*

streetcar tramway *m.*

strep throat angine *f.*

stressed stressé(e)

strong fort(e)

stubborn têtu(e)

student étudiant *m.*, étudiante *f.*

studio (apartment) studio *m.*

study étude *f.*

to study étudier

  to study French faire du français

stupid bête

to subscribe to s'abonner (à)

suburb banlieue *f.*

subway métro *m.*

to succeed réussir (à); arriver plus haut

sugar sucre *m.*

to suggest suggérer†

to suit: Does that suit you? Cela vous convient?

suit: man's suit complet *m.*

  woman's suit tailleur *m.*

sulker boudeur *m.*, boudeuse *f.*

summer été *m.*

  summer vacation grandes vacances *f.pl.*

  summertime belle saison

sun soleil *m.*

sunburn coup de soleil *m.*

Sunday dimanche *m.*

sunglasses lunettes de soleil *f.pl.*

sunny: It's sunny. Il y a du soleil.

super! super!

supermarket supermarché *m.*

superstore grande surface *f.*

sure sûr(e)

surprised étonné(e), surpris(e)

  to be surprised s'étonner

surprising étonnant(e)

surrounded by entouré(e) de

surrounding area environs *m.pl.*

sweater pull(over) *m.*

to swim nager†, faire de la natation

swimming natation *f.*

  swimming pool piscine *f.*

swim suit maillot de bain *m.*

Swiss suisse

Switzerland Suisse *f.*

swollen enflé(e)

syrup sirop *m.*

T

T-shirt tee-shirt *m.*

table table *f.*

to take prendre†; **(courses)** suivre†

  to take up monter

talented doué/e

to talk parler

tall grand(e)

tape recorder/player magnétophone *m.*

taste goût *m.*

taxi taxi *m.*

tea thé *m.*

 herbal tea tisane *f.* **(medicinal)**

teacher professeur *m.*; **(grade school)** instituteur *m.*, institutrice *f.*

technician technicien *m.*, technicienne *f.*

technology technologie *f.*

tedious ennuyeux(-se)

telephone téléphone *m.*

 to telephone téléphoner

 to telephone one another se téléphoner

televised télévisé(e)

television télévision (télé) *f.*

 TV guide téléguide *m.*

 TV remote control télécommande *f.*

to tell (a story) raconter

temperature température *f.*

 to have a temperature of 40° avoir 40° de température

ten dix

tender tendre

tennis tennis *m.*

tent tente *f.*

tenth dixième

terrace terrasse *f.*

thank you merci

that ça; cela; ce (cet), cette; que (qu')

the le, la, les

theater théâtre *m.*

their leur

them eux, elles; les

 to them leur

themselves eux-mêmes, elles-mêmes

then alors, puis

there là; y

there is/are… voilà…; il y a…

these ces

they ils, elles

thin mince

things (personal) affaires *f.pl.*

to think penser† (à, de), réfléchir (à)

third troisième

thirsty: to be thirsty avoir soif

thirteen treize

thirteenth treizième

thirty trente

this ce (cet), cette

those ces

thousand mille

to threaten menacer

three trois

throat gorge *f.*

 sore throat angine *f.*

through par

throw (out) jeter†

thunder tonnerre *m.*

thundering: It's thundering. Il y a du tonnerre.

Thursday jeudi *m.*

ticket billet *m.*

tie cravate *f.*

tights collant *m.*

tile tuile *f.*

time temps *m.*

 What time is it? Quelle heure est-il?

 full-time plein temps

 part-time mi-temps

 long time longtemps

tip pourboire *m.*

tired fatigué(e)

to à, en

toast pain grillé *m.*, rôtie *f.* (*Can.*)

toasted grillé(e)

today aujourd'hui

toe doigt de pieds *m.*

together ensemble

toilets W.C. *m.pl.*

tomato tomate *f.*

tomorrow demain

tongue langue *f.*

too (much) trop

tooth dent *f.*

top: on top dessus

tourism tourisme *m.*

 tourism office office de tourisme *m.*

toward vers

to towel off s'essuyer†

town hall mairie *f.*

toxic toxique

track voie *f.*

traffic circulation *f.*

 traffic circle rond-point *m.*

train train *m.*

train station gare *f.*

training formation *f.*

tranquil tranquille

transportation transport *m.*

 mass transportation transports en commun *m.*

trash ordures *f.pl.*

 trash can poubelle *f.*

to travel voyager

travel agency agence de voyages *f.*

tree arbre *m.*

 fruit tree arbre fruitier

tremendous formidable

trimester trimestre *m.*

trip voyage *m.*

trolley tramway *m.*

tropical rain forest forêt tropicale *f.*

true vrai(e)

Tuesday mardi *m.*

to turn tourner

 to turn off éteindre†

 to turn on allumer

TV see **television**

twelfth douzième

twelve douze
twentieth vingtième
twenty vingt
twins jumeaux *m.pl.*, jumelles
f.pl.
to twist se fouler
two deux

U

U-turn demi-tour *m.*
  to make a U-turn faire demi-
tour
umbrella parapluie *m.*
under sous
to understand comprendre†
undress: to get undressed se
déshabiller
uneasy inquiet(-ète)
unemployment chômage *m.*
unfortunate malheureux(-se)
  It's unfortunate that… Il est
malheureux que…
ungrateful ingrat(e)
unhappy malheureux(-se)
United States États-Unis (É-U)
m.pl.
university université *f.*
  university dining hall
restaurant universitaire (resto-
U) *m.*
unlivable invivable
until jusque
up: to be up être debout
  to get up se lever†
  to go up monter
urgent urgent(e)
us nous
used usé(e)
useful utile
usually d'habitude

V

vacation vacances *f.pl.*
  on vacation en vacances

summer vacation grandes
vacances *f.pl.*
vanilla vanille *f.*
variable variable
variety show programme de
variétés *m.*
vegetable légume *m.*
  vegetable garden potager *m.*
vegetable (*adj.*) végétal(e)
very très
videocassette vidéocassette *f.*
  videocassette player
magnétoscope *m.*
villa villa *f.*
to visit (a place) visiter
to visit (someone) rendre visite à
voucher bon *m.*

W

to wait (for) attendre
waiter serveur *m.*
waitress serveuse *f.*
to wake up se réveiller
to walk marcher
walk promenade *f.*
  to take a walk faire une
promenade, se promener†
  to take for a walk promener†
walkman baladeur *m.*
wall mur *m.*
  on the walls aux murs
  stone wall mur de pierres *m.*
wallet portefeuille *m.*
to want avoir envie de, désirer,
vouloir†
warm-hearted affectueux(-se),
généreux(-se)
warming up réchauffement *m.*
to wash oneself se laver
waste déchet *m.*, ordures *f.pl.*
  waste oil huile usée *f.*
  wastebasket corbeille *f.*
to waste gaspiller, perdre
  to waste time laisser passer
des heures sans rien faire,

perdre son temps
watch montre *f.*
to watch regarder
water eau *f.*
  drinkable water eau potable *f.*
  mineral water eau minérale *f.*
we nous
to wear porter
weather temps *m.*
  weather report météo *f.*
  What's the weather like?
Quel temps fait-il?
wedding mariage *m.*
  civil wedding cérémonie civile
m.
Wednesday mercredi *m.*
week semaine *f.*
weekend week-end *m.*
welcome: you're welcome je
t'en prie, je vous en prie
well bien
well-being bien-être *m.*
well-dressed élégant(e)
western western *m.*
what que (qu'); quel(le); quoi;
qu'est-ce que/qui…
  What interests you? Qu'est-ce
qui vous intéresse?; Qu'est-ce
qui t'intéresse?
  What's wrong? Qu'est-ce qui
ne va pas?
when lorsque, quand; où
  the day when… le jour où…
where où
whether si
which quel(le); que (qu'), qui
while pendant que
white blanc(he)
who qui
whom que (qu'), qui
why pourquoi
wife femme *f.*
willingly volontiers
to win gagner
wind vent *m.*

windbreaker   blouson *m.*
window   fenêtre *f.*
to windsurf   faire de la planche à voile
windsurfing board   planche à voile *f.*
windy: It's windy.   Il fait du vent.
wine   vin *m.*
winter   hiver *m.*
wish   vœu *m.*
   best wishes!   meilleurs vœux! *m. pl.*
to wish   vouloir†, souhaiter
with   avec
without   sans
woman   femme *f.*
word   mot *m.*
wordprocessing   traitement de texte *m.*
work   travailler, bosser (slang)
   work as (a waiter)   travailler comme (serveur)
   work camp   chantier *m.*
   work experience   stage *m.*
   hard-working   travailleur(-se)
   factory worker   ouvrier *m.*, ouvrière *f.*
world   monde *m.*
worn-out (object)   usé(e)
to worry   s'inquiéter†, s'en faire (du souci)
wrist   poignet *m.*
to write   écrire†
writer   écrivain *m.*
wrong: to be wrong   avoir tort

Y

yard   jardin *m.*
year   an *m.*, année *f.*
   I am 19 years old.   J'ai 19 ans.
   Happy New Year!   Bonne année!
to yell   crier

yellow   jaune
yes   oui; **(after negative question or statement)** si
yesterday   hier
yet   encore
yogurt   yaourt *m.*
you   tu; vous; toi
   to you   te (t'); vous
young   jeune
your   ton, ta, tes; votre, vos
yourself   toi-même; vous-même
yourselves   vous-mêmes
youth   jeunesse *f.*

Z

Zairian   zaïrois(e)
Zaire   Zaïre *m.*
zero   zéro *m.*
zoology   zoologie *f.*

Appendix 4

The International Phonetic Alphabet (IPA)

a	**la**		m	**m**al
ã	bl**anc**		n	**n**euf
b	la **b**aie		o	h**ô**tel, **eau**
k	le **c**afé, **qu**i		ɔ	r**o**be
∫	le **ch**at		õ	b**on**
d	**d**ans		u	n**ou**s
e	**été**		p	**p**ère
ɛ	la m**è**re		r	**r**ouge
ɛ̃	le v**in**		s	**s**on, **c**ertain
ø	d**eu**x		t	**t**ous
œ	l**eu**r, s**œu**r		y	d**u**
f	la **f**emme		ɥ	l**u**i
g	le **g**ant		œ̃	**un**
ɲ	la campa**gne**		v	**v**a
i	**i**c**i**		w	m**o**i, j**ou**er
ʒ	**j**our, **g**entil		j	le p**i**ed, la fi**ll**e
l	**l**a		z	**z**éro, cui**s**ine

Index

CREDITS

Text Credits

p 14 #1 Extrait du journal "Le Soir" (Bruxelles) du 20 février, 1993, #2 Extrait de l'hebdomadaire "Haïti en marche" vol. 4, no. 44 (du 16 au 22 déc. 1992), p.3, #3 © 20 Ans, #4 L'Express, #5 Gilles Lesage, dans "Le Devoir", 11 mars 1992, #6 Titre paru dans "Le Nouvel Observateur", no. 1447 (30.7.1992); p 61 "Schizophrénie linguistique"/Editions Intermede, Inc.; p76 "L'homme idéal vu par les femmes françaises"/Extrait du "Journal français d'Amérique" vol. 15, no. 6; p 93 Carrefour/Rentrez en douceur chez CARREFOUR (Catalogue rentrée des classes 95); p 98 "Les Cordes de Bois " cover/Editions Grasset; p 117 majeur en sciences de la communication/ Reproduit grâce à l'autorisation de la Direction des communications de l'Université de Montréal; p 125 ads/L'Express; p 137 Publicités d'offres d'emplois publiées dans le Journal de Montréal; p 143 La Charte 101/Quebec Government; p 158 Hotel Albarena (adapted) Carole G. Editions; p 170 and 179 Extraits de Pariscope no. 1240 du 26 février 1992 © Scoop, Levallons-Perret, France; p 185 Creole proverbs/ Avec l'accord des auteurs B. DAVID et J.-P. JARDEL ; p 203 Menu (adapted) /Extrait original de la carte d'un des plus anciens restaurants parisiens, en activité depuis 1860; p 204 Survey/Sondage réalisé par Faits & OPinions (GALLUP France) pour le magazine L'Express du 27 au 29 avril 1983; p 222 "Déjeuner du matin"/Jacques Prévert, *Paroles* © Gallimard; p 228 Quotes from Paul Bocuse/Courtoisie du "Montréal Scope - Le Guide de Montréal"; p 265 "La petite ville d'autrefois"/Marguerite DURAS, *Hiroshima mon amour*, © Gallimard; p 267 Quote from Roch Voisine/Magazine 7 Jours; p 274 TGV map/Ce document est la propriété de la SNCF. Droits de reproduction réservés.; p 275 Vacation package titles/Textes extraits de la brochure Rev'Afrique, Hiver 93/94; p 277 flight schedule/ Air France; p 286 "Les services à bord"/ Ce document est la propriété de la SNCF. Droits de reproduction réservés.; p 288 TGV schedule/Ce document est la propriété de la SNCF. Droits de reproduction réservés.; p 292 Un hôtel de charme à Saint Germain-des-Près; p 293 Hotel ratings and p295 Hotel listing/© MICHELIN from Guide Rouge France (1995). Permission no. 95-474; p 305 Chart/Source: Les Technologies Météorologique, MET TECH Inc., Montréal; p 308 Extrait de "Les petites routes de Dordogne," (Midi-Pyrénées: Le Guide Vacances 94), FITOUR Réceptif; p 330 and p 331 Summary and adapted "Vivement le dimanche"/Tiré de L'Actualité, juillet 1994; p350 and 351 quotes and passage/Tahar Ben Jelloun, *L'Homme rompu*, © Editions du Seuil, 1994; p 357 Cartoon/Dessin de PLANTU (France), "Être arabe en France"/"Qantara" no.7 (avril/mai/juin 1993).; p 360 "Les maladies du siècle", Réflexions sur la santé - du CREDOC; p 363 prescription: Laurent Fouletier; p 375 "Comment cesser de fumer"/Comité Français d'Education pour la Santé, "Ne plus fumer..."/Reproduit avec l'autorisation de CIBA-GEIGY France Tous droits réservés; p 377 Cartoon/J. FAIZANT, Par ici la sortie, © Editions Denoël; p 380 Cartoon/© Intermonde-Presse; p 382 Chart/New York Times Syndicate; p 385 "Apprendre un métier..."/Extrait du magazine français "Réponse à tout!"; p 394 illustration/With the permission of Troy Leleux; p 398 Cartoon/© Riff 1994, avec l'aimable autorisation des éditions Albert-René; p 408 Text/TV Magazine - Paris - 1990; p 410 TV listing/© Le Figaro du 22 mars 1994, no. 9631101; p 421 Survey/Hachette Filipacchi Presse; p 431 Computer ad/VOBIS Montparnasse; p 439 "Le Louvre..."/ by O. L. ©L'Evénement du Jeudi, 28 janvier; p 442 Cartoon/© Morris; p 445 "L'Homme qui te ressemble" by René Philombe - Editions Nouvelles du Sud;

Photo credits

p 4 (l) Owen Franken/Stock Boston, (r) R. Lucas/The Image Works; p 8 Owen Franken/ Stock Boston; p 15 (top left) Ulrike Welsh Photography, (top center) Beryl Goldberg, (top right) Beryl Goldberg, (bottom left) Frank Fournier, (bottom right) Syndey Byrd; p 18 (t) P. Quittemelle/Stock Boston, (b) Owen Franken/Stock Boston; p 19 (t) Owen Franken/Stock Boston, (b) Joe Carini/The Image Works; p 22 Patrick Somelet/Diaf; p 23 Alan LeBot/Gamma-Liaison, Inc.; p 26 Greg Meadors/Stock Boston; p 27 Erich Lessing/Art Resource; p 39 R. Lucas/The Image Works; p 60 John Elk, III/John Elk, III; p 61 (t) Syndey Byrd, (b) Syndey Byrd; p 65 M. Granitsas/The Image Works; p 74 R. Lucas/The Image Works; p 83 (t) Stock Boston, (b) Beryl Goldberg; p 98 J. Arthur Rank/Intermondi/The Kobal Collection; p 99 Richard Elliott/Tony Stone Images (b) John Elk, III; p 101 (t) Beryl Goldberg, (b) Peter Cade/Tony Stone Images; p 102 Guy Schiele/Publiphoto, Inc.; p 105 Lesinge/Psalia/Gamma-Liaison, Inc.; p 108 Beryl Goldberg; p 142 (t) Ed Simpson/Tony Stone Images, (b) Lee Snider/The Image Works; p 143 Nik Wheeler; p 145 (t) Lawrence Migdale/Stock Boston, (upper center) Mark Junak/Tony Stone Images, (lower center) Esbin-Anderson/The Image Works, (b) Arv Diesendruck/Tony Stone Images; p 158 Joe Petrocik/The Clement Petrocik Company; p 184 (l) Joe Petrocik/The Clement-Petrocik Company (r) Margo Taussig Pinkerton/Gamma-Liaison, Inc.; p 185 Scala/Art Resource; p 187 Richard Passmore/Tony Stone Images; p 208 (t) IPA/The Image Works, (b) Camermann/ The Image Works; p 211 Lee Snider/The Image Works; p 228 (t) David Atlan/Gamma-Liaison, Inc., (b) Beryl Goldberg; p 229 Frank Siteman/Omni-Photo Communications, Inc.; p 232 (t) D. and J. Heaton/Stock Boston, (b) John Elk, III; p 255 (t) François Dardelet/Image Bank (b) Faria Castro/Gamma-Liason, Inc.; p 263 (l) Patrick Ingrand/Tony Stone Images, (r) Nathan Benn/Woodfin Camp and Associates; p 264 Alain Choisnet/Image Bank p 270 John Lewis Stage/Image Bank, B. Beliard/Publiphoto, Inc.; p 271 (t) John Elk, III, (c) Nik Wheeler, (b) Erik Sampers/Gamma-Liaison, Inc.; p 273 (l) M. Jacob/The Image Works, (r) Charles Nes/Gamma-Liaison, Inc.; p 275 (top left) Fotografia Productions/Julie Houck/Stock Boston, (b l) J. C. Francolon/Gamma-Liaison, Inc., (r) Owen Franken/Stock Boston; p 292 (t) John Elk, III, (b) David Simson/Stock Boston; p 296 David W. Hamilton/Image Bank; p 314 (t) Edris and Julie Makward/Professor Edris Makward/University of Wisconsin-Madison; (b) Nik Wheeler; p 315 Peter Jordan/Gamma-Liaison, Inc., p 317 (t) John Elk, III, (c) John Elk, III, (b) R. Lucas/The Image Works; p 321 (t) Beryl Goldberg (b) K. Preuss/The Image Works; p 330 M. Antman/The Image Works; p 339 Charles Nes/Gamma Liaison, Inc.; p 356 P. Gontier/The Image Works; p 357 Germain Rey/Gamma Liaison, Inc.; p 363 Christian Vioujard/Gamma Liaison. Inc.; p 404 John Elk III; p 405 (t) Nicolas Jallot/Gamma-Liaison, Inc., (b) Bob Strong/The Image Works; p 407 (t) Hachette/Camera 1/Films A2/DD Prod/UGC/The Kobal Collection, (c) Columbia/The Kobal Collection (b) Cady/Discina/The Kobal Collection; p 429 Beryl Goldberg; p 431 Owen Franken/Stock Boston; p 444 Robert Fried Photography.

La France: les provinces les départements

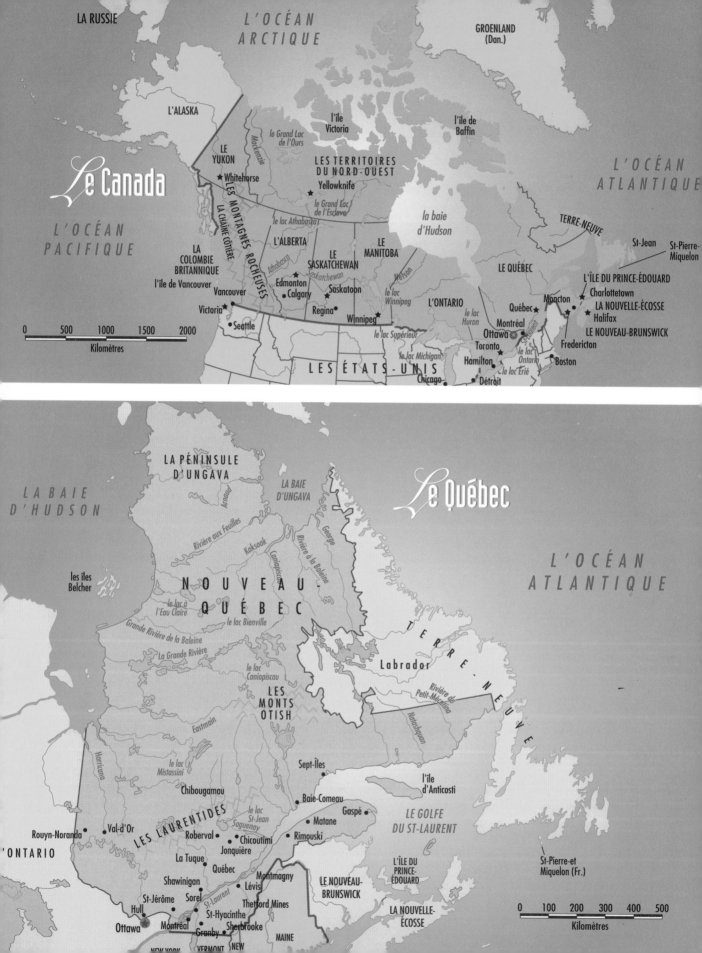

Le Canada

LA RUSSIE

L'OCÉAN ARCTIQUE

GROENLAND (Dan.)

L'ALASKA

l'île Victoria

l'île de Baffin

le Grand Lac de l'Ours

Mackenzie

LE YUKON

LES TERRITOIRES DU NORD-OUEST

L'OCÉAN ATLANTIQUE

★ Whitehorse

Yellowknife

LES MONTAGNES ROCHEUSES

le Grand Lac de l'Esclave

TERRE-NEUVE

LA CHAÎNE CÔTIÈRE

le lac Athabasca

la baie d'Hudson

L'OCÉAN PACIFIQUE

L'ALBERTA

Athabasca

LE SASKATCHEWAN

LE MANITOBA

St-Jean

St-Pierre-Miquelon

LA COLOMBIE BRITANNIQUE

Saskatchewan

LE QUÉBEC

L'ÎLE DU PRINCE-ÉDOUARD

l'île de Vancouver

Vancouver

Edmonton
Calgary

Saskatoon

le lac Winnipeg

Moncton ★

Charlottetown ★

LA NOUVELLE-ÉCOSSE

Victoria ★

Regina

Winnipeg

L'ONTARIO

le lac Huron

Québec ★

Halifax ★

Seattle

le lac Supérieur

Montréal

Ottawa

LE NOUVEAU-BRUNSWICK

Fredericton

0 500 1000 1500 2000

Kilomètres

le lac Michigan

Toronto

Hamilton

le lac Ontario

le lac Érié

Boston

LES ÉTATS-UNIS

Chicago

Détroit

Le Québec

LA PÉNINSULE D'UNGAVA

LA BAIE D'UNGAVA

Arnaud

LA BAIE D'HUDSON

Rivière aux Feuilles

Koksoak

Rivière à la Baleine

George

L'OCÉAN ATLANTIQUE

les îles Belcher

NOUVEAU-QUÉBEC

le lac à l'Eau Claire

Caniapiscau

le lac Bienville

Grande Rivière de la Baleine

La Grande Rivière

le lac Caniapiscau

TERRE-NEUVE

Labrador

LES MONTS OTISH

Rivière du Petit-Mécatina

Eastmain

Natashquan

Harricana

le lac Mistassini

Sept-Îles

Chibougamau

Baie-Comeau

l'île d'Anticosti

LES LAURENTIDES

le lac St-Jean

Gaspé

LE GOLFE DU ST-LAURENT

Rouyn-Noranda

Val-d'Or

Roberval

Saguenay

Matane

Chicoutimi

Rimouski

L'ONTARIO

Jonquière

L'ÎLE DU PRINCE-ÉDOUARD

La Tuque

St-Pierre-et-Miquelon (Fr.)

Québec

0 100 200 300 400 500

Kilomètres

Shawinigan

Montmagny

Lévis

St-Jérôme

Sorel

St-Laurent

LE NOUVEAU-BRUNSWICK

Hull

Thetford Mines

Ottawa

Montréal

St-Hyacinthe

Sherbrooke

LA NOUVELLE-ÉCOSSE

Granby

MAINE

NEW YORK

VERMONT

NEW

La France: les provinces les départements

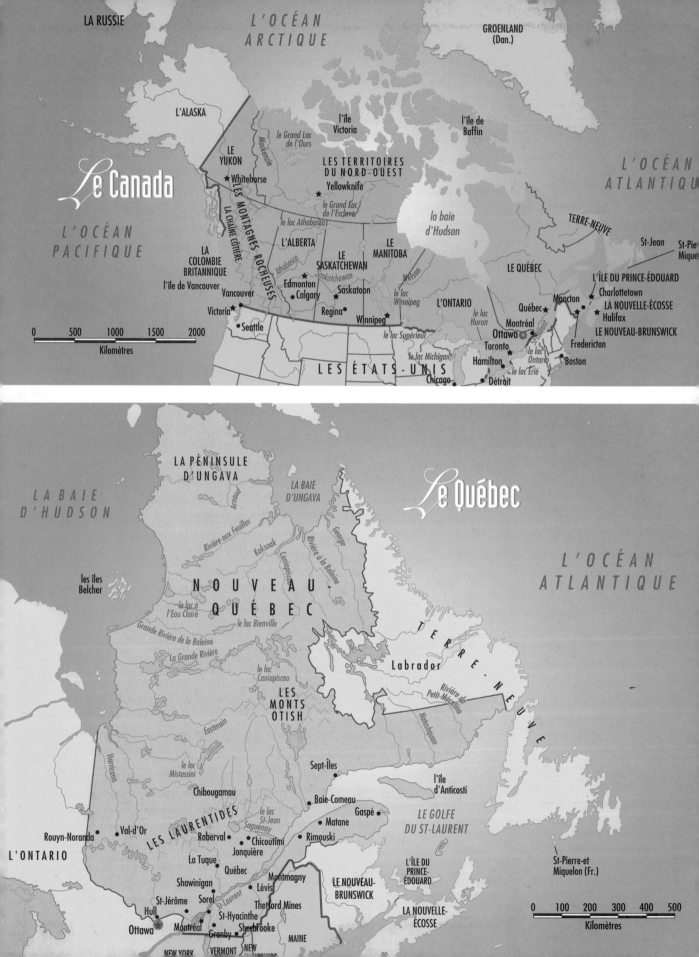

Le Canada

LA RUSSIE
L'OCÉAN ARCTIQUE
GROENLAND (Dan.)
L'ALASKA
l'île Victoria
l'île de Baffin
L'OCÉAN ATLANTIQUE
le Grand Lac de l'Ours
Mackenzie
LE YUKON
LES TERRITOIRES DU NORD-OUEST
★ Whitehorse
★ Yellowknife
le Grand Lac de l'Esclave
TERRE-NEUVE
LES MONTAGNES ROCHEUSES
LA CHAÎNE CÔTIÈRE
le lac Athabasca
la baie d'Hudson
L'OCÉAN PACIFIQUE
LA COLOMBIE BRITANNIQUE
LE ALBERTA
Athabasca
Saskatchewan
LE SASKATCHEWAN
LE MANITOBA
LE QUÉBEC
St-Jean St-Pie Mique
l'île de Vancouver
★ Edmonton
le lac Winnipeg
L'ÎLE DU PRINCE-ÉDOUARD
Vancouver
• Calgary
★ Saskatoon
Nelson
L'ONTARIO
Québec
Moncton
Charlottetown
LA NOUVELLE-ÉCOSSE
Victoria
Regina
Winnipeg
le lac Huron
Montréal
Halifax
Seattle
le lac Supérieur
Ottawa
LE NOUVEAU-BRUNSWICK
Toronto
le lac Ontario
Fredericton
0 500 1000 1500 2000
Kilomètres
LES ÉTATS-UNIS
Hamilton
le lac Michigan
le lac Érié
Boston
Chicago
Détroit

Le Québec

LA PÉNINSULE D'UNGAVA
LA BAIE D'UNGAVA
LA BAIE D'HUDSON
Arnaud
L'OCÉAN ATLANTIQUE
Rivière aux Feuilles
Koksoak
Caniapiscau
Rivière à la Baleine
George
les îles Belcher
NOUVEAU-QUÉBEC
le lac à l'Eau Claire
le lac Bienville
Grande Rivière de la Baleine
TERRE-NEUVE
La Grande Rivière
le lac Caniapiscau
Labrador
Eastmain
LES MONTS OTISH
Rivière du Petit-Mécatina
Harricana
le lac Mistassini
Natashquan
Chibougamau
Sept-Îles
Rouyn-Noranda
Val-d'Or
LES LAURENTIDES
le lac St-Jean
Saguenay
Baie-Comeau
l'île d'Anticosti
LE GOLFE DU ST-LAURENT
L'ONTARIO
Roberval
Chicoutimi
Matane
Gaspé
Jonquière
Rimouski
La Tuque
St-Laurent
Québec
L'ÎLE DU PRINCE-ÉDOUARD
Shawinigan
Montmagny
St-Pierre-et-Miquelon (Fr.)
St-Jérôme
Lévis
LE NOUVEAU-BRUNSWICK
Hull
Sorel
Thetford Mines
0 100 200 300 400 500
Kilomètres
Ottawa
Montréal
St-Hyacinthe
Sherbrooke
LA NOUVELLE-ÉCOSSE
Granby
MAINE
NEW YORK
VERMONT
NEW